METAVERSO

METAVERSO
ASPECTOS JURÍDICOS

2022

Coordenação:
Fernando Eduardo Serec

Organização:
Patrícia Helena Marta Martins
Victor Cabral Fonseca

METAVERSO
ASPECTOS JURÍDICOS
© Almedina, 2022
COORDENAÇÃO: Fernando Eduardo Serec
ORGANIZAÇÃO: Patrícia Helena Marta Martins, Victor Cabral Fonseca

DIRETOR ALMEDINA BRASIL: Rodrigo Mentz
EDITORA JURÍDICA: Manuella Santos de Castro
EDITOR DE DESENVOLVIMENTO: Aurélio Cesar Nogueira
ASSISTENTES EDITORIAIS: Isabela Leite e Larissa Nogueira
ESTAGIÁRIA DE PRODUÇÃO: Laura Roberti

DIAGRAMAÇÃO: Almedina
DESIGN DE CAPA: Roberta Bassanetto

ISBN: 9786556276038
Agosto, 2022

Dados Internacionais de Catalogação na Publicação (CIP)
(Câmara Brasileira do Livro, SP, Brasil)

Metaverso : aspectos jurídicos / organização Patrícia Helena Marta Martins , Victor Cabral Fonseca ; coordenação Fernando Eduardo Serec. -- São Paulo : Almedina, 2022.

Vários autores.
Bibliografia.
ISBN 978-65-5627-603-8

1. Direito - Aspectos sociais 2. Direito digital 3. Internet (Rede de computadores) - Aspectos jurídicos 4. Propriedade intelectual - Leis e legislação - Brasil I. Martins, Patrícia Helena Marta. II. Fonseca, Victor Cabral. III. Serec, Fernando Eduardo.

22-112865 CDU-34:004

Índices para catálogo sistemático:

1. Direito digital 34:004

Aline Graziele Benitez - Bibliotecária - CRB-1/3129

Este livro segue as regras do novo Acordo Ortográfico da Língua Portuguesa (1990).

Todos os direitos reservados. Nenhuma parte deste livro, protegido por copyright, pode ser reproduzida, armazenada ou transmitida de alguma forma ou por algum meio, seja eletrônico ou mecânico, inclusive fotocópia, gravação ou qualquer sistema de armazenagem de informações, sem a permissão expressa e por escrito da editora.

EDITORA: Almedina Brasil
Rua José Maria Lisboa, 860, Conj.131 e 132, Jardim Paulista | 01423-001 São Paulo | Brasil
editora@almedina.com.br
www.almedina.com.br

SOBRE O COORDENADOR

Fernando Eduardo Serec

CEO de TozziniFreire Advogados e responsável pelas áreas de Contencioso e de Arbitragem, Fernando possui vasta experiência em contencioso e arbitragem internacional envolvendo disputas societárias e de M&A, contratos financeiros complexos e uma ampla gama de questões de direito administrativo. Atuou no Brasil, nos EUA e na Europa com grandes instituições de arbitragem estrangeiras e nacionais. Graduado pela Faculdade de Direito da Universidade Presbiteriana Mackenzie de São Paulo, é mestre em Direito Civil pela Faculdade de Direito da USP. Também é presidente do Conselho Consultivo do Centro de Arbitragem e Mediação da AMCHAM.

SOBRE OS ORGANIZADORES

Patrícia Helena Marta Martins

Sócia das práticas de Tecnologia & Inovação e Cybersecurity & Data Privacy de TozziniFreire Advogados, Patrícia também possui ampla experiência nas áreas de Contencioso e Direito do Consumidor, assessorando clientes em questões contenciosas relacionadas a essas áreas, na prevenção de responsabilidade, discussão sobre responsabilidades de intermediários e defesa em ações coletivas. Graduada pela Faculdade de Direito da PUC-SP, é especializada em Gestão Empresarial pela Business School São Paulo e pós--graduada em Direito das Relações de Consumo pela PUC-SP.

Victor Cabral Fonseca

Advogado na área de Tecnologia & Inovação de TozziniFreire Advogados, Victor é responsável por coordenar o ThinkFuture, o primeiro programa de inovação estruturado por um escritório full-service brasileiro. Como advogado, atende clientes de base tecnológica, grandes empresas interessadas em open innovation e startups. É graduado em Direito pela Universidade de São Paulo, mestre em Direito dos Negócios e Desenvolvimento Econômico e Social pela FGV-SP, certificado em Inovação Exponencial pela Singularity University (EUA) e CSM® (Certified ScrumMaster) pela Scrum Alliance. É mentor do Legal Geek (Reino Unido) e do programa Law Without Walls (University of Miami).

SOBRE OS AUTORES

Alexandre de Almeida Cardoso
Sócio na área de Trabalhista e Previdência Social de TozziniFreire Advogados, Alexandre tem ampla experiência na assessoria preventiva a empresas, com destaque para questões relacionadas a compliance trabalhista, acordos de confidencialidade e não concorrência, remuneração e benefícios. Alexandre também representa empresas em negociações sindicais e tem intensa atuação em inquéritos e ações civis públicas movidas pelo Ministério Público do Trabalho. Graduado pela Faculdade de Direito da USP, é mestre e doutor em Direito do Trabalho pela mesma universidade. Cursou a Academy of American and International Law, organizada pelo Center for American and International Law, EUA.

Amanda Celli Cascaes
Advogada nas áreas de Contencioso, Direito do Consumidor, Tecnologia & Inovação e Cybersecurity & Data Privacy de TozziniFreire Advogados, Amanda possui ampla experiência no atendimento a empresas nacionais e multinacionais com atuação nas áreas de tecnologia, saúde, alimentos, medicamentos e fumo. É doutoranda em Direito Civil pela USP, mestre em Direito Privado pela UFRGS e especialista em Direito Processual Civil pela PUC-RS. Integrante do Comitê de Relações de Consumo do Instituto Brasileiro de Estudos de Concorrência, Consumo e Comércio (IBRAC).

Ana Carolina Katlauskas Calil
Sócia nas áreas de Infraestrutura e Energia de TozziniFreire Advogados, Ana Carolina é especializada em energia elétrica e assessora clientes dos diversos segmentos da indústria (geração, distribuição, transmissão e comerciali-

zação) em questões tanto regulatórias como transacionais. Graduada em Direito pela Escola de Direito de São Paulo da FGV, é especializada em "Aspectos Físicos e Regulamentares do Setor de Energia Elétrica" pela Associação Brasileira de Companhias de Energia Elétrica, e possui LL.M. em Mercado Financeiro e Mercado de Capitais pelo Insper.

André Barabino

Sócio nas áreas de Contencioso e Arbitragem de TozziniFreire Advogados, André tem atuado em diversas e complexas disputas, bem como em procedimentos arbitrais envolvendo companhias nacionais e internacionais dos mais variados setores de mercado. Graduado em Direito pela FMU, é especializado em Direito da Economia e da Empresa, em Arbitragem e em Administração para Graduados pela FGV, em Direito Processual Civil pela PUC-SP, e é mestre em Direito Civil pela mesma instituição.

Bárbara Bassani

Sócia corresponsável pela área de Seguros e Resseguros de TozziniFreire Advogados, Bárbara tem vasta experiência assessorando seguradoras, resseguradores, corretoras de (res)seguros e demais clientes em questões relacionadas ao tema. É professora em instituições de ensino superior e autora de artigos e livros sobre esse assunto. Graduada pela Faculdade de Direito da Universidade Presbiteriana Mackenzie, é especializada em Direito Civil pela mesma instituição, e mestre e doutora em Direito Civil pela USP. Diretora de Relações Internacionais da Associação Internacional de Direito de Seguros (AIDA) Brasil (2022-2024).

Bianca Peuker

Advogada nas áreas de Bancário e Operações Financeiras, Mercado de Capitais, Inovação Financeira e Investimentos Sustentáveis e de Impacto de TozziniFreire Advogados, Bianca tem sólida experiência assessorando instituições financeiras, agentes reguladores e autorreguladores, companhias abertas nacionais e estrangeiras, em operações locais e internacionais. Graduada em Direito pela Pontifícia Universidade Católica do Rio de Janeiro (PUC-Rio), é pós-graduada pela FGV-Rio, especializada em Direito Financeiro Internacional pela London School of Economics and Political Science (LSE), e membro do Grupo de Trabalho de Finanças Verdes do Laboratório de Inovação Financeira (LAB).

Bruna Borghi Tomé

Sócia nas áreas de Contencioso, Direito do Consumidor, Tecnologia & Inovação e Cybersecurity & Data Privacy de TozziniFreire Advogados, Bruna possui vasta experiência na área de Tech Litigation, tendo assessorado algumas das empresas mais relevantes do setor em temas como os questionamentos judiciais e administrativos decorrentes da promulgação do Marco Civil da Internet e da Lei Geral de Proteção de Dados. Graduada, especialista e mestre em Direito Processual Civil pela PUC-SP.

Caio Henrique Wisniewski

Advogado nas áreas de Societário e Fusões e Aquisições de TozziniFreire Advogados, Caio tem extensa atuação na resolução de questões estratégicas de clientes corporativos. Atua principalmente com matérias consultivas, prestando consultoria societária e contratual em temas como fusões e aquisições, investimentos em venture capital e reestruturação societária. Também atua como consultor acadêmico para estruturação de aulas, treinamentos e apresentações sobre investimentos em capital de risco e governança corporativa. Graduado pela Faculdade de Direito da UFRGS.

Carla do Couto Hellu Battilana

Sócia nas áreas de Propriedade Intelectual, Cybersecurity & Data Privacy, Tecnologia & Inovação e Societário de TozziniFreire Advogados, Carla tem vasta experiência na representação de clientes em questões corporativas e regulatórias. Além disso, assessora empresas em assuntos de tecnologia da informação e propriedade intelectual, e também em assuntos de cybersecurity e proteção de dados pessoais. Graduada pela Faculdade de Direito da PUC-SP, é especializada em Direito Empresarial pelo CEU Law School e Master of Laws (LL.M.) pela Universidade de Chicago, EUA.

Clara Serva

Sócia responsável pela área de Empresas e Direitos Humanos e coordenadora das práticas pro bono em TozziniFreire Advogados, Clara é colíder da Câmara Temática de Impacto Social do CEBDS (Conselho Empresarial Brasileiro para o Desenvolvimento Sustentável), integrante da Comissão ESG do CFA Society Brazil e integrante do Comitê de Diversidade e Responsabilidade Social do CESA. Graduada e mestre em Direito Constitucional pela

Faculdade de Direito da PUC-SP, Clara é mediadora privada certificada, frequentou formação em Advocacy pelo AdvocacyHub, e é alumni do programa WYSE de formação por mudanças globais.

Daniel Born Roman

Advogado nas áreas de Societário e Fusões e Aquisições de TozziniFreire Advogados, Daniel tem grande experiência na assessoria a clientes nacionais e estrangeiros dos mais variados tamanhos e setores de atuação em operações de fusões e aquisições, private equity, reestruturações societárias, corporate venture, investimento estrangeiro, contratos complexos e também em questões complexas de direito societário. Sua atuação inclui o acompanhamento na negociação de transações, condução de auditorias e elaboração de contratos e de atos societários dos mais diversos tipos. Graduado pela Faculdade de Direito da Universidade Federal do Rio Grande do Sul (UFRGS), está finalizando pós-graduação em Direito Digital pelo Instituto de Tecnologia e Sociedade (ITS Rio/UERJ).

Enzo Felipe Campolim de Oliveira

Graduando em Direito pela Pontifícia Universidade Católica de São Paulo (PUC-SP), Enzo é assistente jurídico na área de Infraestrutura e Energia de TozziniFreire Advogados.

Erlan Valverde

Sócio na área de Tributário de TozziniFreire Advogados, Erlan possui vasta experiência na assessoria a empresas brasileiras e estrangeiras em diversas questões relativas ao tema, incluindo planejamento tributário, assessoria em operações de M&A e reestruturações societárias, consultoria tributária em investimentos inbound e outbound, estruturação de produtos financeiros e fundos de investimento, tributação internacional, tributos indiretos, planejamento sucessório e contencioso estratégico. Graduado pela Faculdade de Direito de São Bernardo do Campo, é mestrando em Direito Tributário pelo Instituto Brasileiro de Direito Tributário (IBDT).

Fábio Antônio C. Filgueira Filho

Advogado na área de Negócios Imobiliários de TozziniFreire Advogados, Fábio tem experiência na atuação em demandas consultivas e contenciosas envolvendo direito imobiliário urbano e rural. É graduado em Direito pela Universidade Federal do Rio Grande do Norte (UFRN) e especialista em Direito Civil pela Pontifícia Universidade Católica de Minas Gerais (PUC Minas).

Fernando Eduardo Serec

CEO de TozziniFreire Advogados e responsável pelas áreas de Contencioso e de Arbitragem, Fernando possui vasta experiência em contencioso e arbitragem internacional envolvendo disputas societárias e de M&A, contratos financeiros complexos e uma ampla gama de questões de direito administrativo. Atuou no Brasil, nos EUA e na Europa com grandes instituições de arbitragem estrangeiras e nacionais. Graduado pela Faculdade de Direito da Universidade Presbiteriana Mackenzie de São Paulo, é mestre em Direito Civil pela Faculdade de Direito da USP. Também é presidente do Conselho Consultivo do Centro de Arbitragem e Mediação da AMCHAM.

Franco Mikuletic Neto

Advogado na área de Compliance e Investigação de TozziniFreire Advogados, Franco tem grande experiência atuando na área de compliance e investigações. Além disso, coordena investigações internas para clientes nacionais e estrangeiros, bem como assessora clientes na interação com autoridades governamentais. Graduado pela Universidade Presbiteriana Mackenzie, é especializado em direito e gestão, bem como certificado em compliance pela FGV.

Gabriela Lima Arantes

Sócia na área Trabalhista de TozziniFreire Advogados, Gabriela é especializada em consultoria jurídica preventiva, assessorando clientes em questões trabalhistas locais e internacionais. Sua atuação inclui assistência desde os aspectos trabalhistas mais simples de dia a dia aos mais complexos, tais como estruturas de contratação e remuneração de funcionários e executivos, planos de incentivos, benefícios, rescisão de contratos e reestruturações, processos de investigação, discriminação, assédio, compliance trabalhista, privacidade de dados e mídias sociais, acordos de confidencialidade e não concorrência, trabalho remoto, negociação de acordos coletivos de trabalho e estratégias de mobilidade global. Graduada pela Faculdade de Direito da

Universidade Presbiteriana Mackenzie, é especializada em Direito do Trabalho pela PUC-SP e possui LL.M. em International Business Law pela Faculdade Católica Portuguesa.

Gabriela Nunes Machado

Advogada na área de Negócios Imobiliários de TozziniFreire Advogados, Gabriela tem experiência na atuação em demandas consultivas e contenciosas envolvendo Direito imobiliário urbano e rural. É graduada em Direito pela Universidade de São Paulo (USP).

Gabriela Vitiello Wink

Sócia nas áreas de Contencioso e Arbitragem de TozziniFreire Advogados, Gabriela, além de atuar em causas estratégicas em diversas áreas do Direito Civil, Processual, Societário e Bancário, coordena expressiva carteira de processos envolvendo Direito do Consumidor. Sua experiência se estende também a consultoria em questões relacionadas a contratos. Graduada pela Faculdade de Direito da PUCRS, é especializada em Direito Civil pelo Centro Universitário Ritter dos Reis e em Processo Civil pela Universidade Federal do Rio Grande do Sul.

Giovana Dutra de Paiva

Advogada na área de Penal Empresarial de TozziniFreire Advogados, Giovana tem ampla experiência na advocacia criminal. Graduada pela Pontifícia Universidade Católica de São Paulo, é especialista em Teoria Geral do Delito pela Universidade de Salamanca, pós-graduada em Direito Penal e Direito Penal Econômico pelo Instituto Brasileiro de Ciências Criminais em parceria com a Universidade de Coimbra, e mestre em Direito Penal também pela Universidad de Salamanca.

Giovanni Paolo Falcetta

Sócio na área de Compliance e Investigação de TozziniFreire Advogados, Giovanni assessora conselhos de administração, companhias e comitês independentes na prevenção, detecção, resposta e remediação de questões de alta complexidade relacionadas a compliance, anticorrupção e crises corporativas. Giovanni é professor convidado em instituições nacionais e internacionais, além de palestrar em eventos internacionais sobre compliance, investigações internas e gerenciamento de crises. É graduado pela PUC-SP e mestre em Direito Privado Europeu pela Sapienza — Università di Roma.

Guilherme F. Ribas

Sócio na área de Direito da Concorrência de TozziniFreire Advogados, foi coordenador-geral na extinta SDE (Secretaria de Direito Econômico) do Ministério da Justiça, onde coordenou as primeiras buscas e apreensões em matéria concorrencial e redigiu o primeiro regulamento sobre compliance antitruste. É diretor de Concorrência do Instituto Brasileiro de Estudos de Concorrência, Consumo e Comércio Internacional (IBRAC) e officer do Communications Committee da International Bar Association (IBA). Graduado pela Faculdade de Direito da USP, é mestre em Direito Comercial e doutor em Direito Administrativo pela mesma instituição.

Gustavo Rabello

Sócio na área de Mercado de Capitais de TozziniFreire Advogados, Gustavo possui extensa prática na área de mercado de capitais, com sólida experiência na assessoria a clientes nacionais e estrangeiros na constituição e no gerenciamento de fundos de investimento no Brasil, bem como atuando em operações sindicalizadas e project finance. Graduado em Direito pela UNIP, possui LL.M. em International Business Transactions pela University of London — Queen Mary College e é especializado em Administração de Empresas pela FGV-SP.

Isabela Braga Pompilio

Sócia responsável pela área de Contencioso da unidade Brasília de Tozzini-Freire Advogados, Isabela tem larga experiência e capacidade reconhecida em sua atuação perante os Tribunais Superiores. Atua em causas estratégicas no STJ, TSE e STF, tendo participado nas últimas duas décadas no acompanhamento e desenvolvimento de teses para formação de novos entendimentos jurisprudenciais em Direito Civil, Internacional e Digital. É graduada pela Faculdade de Direito do Centro Universitário de Brasília, especializada em Direito Processual Civil e mestre em Direito das Relações Internacionais pela mesma instituição.

Isadora Fingermann

Sócia na área de Penal Empresarial de TozziniFreire Advogados, Isadora tem vasta experiência em contencioso criminal, representando os interesses de empresas brasileiras e estrangeiras, além de pessoas físicas, em casos relacionados a crimes econômicos, financeiros, concorrenciais, tributários, de lavagem de dinheiro, contra a administração pública, ambientais e falimentares. Graduada pela Faculdade de Direito da USP, é especializada em Direito Penal Econômico pela FGV-SP e mestre em Políticas Públicas pela Georgetown University, EUA.

Júlia Aragão Lanfranqui

Advogada do programa de inovação de TozziniFreire Advogados, o ThinkFuture, Júlia atua como pesquisadora jurídica de técnicas e temas inovadores em Direito, com ênfase em Legal Design, Inteligência Artificial e Metaverso. É graduada pela Faculdade de Direito de Ribeirão Preto da Universidade de São Paulo (FDRP-USP) e egressa da Facultad de Derecho y Criminología de la Universidad de Salamanca (USAL), onde estudou Direito e Criminologia e pesquisou sobre sociologia e psicologia do crime sexual.

Julia Parizotto Menzel

Advogada nas áreas de Cybersecurity & Data Privacy e Propriedade Intelectual de TozziniFreire Advogados, Julia é graduada pela Faculdade de Direito da Pontifícia Universidade Católica de São Paulo (PUC-SP).

Juliana Dutra da Rosa

Advogada na área de Tributário de TozziniFreire Advogados, Juliana tem grande experiência na representação de clientes em diversas questões relativas ao tema, com foco em contencioso e consultoria tributária. Graduada pela Universidade Federal do Rio de Janeiro (UFRJ), é especializada em Direito Tributário pelo Instituto Brasileiro de Estudos Tributários (IBET) e mestranda pelo Instituto Brasileiro de Direito Tributário (IBDT).

Luciana Bazan Martins Bisetti

Sócia na área de Contencioso de TozziniFreire Advogados, Luciana atua em casos estratégicos de diversas naturezas, com especial experiência em matérias atinentes a relações de consumo de alta complexidade, responsabilidade civil e demandas coletivas. Graduada em Direito pela PUC-SP, é especialista em Direito do Consumidor pela Faculdade de Direito de Coimbra, Portugal.

Luiz Carlos Silva Faria Junior

Advogado nas áreas de Empresas e Direitos Humanos e pro bono de Tozzini-Freire Advogados, é doutorando em Teoria do Estado e Direito Constitucional pela PUC-Rio e mestre em Direito e Inovação pela Universidade Federal de Juiz de Fora. É membro do Conselho Consultivo da Iniciativa "Race and Global Health", coordenada pelas organizações Matahari Global Solutions e AIDS and Rights Alliance of Southern Africa (ARASA). Possui experiência como professor universitário e experiência em análise de riscos e devida diligência em Direitos Humanos.

Marcela Waksman Ejnisman

Sócia corresponsável pela prática de Societário e Fusões e Aquisições de TozziniFreire Advogados, Marcela concentra seu trabalho nas indústrias de telecomunicações e de tecnologia, propriedade intelectual e privacidade e entretenimento. Graduada pela Faculdade de Direito da PUC-SP, é especializada em Comércio Internacional e Direito Comercial pela University of California, EUA, e mestre pela Cornell University, EUA.

Marcelo Moreira Maluf Homsi

Advogado na área de Infraestrutura e Energia de TozziniFreire Advogados, Marcelo é graduado pela Fundação Armando Alvares Penteado de São Paulo e especializado em Direito Empresarial pela Pontifícia Universidade Católica de São Paulo (PUC-SP).

Marco Aurélio Torronteguy

Sócio de TozziniFreire Advogados na área de Ciências da Vida e Saúde, Marco Aurélio possui larga experiência em assuntos regulatórios e processos administrativos sanitários. Atua em consultoria regulatória e em procedimentos administrativos, notadamente perante a ANVISA, ANS e MAPA, bem como em questões envolvendo obtenção de licenças e registro de produtos sujeitos à vigilância sanitária, novas tecnologias, lançamento de novos produtos no mercado brasileiro e recall de produtos. Graduado pela Faculdade de Direito da Universidade Federal de Santa Maria, é especialista em Direito Sanitário e doutor em Direito pela USP.

Marcus Fonseca

Sócio nas áreas de Bancário e Operações Financeiras e de Mercado de Capitais de TozziniFreire Advogados, Marcus presta consultoria em assuntos relacionados a serviços financeiros, meios de pagamento, pagamentos instantâneos, PIX, fintechs, blockchain, criptoativos, crowdfunding, Open Banking e sandbox regulatório, incluindo desenvolvimento de novas estruturas e modelos de negócio; criação de instrumentos jurídicos e políticas internas; constituição de Sociedades de Crédito Direto (SCD) e Sociedade de Empréstimo Entre Pessoas (SEP); assessoria com aspectos regulatórios, dentre outros. Graduado pela Faculdade de Direito da Pontifícia Universidade Católica do Paraná, é pós-graduado em Direito Empresarial pela FGV Direito SP e mestre em Direito dos Negócios pela mesma instituição.

Maria Eugênia Geve de M. Lacerda

Advogada nas áreas de Cybersecurity & Data Privacy e Propriedade Intelectual de TozziniFreire Advogados, Maria Eugênia está sempre em contato com questões que relacionam Direito e novas tecnologias. Tem experiência apoiando clientes de diversos setores em programas de conformidade à LGPD, e possui afinidade com contratos de tratamento de dados, resposta a incidentes de segurança e treinamentos de privacidade. Graduada pela Escola de Direito de São Paulo da Fundação Getulio Vargas, é mestranda no Departamento de Filosofia e Teoria Geral do Direito da Faculdade de Direito da USP, no qual estuda governança algorítmica.

Maria Isabel de Sá Dias Machado

Advogada na área de Contencioso Civil e Arbitragem de TozziniFreire Advogados, Maria Isabel atua em litígios empresariais, atualmente com foco em disputas contratuais e procedimentos arbitrais em geral. Graduada pela Faculdade de Direito da Universidade de São Paulo, é mestre em Direito Processual Civil pela mesma instituição. É coautora do livro "Entre o Processo Civil e Incivil", da editora Luarli.

Maria Medeiros Bofill

Sócia de TozziniFreire Advogados, Maria tem vasta experiência em fusões e aquisições, reestruturações societárias, private equity, investimento estrangeiro e contratos complexos, estando na linha de frente de algumas das mais relevantes transações conduzidas no estado do Rio Grande do Sul na última década. É responsável por relacionamentos estratégicos no ecossistema de inovação como ponte para fundos de venture capital e grandes empresas focadas em open innovation e corporate venturing. Graduada pela Faculdade de Direito da PUCRS, é mestre em Direito (LL.M.) pela University of California.

Marina Silva Caramuru
Advogada na área de Contencioso Civil e Arbitragem de TozziniFreire Advogados, Marina atua em litígios empresariais complexos perante tribunais judiciais e arbitrais. Atua principalmente em casos estratégicos nas áreas de Tecnologia & Inovação, Construção Civil, Eletricidade, Educação e Agronegócio. Graduada em Direito pela Pontifícia Universidade Católica de Campinas (PUC Campinas), possui especialização em Direito Empresarial pela Fundação Getúlio Vargas (FGV-SP) e certificação em Direito Público pela American University — Washington, DC, EUA.

Maurício de Carvalho Góes
Sócio responsável pela área de Trabalhista e Previdência Social da unidade Porto Alegre de TozziniFreire Advogados, Maurício é reconhecido por sua atuação no contencioso e no assessoramento preventivo. Graduado em Direito pela Universidade Luterana do Brasil (ULBRA), é mestre em Direitos Fundamentais pela Universidade Luterana do Brasil e doutor em Direito pela Universidade do Vale do Rio dos Sinos (UNISINOS).

Miguel Lima Carneiro
Advogado nas áreas de Cybersecurity & Data Privacy e Propriedade Intelectual de TozziniFreire Advogados, Miguel tem experiência representando clientes de diferentes setores do mercado tanto do ponto de vista regulatório como empresarial, assessorando empresas com o desenvolvimento de programas de adequação à LGPD e com consultas relacionadas à gestão de incidentes de segurança e à implementação de novos serviços digitais. Graduado pela Faculdade de Direito da Fundação Getulio Vargas, Miguel conta ainda com publicações no campo do Direito Digital, com especial enfoque para a regulamentação da Privacidade e da Proteção de Dados no Brasil.

Patricia Bandouk Carvalho

Sócia na área de Direito da Concorrência de TozziniFreire Advogados, Patricia possui ampla experiência em antitruste, com foco em negociações de leniência e acordos envolvendo múltiplas autoridades, incluindo a coordenação de investigações internas. Possui relevante experiência em defesas em casos de cartel e notificação de atos de concentração e em assessorar clientes na implementação de programas e treinamentos de compliance, políticas comerciais e de distribuição. Graduada pela Faculdade de Direito da Universidade Presbiteriana Mackenzie, é especializada em Direito Econômico pela FGV.

Patrícia Helena Marta Martins

Sócia das práticas de Tecnologia & Inovação e Cybersecurity & Data Privacy de TozziniFreire Advogados, Patrícia também possui ampla experiência nas áreas de Contencioso e Direito do Consumidor, assessorando clientes em questões contenciosas relacionadas a essas áreas, na prevenção de responsabilidade, discussão sobre responsabilidades de intermediários e defesa em ações coletivas. Graduada pela Faculdade de Direito da PUC-SP, é especializada em Gestão Empresarial pela Business School São Paulo e pós-graduada em Direito das Relações de Consumo pela PUC-SP.

Rafael Medeiros Mimica

Sócio de TozziniFreire Advogados nas áreas de Contencioso e Arbitragem, Rafael tem ampla experiência em processos envolvendo contencioso societário, responsabilidade civil e comercial, acordos complexos e ajuste de preços. Graduado pela Faculdade de Direito da USP, é especializado em Processo Civil pela PUC-SP e realizou extensão universitária nas áreas de Mercado de Capitais e Responsabilidade Civil, ambas pela FGV.

Rodrigo da Silva Alves dos Santos

Advogado na área de Direito da Concorrência de TozziniFreire Advogados, Rodrigo tem grande experiência na representação de clientes em temas antitruste. Atua na avaliação de riscos concorrenciais em operações de fusões e aquisições e representa os clientes em notificações de atos de concentração ao CADE, tanto em operações estritamente nacionais como multijurisdicionais. Tem experiência em defesas administrativas, na negociação de acordos com o CADE e na condução de investigações internas. Graduado pelo Centro Universitário de Brasília, Rodrigo publica artigos especializados no Brasil e no exterior com frequência.

Sandra Arlette Maia Rechsteiner

Advogada em TozziniFreire Advogados, Sandra tem ampla experiência em Contencioso Cível Estratégico, especialmente direitos do consumidor, bancário e digital, atualmente com foco em Tribunais Superiores. Atuou em defesa dos interesses de empresas de comércio varejista, instituições financeiras, hospitais, empresas de transporte urbano e plataformas digitais. Graduada pelo Centro Universitário de Brasília, tem especialização em Direito Processual Civil e Direito Tributário pelo Instituto Brasileiro de Ensino, Desenvolvimento e Pesquisa (IDP) e realizou curso de extensão em Direito Internacional perante a Corte Internacional da Haya (The Hague Academy of International Law).

Shin Jae Kim

Sócia responsável pela área de Compliance e Investigação e membro do Comitê Executivo de TozziniFreire Advogados, Shin é pioneira na implementação e desenvolvimento da área de Compliance no Brasil. É especialista na coordenação estratégica de casos envolvendo relações com órgãos governamentais e investigações corporativas. Graduada pela Faculdade de Direito da USP, é especializada em Direito Tributário pela mesma instituição, mestre em Direito Internacional e Comparado pela Vrije Universiteit Brussel, Bélgica, e cursou a Academy of American and International Law, organizada pelo Center for American and International Law, EUA.

Sofia Kilmar

Sócia de TozziniFreire Advogados na área de Contencioso, Sofia possui vasta experiência na área de Tech Litigation, assessorando algumas das empresas mais relevantes do setor em demandas ligadas ao Marco Civil da Internet e à Lei Geral de Proteção de Dados. Sua atuação abrange todo o contencioso estratégico, desde inquéritos civis e ações civis públicas até os leading cases nos diversos tribunais nacionais. Graduada pela Faculdade de Direito da USP, é mestre e doutoranda em Direito Comercial pela mesma instituição.

Stephanie Consonni De Schryver

Advogada na área de Propriedade Intelectual de TozziniFreire Advogados, Stephanie tem grande experiência na área de propriedade intelectual, inovação, entretenimento e direitos autorais. Graduada pela Faculdade de Direito da PUC-SP, está atualmente cursando a Pós-Graduação em Direito Digital pelo Instituto de Tecnologia e Sociedade (ITS), a Universidade do Estado do Rio de Janeiro (UERJ) e o Centro de Estudos e Pesquisas no Ensino do Direito (CEPED).

Victor Cabral Fonseca

Advogado na área de Tecnologia & Inovação de TozziniFreire Advogados, Victor é responsável por coordenar o ThinkFuture, o primeiro programa de inovação estruturado por um escritório full-service brasileiro. Como advogado, atende clientes de base tecnológica, grandes empresas interessadas em open innovation e startups. É graduado em Direito pela Universidade de São Paulo, mestre em Direito dos Negócios e Desenvolvimento Econômico e Social pela FGV-SP, certificado em Inovação Exponencial pela Singularity University (EUA) e CSM® (Certified ScrumMaster) pela Scrum Alliance. É mentor do Legal Geek (Reino Unido) e do programa Law Without Walls (University of Miami).

Victor Hugo Callejon Avallone

Advogado na área de Ciências da Vida e Saúde de TozziniFreire Advogados, Victor tem mais de 11 anos de experiência em questões relacionadas à área da saúde, à vigilância sanitária e ao agronegócio. Victor pesquisa e atua diariamente com assuntos relativos à legislação sanitária e à regulação da Agência Nacional de Vigilância Sanitária (ANVISA), da Agência Nacional de Saúde Suplementar (ANS) e do Ministério da Agricultura, Pecuária e Abastecimento (MAPA). Ademais, Victor possui amplo conhecimento de aspectos jurídicos envolvendo ensaios clínicos, ética profissional médica, contratos, processos administrativos e fusões e aquisições no setor da saúde e do agronegócio. Victor é mestre em Direito do Comércio Internacional pela Faculdade de Direito da Universidade de São Paulo (USP), é graduado em Direito pela Faculdade de Direito da Universidade Presbiteriana Mackenzie e possui especialização em Direito Empresarial pela Escola de Direito de São Paulo da Fundação Getulio Vargas (FGV Direito SP).

SOBRE OS AUTORES

Vladimir Miranda Abreu

Sócio na área de Negócios Imobiliários de TozziniFreire Advogados, Vladimir dedica-se há anos a operações bancárias e de Mercado de Capitais, tornando-se especialista em operações domésticas e internacionais de financiamento. Além disso, desenvolveu a área de Mudanças Climáticas e Mercado de Carbono, que possui uma das mais amplas experiências no Brasil. Graduado em Direito pela USP, é especialista em Administração pela FGV e mestre em Direito Comparado pela New York University (NYU).

PREFÁCIO

O METAVERSO ADICIONA COMPLEXIDADE AO JÁ COMPLEXO AMBIENTE DE COMUNICAÇÃO, SOCIABILIDADE E NEGÓCIOS

Não é trivial definir metaverso, de fato qualquer definição é controversa, mesmo as mais simples como uma cadeira, que pode ser confundida com uma poltrona sem considerar as cadeiras expostas em eventos de design e/ou feiras especializadas que contrariam qualquer definição padrão. Simplificadamente, o metaverso é um ambiente digital que conecta o mundo virtual com o "mundo real" oferecendo experiências imersivas em 3D com potencial de provocar impactos significativos no trabalho, na educação, na saúde, e em diversas outras atividades sociais e econômicas.

Transformar as expectativas em realidade, contudo, demanda percorrer um longo caminho com mudanças tecnológicas e culturais inseridas na emergente web 3.0. Em termos de equipamento de acesso, os modelos atuais de *headset* de realidade aumentada (AR) e realidade virtual (VR) estão em constante aprimoramento. A tecnologia corrente ainda não consegue lidar com um grande número de pessoas simultaneamente interagindo em um ambiente virtual, mas, dado o empenho da indústria, as expectativas são alvissareiras.

Em paralelo, "viver" no metaverso desafia as bases estabelecidas do Direito, demanda um novo enquadramento jurídico que proteja a sociedade (cidadãos e instituições) das externalidades negativas intrínsecas à tecnologia. Entre elas, destaca-se a questão da privacidade, na medida em que as interações em ambientes no metaverso geram dados quantitativa e qualitativamente diferentes das interações nos dispositivos digitais (smartphones, tablets, computadores).

O tema do metaverso, portanto, está na pauta dos escritórios de advocacia, inclusive com os *"early adopters"* adquirindo propriedades para incorporar seus escritórios virtuais. As oportunidades para a advocacia incluem inovações tecnológicas a serem adotadas pelos próprios escritórios estreitando o relacionamento com seus clientes, bem como acompanhando e interpretando as implicações jurídicas da adoção do metaverso pelos clientes. Do ponto de vista ético, logo com potenciais implicações jurídicas, destaca-se a confidencialidade e a proteção dos dados gerados nessa interação virtual. Serão necessárias diretrizes e/ou leis específicas do Judiciário e da OAB, inclusive para especificar procedimentos e penalidades para atitudes inapropriadas nesse novo ambiente virtual.

Os dilemas legais são múltiplos. Atenção especial deverá ser dada à adequação das leis trabalhistas, avaliando a necessidade de um marco legal específico. Desde o que configura assédio no metaverso até se faz sentido dotar um avatar de identidade legal, passando pela investigação se as leis trabalhistas nacionais, restritas geograficamente, se aplicam ao metaverso onde não existem fronteiras nacionais. Em paralelo, como garantir que o trabalhador do metaverso tem sua privacidade e segurança protegidas? Em um ambiente em que o avatar pode assumir qualquer identidade (gênero, etnia, raça) como configurar discriminação? Aparentemente, as leis existentes não contemplam os ambientes gerados pelas tecnologias imersas.

O metaverso não apenas promove inédita coleta de dados, como também permite monitorar os participantes das reuniões virtuais (movimento de olhos, expressões faciais), engendrando desafios sensíveis aos gestores de recursos humanos, principalmente porque esses dados não são passíveis de anonimização. Adicionalmente, são necessários sistemas robustos em relação a segurança, inclusive contra *hackers*. Como todas as tecnologias disruptivas, o metaverso tem potencial de gerar externalidades positivas e negativas, cabe à sociedade estabelecer arcabouços regulatórios eficientes para maximizar os benefícios e minimizar os potenciais danos.

Em seu novo livro o filósofo David Chalmers ("Reality+: virtual worlds and the problems of philosophy", 2022) defende que os mundos virtuais são reais, não ilusórios, porque são baseados em processos computacionais e informacionais: "Quando você interage com um sofá virtual, está interagindo com um padrão de bits. O padrão de bits é inteiramente real. O objeto virtual é diferente do não virtual, mas ambos são igualmente reais", alerta Chalmers. O metaverso adiciona complexidade ao já complexo ambiente de comunicação, sociabilidade e negócios.

Dora Kaufman

SUMÁRIO

1. INTRODUÇÃO — METAVERSO: OPORTUNIDADES, DISCUSSÕES JURÍDICAS E O FUTURO DA SOCIEDADE
   Fernando Eduardo Serec 31

2. A EVOLUÇÃO DO METAVERSO NA SOCIEDADE: PRINCIPAIS DESAFIOS JURÍDICOS
   Patrícia Helena Marta Martins
   Victor Cabral Fonseca
   Júlia Aragão Lanfranqui 35

3. NOVAS FRONTEIRAS DA PRIVACIDADE: OS DESAFIOS DO EXERCÍCIO DA AUTODETERMINAÇÃO INFORMATIVA
   Marcela Waksman Ejnisman
   Maria Eugênia Geve de M. Lacerda
   Miguel Lima Carneiro 55

4. A TRANSFORMAÇÃO ESPACIAL DO METAVERSO E OS LIMITES DA JURISDIÇÃO
   Isabela Braga Pompilio
   Sandra Arlette Maia Rechsteiner 81

5. RELAÇÕES DE CONSUMO NO METAVERSO
   Patrícia Helena Marta Martins
   Gabriela Vitiello Wink
   Luciana Bazan Martins Bisetti 97

6. **DIREITO DA SAÚDE HACKEADO: *METAHEALTH***
   Marco Aurélio Torronteguy
   Victor Hugo Callejon Avallone — 115

7. **SEGUROS: PRODUTOS E METAVERSO COMO CANAL DE DISTRIBUIÇÃO**
   Bárbara Bassani — 127

8. **O METAVERSO E POSSÍVEIS IMPLICAÇÕES LEGAIS NOS MERCADOS FINANCEIRO E DE CAPITAIS BRASILEIRO**
   Gustavo Rabello
   Marcus Fonseca
   Bianca Peuker — 147

9. **O DIREITO SOCIETÁRIO EM AMBIENTES DIGITAIS DESCENTRALIZADOS**
   Maria Medeiros Bofill
   Daniel Born Roman
   Caio Henrique Wisniewski — 163

10. **ASPECTOS DE PROPRIEDADE INTELECTUAL NO METAVERSO**
    Carla do Couto Hellu Battilana
    Sofia Kilmar
    Stephanie Consonni de Schryver
    Julia Parizotto Menzel — 187

11. **METAVERSO E TRIBUTAÇÃO: O LEÃO NA ERA DA MORDIDA VIRTUAL**
    Erlan Valverde
    Juliana Dutra da Rosa — 209

12. **DIREITOS HUMANOS NO METAVERSO: DIREITOS REAIS DE PESSOAS VIRTUAIS**
    Clara Serva
    Luiz Carlos Silva Faria Junior — 225

SUMÁRIO

13. **NOVAS PERSPECTIVAS PARA O DIREITO DE PROPRIEDADE**
    Rafael Medeiros Mimica
    Maria Isabel de Sá Dias Machado 247

14. **QUESTÕES CONCORRENCIAIS: DESAFIOS E OPORTUNIDADES**
    Guilherme F. Ribas
    Patrícia Bandouk Carvalho
    Rodrigo da Silva Alves dos Santos 265

15. **TRANSAÇÕES IMOBILIÁRIAS NO METAVERSO**
    Vladimir Miranda Abreu
    Gabriela Nunes Machado
    Fábio Antônio C. Filgueira Filho 283

16. **QUAL O VALOR DO NFT? RISCOS E POSSIBILIDADES NO METAVERSO — NFTS E A RELATIVIZAÇÃO DO VALOR**
    Giovanni Paolo Falcetta
    Shin Jae Kim
    Franco Mikuletic Neto 299

17. **CRIME NO METAVERSO**
    Isadora Fingermann
    Giovana Dutra de Paiva 317

18. **DESAFIOS DAS RELAÇÕES DE TRABALHO NO METAVERSO**
    Alexandre de Almeida Cardoso
    Gabriela Lima Arantes
    Maurício de Carvalho Góes 337

19. **DOS *GAMES* AO METAVERSO**
    Bruna Borghi Tomé
    Amanda Celli Cascaes 353

20. *SMART CITIES*: OPORTUNIDADES E DESAFIOS DIANTE DO METAVERSO
Ana Carolina Katlauskas Calil
Enzo Felipe Campolim de Oliveira
Marcelo Moreira Maluf Homsi   375

21. RESPONSABILIDADE CIVIL NO METAVERSO
André Barabino
Marina Silva Caramuru   393

1.
INTRODUÇÃO — METAVERSO: OPORTUNIDADES, DISCUSSÕES JURÍDICAS E O FUTURO DA SOCIEDADE

Fernando Eduardo Serec

Há muito tempo, a humanidade e as sociedades enfrentam desafios relacionados a novas tecnologias. Naturalmente, os desafios técnicos e até de meios para aplicação de novas tecnologias recebem respostas antes que o mundo do Direito comece a examinar as consequências jurídicas e eventuais preocupações em relação aos impactos legais de uma nova ferramenta ou sistema.

Entretanto, tanto o Judiciário como os especialistas legais em temas de tecnologia têm tentado acompanhar de perto as evoluções e levantar questões que possam evitar, ou ao menos minimizar, problemas legais relacionados às novas tecnologias.

Por essa razão, recebi com imensa alegria a iniciativa das minhas sócias e sócios de lançar uma das primeiras obras sobre os impactos jurídicos do metaverso. Esta é uma das raras oportunidades em que estamos diante de uma nova tecnologia que tem potencial para criar discussões para todas as disciplinas jurídicas, ainda que em diferentes níveis.

Um ambiente virtual descentralizado, com ares de mundo "paralelo" à realidade, potencialmente eleva a uma localização imaterial os problemas do Direito que levamos anos para aprender como lidar. Fala-se em impactos consideráveis para o Direito Imobiliário, com tantas pessoas físicas e jurídicas comprando e construindo em terrenos virtuais; discute-se como funcionarão as relações de consumo entre avatares e seus itens virtuais, como *skins*, e quais seus impactos para as suas contrapartes existentes no mundo real; não nos esqueçamos dos NFTs e sua crescente utilização para fins artísticos e proteção de propriedade intelectual. Sendo mais criativo, por que não lembrar de potenciais crimes e contravenções que poderão ocorrer no metaverso, bem como tributos que podem ter fatos geradores em razão da exploração comercial de tal ambiente ou até mesmo ações que tenham a chance de levantar questionamentos sobre responsabilidade civil?

Nota-se, dessa forma, que a existência de um metaverso cria oportunidades para advogados e outros profissionais do Direito: é preciso, desde já, construir uma agenda de debates para que as soluções jurídicas acompanhem a introdução dessa tecnologia na sociedade. Para além disso: o grande desafio desses debates é que eles necessariamente deverão trazer à mesa profissionais de diferentes especialidades e gerações.

A obra que segue foi construída sob esses preceitos: inicialmente, entendemos que as principais áreas do Direito deveriam ser cobertas. Temos, nas próximas páginas, artigos que abordarão desde os impactos do metaverso sobre os conceitos gerais do Direito, como territorialidade e propriedade, passando por outros sobre propriedade intelectual, proteção de dados, relações de consumo, meios de pagamento e até mesmo relações trabalhistas e tributos em redes descentralizadas.

Já pode ser adiantado, por exemplo, que não defendemos um "novo Direito" em face do metaverso; nossa ideia é fortemente apoiada pela noção de transversalidade: revisitar disciplinas tradicionais é tão necessário quanto criar uma disciplina nova, que trate das relações entre Direito e metaverso. Essa visão permite entender que não necessariamente o metaverso demanda um novo ordenamento jurídico; é possível utilizar muitos dispositivos já existentes, mas trabalhar em sua aplicação e interpretação.

Dentre outras tantas justificativas para a importância de escrevermos uma obra sobre Direito e metaverso, também se destaca o fato de que ainda não se sabe exatamente do que se trata essa nova tecnologia, ou seja, o termo ainda carece de uma definição mais clara.

É claro — já existe, sim, uma acepção "tradicional" sobre o que é o metaverso: um universo virtual, baseado em ambientes digitais que funcionam em redes criadas por organizações autônomas descentralizadas (ou DAOs, inglês para *Decentralized Autonomous Organizations*). Nesse sentido mais clássico, em um metaverso as transações são formalizadas via blockchain e não há, a princípio, uma lei específica que incide sobre as relações sociais ali estabelecidas. Isso, por si, já revela uma miríade de questões jurídicas que podem emergir.

No entanto, como qualquer nova tecnologia, ainda estamos entendendo a amplitude de suas aplicações. Assim, podemos ter metaversos centralizados, criados como grandes "games" ou oportunidades por algumas organizações, bem como outros ambientes em que não há completa ausência de uma entidade governamental. Já observamos empresas que criam sedes no metaverso e até mesmo países que intencionam criar embaixadas virtuais nessas redes. Em muitos casos, há a *hype* acerca do uso de uma nova tecnologia; o que não isenta, de forma alguma, profissionais do Direito a estudarem e começarem a entender as consequências jurídicas de tais empreendimentos inovadores.

Além disso, é importante reforçar que mesmo o legislador atentará às particularidades do metaverso e, em algum momento, será necessário conceber a ideia de normas que tratem especificamente do uso dessa nova tecnologia. Em uma compreensão possivelmente utópica mas inevitável, ainda mesmo tratados internacionais podem se fazer necessários para regular a falta de territorialidade em ambientes descentralizados no metaverso e outras questões que transcendem a soberania estatal.

Na gestação de novas leis, será indispensável a participação de profissionais do Direito para que os textos legais reflitam os desafios que enfrentarão em seu cotidiano. Com isso em mente, espera-se que as políticas públicas que surgirão em breve sejam fruto, de fato, de uma colaboração entre diferentes agentes sociais e permitam um desenvolvimento tecnológico que não seja desprovido de segurança jurídica.

Convido os leitores a percorrer uma jornada multidisciplinar em direção ao futuro. Não sabemos, ainda, quais transformações o metaverso trará para os relacionamentos pessoais e de empresas. Temos certeza, no entanto, que os próximos anos serão de discussões muito necessárias sobre o tema.

Que essa obra cumpra seu objetivo de atuar como um marco fundamental para o estudo das consequências jurídicas de tecnologias descentralizadas e do metaverso. Somente com seriedade e sensatez nas ideias propostas seremos capazes de garantir que esses ambientes virtuais sejam saudáveis e sejam utilizados de forma segura.

2.
A EVOLUÇÃO DO METAVERSO NA SOCIEDADE: PRINCIPAIS DESAFIOS JURÍDICOS

Patrícia Helena Marta Martins
Victor Cabral Fonseca
Júlia Aragão Lanfranqui

Introdução

Popularmente, entende-se por metaverso uma realidade paralela, construída e mantida por tecnologias de realidade virtual, aumentada, e inteligência artificial, cujo objetivo é mimetizar o mundo físico. Muito explorado nas obras do gênero de ficção científica em videogames, filmes, séries e livros, tende a ser imaginado como um projeto demasiadamente fantasioso e de difícil aplicação prática.

Contudo, intensificado em parte pela pandemia de COVID-19, por conta das atividades cotidianas feitas remotamente, como o trabalho em home office, a simulação de uma peça de roupa em provadores virtuais ou a transmissão de um espetáculo através de figuras animadas em um servidor de videogame de multijogadores, já é possível perceber o metaverso se aproximando da adoção em massa com o propósito de não apenas suplementar experiências do "mundo real", mas, também, aprimorá-las substancialmente.

Parte da nova Era da internet, a Web 3.0, o metaverso é baseado no princípio da descentralização da internet, outro conceito à primeira vista muito distante. A Web3, como foi apelidada, será formada por redes controladas pela própria comunidade de usuários e criadores de conteúdo, com a promessa de entregar uma maior capacidade de gestão de recursos, maior segurança de dados e maior responsabilização por atos individuais online. Apesar de não ser possível afirmar que a referida Era já começou, elementos essenciais para o funcionamento de uma internet descentralizada estão sendo constantemente desenvolvidos e aplicados, aproximando-a da realidade, como a atuação central de Organizações Autônomas Descentralizadas (DAO, do inglês *Decentralized Autonomous Organizations*), que se guiarão por normas estipuladas em contratos inteligentes autoexecutáveis (*smart contracts*) e entidades autogovernadas, criptomoedas e sistemas baseados em blockchain.

Neste contexto, o presente artigo pretende apresentar uma introdução ao entendimento do metaverso e seus impactos na sociedade, bem como alguns dos desafios jurídicos identificados na fase de construção de um metaverso amplamente utilizado.

O primeiro item se dedica à difícil tarefa de definir o metaverso, um conceito ainda em construção. Em seguida, será apresentado um breve panorama histórico do desenvolvimento da ideia de um metaverso, desde suas raízes literárias até seu papel crucial na implantação da chamada Web 3.0. Por fim, o texto se desdobra sobre os principais desafios jurídicos gerais que permeiam o surgimento da vida em sociedade híbrida, uma vez que elementos basilares do ordenamento moderno — propriedade, territorialidade e proteção de dados — serão colocados em xeque e, certamente, demandarão um esforço legislativo e interpretativo de profissionais do Direito para ressignificar sua aplicação.

1. Definindo o metaverso

A tarefa de definir o termo "metaverso" passa longe da trivialidade. À primeira vista, algo que se define como "metaverso" pode parecer exclusivo dos setores tradicionalmente ligados às revoluções e inovações tecnológicas — como a Ciência da Computação e o ramo das Engenharias —, mas, hoje, é possível afirmar que há uma integração crescente com outras indústrias, que passam a ver oportunidades cada vez mais criativas com essas redes descentralizadas.

É importante estabelecer um nexo entre descentralização e metaverso. O último compõe a onda inicial de ideias e sistemas que inaugurarão a nova Era da internet, apelidada de Web 3.0, e, como toda grande revolução técnica, impactará diretamente os mais variados núcleos que fazem parte da organização da nossa sociedade, incluindo o Direito. Essas tecnologias apostam fortemente no conceito de descentralização: vivemos um momento em que a grande ambição é contar com uma rede distribuída (no lugar de grandes servidores atuando como os principais nós). É sobre essa base que se consolidam as redes blockchain, por exemplo, em que as transações são validadas a partir de protocolos de confiança estabelecidos entre terminais distribuídos (a "mineração").

A ideia inicial do "metaverso" é esta: criar um ambiente virtual baseado em redes descentralizadas. Contudo, pode-se afirmar que a tecnologia não se restringe a essa aplicação: sabidamente, é possível levantar oportunidades no metaverso em redes centralizadas, replicando o que é praticado nas atuais redes sociais. Mas o que diferencia essa nova tecnologia, assim?

A palavra "meta" é um prefixo de origem grega que significa "além de", e é utilizada para transmitir ideias de mudança e transformação, como nos termos "metáfora" (do grego *metaphorá*, que significa transposição) e "metamorfose" (do grego *metamórphōsis*, que significa transformação). Sendo assim, a junção do prefixo "meta" e da palavra "universo" sugere — em interpretação literal — um universo além do que já vivemos; um universo transposto, que potencialmente transforma a maneira como vivemos[1].

O real entendimento do metaverso, que, destaca-se, ainda está em construção, não se distancia da literalidade proposta.

A pesquisadora Terry Winters[2] entende que o principal objetivo do metaverso é prover um universo digital paralelo, conectado ao mundo físico através de múltiplas tecnologias, promovendo uma verdadeira convergência entre o *online* e o *offline*. Personas digitais (os avatares), réplicas de elementos do mundo físico e uma economia própria que dialogue com o sistema econômico do mundo físico são alguns dos elementos que tornarão essa convergência possível.

---

[1] Definições retiradas do Oxford Languages. Disponível em: https://languages.oup.com/. Acesso em: 16 fev. 2022.
[2] Winters, T. *The Metaverse: prepare for the next big thing!* Publicação independente: 2021, p. 10.

Ela afirma:

> O objetivo final do metaverso é parecer tanto visual quanto sensorialmente com a realidade física, permitindo que seu avatar se mova livremente, interaja com outros avatares e acesse as informações disponíveis em um ambiente 3D igual o faria no mundo real. As interações nesse ambiente afetarão, ao mesmo tempo, o estado pessoal do próprio usuário e o estado dos demais que frequentam o metaverso. *(tradução nossa[3])*

Outra tentativa de definição do metaverso que vale destaque é a do "Metaverse Roadmap Project" de 2007[4]. O projeto apresenta um conceito multifacetado, consideravelmente mais técnico que o de Terry Winters. Segundo seus especialistas, o metaverso revolve em torno de tecnologias de simulação capazes de criar espaços físicos virtuais — espécies de "mundos-espelhados" — e tecnologias de realidade aumentada, utilizadas para modificar a nossa realidade física, conectando informações da rede de computadores com espaços e objetos físicos. Sendo assim, o metaverso seria algo que depende inteiramente de um complexo ecossistema tecnológico, ecossistema este que seria mais relevante para sua construção que toda a discussão ideológica até então trazida.

Dionisio, Burns e Gilbert[5] seguem no mesmo caminho, defendendo que a criação de um metaverso dependerá inteiramente do progresso tecnológico de quatro ferramentas indispensáveis para a construção de qualquer mundo virtual que se preze: i) tecnologias que garantam o realismo psicológico; ii) tecnologias que garantam a ubiquidade de acesso e identidade dos usuários; iii) tecnologias que implantem uma interoperabilidade de conteúdo e experiências que ocorram em diferentes mundos virtuais; e iv) tecnologias que promovam o crescimento constante destes mundos virtuais.

Independente da corrente escolhida — técnica ou ideológica — a terminologia adotada para tratar do metaverso contribui para o entendi-

---

[3] Texto original: *"The ultimate goal of the metaverse is to look and feel like physical reality, allowing your avatar to move around freely, interact with others, and access information within a 3D environment just like in the real world. Interactions will affect both your own state of being and that of others in the metaverse".* Ibidem.

[4] Smart, J., Cascio, J., and Pattendorf, J. 2007. *Metaverse roadmap overview.* Disponível em: http://www.metaverseroadmap.org. Acesso em: 16 fev. 2022.

[5] Dionisio, J. D. N.; Burns III, W. G.; Gilbert, R. *3D Virtual Worlds and the Metaverse: Current Status and Future Possibilities.* ACM Computing Surveys, vol. 45, n. 3, Article 34, jun. 2013, p. 8.

mento de que a internet representa um mundo à parte do mundo físico, uma dimensão distante em que as leis da física não se aplica(ria)m, completamente separada da realidade em que se vive fora dela[6]. Logo, não se pode deixar de questionar se é, de fato, a terminologia que permanecerá imutável por muito tempo, uma vez que o metaverso vem para mesclar estas dimensões e transpor quaisquer barreiras — físicas ou não. Esse debate, entretanto, não deve demandar tantos esforços quanto os necessários para entender a amplitude e os impactos da introdução desse "universo" na sociedade, inclusive os jurídicos.

O objetivo não é construir um mundo digital restrito à rede de computadores, mas, sim, conectar as realidades, criando uma realidade híbrida em que qualquer um possa ter uma presença persistente que se movimente *on* e *offline*[7] sem dificuldades.

Outro aspecto que vale o destaque é a progressão da concepção de metaverso. O termo surgiu como referência de uma versão amplificada de um mundo virtual individual, mas, hoje, já é tratado como uma realidade virtual altamente imersiva composta por uma rede de mundos virtuais interconectados[8].

Seguindo a tendência à descentralização da internet e de seus domínios, especialistas enxergam que o metaverso provavelmente não será um feudo virtual cuja propriedade exclusiva é de uma única grande corporação. Para eles, a tendência é que ele se construa com base em vários núcleos, cuja propriedade se dividirá entre diferentes entidades, mas que estejam intrinsicamente conectados de modo a permitir a livre mobilidade de seus usuários[9].

Será uma gigantesca infraestrutura de mundos virtuais interligados, acessíveis através de uma interface comum, que incorporam tecnologias 2D e 3D em uma internet imersiva[10].

---

[6] CHALMERS, D. J. *Reality+: Virtual Worlds and the Problems of Philosophy*. New York: W. W. Norton & Company, 2022.
[7] Ibidem.
[8] DIONISIO, J. D. N.; BURNS III, W. G.; GILBERT, R. *3D Virtual Worlds and the Metaverse: Current Status and Future Possibilities*. ACM Computing Surveys, vol. 45, n. 3, Article 34, jun. 2013, p. 7.
[9] WINTERS, T. *The Metaverse: prepare for the next big thing!* Publicação independente: 2021, p. 13.
[10] FREY, D.; ROYAN, J.; PIEGAY, R.; KERMARREC, A.-M.; ANCEAUME, E.; FESSANT, F. L. A decentralized architecture for virtual environments. In *Proceedings of the 1st International Workshop on Massively Multiuser Virtual Environments (MMVE)*. Solipsis: 2008, p. 29-33.

Para melhor compreensão desta rede interligada de mundos virtuais, o IEEE Virtual World Standard Group elaborou um relatório que ilustra a progressão do universo físico-virtual. Primeiro, têm-se os mundos virtuais separados, ou "MetaWorlds", análogos ao planeta Terra, sem capacidade de trânsito entre si, como é o caso do famoso Second Life[11] em relação a outros mundos virtuais. Em seguida, existem as "Meta-Galaxies", que envolvem diversos mundos virtuais coexistentes, considerados como parte da mesma comunidade e controlados pela mesma autoridade, como o Activeworlds[12] e o OpenSim Hypergrid[13]. Em Meta-Galaxies, é possível viajar entre os "planetas" virtuais, contudo sempre com a consciência de que se está transitando entre ambientes pertencentes a uma entidade comum.

O que se entende por metaverso, portanto, seria a progressão final. Um ecossistema onde MetaWorlds e MetaGalaxies interagem através de um protocolo de transporte virtual padronizado que independe da autoridade controladora dos ambientes envolvidos[14]. Isso porque, conforme será visto com mais detalhes no item a seguir, o metaverso está inserido em um contexto de internet descentralizada, a Web 3.0, impulsionada por conteúdo gerado e controlado pelo próprio usuário, em uma lógica não monopolista.

Apesar de complexa a discussão, e do fato de que o metaverso é um conceito que se constrói para o futuro, sem relevantes comparações possíveis que auxiliem o processo de visualização da nova Era da internet, com as informações levantadas consegue-se elaborar um esboço daquilo que, em alguns anos, será tão natural.

O metaverso mais provável será uma continuação do mundo físico, duas realidades que se complementam e conversam, que caminham juntas. A depender de sua evolução, é uma tecnologia capaz de promover

---

[11] Disponível em: https://secondlife.com/?lang=pt-BR. Acesso em: 18 fev. 2022.
[12] Disponível em: https://www.activeworlds.com/. Acesso em: 18 fev. 2022.
[13] A hypergrid do Open Simulator é uma extensão que permite que o usuário conecte a sua simulação a outras simulações disponíveis na internet, capacitando trocas entre usuários de diferentes simulações hospedadas pelo Open Simulator. Disponível em: http://opensimulator.org/wiki/Main_Page. Acesso em: 18 fev. 2022.
[14] DIONISIO, J. D. N.; BURNS III, W. G.; GILBERT, R. *3D Virtual Worlds and the Metaverse: Current Status and Future Possibilities*. ACM Computing Surveys, vol. 45, n. 3, Article 34, jun. 2013, p. 8.

uma transformação total da maneira como vivemos, geradora de novos desenhos de relações sociais, de consumo, trabalhistas e empresariais, motivo pelo qual o Direito precisa começar a se preparar para seus desenrolares o quanto antes, no embate permanente entre a atualidade das leis e estratégias jurídicas e o caminhar da sociedade.

2. Evolução histórica: da ficção científica à realidade

Apesar de o termo ter apenas recentemente ganhado a atenção dos juristas, o metaverso é um conceito antigo, muito conhecido na literatura.

O autor Neal Stevenson foi o primeiro a mencionar a ideia de um metaverso em sua obra "Snow Crash", publicada em 1992, motivo pelo qual é considerado o criador do conceito. Para ele, o metaverso era uma realidade virtual paralela à física, gerada por gráficos computacionais acessíveis via tecnologias de VR (*virtual reality*) e AR (*augmented reality*), como óculos inteligentes, fones de ouvido e roupas especiais. Em "Snow Crash", um protocolo digital conectava bairros, ruas, blocos e construções virtuais em uma grande "rua". Assim como no metaverso idealizado hoje, na obra em questão, apesar de ser uma realidade sintética, as experiências vividas na rede de "Snow Crash" tinham impactos reais na vida física de seus usuários — como ganhos financeiros, promoções de trabalho, dentre outras.

Ao longo dos anos, o metaverso foi explorado por diversas outras histórias de ficção científica como uma realidade completamente distante. Alguns dos principais exemplos são a realidade virtual chamada "Matrix", da obra literária "Neuromancer", de William Gibson, publicada em 1984; o grande mundo virtual "OASIS", ilustrado no livro "Jogador Número Um", de Ernest Cline, publicado em 2011; e a série original do serviço de streaming da Amazon, o Amazon Prime, chamada "Upload", que apresenta uma nova versão da vida após a morte na qual a consciência humana é transferida para um universo de realidade virtual, de modo que os mortos continuam a ter contato com os vivos através de tecnologias de VR e AR[15].

O grande empecilho para que o metaverso se tornasse realidade sempre foi a capacidade técnica de produzir em larga escala os meca-

---

[15] MYSTAKIDIS, S. Metaverse *In Encyclopedia*. Vol. 2, 2022, p. 486-497.

nismos necessários para a adoção em massa de uma vida virtual paralela[16]. Vejamos:

> Como foi o caso da obra "Snow Crash", um mundo inserido no metaverso precisa contar com o aparato técnico necessário para suportar a criação de conteúdo gerado diretamente por seus usuários, a propriedade permanente de bens, interações ao vivo, cenas que não pausem ou reiniciem automaticamente, um alto número de usuários simultâneos e uma economia digital multifacetada, movida por consumidores e negócios independentes. (tradução nossa[17])

O metaverso depende de uma relação quase simbiótica com o desenvolvimento de tecnologias disruptivas para se tornar realidade. Inteligência artificial, realidade virtual, realidade aumentada, blockchain e sistemas que possibilitem a distribuição de internet de baixa latência (como o 5G) são indispensáveis para o seu desenvolvimento. Talvez por isso apenas recentemente o metaverso tenha retornado ao debate público como uma verdadeira possibilidade, e não mera invenção literária.

Quando surgiu a ideia de um metaverso, algumas dessas tecnologias já podiam ser encontradas no mercado, mas a preços completamente inacessíveis. Terry Winters acredita que o ponto crucial para sua atual popularização, contudo, não foi o mercado industrial — o costumeiro propulsor de revoluções técnicas — mas, sim, o novo mercado de videogames e eSports[18]. Os primeiros mecanismos de realidade virtual imersiva surgiram em empresas desenvolvedoras de hardware para aparelhos de videogame, como a Unity, a Unreal Engine e a NVIDIA, e apenas após a popularização do universo *gamer* na mídia, e o consequente aumento de usuários destas tecnologias, passaram a ser aplicados em aparatos rotineiros das demais tribos sociais.

---

[16] WINTERS, T. *The Metaverse: prepare for the next big thing*. Publicação independente: 2021.
[17] Texto original: *"As was the case in Snow Crash, a metaverse world must have the technical capacity to support user-generated content creation, permanent asset ownership, live interactions, scenes that don't automatically pause or reset, high numbers of concurrent users, and a multifaceted economy driven by consumer spending and independent businesses"*. Ibidem, p. 13.
[18] THE GOLDMAN SACHS GROUP, INC. *Framing the Future of Web 3.0: Metaverse Edition*. New York, dec. 2021.

Por essa razão, é possível dizer que o atual momento representa a transição da Era da Informação para a Era da Imersão e Integração[19].

O metaverso é, portanto, considerado a nova fronteira da internet, ou a Web 3.0. Assim, para melhor compreender o contexto em que a sociedade pretende se inserir, é necessário retornar ao passado e rever a trajetória da internet.

A internet da atualidade pode ser considerada uma rede global que surgiu em 1990, pensada para ser um novo meio de comunicação que substituiria a imprensa tradicional: jornais, revistas, livros, rádio, televisão e cinema que dependiam de HTML para prover informações via texto. A fase chamada de Web 1.0 foi marcada por interações extremamente limitadas, pensadas apenas para a difusão do conteúdo[20].

Muito daquilo que é comum em termos de internet diz respeito à Web 2.0, a segunda fase da internet. A Web 2.0 surgiu em meados de 2004, tendo como característica fundamental o conteúdo gerado pelo usuário e a interatividade — interatividade tanto entre usuários quanto entre usuário e empresas detentoras dos domínios. Esta fase também é marcada pela propriedade de domínios da internet, ou centralização; empresas como a Meta, o Reddit, o Google e o Twitter são proprietárias das plataformas hospedeiras de marketplaces digitais e dos conteúdos gerados pelos usuários, bem como estão sujeitas ao controle de agências reguladoras estatais.

Destaca-se que isso não é algo necessariamente ruim. Para o desenvolvimento da internet como uma rede global e hiperconectada, algum nível de controle sobre os materiais nela inseridos foi essencial na busca pela ordem. Contudo, pesquisadores acreditam que a atual forma de organização da rede será, em breve, superada.

A próxima etapa, diz-se, é a Web 3.0, a Era da descentralização de conteúdo, que virá para revolucionar a maneira como tratamos a gestão de ativos digitais. Nela, os usuários poderão produzir, possuir e monetizar seu conteúdo, utilizando tecnologias baseadas em blockchain

---

[19] Ibidem.
[20] GARON, J. M. *Legal Implications of a Ubiquitous Metaverse and a Web3 Future*. 2022. Disponível em: https://papers.ssrn.com/sol3/papers.cfm?abstract_id=4002551. Acesso em: 10 fev. 2022.

(pública e privada) e *descentralized finance* (DeFi)[21] para gerir seus próprios negócios, independentemente da intervenção das grandes empresas que, até então, controlavam o fluxo de informações na internet.

Sobre o elemento da descentralização, Terry Winters explica:

> A ênfase da Web3 em descentralização vem da ideia de que "usuários são a plataforma" e a plataforma é sustentada coletivamente por aqueles que dela fazem parte. Como donos parciais da plataforma, usuários então possuem soberania sobre seus ativos virtuais, dados e riqueza digital. (tradução nossa[22])

O desenvolvimento da Web 3.0 será essencial para a difusão do metaverso, eis que ambos se utilizarão das mesmas tecnologias base — blockchain, criptoativos, DeFi, NFTs, etc. Apenas com o caminhar conjunto destes dois projetos poderá o metaverso deixar de ser uma ideia futurista e passar a ser visto de maneira concreta como a nova etapa das relações sociais.

3. *Metalaw*: o Direito na Web 3.0

Os avanços tecnológicos hoje disponíveis na área da programação reinventaram o conceito de uma experiência "da vida real" — isto é, em carne e osso, fisicamente ao vivo. Estão disponíveis para utilização em massa sistemas que replicam imagens, sons e sensações no ambiente digital de modo tão realístico que se torna um verdadeiro desafio identificar os traços do maquinário por trás de certas reproduções, como foi o caso do documentário "Get Back", dirigido por Peter Jackson, estreado em 2021, em que foram utilizadas técnicas de *machine learning* para restaurar a voz das lendas musicais que há muito deixam saudades em seus fãs[23].

Tais tecnologias, inicialmente restritas ao microcosmos do entretenimento, logo passaram a ser aplicadas nos mais variados setores sociais,

---

[21] WINTERS, T. *The Metaverse: prepare for the next big thing*. Publicação independente: 2021, p. 10.

[22] Texto original: *"Web3's emphasis on decentralization is grounded on the idea that "users are the platform" and the platform is sustained collectively by those who take part in it. As part-owners of the platform, users are therefore entitled to enjoy sovereignty over their virtual assets, data, and digital wealth"*. Ibidem.

[23] Disponível em: https://www.musicradar.com/news/the-beatles-audio-stems-get-back. Acesso em: 22 fev. 2022.

tornando a experiência física um luxo dispensável para a maior parte dos negócios[24].

Logo, não será necessário reinventar o Direito, apenas adaptá-lo à nova camada da realidade virtual e à vivência interpessoal híbrida.

Neste item serão abordadas três questões essenciais para a discussão de todas as relações jurídicas envolvendo o metaverso, por serem elementos basilares do ordenamento jurídico geral que precisarão ser revisitados antes de qualquer relevante transformação: a nova propriedade híbrida; as problemáticas envolvendo o uso massivo de dados; e o princípio da territorialidade.

Antes de prosseguir, cabe uma nota: as questões jurídicas relevantes para o metaverso não se resumem a essas que abordaremos aqui. É imprescindível lembrar que a introdução dessa tecnologia na sociedade enseja uma (re)discussão sobre as mais diversas disciplinas do Direito, tais como Tributário, Consumerista, Trabalhista, Bancário, Imobiliário e outros. Como parte de uma obra que abordará em maiores detalhes esses outros campos, optou-se por, neste artigo, tratar apenas dos itens mais gerais para o ordenamento jurídico (propriedade, dados e territorialidade).

3.1. A nova propriedade híbrida

Parte da promessa do metaverso como elemento essencial da nova fase da internet é a recuperação da propriedade total sobre os conteúdos produzidos e comercializados digitalmente, de maneira que esta propriedade seja reconhecida independentemente do mundo virtual em que o usuário se encontrar. Uma das soluções encontradas são os tokens não fungíveis (NFTs), a nova propriedade virtual baseada em blockchain, que se transporta através das diferentes interfaces já existentes.

O crescente uso de NFTs evidencia a necessidade de estudar essa tecnologia e suas aplicações sob as mais diversas perspectivas. Do ponto de vista da arte, por exemplo, o registro via NFT garante o valor da obra ao certificar os seguintes fatores: i) prova de quantidade de itens existentes (similar a um estoque); ii) prova de criação, autoria e autenticidade; e iii) prova de propriedade, relacionando o número de série do

---

[24] SOLOVIOV, E.; DANILOV, A. The Beginning of phygital world. In *South Asian Journal of Engineering and Technology*. 2020, p. 1-4.

NFT em questão com o estoque e a autenticidade. Cada NFT possui um número de série único, comparável ao nosso DNA[25].

Contudo, a questão da propriedade híbrida vai muito além da existência de novas propriedades virtuais (como itens carregáveis por avatares e arte digital). É imprescindível criar um ambiente virtual que transpareça confiança para as trocas econômicas[26].

Em um ambiente de economia virtual, moedas são trocadas entre usuários nas mais diversas operações, podendo envolver uma taxa transacional. Isso porque a empresa hospedeira do ambiente virtual será responsável por criar esta moeda, manter seu valor e, em alguns casos, pode até sentir a necessidade de regular a sua disponibilidade de modo a evitar inflação. Não se sabe ainda se o metaverso se organizará com base em uma economia análoga à economia física, na qual os Estados manterão suas moedas e taxas de conversão, ou se uma economia virtual completamente nova irá surgir — as duas possibilidades podem, por ora, ser consideradas.

A certeza, de fato, é que, independentemente do modelo econômico optado, haverá um longo período de transição durante o qual o principal objetivo deverá ser provar aos usuários que o sistema é seguro e que suas propriedades estarão protegidas nos moldes da lei.

Propriedades em mundos virtuais descentralizados provavelmente serão programadas em blockchains como o Ethereum, uma rede descentralizada, automatizada e de registros imutáveis, que funciona como um livro razão certificador dos requisitos de tempo e geolocalização de negócios digitais. A tecnologia Ethereum já está sendo amplamente utilizada para a elaboração de contratos inteligentes, aplicativos descentralizados e tokens em geral, e especialistas acreditam que será o principal instrumento de garantia de negócios jurídicos na Era da Web 3.0.

De todo modo, essa releitura sobre os Direitos de Propriedade, como um todo, pode certamente trazer desdobramentos em muitas disciplinas jurídicas. Discute-se, por exemplo, como ficam as propriedades de "terrenos virtuais" no metaverso e se há algum tipo de proteção jurídica sob a ótica do Direito Imobiliário; também vêm à tona debates acerca da

---

[25] WINTERS, T. *The Metaverse: prepare for the next big thing.* Publicação independente: 2021, p. 37.
[26] Ibidem, p. 35.

propriedade intelectual de itens virtuais — as "cópias virtuais" de objetos reais gozam da mesma proteção que as suas contrapartes[27]? Seria a propriedade de itens virtuais algo garantido à pessoa, independentemente de seu acesso à rede ter sido, por exemplo, banido?

Nota-se que, além de não possuírem respostas claras, essas não são discussões triviais; certamente, veremos a matéria ganhar força nos tribunais e, por que não dizer, entre os meios acadêmicos e profissionais do Direito. Aqui, resta evidenciar que este é um dos desafios jurídicos mais evidentes do desenvolvimento de tecnologias descentralizadas como o metaverso.

3.2. Metaverso e o uso massivo de dados

Não se tem muitas certezas acerca do metaverso, porém uma das mais claras é que ele revolucionará a maneira como nossa sociedade consome. O metaverso oferecerá incontáveis oportunidades de novos negócios, produtos e maneiras de se conectar com consumidores e clientes em potencial. Prevê-se que propagandas se tornarão mais imersivas e certeiras em relação ao seu público-alvo e que produtos evoluirão em uma velocidade jamais imaginada, devido a um status de feedback constante.

Estas melhorias se darão, principalmente, pela quantidade massiva de dados que a nova realidade virtual mobilizará.

O primeiro passo do usuário ao adentrar o metaverso será criar sua persona virtual, um "avatar" que poderá representar, também, sua identidade física. Através dela, o usuário irá navegar pelos diversos feudos virtuais, bem como atrelar suas propriedades digitais ao seu poder aquisitivo *on* e *offline*.

Dotada da capacidade de transitar de maneira híbrida, a persona virtual terá uma pegada de dados digitais incomparável com o que hoje consideramos alto volume de dados, e estes dados estarão inseridos em um contexto descentralizado, sem uma autoridade central de fiscali-

---

[27] Em 2021, importante grife de luxo anunciou que NFTs vendidos por 200 ETH baseados em seus produtos mais icônicos são falsos e foram fabricados sem sua autorização, acalentando a discussão sobre pirataria de bens digitais. A marca esclareceu que se mantém fora do mundo dos NFTs por valorizar a experiência física de objetos feitos à mão, motivo pelo qual seus produtos não seriam encontrados na versão digital. Contudo, surge o questionamento: e quando a experiência física for completamente substituível pela digital? Como serão conduzidos os conflitos de propriedade intelectual?

zação. Todo o esforço em estabelecer um sistema efetivo de proteção de dados pessoais inseridos em um contexto de realidades separadas por uma clara barreira entre o físico e o digital deverá ser reelaborado.

Em entrevista concedida à revista *Time*, Matthew Ball, autor da obra *The Metaverse: And How It Will Revolutionize Everything*, cujo lançamento está previsto para julho de 2022, disse[28] que

> É importante reconhecer que existem cinco problemas realmente importantes que ainda não resolvemos na Era da internet móvel: direitos dos dados recolhidos, segurança de dados, radicalização, desinformação e poder da plataforma hospedeira. Se a premissa fundamental do metaverso é que gastaremos mais do nosso tempo, trabalho, lazer, riqueza e da nossa existência como um todo dentro de mundos virtuais, então, por definição, cada um desses cinco problemas é exacerbado. **A quantidade de dados capturados e a importância desses dados aumentam, ou os riscos da perda destes dados são intensificados.** (Grifo e tradução nossos[29])

É o que possivelmente ocorrerá em relação ao crescimento de casos de *geo-targetting* (propaganda com base em dados de geolocalização). A chegada de uma vida paralela 100% digital e integrada, com acúmulo desenfreado de dados pessoais, poderá desencadear o aumento de anúncios personalizados com base nesses dados — sem, necessariamente, o consentimento do consumidor.

Contudo, a expectativa é que esse cenário turbulento não se propague, marcando apenas a fase de transição à Web 3.0. Isso porque a própria Web 3.0 foi idealizada para melhorar a privacidade do usuário, colocando os indivíduos no controle de seus dados.

A expectativa é que a recém-vigente Lei Geral de Proteção de Dados (Lei nº 13.709, de 2018) atue como salvaguarda dos usuários durante essa transição. Diante da hiperexposição dos indivíduos a ambientes

---

[28] Disponível em: https://time.com/6116826/what-is-the-metaverse/. Acesso em: dez. 2021.

[29] Texto original: *"It's important to recognize that there are five really important problems we haven't yet solved in the mobile internet: data rights, data security, radicalization, misinformation and platform power. If the fundamental premise of the metaverse is that we will spend more of our time, labor, leisure, wealth, existence inside virtual worlds, then by definition, every one of those five problems is exacerbated. The amount of data captured and the importance of that data goes up, or the risks of data loss are intensified".* Ibidem.

virtuais intrinsicamente associados a (quase) todos os aspectos de suas vidas pessoais, da quantidade imensurável de dados armazenados e de sua inicial vulnerabilidade extra, a LGPD entrará como elemento chave da proteção da nova **personalidade híbrida**.

Necessário ressaltar, porém, que a chegada do metaverso representa, também, um aumento da velocidade com que a referida legislação deverá se atualizar, uma vez que a própria maneira como entendemos dados pessoais irá evoluir exponencialmente[30].

3.3. O princípio da territorialidade virtual

As relações jurídicas foram regulamentadas por um Direito altamente baseado na territorialidade dos fatos. As atuais leis dependem da consciência do local onde foram promulgadas, do local onde se encontra o agente e do local onde se encontram as partes e objetos interessados. A partir do momento em que o indivíduo passa a ter uma vida paralela virtual, e que as relações em que ele se envolve também passam a transpor as barreiras do mundo físico, o Direito se depara com um grande desafio: redesenhar regulamentações territorialistas em um contexto criado para extinguir fronteiras.

O princípio da territorialidade compõe a Lei de Introdução às Normas do Direito Brasileiro (LINDB, ou Decreto-Lei nº 4.657/1942), diploma normativo que dita a aplicação das leis brasileiras em geral. Segundo ela, a norma deve ser aplicada dentro dos limites territoriais do Estado que a editou, e que, portanto, detém a soberania sobre a situação regulada. A título exemplificativo, seu artigo 7º dispõe sobre a aplicação da lei do país de domicílio do sujeito a conflitos envolvendo sua personalidade, nome e capacidade; seu artigo 8º determina que, para qualificar bens e regular relações a eles concernentes, deverá ser aplicada a lei do país em que estiverem situados; e explicita que obrigações em geral serão ditadas pela lei do país em que se constituírem.

Além de constituir elemento fundamental da base normativa brasileira, a questão da territorialidade pode ser levantada em diversos núcleos específicos do Direito.

---

[30] GARON, J. M. *Legal Implications of a Ubiquitous Metaverse and a Web3 Future*. 2022. Disponível em: https://papers.ssrn.com/sol3/papers.cfm?abstract_id=4002551. Acesso em: 10 fev. 2022.

Na seara criminal, por exemplo, pode-se questionar a competência de determinado órgão para julgar um crime cometido no metaverso, eis que todo o sistema processual penal é baseado neste princípio[31].

No Direito Contratual, pode-se indagar qual a autoridade certificadora e validadora de um documento firmado no metaverso; qual a eficácia deste documento nas relações que se celebram na realidade física; e qual a eficácia deste documento na própria realidade virtual, uma vez que o metaverso está sendo pensado como um ambiente descentralizado e mundos múltiplos.

O mesmo ocorre no ramo das Obrigações: questiona-se quais as leis aplicáveis em um negócio jurídico celebrado no metaverso. A realidade híbrida apresenta uma nova possibilidade, eis que, além do conflito territorial entre as leis das partes e objetos participantes do negócio, deve-se considerar a lei do local onde o servidor do metaverso em questão está hospedado, a lei do local onde a empresa dona do servidor está sediada, as leis onde cada usuário se encontra e, quiçá, uma lei própria do metaverso.

Do ponto de vista do Direito Internacional, a territorialidade coloca em xeque todo o conceito de soberania. Em 2021, Barbados firmou uma parceria com o metaverso Decentraland para abrir a primeira embaixada na realidade virtual[32]. O propósito desta embaixada foi fixar o país como soberano na nova realidade paralela, e iniciou um longo debate acerca da validade da soberania daqueles países que optaram por ainda não embarcar no metaverso. A embaixada virtual é requisito para a soberania de um Estado nas relações híbridas, ou a embaixada física já pressupõe uma soberania igualmente híbrida? Quais são os efeitos políticos de um Estado abrir embaixada em uma localização estrangeira? Quando um país instala uma embaixada no exterior ele está automaticamente reconhecendo a soberania da nação na qual está localizada. Então, com sua embaixada digital, Barbados reconhecerá a legitimidade de um ambiente completamente virtual?

---

[31] Vide o artigo 1º do Código de Processo Penal (Decreto-Lei nº 3.689, de 3 de outubro de 1941).

[32] País caribenho será o primeiro do mundo com uma embaixada no metaverso. *Exame*, 16 nov. 2021. Disponível em: https://exame.com/future-of-money/pais-caribenho-sera-o-primeiro-do-mundo-com-uma-embaixada-no-metaverso/. Acesso em: 10 fev. 2022.

Passaportes virtuais, taxas de importação virtuais, controle de fronteiras virtuais entre metaversos, a possibilidade de uma nova espécie de xenofobia entre MetaWorlds. Terry Winters acredita que há apenas uma maneira de prever a nova realidade: imaginação. Caso o metaverso atinja o patamar desejado pelos especialistas e investidores do tema, absolutamente todas as nossas relações se expandirão, de modo que é possível realizar um exercício imaginativo com todos os problemas já regulamentados na normativa tradicional[33]. O Direito se depara com uma oportunidade única na história da humanidade, a de se preparar com relativa antecedência para uma tecnologia que potencialmente transformará todas as relações sociais. O metaverso apenas inaugura a discussão acerca da territorialidade, um conceito que, com o desenvolvimento tecnológico e a eliminação completa das barreiras físicas, logo mais se tornará obsoleto.

Conclusões

Originário das obras de ficção científica como uma realidade distante e, de certa forma, fantasiosa, o metaverso está mais próximo que nunca. Impulsionado pelas necessidades sociais de expansão de formas de comunicação e interação, intensificadas pela pandemia da COVID-19, essa nova maneira de se relacionar foi experimentada por grande parte da população global mesmo sem o conhecimento de que vivenciavam o começo da nova Era da internet, a Web 3.0.

Apesar das incertezas que rodeiam o metaverso, vê-se que alguma versão de uma realidade virtual, hiperconectada, que se integre à vida física é inevitável — e bem recebida. Afinal, conforme demonstrado, o metaverso não pretende substituir a vivência física, mas, sim, oferecer a melhor alternativa possível para as interações que ainda dependem de certo grau de presença corpórea.

Atualmente, o metaverso se encontra em uma complicada etapa da fase de implantação: uma vez desenvolvidas as tecnologias necessárias para proporcionar a existência individual na modalidade *phygital*, é preciso elaborar uma maneira de promover o diálogo entre elas — que são

---

[33] WINTERS, T. The Metaverse: prepare for the next big thing. Publicação independente: 2021, p. 26-30.

completamente independentes entre si — assim estabelecendo uma verdadeira cultura híbrida[34].

Entretanto, independente do caminhar da construção do metaverso, o Direito já sente os impactos que virão com a nova realidade. Conceitos fundamentais do ordenamento jurídico, como o princípio da territorialidade, a definição de propriedade e o trato de dados pessoais deverão ser repensados para que as proteções promovidas aos elos mais vulneráveis das relações sociais não se tornem obsoletas de um dia para o outro.

Referências

BRASIL. Decreto-Lei nº 3.689, de 3 de outubro de 1941. *Código de Processo Penal.* Disponível em: http://www.planalto.gov.br/ccivil_03/decreto-lei/del3689compilado.htm.

BRASIL. Decreto-Lei nº 4.657, de 4 de setembro de 1942. *Lei de Introdução às normas do Direito Brasileiro.* Disponível em: http://www.planalto.gov.br/ccivil_03/decreto-lei/del4657compilado.htm.

BRASIL. Lei nº 13.709, de 14 de agosto de 2018. *Lei Geral de Proteção de Dados Pessoais (LGPD).* Disponível em: http://www.planalto.gov.br/ccivil_03/_ato2015-2018/2018/lei/L13709compilado.htm.

CHALMERS, D. J. *Reality+: Virtual Worlds and the Problems of Philosophy.* New York: W. W. Norton & Company, 2022.

DIONISIO, J. D. N.; BURNS III, W. G.; GILBERT, R. *3D Virtual Worlds and the Metaverse: Current Status and Future Possibilities.* ACM Computing Surveys, vol. 45, n. 3, Article 34, jun. 2013.

FREY, D.; ROYAN, J.; PIEGAY, R.; KERMARREC, A. M.; ANCEAUME, E.; FESSANT, F. L. A Decentralized Architecture for Virtual Environments. In *Proceedings of the 1st International Workshop on Massively Multiuser Virtual Environments (MMVE).* Solipsis: 2008, p. 29-33.

GARON, J. M. *Legal Implications of a Ubiquitous Metaverse and a Web3 Future.* 2022. Disponível em: https://papers.ssrn.com/sol3/papers.cfm?abstract_id=4002551. Acesso em: 10 fev. 2022.

MYSTAKIDIS, S. Metaverse *In Encyclopedia.* Vol. 2, 2022, p. 486-497.

SOLOVIOV, E.; DANILOV, A. The Beginning of phygital world In *South Asian Journal of Engineering and Technology.* 2020, p. 1-4.

---

[34] DIONISIO, J. D. N.; BURNS III, W. G.; GILBERT, R. *3D Virtual Worlds and the Metaverse: Current Status and Future Possibilities.* ACM Computing Surveys, vol. 45, n. 3, Article 34, jun. 2013, p. 28.

THE GOLDMAN SACHS GROUP, INC. *Framing the Future of Web 3.0: Metaverse Edition.* New York, dec. 2021.

WINTERS, T. *The Metaverse: prepare for the next big thing.* Publicação independente: 2021.

3.
NOVAS FRONTEIRAS DA PRIVACIDADE: OS DESAFIOS DO EXERCÍCIO DA AUTODETERMINAÇÃO INFORMATIVA

Marcela Waksman Ejnisman
Maria Eugênia Geve de M. Lacerda
Miguel Lima Carneiro

Introdução

"Para refletir quem somos e o que esperamos construir, tenho orgulho de anunciar que, a partir de hoje, nossa empresa é agora 'Meta'[1]". Foi com estas palavras que em 28 de outubro de 2021 Mark Zuckerberg, CEO do antigo grupo Facebook (atual Meta), anunciou a mudança de marca da *holding* no evento Connect 2021. Por mais que à primeira vista esta seja apenas uma mudança restrita ao ambiente da Meta, um novo conceito começou a ganhar força no mesmo dia nos mais diversos setores da economia e sociedade: o metaverso.

Ainda que a ideia de um metaverso não tenha sido criada pela Meta, é inegável que a expansão do termo ganhou força a partir de então. Para aqueles que em outubro de 2021 pensavam que falar na ideia de

---

[1] META. *Introducing Meta: A Social Technology Company*. 28 out. 2021. Disponível em: https://about.fb.com/news/2021/10/facebook-company-is-now-meta/. Acesso em: 27 fev. 2022.

"metaverso" seria apenas algo momentâneo (uma "hype") ou algo inconcebível tirado de um livro de ficção científica, tanto a Meta quanto diversas outras empresas no mercado já têm mostrado nos meses seguintes à Connect 2021 que o metaverso se apresenta como próximo passo da evolução na era digital.

Experiências digitais como o "Second Life" já podiam ser vistas como "metaversos" no limite das suas capacidades à época em que foram desenvolvidas. De todo modo, a atual concepção conferida a esse universo digital quebra fronteiras até então pouco desbravadas ao viabilizar a imersão dos usuários em um novo "mundo real" a partir do conjunto de experiências virtuais que podem ser oferecidas com ferramentas de realidade virtual e aumentada[2].

Neste universo digital, a sociedade caminha rumo à convergência das vidas físicas e digitais em uma comunidade unificada e virtual imersiva onde o rol de possibilidades para criação será tão vasto quanto o mercado puder conceber[3]. É justamente diante desse horizonte de perspectivas que se inicia em 2021 a corrida de diferentes players do mercado rumo à inserção de seus produtos e serviços no metaverso, unindo as atividades rotineiras dos indivíduos no mundo físico a um contexto digital, tridimensional e multissensorial[4]. A pergunta "qual a nossa estratégia para a inserção na internet" passa então a ser gradativamente substituída por "qual a nossa estratégia para a entrada no metaverso".

Com a abertura de oportunidades que o mundo físico pode não conseguir oferecer, o metaverso será capaz de redesenhar o que se entende no campo das finanças, de bens e serviços, jogos, educação, entre outros. Justamente com essa premissa em vista, empresas como Microsoft, Disney, Nike e Ralph Lauren já começaram a desenvolver seus planos

---

[2] VIRGILIO, D. What Comparisons Between Second Life and the Metaverse Miss. *Future Tense* [parceria entre a Slate, a New America, e a Universidade Estadual do Arizona], [s. l.], 2022. Disponível em: https://slate.com/technology/2022/02/second-life-metaverse-facebook-comparisons.html. Acesso em: 20 fev. 2022.

[3] JP MORGAN. *Opportunities in the Metaverse*. 2022. Disponível em: https://www.jpmorgan.com/content/dam/jpm/treasury-services/documents/opportunities-in-the-metaverse.pdf. Acesso em: 27 fev. 2022.

[4] STARTSE. *Metaverso: Entenda de uma vez por todas o que é o metaverso*. E-book. 2022. Disponível em: https://www.startse.com/ebook-metaverso/?utm_source=instagram&utm_medium=feed&utm_campaign=ebook-metaverso&utm_id=ebook-metaverso&utm_term=02162022&utm_content=later-24779113. Acesso em: 27 fev. 2022.

para fazer parte desta onda com a oferta de produtos e serviços digitais como até então não se conhecia[5].

Diante desse universo de possibilidades que se abre, novos desafios surgem também; afinal, com a construção de um metaverso, a lógica de funcionamento do mundo físico não consegue ser simplesmente transplantada para esse novo contexto digital. Novas regras para o funcionamento desse sistema surgem, ainda que sigamos com as mesmas premissas do nosso "universo". Assim, para que o metaverso se expanda de forma responsável e segura, diferentes atores da sociedade (desde governos até partes interessadas e organizações) terão que trabalhar em conjunto para enfrentar os desafios que pouco a pouco vão se apresentando rumo ao pleno funcionamento desse ambiente digital[6].

Dentre os diferentes desafios da arquitetura do metaverso, um aspecto preliminar que deve ser considerado nesse ambiente diz respeito à preservação da privacidade dos usuários e à proteção dos seus dados pessoais. Tendo em vista o previsto nas normas de proteção de dados de diferentes jurisdições, a construção desse ambiente de interação digital imersiva precisará inevitavelmente se deparar com questionamentos relacionados, por exemplo, (i) à legitimidade das atividades de tratamento de dados pessoais desenvolvidas no metaverso (em especial considerando os dados de indivíduos em situação de vulnerabilidade como crianças e adolescentes), (ii) aos limites de responsabilização dos diferentes agentes de tratamento interagindo com os titulares nesse contexto, (iii) à estruturação de mecanismos para a segurança dos dados armazenados e compartilhados, dentre outros fatores.

Ainda assim, apesar desta ramificação de temas no campo, é possível encontrar um ponto focal para concentrar o esforço preliminar desses agentes de tratamento (sejam eles arquitetos do metaverso ou *players* ofertando seus produtos e serviços nesse meio) rumo à modelagem de um ambiente que preza pela proteção dos titulares ali "vivendo". Este ponto focal, por sua vez, amarra as preocupações elencadas acima sob uma mesma premissa fundamental que edifica as normas de proteção de

---

[5] Ibidem.
[6] OLIVER WYMAN FORUM. *Renaissance 2022: The New People Shaping Our Future*. 2022. Disponível em: https://www.oliverwymanforum.com/content/dam/oliver-wyman/ow-forum/global-consumer-sentiment/documents/Forum_Renaissance_2022_Full_Report.pdf. Acesso em: 27 fev. 2022.

dados ao redor do mundo, esta que reside na ideia de que "os titulares devem ter controle sobre seus próprios dados pessoais".

Essa concepção, também conhecida como o poder de "autodeterminação informativa" dos titulares, se faz presente na base do desenvolvimento do mundo digital, seja com a adequação de sistemas antigos ou com a construção de novas tecnologias. É importante, portanto, que a modelagem do metaverso não deixe de lado a constante busca pela preservação da autodeterminação informativa de seus usuários, em especial tendo em vista o maior volume de dados pessoais coletados com a imersão em diferentes níveis no universo virtual. De todo modo, se isso já é um desafio na era digital atualmente, a preservação destas garantias no âmbito do metaverso enfrentará ainda novas fronteiras de desafios.

É por essa razão que o presente Artigo se propõe a mapear os desafios do exercício da autodeterminação informativa no metaverso. Com isso, será possível preparar os caminhos rumo à identificação das melhores estratégias para promover a arquitetura do metaverso como um ambiente capaz de garantir não apenas a privacidade dos seus titulares, como ainda o desenvolvimento econômico desse novo mercado (harmonizando então estes dois elos fundamentais de toda operação de tratamento de dados pessoais).

Para tanto, o Artigo será dividido em duas seções. A primeira apresentará o conceito (não tão recente) de "realidade paralela" e sua expansão ao longo das últimas décadas até culminar no metaverso e, ainda, as diferentes relações comerciais entre todos os atores presentes neste novo ecossistema, sejam eles titulares de dados pessoais, empresas prestadoras de serviços e a empresa desenvolvedora da arquitetura do metaverso em si. A segunda seção, por sua vez, abordará mais a fundo a questão problema deste Artigo ao estabelecer a autodeterminação informativa como pilar da privacidade, apresentando os principais desafios identificados, até o momento, relacionados à promoção deste direito no mundo de oportunidades e inovação que será o metaverso.

1. Desbravando o metaverso: o que está em jogo nesta "nova" realidade?

1.1. A evolução do conceito de realidade paralela e a amplificação do conceito de metaverso

A palavra "metaverso" tem origem na junção de dois termos de origem grega: "meta", que significa depois ou além, e "universo". Assim, é possível dizer que o metaverso, na perspectiva semântica, significa um universo futuro, uma nova realidade que extrapola a percepção atual.

Quem cunhou esse termo foi o escritor Neal Stephenson, no livro *Snow Crash*, publicado em 1992, três anos após a invenção da internet, para descrever um espaço com três dimensões criado por um computador e transmitido por óculos e fones de ouvido usados pelo usuário[7]. Na história, o protagonista luta para vencer um vilão virtual que tem atacado hackers e colocado tanto o metaverso quanto o "mundo físico" em risco.

A ideia de pessoas se disfarçarem ou assumirem outras personalidades em um ambiente novo e paralelo ao cotidiano é antiga: bailes de máscara na idade média, festas à fantasia nos anos 1920, ou partidas de *role playing game* (RPG) de Dungeons and Dragons. No entanto, não é possível dizer que essas situações ocorreriam em um metaverso, pois não apresentam uma das características centrais deste conceito, que é o protagonismo do espaço virtual.

Fakes no Orkut (febre adolescente no início dos anos 2000)[8], redes sociais infantis como o Club Penguin, Habbo e até mesmo o famoso Second Life também não se enquadram perfeitamente nessa concepção, apesar de replicarem relações humanas em ambiente digital, porque não possibilitam interações multissensoriais por meio de ferramentas de realidade virtual e realidade aumentada[9].

Claro que todos os exemplos descritos acima se aproximam e, de certa forma, pavimentam a concepção de metaverso, mas são incapazes

---

[7] STEPHENSON, N. *Snow Crash*. 1. ed. New York: Bantam Books, 1992.
[8] ARBEX, A. On&Off, mundos paralelos do fake no Orkut. In: *Medium*. [S. l.], 23 fev. 2022. Disponível em: https://medium.com/converg%C3%AAncia-digital/on-off-mundos-paralelos-do-fake-no-orkut-da350c15f28d. Acesso em: 23 fev. 2022.
[9] MYSTAKIDIS, S. Metaverse. In: *Encyclopedia*. 1. ed. [S. l.]: MDPI, 2022, v. 2, p. 486-497. Disponível em: https://www.mdpi.com/2673-8392/2/1/31. Acesso em: 20 fev. 2022.

de atingir todo o potencial do universo paralelo criado por Stephenson[10] e posto em movimento por Mark Zuckerberg, em 2021.

A Meta, antigo Facebook, há anos indicava que não se contentaria em atuar apenas como um conglomerado de redes sociais. Pouco a pouco, a empresa foi se transformando em um dos protagonistas globais da comunicação e comércio digitais e, naturalmente, não parou a expansão por aí. Mark Zuckerberg anunciou o novo posicionamento da Meta e, consequentemente, sua visão do metaverso, em um vídeo publicado no canal do YouTube da empresa no dia 28 de outubro de 2021[11].

Metaverso (apresentado com inicial maiúscula sempre que estivermos nos referindo especificamente ao modelo criado pela Meta e com inicial minúscula quando a referência for ao conceito em si) é visto como o "sucessor da internet móvel"[12] e tem como objetivo central conectar pessoas de maneira ainda mais realista, ainda que por meio digital.

De acordo com Zuckerberg, o Metaverso está pautado em oito blocos principais: sensação de presença, uso de avatares para representar usuários (conceito também cunhado por Stephenson no livro *Snow Crash*), *home spaces*, teleporte, interoperabilidade, privacidade e segurança, bens digitais e interfaces naturais[13].

Ainda que os dois primeiros itens tenham significado comum, vale detalhar os propósitos relacionados aos demais.

"*Home space*" representa o espaço individual de cada usuário, como uma casa privada dentro do próprio Metaverso; "teleporte" consiste na possibilidade de ir de um lugar para o outro clicando em um link (como de costume na internet); "interoperabilidade" é a possibilidade de usar em um ambiente objetos que foram desenvolvidos em outro (em outras palavras, a possibilidade de transferir bens e produtos por diversos cenários); "privacidade e segurança", ponto central para este artigo, estão

---

[10] STEPHENSON, N. *Snow Crash*. 1. ed. New York: Bantam Books, 1992.
[11] META. *Introducing Meta: A Social Technology Company*. 28 out. 2021. Disponível em: https://about.fb.com/news/2021/10/facebook-company-is-now-meta/. Acesso em: 27 fev. 2022.
[12] Ibidem.
[13] LÓPEZ DÍEZ, J. Metaverso: Año Uno. La presentación en vídeo sobre Meta de Mark Zuckerberg (octubre 2021) en el contexto de los estudios previos y prospectivos sobre metaversos. Pensar la Publicidad. *Revista Internacional de Investigaciones Publicitarias*, v. 15, n. 2, p. 299-303, 13 dic. 2021. Disponível em: https://doi.org/10.5209/pepu.79224. Acesso em: 27 fev. 2022.

relacionadas à possibilidade de controlar e escolher quais dados pessoais serão compartilhados e como manter a segurança dos usuários no Metaverso; "bens virtuais" são objetos que podem ser importados do meio físico ao digital; e, por fim, "interfaces naturais" estão relacionadas à possibilidade de expressão e vivência mais próxima da realidade, e não intermediada por um monitor[14].

Andrew Boseworth, vice-presidente da Facebook Reality Labs, e Nick Clegg, vice-presidente de Assuntos Globais e Comunicação, apontam no artigo "Construindo o Metaverso com Responsabilidade" que

> Nós desenvolvemos tecnologias baseadas na conexão humana e que aproxima as pessoas. Ao focar em ajudar na construção da próxima plataforma de computação, nosso trabalho em realidade virtual e aumentada e hardware para consumidores aprofundará essa conexão apesar das distâncias físicas e sem que esteja amarrada a dispositivos[15].

A ideia de metaverso está em constante transformação e, por isso, inúmeros autores já tentaram conceituá-lo de maneiras distintas. Enquanto alguns indicam que ele é uma nova aplicação da internet que integra uma série de tecnologias e garante uma experiência imersiva[16]; outros determinam que se trata de um espaço de simulação e colaboração no espaço virtual[17]. Ainda há quem estabeleça o metaverso como uma coleção de hardwares e softwares que viabilizam a realidade aumentada ou, ainda, o conjunto de experiências virtuais de acesso compartilhado, ainda que variem em termos de conteúdo e escala[18].

---

[14] Ibidem.

[15] BOSWORTH, A; CLEGG, N. Construindo o metaverso com responsabilidade. In: *Meta*. [S. l.], 27 set. 2021. Disponível em: https://about.fb.com/br/news/2021/09/construindo-o-metaverso-com-responsabilidade/. Acesso em: 22 fev. 2022.

[16] NING, H. et al. A Survey on Metaverse: the State-of-the-art, Technologies, Applications, and Challenges. ArXiv preprint arXiv:2111.09673, [s. l.], 2021. Disponível em: https://arxiv.org/abs/2111.09673. Acesso em: 20 fev. 2022.

[17] LEE, et al. All One Needs to Know about Metaverse: A Complete Survey on Technological Singularity, Virtual Ecosystem, and Research Agenda. *Computers and Society (IF)* arXiv:2110.05352v3. 2021.

[18] VIRGILIO, D. What Comparisons Between Second Life and the Metaverse Miss. *Future Tense* [parceria entre a Slate, a New America, e a Universidade Estadual do Arizona], [s. l.], 2022. Disponível em: https://slate.com/technology/2022/02/second-life-metaverse-facebook-comparisons.html. Acesso em: 20 fev. 2022.

Na perspectiva da própria Meta, por sua vez, o Metaverso é um

> conjunto de espaços virtuais os quais você pode criar e explorar com outras pessoas que não estão no mesmo espaço físico que você. Você poderá estar com seus amigos, trabalhar, jogar, aprender, comprar, criar e mais. Não é necessariamente sobre passar mais tempo online, mas tornar mais significativo o tempo que você está online[19].

Ainda que nenhuma dessas definições contradiga a outra ou clame que o metaverso é algo totalmente distinto do que foi discutido até o momento, é possível verificar que cada uma delas enfatiza um aspecto diferente do conceito. Isso faz sentido, considerando que se trata de um conceito novo e em constante construção. De modo geral, é possível seguir a concepção de Ning[20] e indicar que metaversos possuem três características centrais: "multitecnologia para alcançar uma experiência imersiva e construir um sistema econômico baseado em tecnologia de blockchain; sociabilidade, como uma nova forma de interação social; e hiperespaço-temporalidade"[21].

O investidor Matthew Ball[22] aponta quais são, em sua percepção, as sete características do metaverso:

- Persistência — um sistema que nunca se reinicia ou é pausado, funcionando de forma ininterrupta;
- Sincronismo — experiência que acontece em tempo real para todos os seus usuários;
- Sem limite de usuários simultâneos;

---

[19] BOSWORTH, A; CLEGG, N. Construindo o metaverso com responsabilidade. In: *Meta*. [S. l.], 27 set. 2021. Disponível em: https://about.fb.com/br/news/2021/09/construindo-o-metaverso-com-responsabilidade/. Acesso em: 22 fev. 2022.

[20] NING, H. et al. A Survey on Metaverse: the State-of-the-art, Technologies, Applications, and Challenges. ArXiv preprint arXiv:2111.09673, [s. l.], 2021. Disponível em: https://arxiv.org/abs/2111.09673. Acesso em: 20 fev. 2022.

[21] LÓPEZ DÍEZ, J. Metaverso: Año Uno. La presentación en vídeo sobre Meta de Mark Zuckerberg (octubre 2021) en el contexto de los estudios previos y prospectivos sobre metaversos. Pensar la Publicidad. *Revista Internacional de Investigaciones Publicitarias*, v. 15, n. 2, p. 299-303, 13 dic. 2021. Disponível em: https://doi.org/10.5209/pepu.79224. Acesso em: 27 fev. 2022.

[22] BALL, M. The Metaverse: What It Is, Where to Find it, and Who Will Build It. *In: Matthew Ball*. [S. l.], 2020. Disponível em: https://www.matthewball.vc/all/themetaverse. Acesso em: 23 fev. 2022.

- Economia em pleno funcionamento;
- Junção do mundo físico com o digital, das experiências públicas e privadas, e de plataformas abertas ou fechadas;
- Interoperabilidade de dados, bens digitais e conteúdo; e
- Criação colaborativa de conteúdo e experiências.

Em seu artigo de 2021, Matthew Ball indica que, ainda que seja possível sentir o metaverso se aproximando da realidade cotidiana das pessoas, ainda existem muitos pontos carentes de desenvolvimento: *hardware*, poder computacional, *networking*, plataformas virtuais, troca de plataformas, pagamento, conteúdo do metaverso, bens e serviços, e comportamento de empresas e consumidores[23]. O próprio Mark Zuckerberg reconhece que serão necessários entre cinco e dez anos de pesquisa, desenvolvimento e avanço tecnológico, antes que o metaverso se torne algo "corriqueiro" para o público em geral[24].

Para os propósitos deste artigo, empregamos a definição de "metaverso" proposta por Stylianos Mystakidis[25] na enciclopédia do MDPI, por entender que ela consolida os principais pontos levantados até o momento:

> O metaverso é um universo de pós-realidade, um ambiente multiusuário, perpétuo e persistente que funde a realidade física com a virtualidade digital. Ele é baseado na convergência de tecnologias que permite interações multissensoriais em ambientes virtuais, objetos digitais e pessoas, como realidade virtual e aumentada. Assim, o metaverso é uma rede interconectada de ambientes sociais e imersivos, persistentes em plataformas multiusuário. Ele possibilita comunicações de maneira fácil e em tempo real entre usuários, e com interações dinâmicas com itens digitais[26].

---

[23] BALL, M. Framework for the Metaverse. *In: Matthew Ball.* [S. l.], 2021. Disponível em: https://www.matthewball.vc/all/forwardtothemetaverseprimer. Acesso em: 23 fev. 2022.

[24] META. *Introducing Meta: A Social Technology Company.* 28 out. 2021. Disponível em: https://about.fb.com/news/2021/10/facebook-company-is-now-meta/. Acesso em: 27 fev. 2022.

[25] MYSTAKIDIS, S. Metaverse. *In: ENCYCLOPEDIA.* 1. ed. [S. l.]: MDPI, 2022. v. 2, p. 486-497. Disponível em: https://www.mdpi.com/2673-8392/2/1/31. Acesso em: 20 fev. 2022.

[26] Tradução livre do original: "The Metaverse is the post-reality universe, a perpetual and persistent multiuser environment merging physical reality with digital virtuality. It is based on the convergence of technologies that enable multisensory interactions with virtual en-

Sendo um conceito novo e extraído de obras de ficção científica, é natural que a descrição acima não seja definitiva e, consequentemente, esteja sujeita à evolução constante — assim como o metaverso em si. Estamos falando, afinal, de outro universo.

1.2. Multiverso de metaversos

O metaverso é grande demais para ser construído e controlado por apenas uma empresa, ainda que a Meta seja protagonista neste movimento de inovação.

De acordo com BOSWORTH e CLEGG[27], a Meta não tem pretensão de construir o metaverso sozinha e reconhece que o metaverso existe independentemente dela (em analogia com a própria internet). O tempo que ele demorará para ser desenvolvido, a muitas mãos, possibilitará que problemas sejam mapeados e perguntas, respondidas. Ainda que a declaração da Meta, em outubro de 2021, tenha virado os holofotes para o tema, outras empresas também estão trabalhando nesse projeto, como a Amazon, o Roblox, a Samsung e a Epic Games[28].

O jogo Fortnite, por exemplo, desenvolvido pela Epic Games, é considerado por alguns autores como um metaverso em si[29], pois é um mundo virtual que já hospedou shows de música da artista pop Ariana Grande e eventos relacionados ao universo da Marvel[30], o que atenderia ao critério de múltiplas vivências proposto pelo metaverso.

---

vironments, digital objects and people such as virtual reality (VR) and augmented reality (AR). Hence, the Metaverse is an interconnected web of social, networked immersive environments in persistent multiuser platforms. It enables seamless embodied user communication in real-time and dynamic interactions with digital artifacts".

[27] BOSWORTH, A; CLEGG, N. Construindo o metaverso com responsabilidade. *In*: *Meta*. [*S. l.*], 27 fev. 2022. Disponível em: https://about.fb.com/br/news/2021/09/construindo-o--metaverso-com-responsabilidade/. Acesso em: 22 fev. 2022.

[28] LÓPEZ DÍEZ, J. Metaverso: Año Uno. La presentación en vídeo sobre Meta de Mark Zuckerberg (octubre 2021) en el contexto de los estudios previos y prospectivos sobre metaversos. Pensar la Publicidad. *Revista Internacional de Investigaciones Publicitarias*, v. 15, n. 2, p. 299-303, 13 dic. 2021. Disponível em: https://doi.org/10.5209/pepu.79224. Acesso em: 27 fev. 2022.

[29] KIM, S. Metaverse Is a Multitrillion-Dollar Opportunity, Epic CEO Says. *In*: *Bloomberg*. [*S. l.*], 17 nov. 2021. Disponível em: https://www.bloomberg.com/news/articles/2021-11-17/metaverse-is-a-multitrillion-dollar-opportunity-epic-ceo-says. Acesso em: 24 fev. 2022.

[30] LÓPEZ DÍEZ, J. Metaverso: Año Uno. La presentación en vídeo sobre Meta de Mark Zuckerberg (octubre 2021) en el contexto de los estudios previos y prospectivos sobre

Ball, por outro lado, afirma que "realidade virtual", "mundo virtual" ou "videogame" são definições simplistas para o metaverso, porque não abrangem todas as facetas e possibilidades de um metaverso em si. Ainda que existam aplicações digitais que se assemelham e introduzem as possibilidades do metaverso, Ball entende que um metaverso em todo o seu potencial ainda não se concretizou[31].

No final das contas, como pessoas diferentes imaginam o metaverso de formas distintas, é natural que algumas entendam que ele já existe, enquanto outras aguardam sua concretização.

Como o metaverso espelha e aperfeiçoa o mundo físico, onde as relações humanas e comerciais são pautadas por uma ampla gama de atores, faz sentido que o mesmo se repita no âmbito virtual.

Se as pessoas podem ir a um mercado de rua e interagir com diferentes comerciantes de forma livre e não intermediada, o mesmo não necessariamente é verdade no metaverso, onde o "mercado de rua" é detido por uma empresa terceira (seja ela a Meta, a Amazon, a Microsoft, ou qualquer outra). Da mesma maneira que as pessoas podem escolher entre um imenso número de mercados de rua, praças e áreas públicas espalhados pelo mundo, lógica igual se repete no metaverso. Existe, portanto, um rol de relações sendo construído, pois o conceito de *market place* é atualizado e expandido.

Diferentes atores podem entrar no mercado de prestação deste tipo de serviço ao criarem suas respectivas plataformas de metaverso. Marcas como a Nike e a Ralph Lauren já desenvolveram ações dentro do jogo Roblox, enquanto a Gucci, a Balenciaga e a Burberry celebraram parcerias com o Fortnite, da Epic Games. A Gucci, por exemplo, vendeu uma bolsa digital no Roblox por mais de quatro mil dólares[32].

A marca de cerveja Stella Artois patrocinou jogos online de corridas de cavalo na Zed Run, plataforma pautada em tecnologia de blockchain,

---

metaversos. Pensar la Publicidad. *Revista Internacional de Investigaciones Publicitarias*, v. 15, n. 2, p. 299-303, 13 dic. 2021. Disponível em: https://doi.org/10.5209/pepu.79224. Acesso em: 27 fev. 2022.

[31] BALL, M. Framework for the Metaverse *In: Matthew Ball.* [S. l.], 2021. Disponível em: https://www.matthewball.vc/all/forwardtothemetaverseprimer. Acesso em: 23 fev. 2022.

[32] BARBOSA, A. Conheça 10 marcas que já atuam no metaverso. *In: Forbes.* [S. l.], 8 jan. 2022. Disponível em: https://forbes.com.br/forbes-tech/2022/01/exemplos-do-metaverso-marcas-que-atuam-com-propriedade/. Acesso em: 16 fev. 2022.

enquanto as Lojas Renner inauguraram uma loja dentro do Fortnite[33]. Este último exemplo é especialmente interessante para demonstrar como o mundo físico e virtual se aproximam e transformam, pois o público virtual pode votar em suas estampas favoritas para a loja física.

Estamos caminhando em direção a um futuro em que pessoas poderão integrar diversos metaversos, cada qual com suas peculiaridades e atrativos. Assim como uma empresa não detém a internet, nenhuma será proprietária do metaverso, mas de um dos inúmeros metaversos em construção, cada um arquitetado com diferentes traços que o diferenciem no mercado. Nesse contexto, como podemos ter o mesmo titular navegando entre diferentes metaversos, falamos, portanto, em um "multiverso de metaversos".

Independentemente da complexidade que esse ambiente digital terá, uma coisa é certa: seu funcionamento girará em torno do relacionamento dos indivíduos com (a) demais titulares, (b) diferentes empresas situadas no metaverso, e (c) com a empresa desenvolvedora da arquitetura do metaverso onde todos se relacionam.

Assim, sob a ótica de proteção de dados, diversos agentes de tratamento terão acesso a um grande volume de dados pessoais e a possibilidades impensáveis de tratamento. Titulares, empresas situadas no metaverso e a desenvolvedora ora atuarão como controladores ou cocontroladores, ora como operadores, em uma teia complexa de relações. Esse fato, por si só, traz uma nova camada de reflexão para o exercício da autodeterminação informativa e dos direitos dos titulares, conforme previstos nas leis de proteção de dados aplicáveis a cada jurisdição.

2. Titulares no controle: fronteiras da autodeterminação informativa no metaverso

2.1. Autodeterminação informativa como premissa da Privacidade

Como já discutido, o metaverso é um novo passo na era digital. Um passo em que os elementos da era digital como conhecemos passam a convergir e se amplificar em uma experiência unificada e imersiva[34]. Nesse

---

[33] Ibidem.
[34] JP Morgan. *Opportunities in the Metaverse*. 2022. Disponível em: https://www.jpmorgan.com/content/dam/jpm/treasury-services/documents/opportunities-in-the-metaverse.pdf. Acesso em: 27 fev. 2022.

ambiente, novos questionamentos surgem a cada oportunidade inovadora que se desbrava, sejam eles sob a perspectiva dos negócios daqueles que desejam fazer parte desse mercado ou ainda sob a perspectiva regulatória da arquitetura do metaverso.

Enquanto um novo "universo", é inevitável que se busque entender quanto do "mundo físico" seguirá aplicável ao mundo digital, o que atrai uma clássica questão sobre em que medida existem normas regulando esse ambiente imersivo. Se há tamanha novidade em torno da estruturação do metaverso, como uma pergunta assim poderia ser considerada como "clássica"?

Pois bem, nos passos que já foram dados na trajetória rumo ao mundo digital, questões parecidas também foram discutidas. Por exemplo, ainda que no início da disseminação da internet se imaginasse que o "ciberespaço" seria um espaço livre e sem regras (como apresentado por John Perry Barlow na conhecida "Declaração pela Independência do Ciberespaço")[35], logo essa concepção foi atualizada com a crescente regulação do meio digital e das plataformas que nele se situam.

Sejam estas plataformas redes sociais, *marketplaces*, simples *websites* ou ainda o próprio metaverso, é importante ressaltar que o funcionamento destes ambientes estará sujeito a normas específicas regulando sua estruturação, disponibilização e, dentre outros fatores, a gestão sobre os dados coletados de seus usuários. Assim, é nesse contexto que se situam as normas de proteção de dados nos diferentes países, como a Lei Geral de Proteção de Dados Pessoais (ou simplesmente "LGPD") no Brasil.

Apesar das peculiaridades entre as diferentes jurisdições, a regulação da privacidade e da proteção de dados pessoais mundo afora trabalha sob a mesma premissa de promoção do maior controle por parte dos indivíduos sobre seus dados pessoais, ou seja, da preservação da "autodeterminação informativa" desses titulares[36]. Como resultado, a partir deste controle, passa a ser possível que os titulares tenham o poder de

---

[35] BARLOW, John Perry. *A Declaration of the Independence of Cyberspace*. Electronic Frontier Foundation. 8 fev. 1996. Disponível em: https://www.eff.org/pt-br/cyberspace-independence. Acesso em: 27 fev. 2022.

[36] BIONI, B. *Proteção de Dados Pessoais: a função e os limites do consentimento*. Rio de Janeiro: Editora Forense, 2019, p. 110.

gerir sua privacidade ao optar como desejarão se apresentar digitalmente nos diferentes contextos (definindo então os limites em que deve se dar o fluxo das suas informações, em linha com a noção de "Privacidade Contextual" trazida por Hellen Nissembaum)[37].

Com isso em vista e considerando como diferentes plataformas digitais atualmente se estruturam para assegurar sua conformidade às normas de proteção de dados aplicáveis, é evidente que a noção fundamental de autodeterminação informativa se faz presente na essência das diferentes operações do mercado, devendo também ser considerada na própria arquitetura do metaverso. Assim, com os recentes avanços implementados no metaverso, é importante mapear os desafios para a preservação da autodeterminação informativa dos titulares neste universo que cada vez mais aprofunda e amplifica as interações sociais digitalmente[38].

2.2. Imersão digital e os desafios para o controle da Privacidade

a) Novas oportunidades para a coleta de dados pessoais no metaverso

O processo de aprofundamento das relações sociais digitais está em constante evolução, contando com diferentes marcos históricos. Desde o período de comunicação por cartas e telefones fixos, até o atual estágio de relacionamento com mensagens instantâneas em redes sociais e chamadas com áudio e vídeo viabilizadas pela simples tela do celular, é evidente o quanto a sociedade se transformou.

Atualmente, a chave virada com o metaverso oferece mais um passo nessa linha evolutiva ao incluir uma nova variável em jogo: a imersão tridimensional digital, criando experiências mais autênticas e naturais a partir de fones de ouvido, de realidade aumentada ("AR") e de realidade virtual ("VR") melhorando a experiência do usuário[39]. A partir dessas tecnologias, ao mesmo tempo que novas experiências são molda-

---

[37] NISSEMBAUM, Hellen. *Privacy in Context: Technology, Policy and the Integrity of Social Life*. Redwood City, California: Stanford University Press, 2010.

[38] JP MORGAN. *Opportunities in the Metaverse*. 2022. Disponível em: https://www.jpmorgan.com/content/dam/jpm/treasury-services/documents/opportunities-in-the-metaverse.pdf. Acesso em: 27 fev. 2022.

[39] Ibidem.

das, o metaverso se depara com um cenário em que o acesso de dados dos seus usuários também passa a ser amplificado em diferentes frentes.

A título exemplificativo, com uso de óculos de realidade virtual, os desenvolvedores do metaverso conseguirão monitorar respostas fisiológicas e dados biométricos dos indivíduos tais como expressões faciais, inflexões vocais e sinais vitais em tempo real, tudo isso enquanto os participantes estão "vivendo" neste meio digital. Ainda assim, enquanto é claro que dados como "nome", "telefone" ou demais informações cadastrais dos usuários serão considerados "dados pessoais" destes titulares, é possível se perguntar sobre em que medida o mesmo se aplica a esses dados adicionais coletados no curso das suas interações no metaverso.

Em resposta a essa questão preliminar, tomando o conceito da legislação brasileira em perspectiva (este em direta consonância com as demais normas internacionais no tema, em especial o Regulamento Geral de Proteção de Dados, da União Europeia), serão considerados dados pessoais todas as informações relacionadas a "uma pessoa natural identificada ou identificável"[40].

Para melhor compreender o escopo desta definição, Bioni evidencia que o texto da lei apresenta um conceito expansionista para "dado pessoal" ao possibilitar que não apenas as informações diretamente relacionadas a uma pessoa natural identificada sejam enquadradas como "pessoais", mas ainda aquelas que indiretamente possibilitam sua personalização (ou seja, relacionados a uma "pessoa identificável")[41].

Dessa forma, para verificar se um dado pode ser tido como pessoal, será necessária uma análise contextual sobre o tipo de informação coletada. Com isso, fica claro que os dados adicionais coletados dos usuários do metaverso (como suas respostas fisiológicas e dados biométricos) também serão considerados seus dados pessoais e, portanto, sujeitos à legislação aplicável, bem como ao exercício do direito à autodeterminação informativa dos usuários.

---

[40] BRASIL. Lei nº 13.709, de 14 de agosto de 2018. Lei Geral de Proteção de Dados Pessoais (LGPD). *Diário Oficial da República Federativa do Brasil*, 2018, art. 5º, I. Disponível em: http://www.planalto.gov.br/ccivil_03/_Ato2015-2018/2018/Lei/L13709.htm. Acesso em: 27 fev. 2022.

[41] BIONI, B. *Proteção de Dados Pessoais: a função e os limites do consentimento*. Rio de Janeiro: Editora Forense, 2019, p. 70.

Assim, é possível classificar os dados coletados dos usuários do metaverso em três categorias específicas elencadas por Cravo[42]:

(i) os "dados fornecidos", ou seja, aqueles coletados de forma ativa pelo arquiteto do metaverso (e.g. dados cadastrais como nome, idade e parentesco);

(ii) os "dados observados", quais sejam aqueles obtidos de forma passiva pelo agente de tratamento a partir de suas interações com o titular, ou seja, sem que sejam realizadas quaisquer atividades adicionais do controlador para gerá-los (e.g. reações faciais, *logins* realizados, e registro de históricos); e

(iii) os "dados inferidos" (também chamados de dados "derivados" ou "gerados"), estes que são as informações pessoais efetivamente criadas pelo controlador a partir dos demais dados coletados do titular, demandando, para tanto, o uso ativo de suas ferramentas para a geração de informações desta espécie (e.g. criação de perfis e estatísticas atreladas a um titular).

Com esse contexto em vista, ainda que as plataformas desenvolvedoras do metaverso não precisem de um volume de "dados fornecidos" muito distinto daquele já coletado em cadastros no meio digital, com a imersão em análise, a coleta de "dados observados" passa a expandir suas fronteiras de forma exponencial. Quando comparadas com as mídias sociais tradicionais, por exemplo, as plataformas do metaverso podem rastrear os titulares de uma maneira muito mais íntima com uma coleta sem precedentes[43].

Nesse sentido, enquanto atualmente os aplicativos e websites permitem aos seus desenvolvedores entender como os titulares navegam online interagindo com conteúdos apresentados, no metaverso os agentes de tratamento serão capazes de coletar dados sobre as respostas fisiológicas dos indivíduos, seus movimentos e até mesmo padrões de ondas

---

[42] Cravo, D. C. Portabilidade de Dados: Definições Preliminares. In: Cravo, D. C.; Dresch, R. D. F. V.; Kessler, D. S. *Direito à Portabilidade na Lei Geral de Proteção de Dados*. Indaiatuba, SP: Editora Foco, 2020, p. 12.

[43] Ahmad, I; Corovic, T. Privacy in a Parallel Digital Universe: The Metaverse. Norton Rose Fulbright: *Data Protection Report*, [s. l.], 2022. Disponível em: https://www.dataprotectionreport.com/2022/01/privacy-in-a-parallel-digital-universe-the-metaverse/. Acesso em: 20 fev. 2022.

cerebrais, medindo assim uma compreensão mais profunda dos processos e comportamentos de pensamento de seus clientes[44]. Este contexto é amplificado ainda pelo uso de sistemas de inteligência artificial intermediando as relações dos usuários com a realidade, bem como pelo maior período de tempo que estes indivíduos tendem a passar online nessas plataformas.

Assim, se um alto volume de dados pessoais dos titulares é coletado em "segundo plano" (enquanto eles se ocupam de suas vidas virtuais), como viabilizar o exercício do controle do titular sobre a coleta dos seus dados como um todo? Ou seja, não apenas sobre seus dados cadastrais fornecidos, mas ainda sobre aqueles observados ou até inferidos? É justamente com essa questão em vista que são vislumbrados os principais desafios para a preservação da privacidade e da proteção de dados pessoais no metaverso.

b) Transparência e limites à coleta de dados como desafios para a Privacidade

A arquitetura do futuro multiverso de metaversos deve se dar considerando não apenas o conjunto de oportunidades de negócios que este novo mercado oferece, como ainda considerando a necessidade de se criar um ambiente seguro para os titulares usuários. Essa segurança, por sua vez, tem seu conceito expandido ao englobar cada vez mais a noção de que a "privacidade" é ao mesmo tempo um bem e um direito que deve ser tutelado por essas empresas.

A preservação da privacidade é, portanto, uma premissa que vai inevitavelmente caminhar nas bases de estruturação desta evolução digital, seja pelos arquitetos do metaverso que desenvolvem as plataformas em questão ou ainda pelas demais empresas que passam a adentrar o metaverso para a expansão dos seus negócios. Dessa forma, considerando que cada um terá a possibilidade de interagir com os usuários titulares em maior ou menor escala, é evidente que ambos os grupos serão considerados "agentes de tratamento" dos dados pessoais coletados destes indivíduos.

Nesse cenário, se a autodeterminação informativa dos titulares é a base para a preservação da sua privacidade e para o desenvolvimento de

---

[44] Ibidem.

toda a série de direitos e garantias que são assegurados a estes indivíduos nas normas de proteção de dados aplicáveis, novos desafios surgem para viabilizar esse poder no metaverso. Como o poder de controle demanda antes a existência de conhecimento sobre aquilo que se pretende controlar, é possível mapear que os desafios em questão giram em torno de dois principais pilares: (i) clareza sobre a necessidade pela qual essa coleta dos dados é feita e (ii) transparência com os titulares sobre esse escopo de dados pessoais coletados.

Tradicionalmente, endereçar esses pontos costuma não ser uma tarefa tão complicada para os agentes de tratamento diante da clareza que se tem sobre o conjunto de atividades que são desenvolvidas em suas operações digitais. De todo modo, em função da amplificação das possibilidades de coleta de dados no metaverso, esta missão passa a ganhar novas proporções já que caberá aos agentes envolvidos a tarefa preliminar de entender quais dados precisam ser de fato coletados (dentre aqueles que podem ser "observados" na grande fonte de informações pessoais que serão os titulares em suas atividades digitais cotidianas) e, em seguida, repassar essas informações para que os titulares também possam exercer seu controle sobre a coleta em questão.

No que diz respeito ao desafio da (i) clareza sobre a necessidade da coleta de dados, vale notar que as normas de proteção de dados estabelecem princípios gerais que devem nortear as operações com dados pessoais pelos agentes de tratamento, aliando as premissas aqui discutidas com a busca pela promoção do desenvolvimento econômico-tecnológico destes players do mercado. A LGPD, por exemplo, em linha com a regulação internacional sobre o tema, já estabelece com clareza que, em atenção aos princípios da "finalidade", "adequação" e "necessidade", faz-se necessário assegurar que toda operação de tratamento seja limitada ao mínimo necessário de dados pessoais para atingir determinada finalidade legítima e específica[45].

Assim, o binômio finalidade-necessidade se apresenta como um dos principais nortes para o legítimo desenvolvimento das atividades de tratamento de dados pessoais, algo que deve ser refletido implicitamente

---

[45] BRASIL. Lei nº 13.709, de 14 de agosto de 2018, art. 6º, I a III. Lei Geral de Proteção de Dados Pessoais (LGPD). *Diário Oficial da República Federativa do Brasil*, 2018. Disponível em: http://www.planalto.gov.br/ccivil_03/_Ato2015-2018/2018/Lei/L13709.htm. Acesso em: 27 fev. 2022.

no contexto de diferentes operações desenvolvidas no metaverso na medida em que a coleta dos dados dos titulares dependerá de uma finalidade específica previamente definida para que venha a ocorrer. Com esse vasto conjunto de agentes de tratamento envolvidos no relacionamento com cada titular que "vive" no metaverso, será importante a definição preliminar sobre em que medida a coleta de um ou outro conjunto de dados será relevante para estes *players*.

Sob uma perspectiva pragmática, se o metaverso é um novo mundo, os titulares estarão em diversas ocasiões "vivendo" sua rotina cotidiana assim como no mundo físico. Nesse novo contexto, por sua vez, os titulares estarão sujeitos a novas regras definindo sua legítima expectativa de privacidade, fazendo com que o metaverso se aproxime da ideia de uma casa com paredes de vidro para estes indivíduos. A vivência no metaverso se diferencia da vivência física, então, no momento em que a "praça pública" desse ambiente passa a ser sujeita ao monitoramento de diferentes agentes de tratamento imersos naquele mesmo universo. Assim, por mais que seja possível individualizar esses titulares no metaverso e analisar cada passo digital que dão nestas ruas de zeros e uns, cabe aos arquitetos do metaverso definir em que medida a coleta dessas informações será efetivamente necessária ou se esses titulares podem ser apenas "membros de uma multidão" que coexiste no metaverso.

A partir da clareza quanto a essas escolhas, os titulares terão a capacidade de dar um primeiro passo no exercício de sua autodeterminação informativa: afinal, se a coleta de certos dados não é essencial para sua experiência no metaverso, esses indivíduos poderão definir logo de partida se aceitam ou não a coleta desses dados que podem ser observados sobre eles. Em linha com essa concepção, a Meta, por exemplo, assegura que os titulares no Horizon tenham controle da sua exposição com o desenvolvimento da ferramenta de "Safe Zones", por meio das quais é possível limitar o compartilhamento de seus dados com os demais agentes e indivíduos presentes no ambiente em que estes titulares estiverem navegando[46].

Nesse cenário, se a noção sobre a necessidade ou não de coleta dos dados pessoais já é uma importante base para viabilizar a autodetermi-

---

[46] HORIZON Safety Video. YouTube: *Meta Quest*, 2020. Disponível em: https://www.youtube.com/watch?v=XpfEw65X7F0. Acesso em: 25 fev. 2022.

nação informativa no metaverso, um desafio seguinte surge. Afinal, do que adianta poder controlar sua exposição no meio digital se o titular sequer souber o que pode ou não ser coletado? É com isso em vista que a (ii) transparência com os titulares se apresenta como um segundo pilar nessa discussão, sendo inclusive a base para a implementação de futuras garantias para a preservação da privacidade e da proteção de dados desses indivíduos no metaverso.

Assim como a noção de "informação enquanto sinônimo de poder" se aplica aos agentes de tratamento que buscam cada vez mais entender o perfil de seus usuários no mundo digital, o mesmo se aplica aos titulares com relação ao poder para preservar sua privacidade e revelar-se seletivamente para o mundo. A partir do acesso às informações sobre o escopo das atividades de tratamento envolvendo seus dados pessoais fornecidos, observados ou inferidos, os titulares terão as informações necessárias para definir se estão de acordo com a ocorrência dessas operações, bem como se preferem evitar a exposição sugerida.

Justamente com esse objetivo como pano de fundo, a LGPD, assim como diferentes normas de proteção de dados em outras jurisdições, estabelece a relação deste princípio da transparência com o direito conferido aos titulares de acesso à informação ao demandar a divulgação com exatidão e clareza de quais os dados objeto de tratamento, como ainda a garantia de informações "claras, precisas e facilmente acessíveis" sobre as atividades e agentes envolvidos no tratamento de seus dados[47]. Em específico, para fins de atenção a este princípio, a LGPD estabelece que o titular deve ter acesso às informações sobre (i) a finalidade específica do tratamento; (ii) a forma e duração do tratamento, observados os segredos comercial e industrial; (iii) a identificação do controlador; bem como sobre (iv) as informações referentes ao uso compartilhado de dados pelo controlador e a finalidade para tanto[48].

Vale ressaltar que esse dever de transparência recai não apenas sobre os arquitetos do metaverso, como também sobre todos os agentes

---

[47] BRASIL. Lei nº 13.709, de 14 de agosto de 2018, art. 6º, V e VI. Lei Geral de Proteção de Dados Pessoais (LGPD). *Diário Oficial da República Federativa do Brasil*, 2018. Disponível em: http://www.planalto.gov.br/ccivil_03/_Ato2015-2018/2018/Lei/L13709.htm. Acesso em: 27 fev. 2022.

[48] Ibidem, art. 9º.

de tratamento que nele realizam novas oportunidades de negócio. Tomando como paralelo o que atualmente é feito em *marketplaces* digitais, a adequação às exigências das normas de proteção de dados aplicáveis será devida tanto à empresa que cria a infraestrutura digital necessária quanto aos diversos players que anunciam e transacionam com titulares em sua plataforma. O metaverso não foge dessa estrutura, apenas amplifica a forma como isso irá se operacionalizar. Nesse sentido, definir as melhores estratégias para repassar de forma inteligível e acessível como se dará o alto volume de atividades de tratamento dos dados dos titulares imersos no mundo digital é um dos principais desafios em jogo na consolidação do metaverso.

No final, com maior (i) clareza sobre a necessidade das atividades de tratamento realizadas no metaverso e com (ii) acesso às informações sobre o escopo dessas operações, o exercício da autodeterminação informativa dos titulares no metaverso deixa de ser um objetivo retórico e passa a se tornar uma realidade rumo à preservação da privacidade digital desses indivíduos. Sim, existe privacidade no metaverso. O desafio é a implementação dos mecanismos necessários para que os titulares possam garanti-la ainda que imersos em um ambiente de constante monitoramento em um mundo de realidade virtual.

Com isso, uma vez que o exercício da autodeterminação informativa pelos titulares é a principal ponte de união entre as premissas da proteção de dados pessoais e a estruturação do metaverso, um passo seguinte será a implementação de mecanismos que estimulem e viabilizem o direito de escolha dos titulares[49]. Em regra, as normas de proteção de dados buscam estabelecer um rol de direitos que os indivíduos, na posição de titulares, podem exercer frente ao controlador de seus dados pessoais. Assim, à luz do previsto na LGPD, são garantidos direitos tais como o de acesso aos dados pessoais que os agentes de tratamento têm sobre si, assim como o de oposição ao tratamento de dados (com a possibilidade de solicitar a exclusão, anonimização ou bloqueio da coleta de seus dados pessoais), ou ainda à portabilidade de suas informações pessoais entre agentes de tratamento.

---

[49] CRAVO, D. C. Portabilidade de Dados: Definições Preliminares. In: CRAVO, D. C.; DRESCH, R. D. F. V.; KESSLER, D. S. *Direito à Portabilidade na Lei Geral de Proteção de Dados*. Indaiatuba, SP: Editora Foco, 2020, p. 5.

A implementação destes e outros direitos está na raiz do controle dos titulares sobre seus dados pessoais e, desde o desenho do metaverso ou dos serviços nele instaurados, é importante que seja levado em consideração como viabilizar o exercício dos direitos dos titulares. Como um todo, o desafio de promoção da autodeterminação informativa dos indivíduos já é uma realidade para as empresas digitais no século XXI, mas esse projeto encontra agora novas camadas de complexidade quando se pensa na sua implementação no metaverso.

Considerando a fase inicial de estruturação dessa tecnologia, o mapeamento das melhores estratégias para viabilizar a modelagem de um metaverso apto a atender a estas demandas no campo da privacidade será um efetivo diferencial competitivo no multiverso digital que aos poucos vai se tornando mais e mais parte da realidade de cidadãos da era da realidade virtual.

Conclusões

O metaverso não é um conceito novo, pois foi diretamente extraído do mundo da ficção científica e transformado em realidade (como a internet, os aparelhos celulares, assistentes pessoais virtuais e tantas outras invenções que, no passado, pareceram impossíveis e atualmente fazem parte do cotidiano das pessoas).

O que diferencia o metaverso proposto por Mark Zuckerberg em 2021 daquele introduzido por Neal Stephenson em 1992 é a imersão dos titulares no ambiente digital por meio de recursos de realidade virtual e aumentada; e a alta capacidade de processamento de dados que viabiliza milhares de usuários simultâneos e, consequentemente, atrai empresas para lá.

Como apontado por Ball[50], existem desafios de hardware, software e conectividade (dentre tantos outros) que precisam ser enfrentados antes da implementação do metaverso em todo o seu potencial. É um caminho que precisa ser pavimentado, mas inúmeros atores já estão correndo nessa direção.

Com a expansão desses novos ambientes digitais, é importante que os arquitetos do metaverso (sejam aqueles que já desenvolveram suas

---

[50] BALL, M. Framework for the Metaverse. *In: Matthew Ball.* [S. l.], 2021. Disponível em: https://www.matthewball.vc/all/forwardtothemetaverseprimer. Acesso em: 23 fev. 2022.

plataformas ou ainda seus futuros concorrentes) mantenham em perspectiva a importância de preservar a privacidade dos seus titulares para que possam criar ambientes cada vez mais atrativos e menos invasivos para esses indivíduos.

A Meta, por exemplo, já anunciou uma série de medidas de segurança para os usuários do Horizon, que possibilitam acesso a uma "zona pessoal de segurança", denúncia ou bloqueio de outros usuários, gravação de cenas de ameaça para análise posterior ou imediata dos funcionários especializados na empresa, dentre outros[51].

Reconhecendo a coleta massiva de dados pessoais que é possibilitada pela profunda imersão proposta pelo metaverso, torna-se especialmente importante assegurar que os direitos dos titulares de dados pessoais serão respeitados.

Dessa forma, faz-se cada vez mais relevante assegurar a promoção da privacidade dos titulares nesse universo digital, ou seja, preservar sua "autodeterminação informativa". Para tanto, vale lembrar que a autodeterminação informativa pressupõe o protagonismo dos titulares com relação ao tratamento de seus dados pessoais por terceiros, possibilitando que eles consigam controlar o quê, como e de que maneira será revelado para cada agente de tratamento. Como apontado anteriormente, o resultado desse controle é o poder de gerir sua privacidade ao optar como desejam se apresentar digitalmente nos diferentes contextos.

O metaverso é um universo em construção que só estará "pronto" em alguns anos. Isso significa que atores públicos e privados, acadêmicos, engenheiros, advogados, filósofos, psicólogos e demais especialistas terão tempo para refletir sobre os melhores caminhos e formas de reduzir o risco e a exposição desmedida dos usuários. Os preceitos de *privacy by design* deverão então pautar esse processo, na medida em que preocupações com proteção de dados devem estar incorporadas no metaverso desde seu estágio mais embrionário[52].

Considerando que o Direito está tradicionalmente atrasado e tende a regular situações depois que elas já foram apontadas como problemas

---

[51] HORIZON Safety Video. YouTube: *Meta Quest*, 2020. Disponível em: https://www.youtube.com/watch?v=XpfEw65X7F0. Acesso em: 25 fev. 2022.

[52] CAVOUKIAN, Ann. Information & Privacy: 7 foundational principles. Internet Architecture Board. 2011, p. 3. Disponível em: https://www.iab.org/wpcontent/IABuploads/2011/03/fred_carter.pdf. Acesso em: 20 fev. 2022.

de ordem social há algum tempo, novas estratégias de conformidade às leis de proteção de dados de forma a garantir a privacidade dos usuários podem ser traçadas, desde já, pelos próprios agentes de tratamento no metaverso.

Os desafios relacionados à transparência e ao exercício da autodeterminação informativa devem ser previstos e solucionados pelos principais envolvidos no metaverso, como empresas e desenvolvedoras, tanto no aspecto jurídico (ao promover a elaboração de políticas de privacidade claras e intuitivas), quanto no design das próprias ferramentas.

O desenvolvimento do metaverso traz consigo a ampliação do leque de possibilidades para a digitalização de diversas experiências dos titulares no mundo digital, mas, como qualquer nova tecnologia, traz também novos desafios. Com isso, ao invés de vermos o metaverso com maus olhos logo de partida, é importante mapear quais as melhores estratégias para a arquitetura de um universo digital apto a oferecer seus serviços sem deixar de lado a preocupação com a privacidade dos titulares que circulam nessa nova realidade.

Será uma árdua jornada, mas a vista é linda e o destino, fascinante. Apertem os cintos!

Referências

AHMAD, I.; COROVIC, T. Privacy in a Parallel Digital Universe: The Metaverse. Norton Rose Fulbright: *Data Protection Report*, [s. l.], 2022. Disponível em: https://www.dataprotectionreport.com/2022/01/privacy-in-a-parallel-digital-universe-the-metaverse/. Acesso em: 20 fev. 2022.

ARBEX, A. On&Off, mundos paralelos do fake no Orkut. *In*: *Medium*. [S. l.], 23 fev. 2022. Disponível em: https://medium.com/converg%C3%AAncia-digital/on-off-mundos-paralelos-do-fake-no-orkut-da350c15f28d. Acesso em: 23 fev. 2022.

BALL, M. The Metaverse: What It Is, Where to Find it, and Who Will Build It. *In*: *Matthew Ball*. [S. l.], 2020. Disponível em: https://www.matthewball.vc/all/themetaverse. Acesso em: 23 fev. 2022.

BALL, M. Framework for the Metaverse *In*: *Matthew Ball*. [S. l.], 2021. Disponível em: https://www.matthewball.vc/all/forwardtothemetaverseprimer. Acesso em: 23 fev. 2022.

BARBOSA, A. Conheça 10 marcas que já atuam no metaverso. *In*: *Forbes*. [S. l.], 8 jan. 2022. Disponível em: https://forbes.com.br/forbes-tech/2022/01/exemplos-do-metaverso-marcas-que-atuam-com-propriedade/. Acesso em: 16 fev. 2022.

Barlow, John Perry. *A Declaration of the Independence of Cyberspace.* Electronic Frontier Foundation. 8 fev. 1996. Disponível em: https://www.eff.org/pt-br/cyberspace-independence. Acesso em: 27 fev. 2022.

Bioni, B. *Proteção de Dados Pessoais: a função e os limites do consentimento.* Rio de Janeiro: Editora Forense, 2019.

Bosworth, A.; Clegg, N. Construindo o metaverso com responsabilidade. In: Meta. [S. l.], 27 set. 2021. Disponível em: https://about.fb.com/br/news/2021/09/construindo-o-metaverso-com-responsabilidade/. Acesso em: 22 fev. 2022.

BRASIL. Lei nº 13.709, de 14 de agosto de 2018. Lei Geral de Proteção de Dados Pessoais (LGPD). *Diário Oficial da República Federativa do Brasil*, 2018. Disponível em: http://www.planalto.gov.br/ccivil_03/_Ato2015-2018/2018/Lei/L13709.htm. Acesso em: 27 fev. 2022.

Cavoukian, Ann. Information & Privacy: 7 foundational principles. Internet Architecture Board. 2011, p. 3. Disponível em: https://www.iab.org/wpcontent/IABuploads/2011/03/fred_carter.pdf. Acesso em 20 fev. 2022.

Cravo, D. C. Portabilidade de Dados: Definições Preliminares. In: Cravo, D. C.; Dresch, R. D. F. V.; Kessler, D. S. *Direito à Portabilidade na Lei Geral de Proteção de Dados.* Indaiatuba, SP: Editora Foco, 2020, p. 1-21.

Frazão, A. Nova LGPD: direito à portabilidade — A 11ª parte de uma série sobre as repercussões para a atividade empresarial. *Jornal Jota*, 7 nov. 2018. Disponível em: https://www.jota.info/opiniao-e-analise/colunas/constituicao-empresa-e-mercado/nova-lgpd-direito-a-portabilidade-07112018. Acesso em: 27 fev. 2022.

HORIZON Safety Video. YouTube: *Meta Quest*, 2020. Disponível em: https://www.youtube.com/watch?v=XpfEw65X7F0. Acesso em: 25 fev. 2022.

JP Morgan. *Opportunities in the Metaverse.* 2022. Disponível em: https://www.jpmorgan.com/content/dam/jpm/treasury-services/documents/opportunities-in-the-metaverse.pdf. Acesso em: 27 fev. 2022.

Kim, S. Metaverse Is a Multitrillion-Dollar Opportunity, Epic CEO Says. *In*: *Bloomberg*. [S. l.], 17 nov. 2021. Disponível em: https://www.bloomberg.com/news/articles/2021-11-17/metaverse-is-a-multitrillion-dollar-opportunity-epic-ceo-says. Acesso em: 24 fev. 2022.

Lee, et al. All One Needs to Know about Metaverse: A Complete Survey on Technological Singularity, Virtual Ecosystem, and Research Agenda. *Computers and Society (IF)* arXiv:2110.05352v3. 2021.

López Díez, J. Metaverso: Año Uno. La presentación en vídeo sobre Meta de Mark Zuckerberg (octubre 2021) en el contexto de los estudios previos y prospectivos sobre metaversos. Pensar la Publicidad. *Revista Internacional de Investigaciones Publicitarias*, v. 15, n. 2, p. 299-303, 13 dic. 2021. Disponível em: https://doi.org/10.5209/pepu.79224. Acesso em: 27 fev. 2022.

META. *Introducing Meta: A Social Technology Company*. 28 out. 2021. Disponível em: https://about.fb.com/news/2021/10/facebook-company-is-now-meta/. Acesso em: 27 fev. 2022.

MYSTAKIDIS, S. Metaverse. In: ENCYCLOPEDIA. 1. ed. [S. l.]: MDPI, 2022. v. 2, p. 486-497. Disponível em: https://www.mdpi.com/2673-8392/2/1/31. Acesso em: 20 fev. 2022.

NING, H. et al. *A Survey on Metaverse: the State-of-the-art, Technologies, Applications, and Challenges*. ArXiv preprint arXiv:2111.09673, [s. l.], 2021. Disponível em: https://arxiv.org/abs/2111.09673. Acesso em: 20 fev. 2022.

NISSEMBAUM, Hellen. *Privacy in Context: Technology, Policy and the Integrity of Social Life*. Redwood City, California: Stanford University Press, 2010.

OLIVER WYMAN FORUM. *Renaissance 2022: The New People Shaping Our Future*. 2022. Disponível em: https://www.oliverwymanforum.com/content/dam/oliver-wyman/ow-forum/global-consumer-sentiment/documents/Forum_Renaissance_2022_Full_Report.pdf. Acesso em: 27 fev. 2022.

ROCHA, C. O que é o metaverso, a próxima grande ambição das gigantes tecnológicas? *Jornal de Negócios*, [s. l.], 13 nov. 2021. Disponível em: https://www.jornaldenegocios.pt/empresas/tecnologias/detalhe/o-que-e-o-metaverso-a-proxima-grande-ambicao-das-gigante-tecnologicas. Acesso em: 20 fev. 2022.

STARTSE. *Metaverso: Entenda de uma vez por todas o que é o metaverso*. E-book. 2022. Disponível em: https://www.startse.com/ebook-metaverso/?utm_source=instagram&utm_medium=feed&utm_campaign=ebook-metaverso&utm_id=ebook-metaverso&utm_term=02162022&utm_content=later-24779113. Acesso em: 27 fev. 2022.

STEPHENSON, N. *Snow Crash*. 1. ed. New York: Bantam Books, 1992. 440 p., v. 1.

VIRGILIO, D. What Comparisons Between Second Life and the Metaverse Miss. *Future Tense* [parceria entre a Slate, a New America, e a Universidade Estadual do Arizona], [s. l.], 2022. Disponível em: https://slate.com/technology/2022/02/second-life-metaverse-facebook-comparisons.html. Acesso em: 20 fev. 2022.

4.
A TRANSFORMAÇÃO ESPACIAL DO METAVERSO E OS LIMITES DA JURISDIÇÃO

Isabela Braga Pompilio
Sandra Arlette Maia Rechsteiner

Introdução

Assim como ocorre com a internet, o metaverso deverá ser objeto de enfrentamento pelo Direito e a ele serão aplicados os grandes e basilares conceitos do pensamento jurídico, tais como a responsabilidade civil, conflito de leis, jurisdição e soberania, dentre outros tantos.

O surgimento de novas tecnologias, como consequência de um ainda contemporâneo processo de globalização, acarretou e continua ensejando mudanças consideráveis na sociedade, tanto que seria possível comparar o impacto causado pelo surgimento da internet ao sofrido com o considerado "avanço técnico" promovido durante a Revolução Industrial no século XVIII, sendo certo que o avanço do metaverso poderá indicar um novo marco nessa evolução.

E o Direito não fica alheio a essas inovações, ao contrário, passa a ter de enfrentar os mais variados entraves relacionados à solução de questões jurídicas atinentes à cada nova realidade. Desde a década de 1990, surgiram problemáticas atinentes à aplicação do Direito às novas tecnologias, especialmente no que toca à capacidade de regulá-las e ao impacto delas nas legislações e conceitos já existentes e suas instituições.

Com isso, em que pese o desenvolvimento da internet ter propiciado consideráveis vantagens à vida moderna, transformando-se no meio mais fácil e rápido de comunicação de dados, também acarretou um indesejável aumento da prática de ilícitos e de violações de direitos de forma geral, demandando um amparo diferenciado do Direito.

O surgimento do metaverso, ao seu turno, trará novas concepções de tempo e, sobretudo, de espaço, demandando, mais uma vez, a adequação do Direito à sua correta e adequada aplicação, posto que a concepção espacial ganha outra denotação, qual seja, a de um ambiente global no qual há uma transcendência dos limites territoriais da vida real.

Nesse sentido, resta evidente que, conjuntamente com a evolução tecnológica, surge a problemática questão do exercício e dos limites da jurisdição, além da determinação da competência, face à territorialidade ilimitada do ciberespaço.

1. Jurisdição: conceito, características e limites

Para melhor elucidação do tema, compete examinar o conceito de "jurisdição" sob a ótica dos tradicionais juristas que estudaram a matéria. Etimologicamente, a palavra "jurisdição" é derivada do latim. Segundo De Plácido e Silva, a palavra *jurisdictio* (ação de administrar a Justiça) tem origem nas expressões *jus dicere, juris dictio*[1] e é todo poder ou autoridade conferida à pessoa, em virtude da qual pode conhecer de certos negócios públicos e os resolver.

É o poder de julgar, que advém da autoridade suprema ou do poder soberano (*jus imperium*), pertencente ao Estado que, por delegação, o confere às autoridades judiciais e às autoridades administrativas.

Na interpretação de Maria Helena Diniz, é o poder de dizer o direito[2], sendo necessária identificação do aspecto geográfico, bem como a atribuição exclusiva do seu exercício pelo Poder Judiciário:

> É a administração da Justiça pelo Poder Judiciário. Consiste no poder--dever de aplicação do direito objetivo conferido ao magistrado. É ati-

---

[1] SILVA, De Plácido e. *Vocabulário Jurídico*. 4. ed. Rio de Janeiro: Forense, 1996. v. 3 e 4. p. 27.
[2] DINIZ, Maria Helena. *Dicionário jurídico*. São Paulo: Saraiva, 1998. v. 3. p. 24.

vidade exercida pelo Estado para aplicação das normas jurídicas ao caso concreto. Área territorial onde a autoridade judiciária exerce seu poder de julgar; compreende o poder de decisão, o de ordenar notificação das partes ou testemunhas, o de documentação (que advém da necessidade de representação por escrito dos atos processuais e rege-se pelo princípio da investidura, da indelegabilidade e da aderência ao território).

Chiovenda[3], por sua vez, traz que "a jurisdição consiste na atuação da lei mediante a substituição da atividade alheia pela atividade de órgãos públicos, afirmando a existência de uma vontade da lei e colocando-a, posteriormente, em prática".

E Carnelutti, citado por Antônio Carlos Marcato[4], leciona que:

> A jurisdição é um meio de que o Estado se vale para a justa composição da lide, ou seja, a atividade jurisdicional por ele exercida através do processo visa à composição, nos termos da lei, do conflito de interesses submetido à sua apreciação.

Compartilha do mesmo entendimento o prof. José Afonso da Silva[5], afirmando que os órgãos do Poder Judiciário têm por função compor conflitos de interesse em cada caso concreto.

Diante desse contexto, tem-se que a manifestação do *jus imperium* estatal expressa-se mediante sua capacidade de decidir e impor suas decisões perante a população obediente à sua soberania em um determinado território geográfico, promovendo a harmonização de conflitos.

De outra sorte, no que toca à jurisdição, a legislação nacional consagra que essa só poderá ser praticada diante de uma lide por iniciativa das partes, conforme preceitua o art. 2º do CPC, bem como que as decisões dos agentes jurisdicionais poderão, num determinado momento, tornar-se imutáveis pela coisa julgada ou trânsito em julgado da decisão (art. 5º, XXXVI, CF/88).

---

[3] Chiovenda. *Derecho Procesual Civil*. Mexico: Cardenas, 1989. v.1. t. 1. p. 369.
[4] Marcato, Antonio Carlos. Breves considerações sobre jurisdição e competência. *Revista Jus Navigandi*, Teresina, ano 7, n. 56, 1 abr. 2002. Disponível em: https://jus.com.br/artigos/2923. Acesso em: 15 mar. 2022.
[5] Silva, José Afonso da. *Curso de Direito Constitucional Positivo*. 9. ed. São Paulo: Malheiros, 1997. p. 480.

Ainda, tem-se a indelegabilidade da jurisdição, pela qual o juiz exerce a função jurisdicional por delegação do Estado e não poderá delegá-la a outrem.

Nesse sentido, o CPC, no art. 1º, atribui o dever de exercício da jurisdição civil a juízes[6] e, segundo Hélio Tornaghi[7], "o juiz junta-se ao legislador na tarefa de assegurar a ordem jurídica (de todos) e o direito (de cada um)". O legislador, ao seu turno, o faz de maneira geral e abstrata, sem consideração das particularidades individuais, enquanto o juiz declara o que é correto em cada caso e tem em conta as respectivas circunstâncias.

A tutela jurisdicional é, portanto, obrigação do Estado, tarefa competente aos juízes que, assim, não podem esquivar-se de tal ônus, como se observa no inciso XXXV do art. 5º da CF e no art. 126 do CPC.

1.1. Do alcance da jurisdição

O capítulo segundo do título IV do processo de conhecimento de nossa lei adjetiva estabelece o limite entre aplicação da jurisdição nacional e a competência internacional.

Nesse sentido, o art. 88 do CPC dispõe que a autoridade brasileira será competente nos casos em que, independentemente de sua nacionalidade, o réu estiver domiciliado no Brasil, a obrigação tiver sido cumprida no Brasil e a ação se originar de fato ocorrido ou praticado no Brasil.

Contudo, alguns observadores ingleses e norte-americanos, estudiosos do tema *Law of the Cyberspace*, acreditam que a internet poderia ou deveria ser autorregulamentada, sob o argumento de que a legislação aplicável à solução dos conflitos inevitavelmente seria inerente a uma instituição específica, e isso seria menos efetivo e apropriado do que buscar construir centros de arbitragem ou mediação para apreciar os problemas oriundos do federalismo eletrônico.

Para além disso, a observância ao princípio de que a jurisdição pressupõe a existência de um território em que será exercida merecerá uma reavaliação diante das múltiplas relações que os indivíduos instauram por meio da internet, independentemente de aspectos geográficos.

---

[6] Art. 1º. A jurisdição civil, contenciosa e voluntária, é exercida pelos juízes, em todo território nacional, conforme as disposições que este Código estabelece.

[7] TORNAGHI, Hélio. *Comentários ao Código de Processo Civil*. 2. ed. São Paulo: Revista dos Tribunais, 1976, v. 1, p. 72.

Vale dizer, a Justiça brasileira não tem jurisdição sobre território estrangeiro. Toda ação que aqui se proponha contra réu localizado no exterior dependerá de um mecanismo de cooperação judiciária transnacional. E nesse mesmo sentido é a regulamentação pátria, na medida em que o Brasil não admitiria que, à margem da disciplina da cooperação, algo se executasse em seu domínio territorial por ordem de autoridade estrangeira.

Nessa perspectiva, autores como o inglês Cliff Dilloway[8] e o prof. norte-americano David Post[9] vislumbram a concepção de que a internet deveria, ao menos potencialmente, possuir sua própria jurisdição, sem ser atrelada a padrões de territórios geográficos ou a qualquer outro meio físico e virtualmente sem soberania de países.

E em se tratando de internet, o conceito tradicional de soberania, que preceitua que o Estado deverá exercer sua autoridade plena e governo próprio, dentro do território nacional e em suas relações com outros Estados[10], precisa ser reavaliado. Isso porque uma das características principais da grande rede é o fato de o indivíduo instaurar múltiplas relações por meio eletrônico sem que o Estado possa efetivamente controlá-lo.

2. Ciberespaço, soberania e jurisdição

Ao se sobreporem os conceitos de ciberespaço, soberania e jurisdição, nos deparamos com elementos que parecem estar em oposição na forma como operam espacialmente, constituindo hoje um dos principais dilemas no exercício dos limites jurídicos territoriais e, consequentemente, das relações interestatais.

E por jurisdição tem-se o exercício da soberania de um Estado-nação em dado território delimitado por fronteiras bem definidas, estas como limites desse território que devem ser reconhecidos inclusive externa-

---

[8] DILLOWAY, Cliff. Internet Self-Regulation. Disponível em: http://www.endispute.com.uk/cliff/israem.htm. Acesso em: 2 jan. 2003 *apud* https://atheniense.blogs.com/artigos/revistacej2003.pdf. Acesso em: 15 mar. 2022.

[9] POST, David. How Shall the Net be Governed. Disponível em: http://www.temple.edu/lawschool/dpost/governance.html. Acesso em: 2 jan. 2003 *apud* https://atheniense.blogs.com/artigos/revistacej2003.pdf. Acesso em: 15 mar. 2022.

[10] DICIONÁRIO Houaiss da língua portuguesa. Rio de Janeiro: Objetiva, 2001.

mente pelos demais Estados-nações, num recíproco reconhecimento de seus espaços jurisdicionais.

Já o conceito de soberania, grande parte da doutrina reconhece como decorrente do Tratado de Westfália[11], de 1648, marco histórico que estabeleceu o princípio da soberania dos Estados-nações sobre seus respectivos territórios e, com isso, o preceito da não ingerência extraterritorial, restringindo o poder do soberano aos limites internos de suas fronteiras.

A soberania é elemento fundamental do Estado moderno e soberana é a entidade política que não reconhece autoridade superior à sua. Por tal razão, exerce com exclusividade as competências sobre sua própria área de domínio. E determinado Estado é tido como soberano porque se revela plenamente capaz de disciplinar o regramento que rege a sociedade estabelecida no território sob seu domínio.

Miguel Reale[12] definiu a soberania como o poder do Estado "de organizar-se juridicamente e de fazer valer dentro de seu território a universalidade de suas decisões, nos limites dos fins éticos de convivência". Ainda, nas palavras de Francisco Rezek[13], "atributo fundamental do Estado, a soberania, o faz titular de competências que, precisamente porque existe uma ordem jurídica internacional, não são ilimitadas; mas nenhuma outra entidade as possui superiores".

Assim, o sistema westfaliano, base do princípio jurídico desde então, compreende uma ordem externa, pelo reconhecimento do direito de outros Estados à soberania, admitindo-os como iguais, e uma ordem interna, que diz respeito à autoridade exclusiva do governo sobre seu território e sua população, configurando uma ordem internacional como conjunto de unidades territoriais equivalentes[14].

Entretanto, num contexto político mundial baseado em fronteiras, a transformação espacial do ciberespaço já trazida pela internet e agora acentuada pelo metaverso altera o exercício do poder sobre fatos nacionais, na medida em que estes agora se alastram mundialmente.

---

[11] Conjunto de acordos entre Estados europeus que pôs fim a um longo período de guerras.
[12] REALE, Miguel. *Teoria do Direito e do Estado*. 5. ed. São Paulo: Saraiva, 2013, p. 127.
[13] REZEK, Francisco. *Direito Internacional Público:* Curso elementar. 15. ed. São Paulo: Saraiva, 2010, p. 231.
[14] ARROYO, M. Território, mercado e Estado: uma convergência histórica. *GEOgraphia*, v. 6, n. 12, p. 49-66, 2004.

Por outro lado, é importante observar que os fenômenos se distribuem, mas não deixam de estar localizados. Logo, em que pese existir um consenso de que o espaço virtual seria apartado do espaço geográfico, a internet, base material do ciberespaço, não é um mundo paralelo. Em verdade, é mecanismo complexo que faz parte do espaço geográfico, mesmo que com novas configurações e qualidades trazidas pelo metaverso, que desafiam a própria ideia lançada sobre o espaço político westfaliano.

Partindo destes pressupostos atinentes aos conceitos inter-relacionados de soberania e jurisdição, próprios do nosso sistema jurídico e, em tese, de todas as demais nações soberanas, a jurisprudência brasileira predominante no domínio cibernético limita as ordens judiciais ao território nacional, visando não afrontar os princípios da soberania e territorialidade. Caminho semelhante deverá ser adotado nas questões envolvendo o metaverso, mesmo que sejam ainda mais substanciais os desafios propostos às decisões judiciais, diante da dificuldade de delimitação dos seus limites territoriais.

3. Internet, metaverso e jurisdição

As tecnologias emergidas em curto lapso temporal fizeram surgir ambientes virtuais que seduzem seus usuários pela interatividade que oferecem ao estabelecerem mundos paralelos conectados pela internet. O surgimento das comunidades virtuais vem acompanhando essa evolução da sociedade — sociedade da informação[15] —, que demanda cada vez mais meios interativos sem restrições ou limites geográficos.

Porém, a criação e o desenvolvimento dessas novas tecnologias fizeram nascer novos paradigmas na sociedade globalizada, novas formas de relacionamentos interpessoais e, por conseguinte, novas formas de relações jurídicas. Com o advento da internet e, mais atualmente, do meta-

---

[15] "'Sociedade da informação', também denominada de 'sociedade do conhecimento', é expressão utilizada para identificar o período histórico a partir da preponderância da informação sobre os meios de produção e a distribuição dos bens na sociedade que se estabeleceu a partir da vulgarização das programações de dados utiliza dos meios de comunicação existentes e dos dados obtidos sobre uma pessoa e/ou objeto, para a realização de atos e negócios jurídicos." LISBOA, Roberto Senise. *Direito na Sociedade da Informação*. RT-847, p. 78-95. São Paulo: Editora Revista dos Tribunais, maio-2006, p. 85.

verso[16], a interação das pessoas de diferentes países torna-se mais ágil e acessível, possibilitando a criação de grupos sociais, empresas e comunidades inteiras nesse plano virtual, permitindo a efetivação de relacionamentos por meio exclusivamente online, o que fez nascer uma cultura transnacional e ligada em rede.

Nos seus primórdios, a internet passava a ideia de liberdade ilimitada e de que tudo era possível ser feito na rede, em razão da virtualidade e impessoalidade física, existindo a ilusão de que ninguém podia controlar ou censurar os atos ali praticados. Além disso, o anonimato proporcionado pelo computador encobriria a prática de qualquer ato, de forma que seu autor jamais seria descoberto. Entretanto, embora o meio seja virtual, os efeitos relacionais dali decorrentes ocorrem na vida real das pessoas e, por isso, merecem ampla proteção jurídica.

E mais, na medida em que os serviços de acesso à internet transcendem as fronteiras nacionais, acentua-se a necessidade de buscar no Direito mecanismos para sanar problemas deles decorrentes, uma vez que a internet se ressente da inexistência de uma legislação supranacional[17].

Entretanto, cabe destacar que não se pretende defender a instituição de uma censura na internet[18], mas é preciso concluir pela necessidade da regulação da internet. Em analogia a Jonh Rawls[19], "as regulamentações necessárias não devem ser confundidas com restrições ao conteúdo do discurso".

---

[16] Metaverso no conceito apresentado por Neal Stepheson é um ambiente online que possibilita a interatividade para fins sociais, negociais e entretenimento. STEPHENSON, Neal. *Snow Crash*. New York: Bantam Spectra, 2002, p. 25.

[17] PAESANI, Liliana Minardi. *Direito e internet*. São Paulo: Atlas, 2000, p. 35: "Chama a atenção pública mundial a absoluta ausência de uma legislação supranacional para discipliná-la, decorrente principalmente de sua própria estrutura, para intervir no controle, na censura e na distribuição da informação".

[18] GUERRA, Sidney. *O direito à privacidade na internet: uma discussão da esfera privada no mundo globalizado*. Rio de Janeiro: América Jurídica, 2007, p. 117.

[19] RAWLS, John. *O liberalismo político*. 2 ed. São Paulo: Ática, 2000, p. 350: "(...) O uso público de nossa razão deve ser regulado, mas a prioridade da liberdade requer que isso seja feito, tanto quanto possível, de modo a deixar intacta a esfera central de aplicação de cada liberdade fundamental. Por exemplo: regras de ordem são essenciais para regular a discussão livre. Sem a aceitação geral de procedimentos razoáveis de investigação e preceitos de debate, a liberdade de expressão não pode atender seu propósito. As pessoas não podem falar todas ao mesmo tempo, ou usar o mesmo foro público ao mesmo tempo para diferentes finalidades".

Sendo assim, mesmo que o funcionamento e a distribuição da informação na internet tenham sido programados para que se processassem de forma ilimitada, na medida em que o Estado somente pode exercer jurisdição sobre seu território, problemas diversos têm ocorrido em razão desta lacuna de limites. Daí a dificuldade de aplicar controles judiciais na rede e da efetividade da aplicação de regras.

Vale destacar as palavras de Silva Neto[20]:

> O que acontece na grande rede, acontece em todo o planeta. Logo os atos e fatos jurídicos que ocorrem na internet ocorrem com uma nítida faceta de transnacionalidade. Se, por exemplo, o senhor X (que mora aqui no Brasil e que tem um site hospedado na Holanda) passar a ofender a senhora Y (que mora na Melanésia), o ilícito ato se consumará em todos os lugares onde ele deixar traços que evidenciam os bits da discórdia. Observada a lex loci, poderão ser tomadas medidas judiciais. O senhor X poderá ser processado no Brasil, civil e criminalmente. Entretanto, nenhum juiz brasileiro poderá determinar o fechamento do site que se encontra na Holanda, pela mais simples razão de direito: ele não possui jurisdição sobre aquele lugar. O senhor X poderá, ainda, ser processado na Melanésia; entretanto, como se executar a sentença? Será que o País de nossos antípodas mantém um acordo com o nosso para a execução de rogatórias? Finalmente, o senhor X poderá ser processado na Holanda. Contudo, o que além do fechamento do site poderá ser feito no País de baixas terras? Como pragmaticamente positivamos, a tutela jurisdicional objetivada pela senhora Y só pode ser lograda parcialmente nos padrões existentes, eis que, em tese o ato ilícito foi seccionado em termos planetários, cabendo uma parte de sua apreciação a cada um dos países citados, ou seja, um verdadeiro quebra cabeças jurídico (...) Nos moldes como praticamos o direito, a reparação plena do ilícito ato tornou-se impossível em razão da pulverização absoluta do direito. O princípio basilar da lex loci encontra-se "revogado" em decorrência da transnacionalidade instituída pela grande rede de computadores.

É sabido que estabelecer uma forma de controle no mundo virtual é algo muito difícil. Alguns[21] acreditam que a internet, e pode-se dizer

---

[20] SILVA NETO, Amaro M. *Privacidade na internet*. São Paulo: Edipro, 2001, p. 32.
[21] TREDINNICK, André Felipe. A internet e a liberdade de expressão. *Cidadania e justiça*. Rio de Janeiro. Ano 3, nº 7 — 2º semestre de 1999, p. 120: "A internet é, de fato, insuscetível

que ainda mais o metaverso, seria insuscetível de controle; outros[22] entendem que a autodisciplina permitiria manter a liberdade no ciberespaço e, ao mesmo tempo, disciplinar toda forma de comportamento; e, ainda, há aqueles[23] que entendem que, em todo o sistema jurídico, a segurança é um elemento essencial para que as relações intersubjetivas permaneçam em níveis mínimos e aceitáveis de organização pelo meio social, porque a vida coletiva exige comportamentos pautados por critérios orientadores das atividades individuais, que direcionem cada indivíduo consoante previsão do que os outros poderão fazer, e, em caso de necessidade, lhe permitam exigir desses outros certos comportamentos.

Com efeito, a tecnologia pode entrar em conflito com o Direito e o Direito interno[24] não oferece reais condições para tutelar e dirimir as controvérsias provenientes deste ambiente virtual paralelo e sem fronteiras. Para solução desses conflitos, há que se socorrer do Direito Internacional[25] e, encampando esta ideia, Grandinetti[26] destaca que

---

de ser sujeitada a qualquer tipo de lei ou controle, não apenas do ponto de vista jurídico-constitucional, mas sobretudo do ponto de vista real, porque não há como cercear o usuário na infovia, exatamente porque com um simples laptop e um modem, uma linha telefônica e uma senha de acesso (e, muitas vezes, nem isso) é possível ingressar na internet".

[22] Liliana Minardi Paesani (op. cit., p. 36) apresenta em sua obra um código de autorregulamentação dos serviços de internet apresentada pelo servizi telematici hiperlink cujo endereço é http://www.interlex.com/inforum, devidamente traduzido pela própria.

[23] GUERRA, Sidney. *A internet e os desafios para o direito internacional* Disponível em: http://fdc.br/Arquivos/Revista/10/01.pdf. Acesso em: 15 mar, 2022.

[24] Em igual sentido, AIETA, Vânia Siciliano. *A garantia da intimidade.* Rio de Janeiro: Lumen Juris, 1999, p. 226: "A necessidade de proteção, frente à problemática da violação dos bancos de dados, tem, nos últimos anos, extrapolado as fronteiras do direito interno de cada país, para consolidar como uma exigência internacional".

[25] No relatório da UNESCO de setembro de 1997 intitulado *The internet and some international regulatory issues relating to content: a pilot comparative study commissioned by the United Nations Educational, Scientific and Cultural Organization*, verificou-se que "A natureza internacional, interativa e descentralizada da internet e seu potencial para tornar disponível vastas quantidades de conteúdo para e de qualquer lugar do mundo faz surgir uma série de dilemas éticos e legais. Através do ciberespaço, são difundidos conteúdos diversificados e informações sob variadas formas (textos, imagens fixas ou em movimento e sons), provenientes de múltiplas fontes (e muitas vezes anônimas), originárias de qualquer parte do globo. (...) as legislações nacionais que tratam dessas questões são muitas das vezes incompatíveis ou contraditórias entre si".

[26] CARVALHO, Luis Gustavo Grandinetti Castanho de. *Direito de informação e liberdade de expressão.* Rio de Janeiro: Renovar, 1999, p. 306.

enquanto tais problemas ocorrerem em território nacional as soluções são possíveis.

Entretanto, o mesmo não acontecerá quando a origem da ação humana estiver no exterior, quando tratados e convenções internacionais poderão servir de auxílio e solução, sob pena de afronta à soberania de cada Estado.

E ainda que fosse possível ignorar tratados internacionais em pleno vigor, há normas de direito interno cujo cumprimento se impõe quando se pretende que uma determinação de autoridade brasileira seja executada no domínio espacial de outra soberania[27]. Não há como, à margem desses tratados e dessas normas de produção interna, estender a jurisdição nacional a território estrangeiro sem com isso afrontar a soberania de outro Estado.

Com isso, fenômenos como o metaverso, que avançam sem fronteiras delimitadas, revolucionam a vida da sociedade e, consequentemente, induzem à revolução dos conceitos do Direito, cabendo aos juristas tentar apresentar soluções para novas realidades sociais, conformando-as juridicamente aos conflitos que delas emergem, como os resultantes da era digital.

Surge, então, a reflexão sobre a necessidade de uma releitura de nossos textos legais visando a interpretá-los à luz dos fatos ocorridos no meio eletrônico, o que levará à reavaliação de alguns conceitos tradicionais do Direito, em razão desse novo espectro que se cria no mundo virtual cada vez mais complexo e ilimitado.

Justifica-se, portanto, a necessidade de uma aplicação correta dos preceitos legais inerentes à jurisdição, diante das novas transações eletrônicas no mundo eletrônico ilimitado a ser trazido pelo metaverso, o que aparenta ser uma das maiores dificuldades a ser enfrentadas pelos operadores do Direito.

Conclusões

O metaverso, que deverá se consolidar como uma versão da internet mais imersiva, aberta e descentralizada, já é uma realidade com a qual o

---

[27] GUERRA, Sidney. *Op. cit.* Disponível em: http://fdc.br/Arquivos/Revista/10/01.pdf. Acesso em: 15 mar. 2022.

Direito deve lidar. Apesar do universo futurista apresentado, esse novo acontecimento tecnológico já traz grandes e importantes discussões acerca de seu processo regulatório.

Esse novo território virtual pode potencializar conflitos já existentes na internet, além de trazer novas problemáticas jurídicas, inclusive no que se refere a jurisdição, conflito de leis e soberania.

E não há como estender a jurisdição nacional a território estrangeiro sem afrontar o poder supremo de outro Estado, razão pela qual o Direito exerce essencial papel na regulamentação do meio digital e na determinação de limites, possibilitando o avanço do cenário de globalização em que vivemos, desde a virada do século.

E o modo como se dá a aplicação do Direito depende de como se compreende o ciberespaço, havendo quem defenda que o ambiente virtual deve ser tratado como um bem público global (global common)[28], inclusive:

> [..] os estados não podem afirmar sua soberania sobre o ciberespaço. Eles só podem regular a maneira como as pessoas (ou coisas) sujeitas à sua autoridade acessam o ciberespaço global. Não existe um ciberespaço nacional sobre o qual eles exercem controle supremo; em vez disso, existe um ciberespaço global compartilhado e eles aproveitam sua soberania sobre atores e dispositivos físicos em seu território para restringir, de maneira imperfeita e limitada, as conexões com determinados sites ou aplicativos. As autoridades territoriais simplesmente não estão no controle de quem entra no ciberespaço fora do seu território ou dos serviços ou aplicativos que os atores externos fornecem sobre ele. Eles só podem identificar e bloquear as coisas após o fato. Essas limitações não conferem soberania aos estados sobre o ciberespaço, assim como o licenciamento de navios de um país e a aprovação de sua entrada e saída de seus portos não lhes confere soberania sobre o oceano, tampouco o faz a posse de satélites e instalações de lançamento de um Estado no espaço sideral. A situação se assemelha muito ao regime de governança oceânica, onde os estados têm propensão a territorializar ou estabelecer jurisdição sobre o máximo de território possível, mas o alto mar ainda é

---

[28] BETZ, David; STEVENS, Tim. *Cyberspace and the State: Towards a Strategy for Cyber Power*. Oxford: Routledge, 2011.

reconhecido como um espaço não soberano e existem importantes limitações à soberania, mesmo nas zonas territorializadas[29].

Entretanto, parece ser mais razoável compreender o ciberespaço não como um bem público global, mas como um ambiente artificial criado pelo ser humano e passível de modificação a qualquer instante, que transcorre várias jurisdições e que exige regramentos para salvaguardar a soberania dos Estados que entram em contato com esse ambiente digital e os mais variados interesses e relações.

Foi para administrar cooperativamente esse conjunto de interesses legítimos que cada soberania internalizou, em sua ordem jurídica, instrumentos de cooperação internacional sobre os mais variados temas, além de criar regramentos próprios e específicos (Marco Civil da Internet, Lei Geral de Proteção de Dados, etc.).

A jurisdição, como um aspecto central da soberania do Estado, mostra-se como um exercício de autoridade estatal, que pode tanto criar como modificar ou terminar relações jurídicas subordinadas a esse Estado. Contudo, com o rápido advento do mundo virtual, e o novo metaverso, dúvidas surgem sobre se essas características fundantes da jurisdição estatal podem ser conciliadas com as peculiaridades do espaço digital.

De toda maneira, independentemente do avanço das tecnologias e do mundo digital, é preciso ter em mente que o mundo real ainda é dividido entre nações geograficamente delimitadas e que soberania permanece como um atributo irrenunciável dos Estados.

Nesse cenário, verifica-se um antagonismo relacionado às próprias características da internet, que é marcada pela sua transnacionalidade. Uma rede de comunicação que ignora limites entre Estados é algo preocupante e, por tal razão, medidas são tomadas para tentar estabelecer "fronteiras" para a internet e regulamentar o ciberespaço.

Certamente, enfrentar questões relativas à jurisdição na internet e a sua nova realidade, o metaverso, envolverá uma ressignificação de conceitos antes considerados consolidados, como os de território, jurisdição, soberania e fronteira. Muito embora esses elementos continuem

---

[29] MUELLER, Milton L. Against Sovereignty in Cyberspace. *International Studies Review*, 2019. Tradução por Pedro Gonet Branco e Bruno Talpai, em: https://periodicos.furg.br/juris/article/viewFile/11285/7868.

existindo na sociedade da informação, deverão sofrer mitigações, restando ao Direito e aos seus operadores a missão de atentarem às mudanças e se atualizarem com a nova realidade.

Referências

AIETA, Vânia Siciliano. *A garantia da intimidade*. Rio de Janeiro: Lumen Juris, 1999.

ARROYO, M. Território, mercado e Estado: uma convergência histórica. *GEOgraphia*, v. 6, n. 12, 2004.

BAUMAN, Zygmunt. *Globalização: as consequências humanas*. Tradução de Marcus Penchel. Rio de Janeiro: Editora Jorge Zahar,1999.

BETZ, David; STEVENS, Tim. *Cyberspace and the State: Towards a Strategy for Cyber Power*. Oxford: Routledge, 2011.

CARVALHO, Luis Gustavo Grandinetti Castanho de. *Direito de informação e liberdade de expressão*. Rio de Janeiro: Renovar, 1999.

CHIOVENDA. *Derecho Procesual Civil*. Mexico: Cardenas, 1989. V.1, t. 1, p. 369.

COUTURE, Eduardo. *Vocabulário Jurídico*. Buenos Aires, 1976.

DILLOWAY, Cliff. *Internet Self-Regulation*. Disponível em: http://www.endispute.com.uk/cliff/israem.htm. Acesso em: 2 jan. 2003 *apud* Https://atheniense.blogs.com/artigos/revistacej2003.pdf . Acesso em: 15 mar, 2022.

DINIZ, Maria Helena. *Dicionário jurídico*. São Paulo: Saraiva, 1998.

GUERRA, Sidney. *O direito à privacidade na internet: uma discussão da esfera privada no mundo globalizado*. Rio de Janeiro: América Jurídica, 2004.

GUERRA, Sidney. *A internet e os desafios para o direito internacional*. Disponível em: http://fdc.br/Arquivos/Revista/10/01.pdf. Acesso em: 15 mar. 2022.

LISBOA, Roberto Senise. *Direito na Sociedade da Informação*. RT-847, p. 78-95. São Paulo: Revista dos Tribunais, maio-2006.

MUELLER, Milton L. Against Sovereignty in Cyberspace. *International Studies Review*, 2019.

PAESANI, Liliana Minardi. *Direito e internet*. São Paulo: Atlas, 2000.

POST, David. *How Shall the Net be Governed*. Disponível em: http:// www.temple.edu/lawschool/dpost/ governance.html. Acesso em: 2 jan. 2003 *apud* https://atheniense.blogs.com/artigos/revistacej2003.pdf . Acesso em: 15 mar. 2022.

RAWLS, Jonh. *O liberalismo político*. 2. ed. São Paulo: Ática, 2000.

REALE, Miguel. *Teoria do Direito e do Estado*. São Paulo, Saraiva, 2013.

REZEK, Francisco. *Direito Internacional Público: curso elementar*. 15. ed. São Paulo: Saraiva, 2010.

SILVA, De Plácido e. *Vocabulário Jurídico*. 4. ed. Rio de Janeiro: Forense, 1996.

SILVA, José Afonso da. *Curso de Direito Constitucional Positivo*. São Paulo: Malheiros, 1997.

SILVA NETO, Amaro M. *Privacidade na internet*. São Paulo: Edipro, 2001.
STEPHENSON. Neal. *Snow Crash*. New York: Bantam Spectra, 2002.
TREDINNICK, André Felipe. *A internet e a liberdade de expressão. Cidadania e justiça*. Rio de Janeiro. Ano 3/nº 7 — 2º semestre de 1999.
TORNAGHI, Hélio. *Comentários ao Código de Processo Civil*. Revista dos Tribunais, 1976.

5.
RELAÇÕES DE CONSUMO NO METAVERSO

PATRÍCIA HELENA MARTA MARTINS
GABRIELA VITIELLO WINK
LUCIANA BAZAN MARTINS BISETTI

Introdução

O metaverso, experiência em que o real e o virtual se confundem, vem ganhando importância a passos largos, tornando-se, de uma forma muito acelerada, também um ambiente de consumo.

Com isso, muitas dúvidas já surgem a respeito das regras que o regulam, em especial, se o Código de Defesa do Consumidor é atual e suficiente para disciplinar as relações nesse ambiente virtual e de tecnologia descentralizada.

Na tentativa de responder a esse questionamento, propomos uma análise do Código de Defesa do Consumidor, a partir de seu processo de evolução e sua base principiológica, passando por seu comportamento frente às inovações que antecederam o metaverso (como explosão da digitalização, virtualização do consumo e surgimento dos *marketplaces*), até nos debruçarmos, finalmente, nos desafios desse novo mundo virtual.

1. Código de Defesa do Consumidor: histórico e natureza da Lei

O Código de Defesa do Consumidor (Lei nº 8.078/1990) teve como berço o contexto histórico do processo de redemocratização do país ocorrido no final dos anos de 1980.

Passados os sombrios anos de repressão ditatorial aos direitos civis, a Constituição Federal de 1988 — instrumento magno da nova ordem jurídica estabelecida — previu em seu cerne a defesa dos direitos dos consumidores como um dos pilares do Estado Democrático Brasileiro.

Os artigos 5º, XXXII, e 170, V, da Constituição Federal preconizam a defesa do consumidor como dever do Estado Brasileiro e com um dos fundamentos da ordem econômica e financeira do país.

Como forma de materialização de tais preceitos, no Ato das Disposições Constitucionais Transitórias (artigo 48), a Carta Magna impôs ao Congresso Nacional a elaboração de um Código de Defesa do Consumidor.

A determinação quanto à edição de um Código e não somente de uma lei reflete a intenção da Constituição Federal em não apenas regular as relações de consumo, mas sim em inaugurar com a norma um novo e complexo sistema jurídico de defesa do consumidor.

Para além da edição de uma mera lei ordinária, o desejo da Constituição Federal foi o de efetivamente criar, com o Código de Defesa do Consumidor, um microssistema multidisciplinar, que, mediante normas de ordem pública e de interesse social, endereçasse todos os aspectos e elementos da proteção do consumidor.

Em atendimento à determinação constitucional, diversos projetos de lei esparsos surgiram para a criação do Código Consumerista.

Para condução dos trabalhos, foi nomeada uma Comissão Mista, composta por representantes da Câmara dos Deputados e do Senado Federal, para análise dos projetos de lei já propostos e das considerações da sociedade civil a respeito do tema.

Os trabalhos da Comissão Mista culminaram, assim, na edição do Código de Defesa do Consumidor, promulgado em 11 de setembro de 1990 e em vigor desde 11 de março de 1991.

No relatório apresentado pela Comissão Mista responsável pela sua edição, foram elencados os dois principais objetivos do Código de Defesa do Consumidor: educar e prevenir conflitos. Das palavras consignadas em mencionado documento, extrai-se:

> O texto final do Código de Defesa do Consumidor, contido em anexo, que ora submeto ao conhecimento e apreciação dos membros dessa Comissão, apresenta, como filosofia básica, o seu caráter educativo e

preventivo. Educativo, porquanto conceitua de forma clara os aspectos mais relevantes para a boa organização das relações de consumo, especificando os direitos e os deveres de consumidores e produtores de bens e serviços. Preventivo, porquanto identifica as principais causas de divergência nas relações de consumo, chamando a atenção das partes para os critérios que devem pautar seus comportamentos.

Traduzindo em uma única palavra, o objetivo primordial do Código de Defesa do Consumidor é a busca pelo **equilíbrio** na relação entre as partes envolvidas.

Ao educar a sociedade para o consumo e ao prever mecanismos de pacificação dos conflitos surgidos, o Código de Defesa do Consumidor pretende, por um lado, empoderar a parte mais vulnerável da relação — o consumidor — e orientar as atividades da parte menos vulnerável da relação — o fornecedor — colocando, assim, ambos em posições equilibradas de poder para desenvolvimento de seus papéis sociais.

Reflexos dessa finalidade são encontrados em diversos institutos previstos na legislação consumerista, como a inversão do ônus da prova e a tutela coletiva dos direitos dos consumidores, ferramentas que visam à facilitação da defesa do consumidor frente ao fornecedor.

A expressão de tais mecanismos de equilíbrio da relação de consumo está intimamente interligada às garantias fundamentais da ordem constitucional brasileira, da qual a defesa do consumidor deriva.

Preceitos como a dignidade da pessoa humana, a tutela da livre iniciativa e a igualdade de tratamento são fundamentos da ordem constitucional brasileira e que se encontram espelhados também no Código de Defesa do Consumidor.

Isso significa dizer que, além de originar-se da Constituição Federal, o Código de Defesa do Consumidor materializa, sob o viés específico a que se propõe e por meio da criação de um microssistema autônomo, as garantias fundamentais da ordem democrática nacional.

O artigo 4º, do Código de Defesa do Consumidor, deixa clara a relação entre a ordem constitucional e a política nacional de defesa das relações de consumo:

> Art. 4º A Política Nacional das Relações de Consumo tem por objetivo o atendimento das necessidades dos consumidores, o respeito à sua

dignidade, saúde e segurança, a proteção de seus interesses econômicos, a melhoria da sua qualidade de vida, bem como a transparência e harmonia das relações de consumo.

Justamente em razão de sua ascendência e dos objetivos que tutela, o Código de Defesa do Consumidor é tido como uma norma de caráter principiológico, pois, expressa e explicita em seus comandos as garantias constitucionais dentro de seu microssistema de proteção do consumidor.

Por deter caráter principiológico, mais do que fixar regras de ordem prática para a regulação das relações de consumo, o Código de Defesa do Consumidor preconiza preceitos, valores e finalidades que devem ser buscadas e alcançadas na seara do consumo.

O Código de Defesa do Consumidor é, portanto, muito mais do que um simples conjunto de regras para o exercício da defesa do consumidor. Trata-se de um verdadeiro guia informativo, diretivo e interpretativo de todo o microssistema de defesa do consumidor, o qual estampa as balizas fundamentais e os princípios inafastáveis da ordem consumerista como um todo.

Como decorrência do caráter generalista e da carga principiológica do Código de Defesa do Consumidor, suas balizas têm se mantido estáveis e hígidas ao longo dos anos, mesmo com a influência de profundas mudanças sociais sobre as relações materiais de consumo.

Em seus mais de trinta anos de vigência, o Código de Defesa do Consumidor sofreu poucas intervenções e atualizações. As quase quinze legislações esparsas que modificaram o Código de Defesa do Consumidor nesse período incidiram tão somente sobre a redação de artigos pontuais, em consequência da edição de normas especiais para tutela de temáticas específicas.

É o caso, por exemplo, da Lei nº 9.870/1999, que trata das anuidades escolares, e da Lei nº 13.146/2015, referente ao Estatuto da Pessoa com Deficiência.

Mais recentemente, a Lei nº 14.181/2021, chamada "Lei do Superendividamento do Consumidor", incluiu novos capítulos ao Código de Defesa do Consumidor, com a representação de importante marco à tutela financeira na seara do consumo.

Mesmo referida Lei do Superendividamento do Consumidor, que agregou um número maior de novas disposições ao Código de Defesa do

Consumidor, não teve o condão de impactar ou modificar a essência do códex, mantida em sua integralidade.

Apesar das reduzidas modificações sofridas pelo Código de Defesa do Consumidor ao longo dos anos, poucas não foram as tentativas legislativas de alterar a norma.

Um levantamento realizado pelo Instituto Brasileiro de Defesa do Consumidor (IDEC) no ano de 2018 mostrou que, desde 2008, mais de quinhentos projetos de lei haviam sido propostos na Câmara dos Deputados e no Senado Federal visando à alteração do Código de Defesa do Consumidor.

Embora o número de propostas legislativas seja relevante, quando da divulgação do estudo pelo IDEC, apenas um projeto de lei havia sido aprovado (PL nº 3.411/2015 — Lei nº 13.486/2017), que versava sobre medidas para reduzir o risco de contaminações derivadas de equipamentos utilizados em produtos e serviços.

Durante a pandemia de COVID-19, houve um novo *boom* de proposições legislativas na seara consumerista. O novo panorama social e sanitário levou à apresentação de inúmeros projetos de lei federais e estaduais para regular, sobretudo, situações atinentes ao mercado eletrônico, aos preços de produtos de saúde, à tutela financeira do consumidor e aos pagamentos atrelados a serviços interrompidos no período de calamidade pública.

Em que pese a aprovação de leis específicas e temporárias para contorno de questões emergenciais, o Código de Defesa do Consumidor seguiu inalterado em suas disposições originais, que, por sua natureza principiológica, se mostraram suficientes e atuais até mesmo para a tutela da situação mais imprevisível da história moderna.

Apesar de resistente ao tempo, até quando o Código de Defesa do Consumidor estará preparado para regular os novos desafios das relações de consumo?

O Código de Defesa do Consumidor nasceu em uma época em que a internet sequer era uma realidade no Brasil. Hoje, a internet está no centro do cotidiano da população e é instrumento que possibilita o desenvolvimento de grande parte das relações de consumo estabelecidas.

A virtualização do consumo é uma realidade já há tempos inegável e que agora caminha, a passos cada vez mais acelerados, para um novo destino digital: o metaverso. Estaria o Código de Defesa do Consumidor pronto e apto a regular as relações de consumo nessa nova era digital?

2. A migração do consumidor do mundo real para o mundo virtual

Antes de responder à indagação formulada no item antecedente, oportuno refletir como as relações de consumo e seu código se comportaram até aqui. Ao longo dos mais de 30 anos de vigência do Código de Defesa do Consumidor, a sociedade de consumo sofreu alterações substanciais, com a explosão da digitalização, a virtualização do consumo, o surgimento das redes sociais, dos *marketplaces* e dos *matchmakers* em geral, já pondo à prova, antes mesmo do aparecimento do metaverso, a suficiência da sua regulamentação.

Seguindo uma tendência mundial, o acesso à internet, a inclusão digital, o desenvolvimento tecnológico, o aumento do poder de compra da população em determinado momento da economia e a privatização dos serviços são apenas alguns dos muitos fatores que levaram ao aumento exponencial do mercado eletrônico no Brasil. Esses fatores, somados à pandemia que enclausurou a população pelos últimos dois anos, fizeram do país um dos líderes em negócios *online*.

Em 2020, segundo pesquisa da eMarketer[1], o Brasil figurou como o 7º país do mundo com a maior média de vendas *online*. De acordo com a mesma pesquisa, enquanto a média global de crescimento do *e-commerce* foi de 25,7%, o Brasil apresentou um crescimento de 50,1%, a demonstrar uma efetiva transformação das relações comerciais e de consumo, com implicações jurídicas diferentes daquelas imaginadas quando o Código de Defesa do Consumidor foi concebido.

A forma de contratar, o perfil dos consumidores, a dinâmica, a velocidade das negociações e os canais de venda mudaram, exigindo novo olhar jurídico para essas relações.

Se antes os consumidores avaliavam as ofertas, iam fisicamente às lojas, escolhiam seus produtos, tocavam nas mercadorias, tiravam dúvidas

---

[1] VILELA, Luiza. Brasil está na lista dos 10 países com maior crescimento de e-commerce. *Consumidor Moderno*, São Paulo, 5, jul. 2021. Disponível em: https://www.consumidormoderno.com.br/2021/07/05/brasil-e-commerce-top-dez/#:~:text=ASSINE%20NOSSA%20NEWSLETTER,Brasil%20est%C3%A1%20na%20lista%20dos%2010,maior%20crescimento%20de%20e%2Dcommerce&text=O%20e%2Dcommerce%20brasileiro%20segue,meio%20de%20compras%20bem%20rent%C3%A1vel. Acesso em: 26 fev. 2022.

com atendentes e já saíam com sua compra na mão, a popularização do *e-commerce* alterou radicalmente essa dinâmica. Uma imagem atraente do produto em um ambiente virtual e poucos cliques bastam para que uma compra seja realizada, muitas vezes sem compreender exatamente de quem, criando-se a legítima expectativa no consumidor de que a entrega se dará da forma e no prazo previstos.

A facilidade do comércio eletrônico fez da confiança o elemento central dessa relação, como bem analisa Guilherme Mucelin[2]:

> em tempos em que não há comprovação da realidade fática do fornecedor, tampouco de uma localização geográfica, a solução encontrada foi o paradigma-mãe da boa-fé (confiança): quanto mais alargada a relação, maior a necessidade de confiar e de buscar essa confiança. Trata-se de um paradigma visual e qualificado, que valoriza "a confiança como eixo central das condutas, no meio eletrônico e como fonte jurídica e dela retirando responsabilidades específicas" e que transforma aspectos da contratação que não se podem comprovar em atos de confiança e, portanto, juridicamente relevantes.

Embora o Código de Defesa do Consumidor, enquanto lei principiológica, já contivesse disposições centrais capazes de resguardar os interesses dos consumidores nessas novas relações, a necessidade de gerar ainda mais confiança aos envolvidos fez surgir legislações complementares, que passaram a endereçar pontualmente as preocupações que foram surgindo.

Uma delas foi o Decreto nº 7.962, de 2013, que regulamentou o Código de Defesa do Consumidor para dispor sobre a contratação no comércio eletrônico. Embora os principais preceitos da norma (obrigatoriedade da prestação de informações claras a respeito do produto, do serviço e do fornecedor; dever de facilitação do atendimento ao consumidor; respeito ao direito de arrependimento) não fossem novidades, ela tratou de detalhar algumas obrigações decorrentes da nova forma de contratação.

---

[2] MUCELIN, Guilherme. Hiperconfiança nas relações de consumo compartilhado — Parte II — Controle e hiperconfiança no consumo compartilhado. In: MUCELIN, Guilherme. *Conexão online e hiperconfiança* — Ed. 2020. São Paulo: Editora Revista dos Tribunais, 2020. Disponível em: https://thomsonreuters.jusbrasil.com.br/doutrina/1197015265/conexao-online-e-hiperconfianca-ed-2020. Acesso em: 25 fev. 2022.

De maneira exemplificativa, determinou disponibilização de dados cadastrais e endereço do fornecedor, características essenciais do produto, discriminação de quaisquer despesas acessórias ao preço (como fretes), além de condições integrais da oferta. Também orientou a respeito das informações que deveriam ser prestadas em casos de ofertas de compras coletivas ou modalidades análogas, e criou regras de atendimento aos consumidores, não apenas para compreensão do contratado (prevendo disponibilização de sumário prévio da contratação e disponibilização do contrato), como também para confirmação da compra e solução de eventuais problemas no processo de compra. No que diz respeito ao direito de arrependimento, determinou uma ostensiva informação sobre o meio necessário para o exercício do direito de arrependimento, garantindo, inclusive, que o direito seja exercido pelo consumidor pela mesma ferramenta em que foi feita a contratação.

Assim, aos princípios gerais do Código de Defesa do Consumidor, foram agregadas regras especiais para regular as situações específicas do *e-commerce*, a demonstrar o acerto do legislador ao optar por uma norma consumerista mais ampla e principiológica.

Especialmente em um cenário em que as transformações sociais e tecnológicas galopam em alta velocidade, que nem de longe o poder legislativo consegue acompanhar, segue fundamental o papel do Código de Defesa do Consumidor para guiar e direcionar a interpretação das inovadoras formas de consumo.

Tanto é assim que o próprio Decreto que regulamentou o comércio eletrônico, embora tenha criado regras específicas para compras coletivas, já se tornou insuficiente frente às mais recentes formas de negócios, a partir da chamada economia do compartilhamento, assim definida por Cláudia Lima Marques[3]:

> posso definir a economia do compartilhamento, de forma simples, como um sistema "negocial" de consumo (collaborative consumption), no

---

[3] MARQUES, Claudia et al. 9. A nova noção de fornecedor no consumo compartilhado: Um estudo sobre as correlações do pluralismo contratual e o acesso ao consumo. In: MARQUES, Claudia et al. *Contratos de serviços em tempos digitais* — Ed. 2021. São Paulo (SP): Editora Revista dos Tribunais. 2021. Disponível em: https://thomsonreuters.jusbrasil.com.br/doutrina/1314940703/contratos-de-servicos-em-tempos-digitais-ed-2021. Acesso em: 26 fev. 2022.

qual pessoas alugam, usam, trocam, doam, emprestam e compartilham bens, serviços, recursos ou commodities, de propriedade sua, geralmente com a ajuda de aplicativos e tecnologia on-line móvel, com a finalidade de economizar dinheiro, cortar custos, reduzir resíduos, dispêndio de tempo, ou a imobilização de patrimônio ou melhorar as práticas sustentáveis e a qualidade de vida em sua região.

Em novos modelos, as relações deixaram de ser apenas entre fornecedor e consumidor. Em alguns negócios, permaneceram as figuras do consumidor e do fornecedor, mas eles passaram a ser intermediados por uma plataforma. Em outros, as transações começaram a se dar entre pessoas comuns, ou seja, entre os próprios "consumidores", também intermediados por uma plataforma de negócios, denominada por Bruno Miragem e Cláudia Lima Marques[4] como *gatekeeper* (guardião do acesso).

Nessas relações, que exigem uma análise casuística inclusive para se determinar a presença da relação de consumo, o dever desse terceiro elemento, o guardião, segundo os autores antes citados[5],

> será o de garantir a segurança do meio negocial oferecido, em uma espécie de responsabilidade em rede (network liability), cuja exata extensão, contudo, será definida caso a caso, conforme o nível de intervenção que tenha sobre o negócio. A economia do compartilhamento é economia, business, custa algo, há presença de um consumidor. Há situações em que poderá haver responsabilidade do intermediador pela satisfação do dever principal de prestação do negócio objeto de intermediação com o consumidor. Mas na maior parte das vezes, aquele que apenas aproxima e intermedia o negócio deverá garantir a segurança e confiança no meio oferecido para realizá-lo, não respondendo, necessariamente, pelas prestações ajustadas entre partes.

Na medida em que as teias contratuais se tornam mais complexas, fica cada vez mais difícil ao legislador prever e acompanhar, em tempo

---

[4] MARQUES, Claudia Lima; MIRAGEM, Bruno. *Economia do compartilhamento deve respeitar os direitos do consumidor*, 2015. Disponível em: http://www.conjur.com.br/2015-dez-23/garantias-consumo-economia-compartilhamento-respeitar-direitosconsumidor. Acesso em: 25 fev. 2022.
[5] Ibidem, 2022.

real, essas mudanças, de modo que o papel do Código de Defesa do Consumidor tem sido, até aqui, o de garantir a mínima proteção, para que as legislações complementares, ao seu tempo, regulem os temas que se tornarem imprescindíveis.

Foi exatamente nesse espírito que surgiu também a Lei nº 12.965/2014 (Marco Civil da Internet), que não pode deixar de ser mencionada quando se fala em mundo virtual. Embora não se trate de uma lei específica de *e-commerce*, ela traz conceitos importantes que acabam sendo utilizados também no comércio eletrônico.

O Marco Civil da Internet foi sancionado com o intuito de regular princípios, garantias, direitos e deveres para o uso da internet no Brasil. Os especialistas no tema ressaltam a importância da criação desse marco não apenas pela centralização das regras atinentes ao uso da internet no Brasil, mas também por iniciar debates importantes sobre a proteção da privacidade e dos dados pessoais dos usuários da internet[6].

Além disso, é possível observar que houve preocupação com a proteção do consumidor nas diretrizes estabelecidas pelo Marco Civil da Internet. Logo no artigo 2º do texto legal, estabeleceu-se que a defesa do consumidor é um dos fundamentos a serem considerados para a correta utilização da internet no Brasil. Ainda, garantiu-se, de forma expressa, a aplicação das normas de proteção e defesa do consumidor nas relações de consumo realizadas na internet (artigo 7, XIII). Ou seja, a aplicação do Código de Defesa do Consumidor deve ocorrer de forma conjunta às normas trazidas pelo Marco Civil da Internet.

Este também é o caso da Lei nº 13.853/2019, popularmente conhecida como a Lei Geral da Proteção de Dados (LGPD). Embora não haja norma expressa mencionando a compatibilidade das novas regras estabelecidas com os princípios constantes no Código de Defesa do Consumidor, é possível constatar em seu teor a convergência com o ordenamento jurídico consumerista já existente. Inclusive, há um artigo específico que garante ao titular a proteção dos seus dados de consumo (art. 20).

Importa destacar que a LGPD não tem a aplicação restrita às relações de consumo, devendo incidir em todas as relações jurídicas que

---

[6] GARCIA, Rebeca. Marco civil da internet no Brasil: repercussões e perspectivas. *Revista dos Tribunais*. Vol. 964, p. 161-190, São Paulo: Editora Revista dos Tribunais, fev. 2016.

não se enquadrem nas exceções legais (art. 4º)[7]. Contudo, essa Lei parece ter especial relevância na seara consumerista, uma vez que os dados dos usuários da internet se tornaram uma mercadoria valorosíssima para o mercado digital.

Dessa forma, o sistema de proteção ao consumidor foi agregando ao seu antigo — mas ainda atual — Código, novas legislações que, em conjunto, tentam acompanhar as transformações das relações, com o desafio de não se tornar um emaranhado de normas dispersas, tampouco uma barreira de travamento da inovação.

Compartilhando dessa percepção, Bruno Miragem e Claudia Lima Marques[8]:

> Nestes termos, deve-se ter em conta que o excesso de regulamentação específica e difusa pode inibir a formação de um ambiente seguro para inovação. Deve, o Código de Defesa do Consumidor, incidir, então, em diálogo com o Marco Civil da Internet e outras fontes, para assegurar a adequada proteção da confiança despertada pelas novas tecnologias, como é o caso das situações de consumo colaborativo desenvolvidas por intermédio da internet. Inovar os papéis de consumidor e de fornecedor em rede, o uso compartilhado de produtos e serviços, sem perder os direitos básicos já assentados, representa a evolução da sociedade brasileira para um direito adaptado à nova economia digital. Este é o desafio no qual o Código de Defesa do Consumidor pode prestar grande contribuição.

De todo modo, a despeito do cuidado do legislador para regular os aspectos mais importantes decorrentes das novas tecnologias, na prática, o que se vê, é que o processo legislativo, como já se referiu, demanda tempo e maturação, de modo que o primeiro a dar respostas às questões jurídicas levantadas pelas inovadoras criações acaba sendo o Poder Judiciário, amparado justamente nos mecanismos e princípios do Código

---

[7] CARDOSO, Oscar Valente. A proteção dos dados pessoais sensíveis em situações não discriminatórias. *Revista de Direito e as Novas Tecnologias*. São Paulo, n. 13, out./dez. 2021.

[8] MARQUES, Claudia Lima; MIRAGEM, Bruno. *Economia do compartilhamento deve respeitar os direitos do consumidor*, 2015. Disponível em: http://www.conjur.com.br/2015-dez-23/garantias-consumo-economia-compartilhamento-respeitar-direitosconsumidor. Acesso em: 25 fev. 2022.

de Defesa do Consumidor. Por isso a importância de se ter uma lei principiológica como colchão das demais.

Mas, repetindo o que ocorreu até aqui, será que esses princípios existentes no Código de Defesa do Consumidor são suficientes e atuais também na era do metaverso?

3. As regras do Código de Defesa do Consumidor se aplicam ao metaverso?

Desde a aparição pública de Mark Zuckerberg, em outubro de 2021, ao anunciar que sua empresa passaria a se chamar Meta Platforms, Inc., dezenas de notícias semanais indicam a entrada de empresas de diferentes ramos no metaverso. De lojas de departamento a instituições financeiras, há um massivo interesse empresarial em atuar e se consolidar também nesse universo paralelo.

O setor de varejo foi um dos primeiros a se mostrar ansioso para acompanhar as novas tendências do mercado e se beneficiar dessas inovações tecnológicas. Essa foi a conclusão geral dos participantes do *Interactive Retail Trends*, realizado no início de 2022, em São Paulo. O metaverso também terá papel importante no desempenho dos varejistas daqui para frente e um bom exemplo é o Walmart, que abriu uma "loja física" em que os usuários do metaverso compram seus produtos de forma virtual e recebem em domicílio, sem a necessidade de sair de casa. O grupo francês Carrefour não ficou para trás e também chegou ao metaverso; adquiriu um terreno do tamanho equivalente a 30 supermercados e passará a explorar realidade virtual e aumentada como forma de incremento de suas vendas.

A dinâmica do *e-commerce* está mudando no metaverso. Ao se deslocarem por lojas com seus avatares, a ideia é que os consumidores possam ver produtos nas prateleiras e adicioná-los a um carrinho. Dentro desses espaços, eles poderão fazer o pagamento e solicitar a entrega em sua residência física. Mais do que isso, eles poderão comprar também produtos virtuais aos próprios avatares. Por exemplo, um consumidor poderá comprar uma roupa virtual para usar em seu avatar dentro do metaverso.

Sob a ótica do Direito e, especialmente, do Direito do Consumidor, será que princípios legais já existentes estão aptos e são suficientes para regular e proteger as relações travadas no metaverso? Não nos parece que seja missão fácil essa aplicação direta e imediata, sem maiores discussões. Como já abordado acima, a regulação da internet não é tema novo e a transposição das relações de consumo para o ambiente digital sempre gera discussões.

O primeiro desafio será estabelecer se, de um modo geral, as regras do Código de Defesa do Consumidor efetivamente se aplicam ao metaverso. Como se sabe, o metaverso é, em sua essência, uma tecnologia descentralizada, o que significa dizer que jurisdição no metaverso é um desafio.

Não há apenas um metaverso; há dezenas de metaversos já criados e muitos outros estão por vir. Em alguns deles, os próprios usuários são quem governam aquele metaverso, embora em outros haja alguma autoridade centralizada. Se o metaverso se propõe a mesclar real e virtual, em experiências imersivas e descentralizadas, faz sentido se ater a conceitos como jurisdição, territorialidade, domicílio, local do ato ou fato? Não seriam concepções ultrapassadas em um novo universo?

O Código de Processo Civil estabelece, em seu artigo 22, que compete à autoridade judiciária brasileira processar e julgar as ações decorrentes de relações de consumo, quando o consumidor tiver domicílio ou residência no Brasil. O Código de Defesa do Consumidor vai além e atribuiu o direito ao consumidor de propor ação judicial no foro de seu domicílio.

Não se ignora que, no âmbito do ordenamento jurídico brasileiro, o Código de Defesa do Consumidor é lei de ordem pública, com caráter cogente. Mas será que os termos e políticas de uso estabelecidos para um determinado metaverso não estariam mais aptos a resolver os conflitos que ali surjam, ainda que no âmbito das relações de consumo?

Em uma compra ocorrida em um ambiente metaverso completamente descentralizado, faz sentido técnico e jurídico invocar a responsabilidade solidária prevista pelo Código de Defesa do Consumidor, por exemplo, a fim de gerar responsabilidade ao ambiente em si?

No REsp nº 1.654.221, de relatoria para acórdão da Ministra Nancy Andrighi, o entendimento do Superior Tribunal de Justiça, ao analisar um caso envolvendo responsabilidade de *marketplace* por produtos vendidos em sua plataforma digital, foi no sentido de que sendo os produtos e serviços ofertados na plataforma inseridos por terceiros para que a plataforma realize a mera aproximação entre compradores e vendedores, sua responsabilidade por eles limita-se aos danos decorrentes desse conteúdo em caso de descumprimento de ordem judicial específica de sua remoção.

Se os *matchmakers* são plataformas multilaterais atuantes de forma *online*, primordialmente com vistas a aproximação de interessados e como parte integrante de uma economia colaborativa, tal raciocínio pode ser estendido ao metaverso com tranquilidade.

Um outro tema que merece reflexão aprofundada é o direito de arrependimento previsto pelo artigo 49 do Código de Defesa do Consumidor. Percebendo as significativas repercussões de mudanças de comportamento, o Código de Defesa do Consumidor, ainda na década de 1990, passou a garantir ao consumidor o direito de arrepender-se e devolver o produto adquirido sem qualquer custo, sempre que a aquisição ocorrer fora do estabelecimento comercial. As razões para a existência desse direito são diversas, a exemplo da possibilidade de o consumidor realizar a compra por impulso ou quando não possui a totalidade das informações do produto ou serviço. Esse direito foi reformado com o Decreto do comércio eletrônico, como já se viu.

Mas diante das transformações do mundo contemporâneo e da evolução tecnológica, os antigos modelos de relação de consumo estão ficando cada vez mais em desuso. Já não se compra mais por catálogos impressos ou por telefone. As compras agora estão a um clique de distância.

Com o desenvolvimento dos negócios digitais, começou-se a se refletir sobre o risco de o exercício desse direito de arrependimento tornar a relação de consumo desequilibrada ao fornecedor. Como descreve Bruno Miragem,

> é o exemplo recorrente do livro, música ou filme comercializado e fruído totalmente pela internet, no qual a possibilidade de arrependimento pode dar conta de situações que incentivem o oportunismo e a má-fé de consumidores que adquiram tais produtos, deles usufruam e exerçam o arrependimento para obter a devolução do valor do preço pago, nos termos do parágrafo único do art. 49 do CDC[9].

---

[9] MIRAGEM, Bruno. Novo paradigma tecnológico, mercado de consumo digital e o direito do consumidor. *Revista de Direito do Consumidor*. vol. 125, ano 28, p. 17-62. São Paulo: Ed. RT, set.-out./2019.

Há algumas provocações já postas, como aplicação do direito de arrependimento de compra, assegurado pelo Código de Defesa do Consumidor, em interações ocorridas no metaverso. Se a previsão legal se aplica às compras nas quais o consumidor não teve contato com o item, isto é, nas aquisições ocorridas fora do estabelecimento comercial, o metaverso pode ser considerado um local fora do estabelecimento comercial? As lojas não estão se estabelecendo no metaverso e propiciando aos consumidores a possibilidade de experimentar o produto em realidade aumentada? O olhar virtual e aumentado não é mais apurado que o olhar humano do mundo físico? Mais do que isso, uma compra de um item virtual a um avatar é capaz de gerar dúvidas e ponto de atrair a possibilidade de arrependimento, da forma como esse direito foi concebido?

As experiências virtuais no metaverso não apenas substituem a experiência ao vivo, mas também a complementam, e as relações sociais como um todo passam a ser consideradas híbridas. Em sua essência, o que o metaverso propõe é justamente quebrar a fronteira entre o mundo offline e o mundo online, o que torna ainda mais desafiador responder se deve haver o direito de arrependimento previsto no artigo 49 do Código de Defesa do Consumidor, tal como aplicado hoje.

Por fim, mas não menos importante, questionamentos surgirão sobre a publicidade e se as propagandas imersivas, fruto dessa realidade virtual e aumentada, devem seguir as mesmas normas aplicáveis às propagandas do mundo físico.

O marketing digital já ganhou contornos legais específicos e o Conselho Nacional de Autorregulamentação Publicitária (CONAR) criou um guia com orientações para a aplicação das regras do Código Brasileiro de Autorregulamentação Publicitária ao conteúdo comercial em redes sociais, em especial aquele gerado pelos influenciadores digitais.

No metaverso, quem fará o incentivo ao consumo serão avatares, gêmeos digitais de influenciadores e outras personalidades do mundo real. Consumidores hipervulneráveis possivelmente terão dificuldade em identificar a mensagem publicitária, justamente porque não há mais delimitações entre o real e o virtual. Novos regramentos devem vir a esse respeito.

Nos termos do Código de Defesa do Consumidor publicidade **enganosa** é aquela que transmite ao consumidor dados objetivamente imprecisos, inclusive por omissão (artigo 37, § 1º e 3º) e publicidade **abusiva** é aquela que é concebida como atentatória a valores socialmente relevantes (artigo 37, § 2º).

Em sequência, em seu artigo 38, o Código de Defesa do Consumidor também trata acerca da responsabilidade pelo anúncio, dispondo que o patrocinador é quem tem o ônus de demonstrar a licitude da publicidade veiculada aos consumidores.

Esse dispositivo não impõe qualquer obrigação em face do agente intermediador ou provedor de aplicações de internet — como é o caso do metaverso —, uma vez que não é o titular do anúncio, pelo simples fato de que não compra nem vende produtos ou serviços, muito menos é visto como tal pelos consumidores. Em estrita correlação, o Superior Tribunal de Justiça já decidiu, conforme o REsp nº 604.172 que *"As empresas de comunicação não respondem por publicidade de propostas abusivas ou enganosas. Tal responsabilidade toca aos fornecedores-anunciantes, que a patrocinaram (CDC, Arts. 3º e 38)"*.

Por isso, ao menos à primeira vista parece fazer sentido a manutenção dessa regra de responsabilidade.

Em suma, em um contexto de chegada do metaverso, as interações às quais o consumidor se sujeita no ambiente virtual ganham relevância semelhante àquelas vividas no mundo físico. As leis consumeristas precisarão ser adaptadas a uma realidade sem fronteiras entre o espaço físico e o digital.

Algumas normas existentes já estão sendo aplicadas em casos da primeira fase de implantação do metaverso, e se mostram efetivas. Outras precisarão, de fato, serem criadas.

Conclusões

Nesse momento de evolução do metaverso, em que se tem mais dúvidas e curiosidades do que convicções, o que se pode esperar é que, a exemplo do que ocorreu com outras formas inovadoras de comércio eletrônico, o Código de Defesa do Consumidor sirva de base principiológica para garantia dos direitos básicos e essenciais dos usuários.

Em que pesem as ressalvas e dúvidas a respeito do seu total enquadramento, em especial por uma tecnologia descentralizada, o histórico e a experiência demonstram, como já se viu, que os operadores do direito, em especial o Poder Judiciário, devem se socorrer do Código de Defesa do Consumidor para resolver conflitos decorrentes do metaverso até que surja outra legislação específica que refine suas especificidades.

Essa aplicação não resolverá todas as questões, e poderá gerar algumas distorções, como no caso do direito de arrependimento, que deverá ser reavaliado. Entretanto, na ausência de um novo regramento — que seria inclusive precipitado neste momento em que o mundo observa, aprende e matura a respeito do metaverso —, o velho Código de Defesa do Consumidor, com seu conjunto de princípios norteadores, servirá como guia e garantia mínima aos usuários, inclusive fornecedores, que poderiam ficar confusos diante dos regramentos diversos de cada mundo virtual.

É certo, no entanto, que no futuro deverão surgir outras normas a regulamentar esse novo mundo, as quais muito provavelmente serão interpretadas em paralelo com a lei consumerista.

Até que haja uma melhor compreensão sobre os impactos reais do metaverso, a recomendação é de que todos os integrantes (fornecedores, usuários e plataformas) se preocupem com os termos de uso, os quais deverão ter como norte as regras de comércio eletrônico e de proteção de dados vigentes no sistema consumerista atual, para minimizar exposição e riscos.

Referências

BRASIL. *Projeto do Código de Defesa do Consumidor*. Brasília: Congresso Nacional, 1989. Disponível em: https://legis.senado.leg.br/sdleg-getter/documento?dm=3540163&ts=1593993978112&disposition=inline. Acesso em: 25 fev. 2022.

CARDOSO, Oscar Valente. A proteção dos dados pessoais sensíveis em situações não discriminatórias. *Revista de Direito e as Novas Tecnologias*. São Paulo, n. 13, out./dez. 2021.

GARCIA, Rebeca. Marco civil da internet no Brasil: repercussões e perspectivas. *Revista dos Tribunais*. Vol. 964, p. 161-190, São Paulo: Editora Revista dos Tribunais, fev. 2016.

IBGE EDUCA. *Uso de internet, televisão e celular no Brasil*. Disponível em: https://educa.ibge.gov.br/jovens/materias-especiais/20787-uso-de-internet-televisao-e-celular-no-brasil.html. Acesso em: 25 fev. 2022.

MARQUES, Claudia Lima. A nova noção de fornecedor no consumo compartilhado: um estudo sobre as correlações do pluralismo contratual e o acesso ao consumo. *In*: MARQUES, Claudia Lima et al. *Contratos de Serviços em Tempos Digitais — Ed. 2021*. São Paulo: Editora Revista dos Tribunais, 2021. Disponível em:

https://thomsonreuters.jusbrasil.com.br/doutrina/1314940703/contratos-de-servicos-em-tempos-digitais-ed-2021. Acesso em: 26 fev. 2022.

MARQUES, Claudia Lima; MIRAGEM, Bruno. *Economia do compartilhamento deve respeitar os direitos do consumidor*, 2015. Disponível em: http://www.conjur.com.br/2015-dez-23/garantias-consumo-economia-compartilhamento-respeitar-direitosconsumidor. Acesso em: 25 fev. 2022.

MIRAGEM, Bruno. *Novo paradigma tecnológico, mercado de consumo digital e o direito do consumidor*. Revista de Direito do Consumidor. Vol. 125, ano 28, p. 17-62. São Paulo: Ed. RT, set./out. 2019.

MUCELIN, Guilherme. Hiperconfiança nas relações de consumo compartilhado — Parte II — Controle e hiperconfiança no consumo compartilhado. *In*: MUCELIN, Guilherme. *Conexão online e hiperconfiança* — Ed. 2020. São Paulo: Editora Revista dos Tribunais, 2020. Disponível em: https://thomsonreuters.jusbrasil.com.br/doutrina/1197015265/conexao-online-e-hiperconfianca-ed-2020. Acesso em: 25 fev. 2022.

VILELA, Luiza. Brasil está na lista dos 10 países com maior crescimento de e-commerce. *Consumidor Moderno*, São Paulo, 5, jul. 2021. Disponível em: https://www.consumidormoderno.com.br/2021/07/05/brasil-e-commerce-top-dez/#:~:text=ASSINE%20NOSSA%20NEWSLETTER-,Brasil%20est%C3%A1%20na%20lista%20dos%2010,maior%20crescimento%20de%20e%2Dcommerce&text=O%20e%2Dcommerce%20brasileiro%20segue,meio%20de%20compras%20bem%20rent%C3%A1vel. Acesso em: 26 fev. 2022.

ZANATTA, Rafael; SIMÃO, Bárbara. *Radiografia de ameaças ao Código de Defesa do Consumidor*: Balanço de dez anos (2008-2018). São Paulo: IDEC, 2018. Disponível em: https://idec.org.br/sites/default/files/relatorio_ameacas_ao_cdc.pdf. Acesso em: 25 fev. 2022.

6.
DIREITO DA SAÚDE HACKEADO: *METAHEALTH*

Marco Aurélio Antas Torronteguy
Victor Hugo Callejon Avallone

Introdução

O metaverso[1] poderá trazer novos e importantes paradigmas ao Direito. Com o setor da saúde não será diferente.

As possibilidades oferecidas pelo metaverso ao setor são amplas, de forma que poderão trazer diversos benefícios a pacientes, profissionais e estabelecimentos, como clínicas e hospitais. Mais do que isso, o metaverso também já é usado em pesquisas e na área de educação e especialização em saúde[2].

---

[1] Para uma visão geral do metaverso e seu impacto no Direito, ver o capítulo 2 deste livro.

[2] Um exemplo é a pesquisa da Universidade Queen Mary, no Reino Unido, que utiliza um ambiente 3D que permite a interação de alunos com projeções de modelos de anatomia. De acordo com a diretoria da universidade, essa ferramenta tem se mostrado muito eficaz para o ensino no contexto da pandemia, tendo em vista que outras plataformas, como Zoom e Teams, não permitem que os alunos tenham aulas práticas, apenas teóricas. Ver: QUEEN MARY UNIVERSITY LONDON. *Queen Mary students receive first lecture in the metaverse.* Londres, 2022. Disponível em: https://www.qmul.ac.uk/media/news/2022/pr/queen-mary-students-receive-first-lecture-in-the-metaverse.html. Acesso em: 25 fev. 2022.

A legislação em saúde é compreendida como os preceitos da Constituição Federal brasileira acrescidos do conjunto de diversas leis federais, estaduais e municipais, bem como de suas regulamentações em decretos e outros atos infralegais.

Há vasta regulação criada por autoridades competentes que possuem poder normativo para tratar de temas de saúde, como a Agência Nacional de Vigilância Sanitária (ANVISA), a Agência Nacional de Saúde Suplementar (ANS), o Conselho Nacional de Saúde (CNS) e os Conselhos Profissionais de diferentes áreas da saúde, como o Conselho Federal de Medicina (CFM), sem prejuízo de julgados e entendimentos de autoridades.

Logo, coloca-se a seguinte questão: é possível *hackear* o Direito da saúde para o metaverso? Ou seja, como a legislação e regulação em saúde devem ser alteradas ou interpretadas para regular o uso de uma determinada tecnologia de saúde no metaverso? Não é simples imaginar uma lei ou norma infralegal que dispusesse sobre requisitos para a promoção da saúde no metaverso, já que o metaverso pode ser usado de diversas formas — e pode ser percebido como uma extensão da realidade que já conhecemos, ou como uma nova era da internet.

O propósito desse texto é justamente buscar expor e solucionar algumas dessas questões, e mostrar o quanto as normas que temos hoje podem ser utilizadas no contexto do metaverso. Por vezes, o metaverso pode até ajudar a solucionar algumas discussões jurídicas em saúde, como será verificado no item a seguir.

1. Metaverso como meio de prestação de serviço — telessaúde e telemedicina

Como ferramenta de acesso à saúde, o metaverso terá uma primeira função de aproximar pacientes e profissionais de saúde. Nesse sentido, o metaverso pode ser compreendido como uma ampliação da telessaúde já existente, que tanto se popularizou durante a pandemia de COVID-19. Dentre as atividades de telessaúde, destaca-se a prestação remota da medicina — i.e., a telemedicina.

Pode-se argumentar que a atividade de telemedicina já é realizada há muito tempo, desde que pacientes e médicos têm se comunicado via rádio ou telefone. Ainda assim, o tema foi regulado no Brasil em 2002 pelo CFM, por meio da Resolução CFM nº 1.643/2002. O CFM é o órgão supervisor da ética profissional e, ao mesmo tempo, o julgador e disciplinador da classe médica, conforme determina o artigo 2º da Lei nº 3.268/1957[3].

A referida Resolução definiu a prática da telemedicina como "o exercício da Medicina através da utilização de metodologias da comunicação audiovisual e de dados, com o objetivo de assistência, educação e pesquisa em Saúde"[4].

Ademais, a norma exigiu dos serviços prestados por telemedicina que houvesse a infraestrutura tecnológica apropriada, de maneira a obedecer às normas técnicas do CFM pertinentes à guarda, manuseio, transmissão de dados, confidencialidade, privacidade e garantia do sigilo profissional.

A Resolução CFM nº 1.643/2002 previu a possibilidade de telemedicina apenas entre médicos, o que levou a uma interpretação segundo a qual a medicina à distância só poderia ser exercida quando existisse um médico em cada ponta da comunicação, de forma que ficaria vedado o atendimento não presencial direto entre médico e paciente. Entretanto, a Lei do Ato Médico[5], norma de hierarquia superior, não restringe o meio pelo qual se exerce a medicina.

Em 2018, o CFM chegou, inclusive, a publicar uma norma permitindo expressamente a telemedicina direta entre médicos e pacientes (Resolução CFM nº 2.227/2018), mas revogou a norma antes mesmo de sua entrada em vigor. Durante a pandemia da COVID-19, essa forma de telemedicina foi autorizada excepcionalmente pela Lei nº 13.989/2020[6] e pelo Ofício CFM nº 1.756/2020[7].

A Câmara dos Deputados está discutindo um Projeto de Lei Federal para tratar da telemedicina após a vigência dessas normas temporárias

---

[3] Lei nº 3.268/1957, art. 2º: "O conselho Federal e os Conselhos Regionais de Medicina são os órgãos supervisores da ética profissional em toda a República e ao mesmo tempo, julgadores e disciplinadores da classe médica, cabendo-lhes zelar e trabalhar por todos os meios ao seu alcance, pelo perfeito desempenho ético da medicina e pelo prestígio e bom conceito da profissão e dos que a exerçam legalmente".
[4] Resolução CFM nº 1.643/2002, art. 1º.
[5] Lei nº 12.842/2013, que dispõe sobre o exercício da medicina.
[6] Lei nº 13.989/2020: "Dispõe sobre o uso da telemedicina durante a crise causada pelo coronavírus (SARS-CoV-2)".
[7] Ofício em que o CFM reconheceu a possibilidade e eticidade da telemedicina, de forma excepcional, "enquanto durar a batalha de combate ao contágio da covid-19".

(Projeto de Lei nº 1.998/2020[8]), sem prejuízo de posterior regulamentação via Decreto e pelo CFM.

Dois pontos são objeto de maior discussão pelos parlamentares: (i) a possibilidade de primeira consulta virtual e (ii) qual o limite da competência do CFM para regulamentar o tema.

O metaverso pode contribuir para solucionar a questão relativa à primeira consulta virtual. Um encontro entre profissional e paciente no metaverso poderá permitir uma análise mais apurada das condições de saúde do paciente. À medida que a tecnologia (como gráficos em realidade virtual) evoluir, a acurácia do diagnóstico e tratamento deve se aprimorar.

Idealmente, o metaverso poderia oferecer a possibilidade de maior acesso e de promoção à saúde trazida pela telemedicina, sendo possível a prestação de serviços de saúde a lugares remotos e a pessoas distantes do profissional. Isso ampliaria o acesso à saúde.

As regras gerais aplicáveis aos serviços de saúde parecem aplicar-se também aos serviços de saúde prestados no metaverso — a *metahealth* ou, com relação especificamente à telemedicina, a *medaverse*[9]. Por exemplo, os serviços devem ser prestados por profissionais licenciados perante o Conselho Profissional competente. Também deverão ser seguidos os requisitos relativos a proteção de dados de saúde, prontuário eletrônico etc.

O metaverso como ferramenta de expansão da telessaúde parece ser promissor. Entretanto, algumas questões devem surgir, por exemplo: será necessária uma primeira consulta presencial, física? Quando alternar entre metaverso (em realidade virtual, por exemplo) e videoconferência? Os estabelecimentos (como clínicas médicas) no metaverso precisarão de algum tipo de aprovação pela autoridade sanitária para operarem? O estabelecimento do metaverso deve ser um espelho de um estabelecimento físico já existente e licenciado? Como se dará a interoperabilidade de tecnologias de saúde no metaverso (interoperabilidade de sistemas de prontuário eletrônico, de prescrição eletrônica etc.)?

---

[8] Projeto de Lei nº 1.998/2020: propõe "autorizar e definir a prática da telemedicina em todo território nacional".

[9] *Medaverse* pode ser entendida como a prática da medicina no metaverso. A esse respeito, ver: FITZGERALD, Meghan. Traversing the Healthcare Metaverse — A look into the virtual healthcare era. *MedpageToday*, February 1, 2022. Disponível em: https://www.medpagetoday.com/popmedicine/popmedicine/96970. Acesso em: 02 mar. 2022.

2. Equipamentos médicos desenhados para metahealth

Outra importante função que o metaverso pode exercer para o setor de saúde é a utilização de equipamentos médicos de realidade aumentada ou de realidade virtual para tratamento de pacientes. Isso ampliaria o escopo e as possibilidades do uso da realidade aumentada e da realidade virtual como terapia, o que já ocorre atualmente[10].

Esse uso do metaverso pode vir a se desenvolver para tratamentos em saúde mental, como formas de alívio de estresse e psicoterapia, com foco inclusive em doenças mentais como ansiedade e depressão. A realidade virtual e o metaverso também podem ser compreendidos como meios de treinamento em outra realidade, como para a superação de traumas e fobias.

As possibilidades são muitas. Diante disso, questiona-se como o Direito se ajustará a esses novos tratamentos. Equipamentos e o próprio metaverso devem ser considerados produtos para saúde nos termos da legislação sanitária? Nesse sentido, devem eles ser aprovados pelas autoridades de saúde antes de serem oferecidos ao público?

Via de regra, os produtos para saúde são previamente aprovados pelas autoridades sanitárias para usos específicos. Isso vale não apenas para equipamentos médicos, mas também para aplicações — softwares para uso em saúde, conhecidos como SaMD (*software as a medical device*).

O Food and Drug Administration (FDA, a autoridade de saúde estadunidense) criou, em seu Centro para Dispositivos e Saúde Radiológica, Programa para Realidade Estendida aplicável à medicina, a fim de conduzir estudos para ajudar a garantir acesso dos pacientes a dispositivos inovadores de realidade estendida.

Com o rápido desenvolvimento de novas tecnologias, o FDA tem observado um aumento de obstáculos regulatórios e ineficiência quanto aos métodos tradicionais de avaliação da segurança e eficácia dos dispositivos. Um desafio é como definir essas plataformas na regulação[11].

---

[10] Sobre o uso de videogames como terapia, com foco em uma análise psicológica, ver: CARRAS, Michelle, et al., Commercial Video Games as Therapy: A New Research Agenda to Unlock the Potential of a Global Pastime, *Front Psychiatry Journal*, v. 8, 2017. Disponível em: https://www.ncbi.nlm.nih.gov/pmc/articles/PMC5786876/. Acesso em: 25 fev. 2022.
[11] FOOD AND DRUG ADMINISTRATION, *Medical Extended Reality Program: Research on Medical Extended Reality-Based Medical Devices*, White Oak, 2021. Disponível em: https://www.fda.gov/medical-devices/medical-device-regulatory-science-research-programs-conducted-

Referido Programa focará a análise de qualidade de imagem, sensores, aplicações cirúrgicas, métricas para avaliar a sua segurança e eficácia, dentre outras funções.

Em 2020, o FDA aprovou o primeiro videogame terapêutico, o EndeavorRX, utilizado no tratamento do transtorno do déficit de atenção com hiperatividade em crianças de 8 a 12 anos de idade[12].

No âmbito da ANVISA, o software pode ser enquadrado como produto para saúde nos termos do conceito de "correlatos" da Lei nº 6.360/1976. Assim, ele deve ser regularizado perante a ANVISA antes de ser oferecido ao público e comercializado.

A atual regulação relativa à regularização sanitária de produtos de saúde foi criada em 2001 (RDC ANVISA nº 185/2001). A regra é anterior à grande difusão de softwares como uma tecnologia utilizada na saúde.

Para tratar de software, a ANVISA publicou algumas diretrizes interpretativas através da Nota Técnica nº 4/2012, que classificou os softwares de saúde em três categorias: (a) software como um produto para saúde, por si só, (b) software como parte (ou acessório) de um produto de saúde, (c) software que não é um produto de saúde (não classificado nas categorias anteriores).

Há que se considerar que cada país estabelece os requisitos aplicáveis aos titulares de registros de produtos, como obrigações de tecnovigilância, que ensejam a necessidade de acompanhamento do uso do produto pelo paciente e garantia de suas características durante a vida útil do produto.

Ainda assim, há que se compreender como essas terapias acontecerão na prática para melhor entender como o Direito correrá atrás para se adaptar a essas novas realidades. É importante entender se essas terapias serão utilizadas diretamente pelos pacientes ou se precisarão do acompanhamento de um profissional de saúde, por exemplo.

---

osel/medical-extended-reality-program-research-medical-extended-reality-based-medical-devices. Acesso em: 25 fev. 2022.

[12] FOOD AND DRUG ADMINISTRATION, *Press Announcement, FDA Permits Marketing of First Game-Based Digital Therapeutic to Improve Attention Function in Children with ADHD*, White Oak, 2020. Disponível em: https://www.fda.gov/news-events/press-announcements/fda-permits-marketing-first-game-based-digital-therapeutic-improve-attention-function-children-adhd. Acesso em: 25 fev. 2022.

Ademais, o metaverso também pode incrementar uma terapia já existente, como as cirurgias realizadas com o auxílio de tecnologias de realidade aumentada[13]. Nesse caso, as autoridades têm de definir como tratar dessa tecnologia e quem deve ser responsável por ela em cada país.

De toda forma, as possibilidades são bastante animadoras e podem, inclusive, ensejar novas categorias de produtos sujeitos à vigilância sanitária no país (por exemplo, equipamentos de realidade virtual com aplicação em saúde).

Novamente, espera-se que os requisitos ético-profissionais de saúde sejam seguidos independentemente da forma de terapia. Logo, mesmo com o uso de terapias via metaverso, o arcabouço regulatório deve ser seguido, com especial enfoque na garantia da proteção de dados médicos e na elaboração e guarda de prontuários.

3. Metaverso como meio para pesquisa

O metaverso também pode assumir outra função que, de certa forma, pode combinar as funções anteriores: ele pode ser utilizado como uma ferramenta para pesquisa, inclusive para pesquisa em seres humanos, possivelmente com maior acesso a pessoas distantes e menor exposição a riscos de saúde.

Há que se destacar que, no Brasil, o conceito de pesquisa envolvendo seres humanos é bastante amplo: é a "pesquisa que, individual ou coletivamente, tenha como participante o ser humano, em sua totalidade ou partes dele, e o envolva de forma direta ou indireta, incluindo o manejo de seus dados, informações ou materiais biológicos"[14].

Logo, a depender do que for efetivamente praticado, uma atividade no metaverso pode ser considerada uma pesquisa clínica, que requer aprovação e acompanhamento de comitês em pesquisa. Ademais, pesquisas clínicas no Brasil precisam ter um patrocinador, que deve ser identificado e tem obrigações bem definidas.

---

[13] JOHNS HOPKINS MEDICINE, Johns Hopkins Performs Its First Augmented Reality Surgeries in Patients. *Neurologic Winter*, Baltimore, 2021. Disponível em: https://www.hopkinsmedicine.org/news/articles/johns-hopkins-performs-its-first-augmented-reality-surgeries-in-patients. Acesso em: 25 fev. 2022.

[14] Resolução CNS nº 466/2012, item II.14.

Dentre as suas obrigações, a regulação prevê que o patrocinador deve garantir que todos os participantes, ao final do estudo, tenham direito a acesso gratuito e por prazo indeterminado "aos melhores métodos profiláticos, diagnósticos e terapêuticos que se demonstraram eficazes"[15].

A definição acima é bastante abrangente, e as discussões sobre pesquisas no metaverso se intensificam: se uma pesquisa for realizada no metaverso, quais seriam as obrigações pós-estudo? Se for testada uma terapia própria do metaverso, aquela terapia deve ser oferecida ao paciente para o resto de sua vida? O "melhor método profilático" seria uma atualização do programa do metaverso? Frise-se que a indústria farmacêutica enfrenta discussões parecidas já nos dias de hoje, considerando esse trecho da regulação.

De toda forma, o metaverso poderá garantir um espaço inédito para pesquisa, por aproximar pesquisadores e sujeitos de pesquisa, e por permitir a condução de pesquisas dentro de diferentes ambientes, alheios àqueles normalmente disponíveis aos pesquisadores. Por se tratar de uma extensão da realidade, o metaverso também permitirá novos experimentos e achados científicos.

4. Metaverso como meio de educação em saúde

Similarmente ao uso do metaverso para pesquisa clínica, o metaverso pode assumir a função de importante ferramenta para educação em saúde. Por educação, compreende-se a possibilidade de uso não apenas nas escolas e universidades, como também em treinamentos de profissionais de saúde.

Pensemos, por exemplo, no médico que precisará realizar importante cirurgia. Se o metaverso puder assumir a função de um programa de treinamento, em condições muito parecidas com as reais, é possível ao médico praticar no metaverso com a expectativa de que a cirurgia real seja mais bem-sucedida.

Já há software de treinamento de profissionais de saúde, inclusive com realidade aumentada, mas o metaverso expandirá as possibilidades para um escopo mais abrangente, em condições bem similares à realidade, como já ocorre com profissionais de aviação em simuladores

---

[15] Resolução CNS nº 466/2012, item III.3, "d".

de voo. Outro ponto inovador pode ser a possibilidade de demonstrar resultados no metaverso, como no caso de uma cirurgia plástica.

O metaverso pode promover maior acesso, especialização e integração à saúde, somando à prática uma tecnologia inovadora, que auxiliará o profissional e protegerá o paciente.

Treinamentos em saúde não são objeto de legislação ou regulação específica, mas podem se relacionar com o Direito ao abordarem questões relacionadas à ética profissional e à responsabilidade civil. O próprio Código de Ética Médica prevê que o médico deverá utilizar os meios técnicos e científicos disponíveis que trarão os melhores resultados ao paciente[16]. Em igual medida, o médico não pode deixar de usar todos os meios necessários à promoção da saúde, cientificamente reconhecidos e ao seu alcance, para o benefício do paciente[17].

Logo, o médico, a depender do caso, poderá ter não apenas a faculdade, mas quiçá uma obrigação de realizar um treinamento via metaverso antes de um tratamento importante, por exemplo. Ainda é cedo para especular como a regulação sanitária evoluirá nesse sentido.

5. Potenciais impactos do metaverso à saúde pública

Um ponto de atenção com relação ao metaverso diz respeito ao seu potencial impacto na própria saúde pública. Por exemplo, eventuais questionamentos relacionados ao tempo em frente à tela, à adição a jogos, ou questões relacionadas à saúde mental podem ser objeto da atenção das autoridades, notadamente com relação às crianças e adolescentes. A discussão não é nova, ela existe desde o advento dos smartphones e tablets.

Ainda é cedo para avaliar esse aspecto. Em que pese isso, pode haver uma interessante discussão em torno da competência da ANVISA para "regulamentar outros produtos e serviços de interesse para o controle de riscos à saúde da população", tal como genericamente previsto no § 4º do art. 8º da Lei nº 9.782/1999.

---

[16] Resolução CFM nº 2.217/2019, "Princípios fundamentais (...) XXVI — A medicina será exercida com a utilização dos meios técnicos e científicos disponíveis que visem aos melhores resultados".

[17] Resolução CFM nº 2.217/2019, "É vedado ao médico (...) Art. 32. Deixar de usar todos os meios disponíveis de promoção de saúde e de prevenção, diagnóstico e tratamento de doenças, cientificamente reconhecidos e a seu alcance, em favor do paciente".

Conclusões

Esse texto explorou algumas possibilidades de utilização do metaverso na área da saúde, algo que pode se chamar *metahealth* (do ponto de vista da saúde em geral) ou *medaverse* (do ponto de vista específico da medicina). Se o setor saúde já conhecia o amplo desenvolvimento da *digital Health* (incluída aí a telemedicina), com o metaverso será possível falar em *phygital Health*.

Igualmente, foram discutidas algumas possíveis implicações dessas novas tecnologias para o Direito da Saúde e alguns questionamentos que podem ser levantados do ponto de vista da Saúde Pública.

É esperado que o metaverso revolucione a área da saúde, o que se caracterizará como um verdadeiro *hack* da saúde como conhecemos hoje.

Certamente, importantes questões legais se colocam do ponto de vista prático. Em que pese isso, a legislação e a regulação atuais já compõem um arcabouço útil para que serviços de saúde sejam prestados no metaverso. O desafio será acompanhar as tecnologias de *metahealth* para que promovam acesso à saúde e viabilizem negócios com segurança jurídica.

Referências

AGÊNCIA NACIONAL DE VIGILÂNCIA SANITÁRIA. *Nota Técnica nº 4/2012/GQUIP/GGTPS/ANVISA*. Disponível em: http://antigo.anvisa.gov.br/documents/33912/447671/NOTA+T%C3%89CNICA+GQUIP+N%C2%B0+04+-de+2012/0cb9cb19-c79c-4a1e-bddc-02e9b90a4019. Acesso em: 01 mar. 2022.

AGÊNCIA NACIONAL DE VIGILÂNCIA SANITÁRIA. *Resolução RDC nº 185/2001*. Disponível em: https://bvsms.saude.gov.br/bvs/saudelegis/anvisa/2001/rdc0185_22_10_2001.pdf. Acesso em: 01 mar. 2022.

BRASIL. *Lei nº 3.268, de 30 de setembro de 1957*. Disponível em: http://www.planalto.gov.br/ccivil_03/leis/l3268.htm. Acesso em: 01 mar. 2022.

BRASIL. *Lei nº 6.360, de 23 de setembro de 1976*. Disponível em: http://www.planalto.gov.br/ccivil_03/leis/l6360.htm. Acesso em: 01 mar. 2022.

BRASIL. *Lei nº 9.782, de 26 de janeiro de 1999*. Disponível em: http://www.planalto.gov.br/ccivil_03/leis/l9782.htm. Acesso em: 02 mar. 2022.

BRASIL. *Lei nº 12.842, de 10 de julho de 2013*. Disponível em: http://www.planalto.gov.br/ccivil_03/_ato2011-2014/2013/lei/l12842.htm. Acesso em: 01 mar. 2022.

BRASIL. *Lei nº 13.989/2020, de 15 de abril de 2020*. Disponível em: http://www.planalto.gov.br/ccivil_03/_ato2019-2022/2020/lei/L13989.htm. Acesso em: 01 mar. 2022.

BRASIL. Projeto de Lei (PL) nº 1.998/2020. Disponível em: https://www.camara.leg.br/proposicoesWeb/fichadetramitacao?idProposicao=2249925. Acesso em: 01 mar. 2022.

CARRAS, Michelle, et al. Commercial Video Games as Therapy: A New Research Agenda to Unlock the Potential of a Global Pastime. *Front Psychiatry Journal*, v. 8, 2017. Disponível em: https://www.ncbi.nlm.nih.gov/pmc/articles/PMC5786876/. Acesso em: 25 fev. 2022

CONSELHO FEDERAL DE MEDICINA. *Ofício CFM nº 1.756/2020 COJUR*. Disponível em: https://portal.cfm.org.br/images/PDF/2020_oficio_telemedicina.pdf. Acesso em: 02 mar. 2022.

CONSELHO FEDERAL DE MEDICINA. *Resolução CFM nº 1.643/2002*. Disponível em: https://sistemas.cfm.org.br/normas/visualizar/resolucoes/BR/2002/1643. Acesso em: 02 mar. 2022.

CONSELHO FEDERAL DE MEDICINA. *Resolução CFM nº 2.217/2019 (Código de Ética Médica)*. Disponível em: https://portal.cfm.org.br/images/PDF/cem2019.pdf. Acesso em: 02 mar. 2022.

CONSELHO FEDERAL DE MEDICINA. *Resolução CFM nº 2.227/2018* (revogada). Disponível em: https://sistemas.cfm.org.br/normas/visualizar/resolucoes/BR/2018/2227. Acesso em: 02 mar. 2022.

CONSELHO NACIONAL DE SAÚDE. *Resolução CNS nº 466/2012*. Disponível em: https://conselho.saude.gov.br/resolucoes/2012/Reso466.pdf. Acesso em: 02 mar. 2022.

FITZGERALD, Meghan. Traversing the Healthcare Metaverse — A look into the virtual healthcare era. *MedpageToday*, February 1, 2022. Disponível em: https://www.medpagetoday.com/popmedicine/popmedicine/96970. Acesso em: 02 mar. 2022.

FOOD AND DRUG ADMINISTRATION. *Medical Extended Reality Program: Research on Medical Extended Reality-Based Medical Devices*, White Oak, 2021. Disponível em: https://www.fda.gov/medical-devices/medical-device-regulatory-science-research-programs-conducted-osel/medical-extended-reality-program-research-medical-extended-reality-based-medical-devices. Acesso em: 25 fev. 2022.

FOOD AND DRUG ADMINISTRATION. *Press Announcement, FDA Permits Marketing of First Game-Based Digital Therapeutic to Improve Attention Function in Children with ADHD*, White Oak, 2020. Disponível em: https://www.fda.gov/news-events/press-announcements/fda-permits-marketing-first-game-based-digital-therapeutic-improve-attention-function-children-adhd. Acesso em: 25 fev. 2022.

JOHNS HOPKINS MEDICINE. Johns Hopkins Performs Its First Augmented Reality Surgeries in Patients. *Neurologic Winter*, Baltimore, 2021. Disponível em:

https://www.hopkinsmedicine.org/news/articles/johns-hopkins-performs-its-first-augmented-reality-surgeries-in-patients. Acesso em: 25 fev. 2022.

QUEEN MARY UNIVERSITY LONDON. *Queen Mary students receive first lecture in the metaverse*, Londres, 2022. Disponível em: https://www.qmul.ac.uk/media/news/2022/pr/queen-mary-students-receive-first-lecture-in-the-metaverse.html. Acesso em: 25 fev. 2022.

7.
SEGUROS: PRODUTOS E METAVERSO COMO CANAL DE DISTRIBUIÇÃO

Bárbara Bassani

Introdução

Seguros são instrumentos de proteção relevantes à disposição da sociedade, contribuindo para a repartição dos riscos e para o equilíbrio financeiro. Os movimentos históricos e a evolução da vida moderna fazem com que surjam, cada vez mais, novos produtos capazes de assegurar os novos riscos a que a sociedade está sujeita.

Nesse contexto, a criação e a consolidação de uma realidade híbrida, na qual há convergência entre o mundo *online* e o *offline*, traz diversos impactos em seguros, tanto no que se refere a novos produtos capazes de garantir as atividades desempenhadas nesse universo digital conectado ao mundo físico por meio de múltiplas tecnologias, como no que se refere a um novo ambiente para a oferta de seguros.

O tema, praticamente ainda não enfrentado pela doutrina securitária, deve ser, no futuro próximo, objeto de debates necessários tanto à luz da subscrição de riscos, como à luz da exploração de novos meios para o fomento de seguros.

O objetivo deste artigo é contribuir para algumas reflexões iniciais, relacionadas a tipos de seguros que podem fazer frente a esses riscos, bem como ao metaverso como canal de distribuição de seguros.

1. Garantia de riscos no metaverso

O seguro é de extrema importância para a humanidade, que desde os primórdios[1], adota medidas de precaução contra os mais diversos riscos. A evolução do seguro acompanha o desenvolvimento da sociedade e seus novos riscos[2] e, para cada novo fato, costumam surgir novas modalidades, ou, ao menos, inicia-se uma discussão com relação àquilo que pode, deve ser ou não segurado.

No Brasil, o setor de seguros movimenta em torno de trezentos bilhões de reais, com crescimento anual entre 10% e 12%[3]. As transformações na forma como o produto pode ser oferecido ao cliente e na subscrição, na precificação e nos novos clausulados são promissoras, para propiciar maior aderência do seguro às necessidades específicas de cada cliente.

O metaverso[4] é um mundo novo, no qual as realidades virtual e real podem estar conectadas. Por exemplo, as pessoas podem desejar segurar seus ativos na realidade virtual e produtos específicos podem ser desenvolvidos para esse ambiente.

São inúmeras possibilidades. Produtos que seguram riscos virtuais e que são contratados no mundo real; produtos que seguram riscos reais e que são ofertados no metaverso; produtos que seguram riscos virtuais e que são contratados no metaverso.

---

[1] Os basilares do seguro, como o mutualismo e a transferência de risco, podem ser identificados muito antes do contrato de seguro ter sido propriamente conhecido e identificado como tal (DONATI, Antigono. *Manuale Di Diritto Delle Assicurazioni Private*. Seconda Edizione. Milano: Giuffrè, 1961, p. 11).

[2] É precisamente essa transformação de ameaças civilizacionais à natureza em ameaças sociais, econômicas e políticas sistêmicas que representa o real desafio do presente e do futuro, o que justifica o conceito de sociedade de risco. BECK, Ulrich. *Sociedade de Risco: rumo a uma outra modernidade*. Traduzido por Sebastião Nascimento. São Paulo: Editora 34, 2010, p. 99.

[3] Disponível em: https://cnseg.org.br/. Acesso em: 7 fev. 2022.

[4] Junção do prefixo meta (além de) e da palavra universo para exprimir um novo universo, que pode ser totalmente virtual ou que pode mesclar o mundo real ao virtual, com uma conectividade híbrida, inserido em um contexto de internet descentralizada, a *Web 3.0*.

Os riscos relacionados a essa conexão entre o mundo real e o virtual podem ser segurados? A resposta para essa indagação depende, necessariamente, da presença dos elementos securitários e, a princípio, tanto seguros de danos[5] como seguros de pessoas[6] poderiam garantir riscos relacionados ao metaverso.

É preciso compreender se, em um ambiente de realidade, vida e economia virtuais, podem existir interesse legítimo e risco segurável capazes de serem precificados para um pagamento de prêmio que faça frente a uma garantia securitária, a qual possa se traduzir em indenização securitária mediante pagamento, na hipótese de ocorrer um sinistro.

Certamente, caberá a realização de um exercício em cada caso concreto a fim de avaliar a presença dos elementos securitários e, também, um desafio de precificação e mensuração do risco para os produtos que garantem riscos relacionados ao metaverso.

Nos termos do artigo 757, *caput*, do Código Civil, pelo contrato de seguro, o segurador se obriga, mediante o pagamento do prêmio, a garantir interesse legítimo do segurado, relativo a pessoa ou a coisa, contra riscos[7] predeterminados.

---

[5] São aqueles que garantem os riscos de um bem, que integra o patrimônio do segurado, como o seu automóvel, sua casa ou outro bem qualquer. Ocorrendo o sinistro, o segurado receberá uma indenização de forma a permitir a recomposição do seu patrimônio. Por exemplo, seguros de incêndio, compreensivo empresarial, garantia, garantia estendida, furto e roubo, automóvel, crédito, engenharia, transportes.

[6] São aqueles que garantem o pagamento de um capital ou uma renda quando ocorre um evento que afeta a existência, saúde e vigor do segurado. Geralmente, se extinguem com o pagamento em dinheiro, mas com prestações subordinadas a eventos relativos diretamente à pessoa do segurado. HALPERIN, Isaac. *Seguros. Exposición Crítica de La Ley 17.418*. Buenos Aires: Depalma, 1970, p. 64.

[7] La dottrina si è più volte interrogatta in merito alla che corre tra l'alea ed il rischio. L' opinione tradizionale distingueva l'una dall' altro argomentando nel senso che il rischio individuerebbe le sole conseguenze negative prodotte dall'evento incerto ed avrebbe dunque effetti unilaterali, mentre l'alea indicherebbe tanto la possibilità di guadagno quanto quella di perdita: da cui la bilateralità degli effetti dell'alea. Tradução livre: A doutrina já foi por mais de uma vez indagada quanto à importância da álea e do risco. A posição tradicional distinguia um do outro, argumentando no sentido de que o risco individualizaria apenas as consequências negativas, produzidas do evento incerto e teria, portanto, efeitos unilaterais, enquanto a álea indicaria tanto a possibilidade de ganho, quanto o de perda: a partir da bilateralidade dos efeitos da álea. VERNIZZI, Simone. *Il Rischio Putativo*. Milano: Giuffrè, 2010, p. 67.

A partir do conceito acima, atribuído pelo legislador, extraem-se os elementos do contrato de seguro: interesse segurável, risco, prêmio, garantia e indenização[8]. Há autores[9], entretanto, que consideram elementos apenas os três primeiros.

O interesse segurável está relacionado à preservação de um bem, pois a sua perda lhe causa um dano. É o elemento que distingue o contrato de seguro da aposta, pois nesse não há interesse de preservação, uma vez que a perda do bem é fonte de lucro. Tão importante quanto os demais elementos, o interesse segurável deve estar presente em todas as espécies de seguro, seja no seguro de danos, seja no seguro de pessoas.

O risco segurado[10] é a possibilidade de um evento danoso ocorrer e deve ser individualizado, conforme a natureza, a qual varia a depender do ramo do seguro e do interesse segurável. A seguradora tem, então, uma obrigação de prestar segurança, garantia, de forma a compensar economicamente o segurado, caso o sinistro venha a ocorrer.

Inexistindo risco, inexiste interesse segurável, faltando um dos elementos essenciais ao seguro.

O prêmio é a contraprestação do segurado pelo risco assumido pela seguradora, cujo valor é calculado atuarialmente e forma o fundo necessário para o pagamento da indenização, na hipótese de o sinistro ocorrer. Em suma, é o preço do seguro.

A principal obrigação da seguradora é a de prestar a garantia, a qual sobrevindo o sinistro, traduz-se no pagamento da indenização securitária. A palavra indenização, do latim *indemnis*, que significa tornar indene, isto é, livre de perda, de dano, no contrato de seguro tem uma acepção diferente daquela utilizada na responsabilidade civil. Isso porque, embora nas duas situações a palavra seja empregada no sentido de compensação, reembolso, reparação; no seguro, a indenização securitária advém do adimplemento contratual e, na esfera da responsabilidade civil, a indenização está atrelada ao inadimplemento.

---

[8] Franco, Vera Helena de Mello. *Contratos. Direito Civil e Empresarial.* 3ª ed. rev., atual. e ampl. São Paulo: Editora Revista dos Tribunais, 2012, p. 291.

[9] Halperin, Isaac. *Seguros.* Exposición Critica de La Ley 17.418. Buenos Aires: Depalma. 1970, p. 46.

[10] A noção de risco é polissêmica, envolvendo as ideias de probabilidade e incerteza, que variam a depender da situação concreta. Lopez, Teresa Ancona. *Princípios da Precaução e Evolução da Responsabilidade Civil.* São Paulo: Quartier Latin, 2010, p. 23.

As moedas do metaverso são ativos digitais, que podem ser um criptoativo, transferido e comercializado entre os usuários. O pagamento do prêmio e da indenização securitária nessas moedas podem enfrentar discussões quanto a aspectos de prevenção e combate ao crime de lavagem de dinheiro, além de outras, na medida em que as seguradoras são altamente reguladas e estão sujeitas a rígidas regras no que se refere à identificação de segurados, origem de recursos e investimentos[11].

Assim, a estruturação de produtos para garantia de riscos no metaverso será viável, desde que estejam presentes os elementos do contrato de seguro, quais sejam: interesse segurável, risco, prêmio, garantia e indenização, sendo que a ausência de qualquer um deles pode macular o contrato.

Cumpre notar que alguns ramos existentes já abrangem cobertura para o ambiente virtual. É o caso, por exemplo, do seguro para garantia de riscos cibernéticos, ramo que tem ganhado evidência com o crescente uso da tecnologia e o aumento de ataques. Esse tipo de seguro tem uma natureza mista, pois contempla tanto o ramo patrimonial como o ramo de responsabilidade, já que há cobertura para a responsabilidade do segurado em relação à divulgação pública de dados de terceiros, que estão sob sua custódia (violação de privacidade de dados), e os custos de defesa, além de cobertura para extorsão sofrida pelo segurado em relação aos danos, tais como os custos para restauração dos danos cobertos, e cobertura para a perda obtida em relação à interrupção dos negócios em virtude do ataque cibernético. Algumas apólices preveem, também, cobertura para custos com peritos para recuperação de dados e disponibilização de equipe para negociar com os sequestradores de dados.

A gestão de riscos cibernéticos, a incerteza do metaverso enquanto o espaço no qual o controle e a segurança ainda são incertos, a proteção conferida aos dados pessoais dos usuários no metaverso, certamente, evidencia a importância da contratação dos seguros dessa natureza, mesmo porque, ao que tudo indica, no metaverso, tudo e todos podem ser monitorados e ter os dados avaliados.

---

[11] Na Europa, já há notícias de seguradoras que aceitam receber valores em *bitcoins* como opção para pagamento de prêmio. Disponível em: https://www.sonhoseguro.com.br/2021/04/axa-passa-aceitar-bitcoins-em-seguros-de-danos-na-suica/. Acesso em: 1 mar. 2022.

Também é possível imaginarmos um seguro para proteger eventos ocorridos no metaverso, como um show de um artista, uma partida de futebol, uma visita a um museu, entre outros. Nesses casos, o seguro pode garantir riscos atrelados ao ambiente virtual, mas a sua contratação pode ocorrer fora do metaverso.

O regramento ligado à responsabilidade no mundo virtual e a apuração da referida responsabilidade revela-se um desafio, que, certamente, tem impacto também em seguros do ramo de responsabilidades[12], como os de responsabilidade civil geral, profissional[13], diretores e administradores, etc.

Para elucidar, se um escritório de advocacia puder passar a ter um endereço no ambiente virtual, nada mais natural que seu seguro de responsabilidade civil profissional seja estendido, também, para essa realidade. O mesmo se diga de um engenheiro, de um contador, de um médico, de um dentista, entre tantos outros profissionais. Reuniões corporativas em ambiente virtual com avatares também podem estar protegidas contra os mais diversos tipos de riscos.

Isso sem falar nos produtos que podem garantir treinamentos, já que o metaverso é um ambiente utilizado, também, para que pilotos de aviões, cirurgiões entre tantos outros simulem guerras, cirurgias e situações extremas.

Existem ainda danos que se perpetuam no tempo, em razão das novas tecnologias e da internet, como o *bullying*, o *stalking*, *mobbing*[14]. O tempo e a monetização dele também podem ser pensados com relação a seguros, pois *"perdê-los ou desperdiçá-los imotivadamente significam menos vida, menos existência, menos tempo livre ou lazer e, em várias situações, menos felicidade"*[15].

---

[12] No seguro de responsabilidade, o interesse do segurado é o risco que se pretende cobrir, de forma a garantir a integridade de seu patrimônio.

[13] Tradução livre: O motivo para a introdução desses requisitos não foi tanto para proteger os profissionais que estavam segurados, mas para garantir que seus clientes e outros que possam ter reclamações contra eles pudessem se recuperar até um certo nível. CANNON, Mark. MCGURK, Brendan. *Professional Indemnity Insurance*. New York: Oxford, 2010, p. 2.

[14] Com origem no verbo incomodar (*to mob*, em inglês) é usado na Alemanha e na Itália; *harassement* nos EUA e *bullying* na Inglaterra. Trata-se de um assédio moral presente nas relações de trabalho quando há um vínculo de subordinação; enquanto o *stalking* é praticado por adultos (vem do verbo inglês, *to stalk*, que significa perseguir).

[15] DONNINI, Rogério. *Responsabilidade Civil na Pós-Modernidade: felicidade, proteção, enriquecimento com causa e tempo perdido*. Porto Alegre: Sergio Antonio Fabris Ed., 2015, p.163.

Além disso, a convergência entre a realidade virtual e a real permite a contratação de seguros, cujos ramos já são amplamente vendidos por seguradoras, como é o caso do seguro de vida e de acidentes pessoais[16].

O uso de óculos por parte das pessoas para estarem inseridas na realidade virtual faz com que surjam acidentes reais. Em matéria recentemente publicada pelo *The Guardian*[17], há informação quanto ao aumento de sinistralidade verificado em residências, relacionado a pessoas que colidem com seus móveis, sofrem quedas ou danificam partes da casa enquanto utilizam os óculos para acesso à realidade virtual.

Espera-se que as seguradoras estejam preparadas para oferecer coberturas para essa nova realidade virtual que se conecta com o mundo real. Pelo menos no campo regulatório, a barreira para estruturar novos produtos foi rompida, conforme trataremos a seguir.

1.1. Nova era do regulador

A forte ingerência da Superintendência de Seguros Privados (SUSEP), órgão regulador de seguros, nos chamados clausulados de seguros sempre foi objeto de muita crítica tanto por parte das seguradoras como por parte dos segurados, na medida em que o engessamento das regras dificultava a confecção de produtos novos, com uma redação mais amigável.

---

[16] Ao tentar se tornar um treinador experiente, algumas eventualidades e acidentes podem ocorrer. Afinal, o jogador tem que prestar a atenção na tela do celular e no mundo real em volta. Pensando nisto, a Youse, plataforma de venda de seguros online, criou uma apólice especialmente para quem quer ser um mestre Pokémon. Quem quiser se precaver dos riscos reais e deseja contratar uma apólice para caçar os bichinhos, basta entrar no site da empresa. Ao preencher o cadastro inicial para o seguro de vida, o usuário tem que colocar como opção no item profissão o termo Treinador de Pokémon. A partir daí, o jogador poderá escolher as opções que mais se adequam ao seu perfil e, assim, personalizar a apólice com coberturas e assistências de acordo com as necessidades. O treinador segurado poderá falar com a empresa quando e como quiser. Se durante a captura houver qualquer tipo de queda ou acidente, basta o jogador entrar em contato com a seguradora — por meio de um aplicativo disponível para iOS e Android — e acionar sua cobertura ou assistência. O seguro de vida para os mestres Pokémons também conta com serviços de remoção médica de um hospital pra outro, transporte e hospedagem de familiar como acompanhante, entre outros benefícios. Disponível em: https://www.correiobraziliense.com.br/app/noticia/tecnologia/2016/08/08/interna_tecnologia,543631/seguradora-disponibiliza-apolice-de-vida-para-jogadore-de-pokemon-go.shtml. Acesso em: 26 fev. 2022.

[17] Disponível em: https://www.theguardian.com/technology/2022/feb/12/rising-popularity-of-vr-headsets-sparks-31-rise-in-insurance-claims. Acesso em: 28 fev. 2022.

Ora, um potencial segurado que transita na realidade virtual e está acostumado com a praticidade desse admirável mundo novo, naturalmente, não deseja contratar seguros cujos clausulados sejam extensos, pouco compreensíveis e de difícil leitura.

Felizmente, a SUSEP, atenta à nova realidade, segregou a regulamentação de seguros de danos em produtos massificados e produtos de grandes riscos. Desde 1º de abril de 2021, com a vigência da Resolução do Conselho Nacional de Seguros Privados (CNSP) nº 407[18], foi chancelada a liberdade contratual para seguros de grandes riscos com amplitude de poder de negociação pelas partes (seguradora e segurado), mediante tratamento paritário com intervenção excepcional do regulador.

Referida norma, além de incentivar as partes a pactuarem e a definirem as suas próprias condições contratuais, supre a necessidade de os produtos serem submetidos a registro na SUSEP. Nessa classificação, incluem-se apólices de qualquer ramo contratado por pessoas jurídicas que apresentem, no momento da contratação e da renovação, pelo menos, uma das seguintes características: a) limite máximo de garantia superior a R$ 15.000.000,00 (quinze milhões de reais); b) ativo total superior a R$ 27.000.000,00 (vinte e sete milhões de reais), no exercício imediatamente anterior; ou c) faturamento bruto anual superior a R$ 57.000.000,00 (cinquenta e sete milhões de reais), no exercício imediatamente anterior. Também são entendidos como grandes riscos, seguros dos ramos de riscos de petróleo, riscos nomeados e operacionais, global de bancos, aeronáuticos, marítimos e nucleares, além de, na hipótese de o segurado ser pessoa jurídica, crédito interno e crédito à exportação.

Caso as referidas condições não sejam verificadas, o clausulado é tratado com maior ingerência por parte do regulador (mesmo assim com uma ingerência menor do que aquela adotada até a vigência das referidas regras), com a observância de algumas disposições mínimas aplicáveis a seguros de danos tido como massificados, regulamentados pela Circular SUSEP nº 621, em vigor desde 1º de março de 2021.

---

[18] Vale notar que referida norma está sendo questionada judicialmente, por meio da Ação Direta de Inconstitucionalidade nº 7.074/DF ajuizada no dia 08 de fevereiro de 2022 pelo Partido dos Trabalhadores — PT, segundo o qual a Resolução extrapolaria a sua competência infralegal ao alterar a forma de interpretação dos contratos, entendimento esse que nos parece frágil do ponto de vista jurídico e prejudicial à almejada modernização no setor de (res)seguros em termos de novos produtos.

O ramo de seguro de pessoas também passa por intensas modificações, com o mesmo objetivo de simplificação e de liberdade contratual, mas com o estabelecimento de regras mínimas com o escopo de propiciar o equilíbrio contratual desejado, bem como coibir abusos na formação do negócio e ao longo da relação contratual.

O regulador de (res)seguros vive uma nova era, ao suprimir as barreiras que contribuíam com a padronização que pairava sobre os contratos de seguro. Seguradoras e segurados terão uma nova chance de exercer a sua liberdade, aproveitando a oportunidade para negociar produtos que atendam melhor as suas necessidades.

Evidentemente, a inexistência de clausulado padronizado e de regras específicas possibilita maior criatividade por parte das seguradoras, com a melhoria da concorrência e, como consequência, propicia uma melhor experiência ao segurado, auxiliando o desenvolvimento de novos produtos, que podem fazer frente a riscos no metaverso.

Ademais, a ausência de padronização contribui para a diminuição das discussões acerca de coberturas e exclusões, tornando mais fácil a compreensão e a interpretação das condições pelo segurado, reduzindo até mesmo a litigiosidade, aspecto esse que também tem seus próprios desafios para dirimir conflitos que surjam no metaverso.

Resta compreender até que ponto as seguradoras e os resseguradores estarão dispostos a valer-se do novo regramento para o oferecimento de novas coberturas e de produtos mais amigáveis e, também, para buscar fazer frente a um novo perfil de segurado.

1.2. Novo perfil de segurado

Mais do que uma necessária mudança nos produtos, estamos diante de um novo perfil de cliente.

A realidade virtual hiperconectada integrada à física traz algumas indagações com relação aos potenciais segurados no metaverso, ou seja, qual seria o perfil dos usuários, enquanto clientes de produtos de seguros e quais seriam os riscos que eles desejam segurar.

Para além da necessária reflexão quanto ao apetite de risco do setor de (res)seguros nesse novo contexto, a questão abrange uma avaliação cuidadosa em conhecer o cliente, que pode ser tanto alguém que já contratou seguros no mundo real como pode ser alguém completamente novo, que nunca contratou seguros no mundo real e que passará a conhecer seguros, na realidade virtual.

Para elucidar, o uso da gamificação para vender e revender produtos proporciona uma oportunidade de engajar clientes mais jovens. São novos clientes, envolvidos com uma nova realidade, com novos anseios e com riscos que podem ser os mesmos já conhecidos e precificados ou riscos absolutamente novos[19], atrelados à realidade virtual.

Assim, há um desafio do ponto de vista de subscrição de risco inerente ao metaverso, pois ainda que a contratação não seja de produtos novos de seguros, certamente, o cliente e o seu perfil são diferentes, sendo imperioso que a avaliação do risco e da potencialidade de perda sejam feitas com ainda mais precisão.

2. Sandbox regulatório e insurtechs

Se, por um lado, o perfil do cliente está em constante transformação e o regulador está atento ao rompimento de barreiras, possibilitando a criação de novos produtos; por outro, as seguradoras estão sendo desafiadas a desenvolver novos modelos de negócios, impulsionadas pelo próprio regulador.

Recentemente, a SUSEP colocou em prática o conceito de ambiente regulatório experimental, conhecido como Sandbox Regulatório.

Conceitualmente, o Sandbox Regulatório permite a criação de um ambiente experimental, no qual produtos e projetos inovadores são testados, por meio de uma licença temporária concedida pelo órgão regulador. Em resumo, para que novos entrantes possam oferecer produtos novos ao mercado durante o período determinado, existe um processo seletivo e uma dispensa de requisitos regulatórios, que poderiam ser uma barreira para o desenvolvimento da atividade.

Após a seleção e início das atividades, os participantes devem permanecer atentos às disposições normativas aplicáveis ao Sandbox, sob pena de suspensão ou mesmo cancelamento, caso não sejam observadas condições, limites e deveres estabelecidos.

O Sandbox Regulatório já conta com a aprovação de projetos, com seguradoras em operação e, objetiva ainda selecionar processo de autorização junto à autarquia para que possam contribuir com o

---

[19] Por exemplo, riscos relacionados à comercialização dos *Non-Fungible Tokens* (NFTs), que viabilizam a certificação da propriedade de ativos digitais.

Open Insurance[20] (Sistema de Seguros Aberto, que permite o compartilhamento de dados).

Os benefícios do Sandbox Regulatório na SUSEP têm sido vistos na prática, com a busca constante pela melhoria da experiência do segurado (seguros liga e desliga, com coberturas diferenciadas e pagamentos de indenização securitária de forma quase instantânea). Embora sejam inegáveis as oportunidades trazidas pelo Sandbox Regulatório e as regras estejam sendo aperfeiçoadas periodicamente, os desafios ainda existem, especialmente, quanto ao momento de saída das selecionadas, algo que ainda será vivenciado.

De qualquer modo, essas seguradoras, que nascem com um perfil mais ligado à tecnologia, dentro do Sandbox, podem contribuir e muito para que os *players* tradicionais estejam mais abertos ao novo mundo[21].

---

[20] Recentemente introduzido pelo regulador, o Open Insurance é um ecossistema que permitirá aos consumidores o compartilhamento de informações e dados a respeito de produtos e serviços de seguros, previdência e capitalização, entre empresas do sistema de seguros e diferentes empresas autorizadas e credenciadas pela Susep para oferecer o serviço de agregação de dados e representação do cliente. O objetivo é melhorar a experiência do cliente e facilitar o processo de tomada de decisão frente a produtos e serviços das seguradoras e, do ponto de vista das empresas, tornar mais competitiva a oferta de seguros, incentivando a inovação no setor segurador, com a incorporação de novas tecnologias. (...) O ecossistema de informações compartilhadas tem como base dois tipos de dados, pessoais e públicos. Os dados pessoais são compostos pelas informações cadastrais dos consumidores, dados de apólices, contratos, títulos de capitalização, histórico de utilização, as transações dos clientes frente às seguradoras e entre outros. Já os dados públicos abrangem desde dados dos canais de atendimento, telefone ou canais digitais, corretores e representantes das empresas até informações de produtos disponíveis para comercialização, como seguros, previdência aberta e capitalização. (...) De acordo com o cronograma de implementação da Susep, o Open Insurance será realizado em três fases. A primeira fase — open data — teve início em dezembro de 2021 e se estende até 30 de junho de 2022, com o compartilhamento de dados públicos das empresas participantes, serviços e produtos disponíveis e canais de atendimento. A segunda fase tem previsão para iniciar em setembro de 2022, se estendendo até junho de 2023, e consiste no compartilhamento pelos participantes, dos dados pessoais e das movimentações dos clientes relacionadas aos produtos de seguros, previdência complementar aberta e capitalização, quando autorizado por eles. Por fim, a terceira fase terá início em dezembro de 2022 e será finalizada em junho de 2023, quando serão efetivados os serviços do Open Insurance, tais como: resgate, portabilidade e aviso de sinistro, entre outros, com foco na melhor experiência do consumidor. Disponível em: https://cnseg.org.br/open-insurance-novo.html. Acesso em: 26 fev. 2022.
[21] Já se tem notícia de seguros vendidos no universo do metaverso. A empresa inglesa YuLife tem incorporado a experiência virtual em seus produtos mediante a criação de avatares no

Além dessas seguradoras, conhecidas como *Insurtechs*[22], por terem sua atuação de forma digital, existem também empresas que podem ser consideradas *Insurtechs*, mas que não atuam como seguradoras (não garantem riscos) e não participam do Sandbox. São empresas de tecnologia[23], por exemplo, que prestam serviços ao mercado supervisionado, auxiliando na análise de subscrição de risco, no gerenciamento de apólices e na regulação de sinistros.

Cabe às seguradoras gerenciar os riscos associados aos dados pessoais de seu segurado; auxiliar no gerenciamento dos riscos associados a esse novo mundo, como é o caso do roubo de dados e demais riscos atrelados, bem como desenvolver produtos de seguros novos aplicáveis ao metaverso.

3. Contratação de seguro no exterior

A contratação de seguros no metaverso traz, ainda, reflexões quanto à definição do local do risco para verificação da possibilidade de contratação de seguro no exterior.

Nos termos da legislação[24], devem ser contratados no Brasil os seguros obrigatórios e os seguros facultativos contratados por pessoas naturais residentes no país, ou por pessoas jurídicas domiciliadas no território nacional, independentemente da forma jurídica, para garantia de riscos no país.

A contratação de seguros no exterior é excepcionada apenas em algumas situações específicas, quais sejam: (i) para cobertura de riscos para os quais não exista oferta de seguro no país, desde que sua contratação não represente infração à legislação vigente; (ii) cobertura de riscos no exterior em que o segurado seja pessoa natural residente

---

aplicativo que leva ao metaverso. O avatar pode estar equipado com objetos especiais ligados a apólices de seguro vendidas pela YuLife incluindo seguro de vida em grupo, doenças, seguro de animais de estimação e seguro residencial. Disponível em: https://www.insuranceerm.com/news-comment/insurance-enters-the-metaverse.html. Acesso em: 08 fev. 2022.

[22] O nome é uma junção de *insurance* (seguro) e *technology* (tecnologia).

[23] São *startups* que estão revolucionando o setor de seguros.

[24] Vide artigos 19 e 20, da Lei Complementar nº 126/2007, que dispõe sobre a política de resseguro, retrocessão e sua intermediação, as operações de co-seguro, as contratações de seguro no exterior e as operações em moeda estrangeira do setor securitário; altera o Decreto-Lei nº 73, de 21 de novembro de 1966, e a Lei nº 8.031, de 12 de abril de 1990; e dá outras providências.

no Brasil, para o qual a vigência do seguro contratado se restrinja, exclusivamente, ao período em que o segurado se encontrar no exterior; (iii) seguros que sejam objeto de acordos internacionais referendados pelo Congresso Nacional. A inobservância das referidas regras sujeita o infrator a penalidades de multa que podem alcançar R$ 3.000.000,00 (três milhões de reais).

Logo, resguardados os itens (i), (ii) e (iii) acima, a definição de quem contrata e do local do risco é de fundamental relevância para o afastamento da vedação da contratação de seguros no exterior. Significa dizer que, a depender da análise de quem contrata o seguro e do local do risco em que se encontra inserida a realidade virtual[25] conectada ou não ao mundo real, a contratação do seguro por um residente no país poderia, eventualmente, ocorrer no exterior sem que haja violação à legislação.

4. Distribuição de produtos no metaverso

Conforme visto, a criação e a consolidação de uma realidade híbrida, na qual há convergência entre o mundo *online* e o *offline* traz uma reflexão importante no que se refere a novos produtos capazes de garantir as atividades desempenhadas nesse novo universo, novo perfil de cliente e nova realidade de *Insurtechs*. Não é só. Há, ainda, outra reflexão de suma relevância, referente ao metaverso como canal de distribuição de seguros.

Se empresas podem estar no metaverso ofertando produtos e serviços[26], que são adquiridos virtualmente e entregues fisicamente, seguradoras, seus parceiros comerciais e corretores também podem integrar esse ambiente virtual para a oferta de seguros relacionados a riscos reais do mundo físico[27], resguardada, obviamente, eventual discussão quanto à moeda utilizada para o pagamento de prêmios e de indenizações securitárias, a qual dependerá de uma análise que vai muito além da regulatória de seguros.

---

[25] Para essa análise, é importante considerar a lei do local no qual o servidor do metaverso está hospedado; a lei do local no qual a empresa dona do servidor está sediada; as leis dos locais nos quais cada usuário se encontra.

[26] Notícias recentes revelam que grandes marcas já estão no metaverso. Disponível em: https://ilovemetaverse.net/metaverse-shopping-metaverse-shopping-platform/. Acesso em: 28 fev. 2022.

[27] Nesse sentido, *marketplaces* de seguros já fazem publicidade no metaverso, como é o caso da Coverfox. Disponível em: https://www.coverfox.com/. Acesso em: 28 fev. 2022.

4.1. Contratação por meios remotos

A contratação de seguros por meios remotos é uma realidade que se intensificou ainda mais com a pandemia. Nos termos da Resolução CNSP nº 408/2021, meios remotos são aqueles que permitem a troca de e/ou o acesso a informações e/ou todo tipo de transferência de dados por meio de redes de comunicação envolvendo o uso de tecnologias, tais como rede mundial de computadores, telefonia, televisão a cabo ou digital, sistemas de comunicação por satélite, entre outras.

Portanto, dada a amplitude do conceito de meios remotos atribuído pelo regulador, ao que tudo indica, a *Web 3.0* se insere nesse ambiente, sendo viável a utilização do metaverso como canal de distribuição nas operações de seguros, desde que seja garantida: (i) a integridade, a autenticidade, o não-repúdio e a confidencialidade das informações e dos documentos eletrônicos; (ii) a confirmação do recebimento de documentos e mensagens enviadas pela seguradora ao cliente ou, quando couber, ao intermediário; e (iii) o fornecimento de protocolo[28] ao cliente ou, quando couber, ao intermediário, para as solicitações e procedimentos relativos ao produto contratado, conforme requisitos previstos na referida norma.

Sendo assim, a utilização do metaverso enquanto inserido no conceito de meio remoto atribuído pelo regulador de seguros seria permitida não apenas para a oferta de seguros como também para emissão, envio e disponibilização de documentos relativos à contratação do seguro, tais como propostas, documentos contratuais, documentos de cobrança, notificações, extratos, condições contratuais, regulamentos, materiais informativos e comunicados.

As propostas de seguro podem ser preenchidas e formalizadas por meio do ambiente virtual, desde que passível de comprovação da autoria e integridade, devendo o cliente receber instruções detalhadas para acesso seguro aos documentos contratuais dos produtos contratados. Do mesmo modo, o ambiente virtual deverá garantir que as solicitações e os procedimentos necessários ao encerramento da relação contratual possam ser efetuados pelo meio que foi utilizado na contratação, sem prejuízo da disponibilização de outros meios.

---

[28] O simples acesso ou consulta a documentos e informações disponibilizados pelo ente supervisionado dispensam a necessidade de fornecimento de protocolo.

Há um desafio natural para compatibilizar a realidade virtual com a realidade do mundo físico, já que, por força normativa, a utilização de meios remotos na emissão de documentos contratuais deverá garantir a possibilidade de impressão ou *download* do documento pelo cliente e os documentos contratuais emitidos por meios remotos devem conter informação de data e hora de sua emissão, tudo para garantir que o cliente tenha provas efetivas da contratação, caso, por exemplo, precise se valer de meios judiciais para questioná-la ou mesmo para evitar problemas com a regulação de sinistros e com a próprio recebimento da indenização securitária.

Outro aspecto importante é que a utilização do metaverso como canal de distribuição de seguros não isenta as seguradoras ou seus parceiros comerciais do cumprimento de suas obrigações para com os segurados, especialmente, no que se refere às regras de boas práticas de conduta[29], as quais incluem a garantia de transparência e clareza quanto ao contratado e à necessária observância da legislação de proteção de dados.

4.2. Estipulantes, representantes de seguros e *MGA*

A parceria entre empresas e seguradoras para a oferta de seguros em meios remotos é cada vez mais comum. Instituições financeiras, organizações varejistas, agências de turismo, empresas de assistência e *marketplaces* têm sido importantes canais de distribuição de seguros. Referidas parcerias, geralmente, são estabelecidas por meio de estipulação[30] ou de representação de seguros[31], as quais não se confundem com a corretagem de seguros.

O corretor de seguros é considerado um *player* diferente, ou seja, não é estipulante e nem representante, sendo vedada (i) a atuação do esti-

---

[29] Vide Resolução CNSP nº 382, de 04 de março de 2020, que dispõe sobre princípios a serem observados nas práticas de conduta adotadas pelas sociedades seguradoras, sociedades de capitalização, entidades abertas de previdência complementar e intermediários, no que se refere ao relacionamento com o cliente, e sobre o uso do cliente oculto na atividade de supervisão da SUSEP, na forma definida por essa Resolução, e dá outras providências.

[30] A estipulação de seguros está, atualmente, prevista na Resolução CNSP nº 434/2021, que revogou a Resolução CNSP nº 107/2004.

[31] A representação de seguros está, atualmente, prevista na Resolução CNSP nº 431/2021, que revogou a Resolução CNSP nº 297/2013.

pulante e do representante de seguros como corretor de seguros; e (ii) a atuação de corretor de seguros e seus prepostos como representante de seguros.

O estipulante de seguros representa o grupo segurado e apenas pode comercializar apólice coletiva. A atuação do estipulante deve estar pautada pela preservação prioritária dos interesses do grupo segurado. Já, o representante de seguros atua como um distribuidor da seguradora, atuando em nome e no interesse da seguradora.

Com as recentes alterações normativas, o representante de seguros passou a ter uma atuação mais ampla, na medida em que a limitação de ramos de seguros foi suprimida pela SUSEP[32], o que, certamente, contribuirá para o aumento das operações de representação e consequente diminuição nas operações de estipulação, ao longo do tempo.

Além do modelo tradicional de representação de seguros, a regulamentação passou a permitir, de forma expressa, o modelo de representação ampliada, consubstanciado na figura do *MGA (Managing General Agent)*, definido pela SUSEP como a entidade empresarial que recebe autorização de uma seguradora para administrar programas de seguro, negociar contratos em seu nome e atuar como intermediário entre seguradoras e corretores e/ou segurados. O *MGA* pode subscrever riscos, coletar prêmios, auxiliar na regulação de sinistros, ofertar seguros, administrar a carteira. A parceria com um *MGA* pode ser considerada como uma filial que fornece programas de seguros especializados dentro de classes específicas.

Basicamente, o *MGA* é uma entidade empresarial que recebe autorização de uma seguradora para administrar programas de seguro e negociar contratos em seu nome. O *MGA* pode atuar como intermediário entre seguradoras e corretores e/ou segurados.

Em outras palavras, empresas que estiverem no metaverso[33], investindo em um ambiente de compra absolutamente inovador, além de vender

---

[32] Nos termos da Resolução CNSP nº 297/2013, revogada desde 1º de dezembro de 2021, a oferta de seguros por parte do representante estava limitada aos seguintes ramos: riscos diversos, garantia estendida, funeral, viagem, auto, prestamista, desemprego/perda de renda, eventos aleatórios, animais, microsseguros de danos, pessoas e previdência, assistência em geral. Referida limitação era excepcionada apenas em algumas situações específicas.

[33] Toda essa gama enorme de lojas que já lucram no metaverso, atualmente, na venda de seus próprios produtos, podem lucrar ainda mais ofertando seguros. Por exemplo, uma

seus próprios produtos e serviços poderiam firmar contratos com seguradoras para ofertar seguros, tanto na condição de estipulantes como na de representantes de seguros, além de administrarem programas de seguros ou até mesmo auxiliarem na regulação de sinistros[34], na condição de *MGA*.

4.3. Corretor de seguros

A proposta de seguro somente pode ser recebida pelas seguradoras por intermédio de corretor de seguros devidamente habilitado ou diretamente dos proponentes ou seus legítimos representantes[35]. Destarte, a legislação securitária permite a venda direta de seguros pela própria seguradora, desde que seja paga a comissão de corretagem[36].

Sendo assim, as apólices de seguros podem ser intermediadas ou não por um corretor de seguros.

O corretor de seguros é definido legalmente[37] como a pessoa natural ou jurídica, autorizada a angariar e a promover contratos de seguro entre as seguradoras e as pessoas naturais ou jurídicas, de direito privado.

Em suma, o corretor é um intermediário de seguros. Como tal, resta o questionamento acerca de seu papel e do exercício da intermediação no metaverso.

Como visto no tópico anterior, *players* como estipulantes e representantes de seguros têm lugar garantido dentro desse novo ambiente virtual, na medida em que poderiam ofertar seguros além de ofertar seus produtos e serviços. E os corretores?

Certamente, os corretores também podem estar inseridos no metaverso, um mundo em que há espaço para todos os *players* (ou, ao menos,

---

bolsa de luxo já poderia ser vendida com a opção de contratação de um seguro para roubo. Um eletrônico, com a proteção de um seguro de garantia estendida e assim por diante.

[34] Aliás, a regulação de sinistros de forma completamente *online*, célere e automatizada é um enorme desafio e, ao mesmo tempo, uma grande oportunidade para seguradoras e *insurtechs*.

[35] Conforme artigo 18, da Lei nº 4.594, de 1964.

[36] Conforme artigo 19, da Lei nº 4.594, de 1964, deve ser paga tarifa respectiva ao Fundo de Desenvolvimento Educacional do Seguro, administrado pela Fundação Escola Nacional de Seguros (FUNENSEG), o qual se destinará à criação e manutenção de escolas e cursos de formação, aperfeiçoamento profissional de corretores de seguros e prepostos e bibliotecas especializadas.

[37] Vide Lei nº 4.594, de 1964, que regula a profissão de corretor de seguros.

deveria haver, até pela própria natureza na formação de uma internet descentralizada).

Porém, para isso, é preciso que os corretores acompanhem a modernização, realizem os investimentos necessários, compreendam os novos produtos e o novo perfil de potencial segurado que usa a nova realidade híbrida (virtual e real). Ademais, é preciso que os corretores garantam um serviço que vá além da intermediação, na medida em que a atividade de aproximação das partes é mitigada ou, em algumas vezes, até mesmo suprimida, pelo próprio ambiente virtual, no qual tudo e todos já estão conectados de forma simultânea.

Conclusões

O setor de seguros vem se modernizando no oferecimento de produtos tanto na forma como no conteúdo. O metaverso pode ser o próximo estágio da revolução em seguros, que pode ocorrer, principalmente, sob duas óticas: a primeira, referente ao desenvolvimento para garantia de novos riscos, com produtos securitários aderentes a essa nova realidade virtual e ao novo potencial segurado; e a segunda, para o fomento de novas parcerias, isto é, o metaverso como um vasto canal de distribuição de seguros.

Ambas se revelam igualmente desafiadoras. O desenvolvimento de produtos passa, necessariamente, pela compreensão dos riscos seguráveis que podem surgir nesse universo híbrido, no qual as realidades físicas e virtuais se conectam cada vez mais. A distribuição de produtos no metaverso, por sua vez, traz uma enorme oportunidade de capilaridade para o seguro, alcançando novos potenciais clientes que até então não contratavam seguros. Propicia, também, reflexões quanto ao papel de *players* tradicionais, como é o corretor de seguros, por exemplo.

A moeda utilizada para o pagamento de prêmios e de indenizações securitárias também pode ser um desafio e dependerá de uma análise que vai muito além da regulatória de seguros.

Ademais, a definição do local do risco em que se encontra inserida a realidade virtual conectada ou não ao mundo real, poderá, eventualmente, ensejar a possibilidade de contratação do seguro no exterior sem que referida contratação viole a legislação brasileira, que protege o mercado nacional ao determinar a contratação de seguros no país, salvo em situações restritas.

Enfim, é um novo mundo, com novas situações jurídicas, com um novo perfil de cliente como potencial segurado, com desafios no local, na forma de contratação, na análise e precificação do risco, que deve estimular as seguradoras a desenvolver novos modelos de negócios, abrindo uma discussão relevante quanto ao apetite de risco do setor de (res)seguros nesse novo contexto.

As dúvidas envolvendo os aspectos jurídicos que permeiam o metaverso ainda são inúmeras, mas há a certeza de que essa conectividade entre o ecossistema virtual e o real fomentarão o desenvolvimento de novos seguros e aperfeiçoarão as formas de oferta dentro do contexto de uma economia virtual.

Espera-se que, ao longo do tempo, as seguradoras estejam mais familiarizadas com o conceito do metaverso, com todas as oportunidades que esse ambiente pode proporcionar em termos de oferta de seguros, regulação de sinistros, pagamento de indenizações e que propiciem, cada vez mais, novas soluções para esse novo mundo, que já é uma realidade.

Referências

BECK, Ulrich. *Sociedade de Risco: rumo a uma outra modernidade*. Traduzido por Sebastião Nascimento. São Paulo: Editora 34, 2010.

CANNON, Mark; MCGURK, Brendan. *Professional Indemnity Insurance*. New York: Oxford, 2010.

DONATI, Antigono. *Manuale Di Diritto Delle Assicurazioni Private*. Seconda Edizione. Milano: Giuffrè, 1961.

DONNINI, Rogério. *Responsabilidade Civil na Pós-Modernidade: felicidade, proteção, enriquecimento com causa e tempo perdido*. Porto Alegre: Sergio Antonio Fabris Ed., 2015.

FRANCO, Vera Helena de Mello. *Contratos*. Direito Civil e Empresarial. 3ª ed. rev., atual. e ampl. São Paulo: Editora Revista dos Tribunais, 2012.

HALPERIN, Isaac. *Seguros*. Exposición Critica de La Ley 17.418. Buenos Aires: Depalma, 1970.

LOPEZ, Teresa Ancona. *Princípios da Precaução e Evolução da Responsabilidade Civil*. São Paulo: Quartier Latin, 2010.

VERNIZZI, Simone. *Il Rischio Putativo*. Milano: Giuffrè, 2010.

Fontes Legislativas

BRASIL. Lei nº 4.594, de 29 de dezembro de 1964. *Lei do Corretor de Seguros*. Disponível em: http://www.planalto.gov.br/ccivil_03/leis/l4594.htm. Acesso em: 26 fev. 2022.

BRASIL. Decreto-Lei nº 73, de 21 de novembro de 1966. *Sistema Nacional de Seguros Privados*. Disponível em: http://www.planalto.gov.br/ccivil_03/decreto-lei/del0073.htm. Acesso em: 26 fev. 2022.

BRASIL. Lei nº 10.406, de 10 de janeiro de 2002. *Código Civil*. Disponível em: http://www.planalto.gov.br/ccivil_03/leis/2002/l10406compilada.htm. Acesso em: 26 fev. 2022.

BRASIL. Lei Complementar nº 126, de 15 de janeiro de 2007. *Política de resseguro, retrocessão e intermediação, as operações de co-seguro, as contratações de seguro no exterior e as operações em moeda estrangeira do setor securitário; altera o Decreto-Lei nº 73, de 21 de novembro de 1966, e a Lei nº 8.031, de 12 de abril de 1990; e dá outras providências*. Disponível em: http://www.planalto.gov.br/ccivil_03/leis/lcp/lcp126.htm. Acesso em: 26 fev. 2022.

Sítios eletrônicos

https://cnseg.org.br/
https://www.correiobraziliense.com.br
https://www.coverfox.com/
https://ilovemetaverse.net/metaverse-shopping-metaverse-shopping-platform/
https://www.insuranceerm.com/news-comment/insurance-enters-the-metaverse.html.
http://novosite.susep.gov.br/
https://www.sonhoseguro.com.br
https://www.theguardian.com

8.
O METAVERSO E POSSÍVEIS IMPLICAÇÕES LEGAIS NOS MERCADOS FINANCEIRO E DE CAPITAIS BRASILEIRO

Gustavo Rabello
Marcus Fonseca
Bianca Peuker

Introdução

"Metaverso", "ativos virtuais", "moedas digitais", "criptoativos", "*tokens*", "*bitcoin*", "NFTs", "*blockchain*", "tokenização", são nomenclaturas que já fazem parte do vocabulário de diversos agentes nos mercados financeiro e de capitais que buscam identificar novos produtos e serviços para seus clientes, mas ainda carecem de uma definição legal que permita uma excursão mais segura por aqueles que não possuem um apetite elevado por riscos. Esta incerteza nas definições, entretanto, não quer dizer que tais conceitos não possam ser enquadrados em definições legais reguladas por normas já existentes, como o Código Civil, ou ainda sujeitos à supervisão por órgãos reguladores, principalmente no caso da Comissão de Valores Mobiliários (CVM).

Por outro lado, muitos conceitos ainda trazem dúvidas sobre o seu enquadramento jurídico, principalmente quando estamos diante de ativos virtuais. Por exemplo, o Banco Central do Brasil já se manifestou em algumas ocasiões[1] que criptomoedas não são consideradas moedas fiduciárias e, portanto, não estão sujeitas à sua regulamentação. Isso, a nosso ver, tem gerado certa apreensão no mercado, principalmente quando se discute um novo produto. Será que o Banco Central do Brasil ou a CVM poderão vetar o produto? Uma oferta pública de um ativo digital precisaria de registro na CVM? E se a oferta for conduzida dentro do metaverso, há jurisdição da CVM para regulá-la? Pode um fundo de investimento comprar "terras" ou outros ativos dentro do metaverso? Estas são apenas algumas das muitas perguntas de clientes que buscam nossos serviços e que demandam uma análise cautelosa dos diversos regramentos jurídicos já existentes para apontar eventuais riscos e viabilizar oportunidades no mercado financeiro e de capitais.

Este artigo tem como objetivo analisar, de uma forma ainda preliminar, em que medida os ativos negociados ou ofertados no metaverso podem ser considerados valores mobiliários, atraindo a competência da CVM para regulá-los, analisando ainda quais as implicações para aqueles que organizam ou utilizam este ambiente virtual para realizar transações com seus ativos. Além disso, será analisado em que medida os diversos participantes do mercado de capitais — em especial os fundos de investimentos — poderão interagir com as pessoas, ativos e operações que são conduzidas diretamente no metaverso.

1. A regulação da CVM no metaverso: possível enquadramento de ativos virtuais como valores mobiliários

Quando se fala em metaverso ou em ativos virtuais, uma das principais dúvidas que surgem nos mercados financeiro e de capitais é até que ponto a CVM possui jurisdição para regular os ativos que são oferecidos ou negociados neste ambiente. Muitos irão, evidentemente, argumentar no sentido de que eventual fiscalização por parte da Autarquia não seria uma tarefa sem desafios, na medida em que a delimitação da territorialidade poderia ser um fator complicador para determinar a jurisdição da CVM, já que não necessariamente as interações no metaverso irão ocorrer "em território brasileiro". A dúvida se intensifica ainda mais quando distinguimos metaverso centralizado ou descentralizado.

---

[1] Comunicados do Banco Central do Brasil nº 25.306, de 19 de fevereiro de 2014, e nº 31.379, de 16 de novembro de 2017.

Fazendo uma breve distinção para fins de esclarecimento, um metaverso centralizado seria aquele ambiente virtual controlado por uma ou mais pessoas (físicas ou jurídicas), com poderes para ditar ou mudar as regras que deverão reger o seu universo, enquanto o metaverso descentralizado possuiria uma regra de governança sem um controle. Por exemplo, um metaverso centralizado é aquele que está sendo desenvolvido pela empresa Meta (novo nome do Facebook), que deverá exercer uma governança completa deste ambiente, bem como ter o controle das informações que são ali circuladas. Por outro lado, um metaverso descentralizado tende a ser desenvolvido por meio da tecnologia *blockchain*, valendo-se de uma governança sem um controle comum, denominada de organização autônoma descentralizada (*"Decentralized Autonomous Organization"* ou DAO, na sigla em inglês)[2].

A nosso ver, entretanto, independentemente de estarmos diante de um metaverso centralizado ou descentralizado, com ou sem regras e ativos controlados por uma empresa em específico, fato é que existe sim a possibilidade de a CVM vir a exercer sua competência sobre as operações e ativos que são criados nestes ambientes[3]. Para que isso ocorra, basta que os ativos virtuais possam se enquadrar no conceito de valores mobiliários definido em lei.

1.1. Conceito de valores mobiliários

O conceito de valores mobiliários está definido no artigo 2º da Lei nº 6.385, de 07 de dezembro de 1976, conforme a seguir:

> Art. 2º da Lei 6.385/1976 — São valores mobiliários sujeitos ao regime desta Lei:

---

[2] DAO significa uma empresa ou um tipo de organização sem gerenciamento hierárquico, pré-programado por regras codificadas como *contratos inteligentes* feitos por programa de computador, cujos usuários-investidores possuem poder de voto e, portanto, capacidade de influenciar seu funcionamento. Portanto, não existe um "controlador", diferente das empresas onde é possível estabelecer uma regra de governança sobre um controle comum.

[3] É certo que, como já mencionado, diversas questões a respeito da eficácia desta supervisão por parte da CVM deverão ser superadas no ambiente jurídico. Tal discussão foge do escopo do presente artigo por entendermos que é um assunto que demandará uma análise mais criteriosa e construída pelo judiciário na medida em que os metaversos se desenvolvam. O ponto focal deste artigo não é discutir a eficácia da supervisão da CVM, mas sim em que medida a CVM possui competência para regular ativos negociados no metaverso.

I — as ações, debêntures e bônus de subscrição;
II — os cupons, direitos, recibos de subscrição e certificados de desdobramento relativos aos valores mobiliários referidos no inciso II;
III — os certificados de depósito de valores mobiliários;
IV — as cédulas de debêntures;
V — as cotas de fundos de investimento em valores mobiliários ou de clubes de investimento em quaisquer ativos;
VI — as notas comerciais;
VII — os contratos futuros, de opções e outros derivativos, cujos ativos subjacentes sejam valores mobiliários;
VIII — outros contratos derivativos, independentemente dos ativos subjacentes; e
IX — **quando ofertados publicamente, quaisquer outros títulos ou contratos de investimento coletivo, que gerem direito de participação, de parceria ou de remuneração, inclusive resultante de prestação de serviços, cujos rendimentos advêm do esforço do empreendedor ou de terceiros.**

Como é possível notar, o legislador, ao trazer esta definição para o ordenamento jurídico brasileiro (aproveitando, de certa forma, o conceito já há muito desenvolvido nos Estados Unidos), optou por criar um rol taxativo de ativos que poderão ser enquadrados como valores mobiliários, ao mesmo tempo que se valeu de conceitos bastante abrangentes para permitir o enquadramento de novos ativos nesta definição. Isso se dá, principalmente, a partir do inciso IX do artigo 2º, ao estabelecer que quaisquer outros títulos ou contratos de investimento coletivo possam ser enquadrados como valores mobiliários na medida em que passem a atender a todas as demais características definidas na regra, ou seja, que gerem determinados direitos, seja de parceria, de remuneração ou de participação, cujos rendimentos advêm do esforço do empreendedor ou de terceiros, e desde que ofertados publicamente.

A própria definição de "títulos ou contratos de investimento coletivo" é, por si só, bastante genérica e de difícil delimitação, não conferindo identificação com um instrumento em espécie. Assim, de certa forma, ao apresentar um conceito amplo, o legislador transferiu à CVM a responsabilidade de estabelecer uma definição de acordo com a prática de mercado, sem que houvesse necessidade de atualizar o rol toda vez que surgisse um novo instrumento passível de ser caracterizado como valor mobiliário.

Neste sentido, a CVM tem adotado, em diversas de suas decisões[4] (e aqui novamente se valendo de um conceito amplamente utilizado nos Estados Unidos), a metodologia *"Howey Test"*, que consiste, de forma simplificada, na lista das seis perguntas abaixo para identificar se o ativo atende ao conceito legal de valores mobiliários do inciso IX do artigo 2º da Lei nº 6.385/1976:

1. Há investimento?
2. Esse investimento é formalizado por um título ou por um contrato?
3. O investimento é coletivo?
4. Alguma forma de remuneração é oferecida aos investidores?
5. A remuneração oferecida tem origem nos esforços do empreendedor ou de terceiros?
6. Os instrumentos são oferecidos publicamente?

Uma vez que a resposta seja "sim" para estas perguntas, o ativo analisado deveria ser enquadrado como valor mobiliário, sujeito às leis do mercado de capitais e à regulamentação da CVM. Acontece que nem sempre a resposta será fácil, principalmente diante do cenário atual, onde encontramos diversos produtos "criativos" sendo desenvolvidos a partir de novas tecnologias, como, por exemplo, a *blockchain*.

O próprio conceito de oferta pública é objeto de amplo debate no âmbito jurídico e inclusive com a própria CVM. Nelson Eizirik, Ariádna B. Gaal, Flávia Parente e Marcus de Freitas Henrique definem que "a oferta pública de distribuição de valores mobiliários constitui a operação pela qual a companhia ou titulares de valores mobiliários de sua emissão promovem, mediante apelo ao público, a colocação de ações ou outros valores mobiliários no mercado de capitais"[5].

Este conceito, entretanto, nem sempre é claro e exige certos elementos que sejam essenciais para sua caracterização. Embora haja a necessidade de apelo ao público por meio de utilização de meios de comuni-

---

[4] Por exemplo, processo CVM SEI nº 19957.011454/2017-91, conforme entendimento consolidado da CVM no memorando nº 17/2017-CVM/SER.

[5] EIZIRIK, Nelson; GAAL, Ariádna B.; PARENTE, Flávia; HENRIQUES, Marcus de Freitas. *Mercado de capitais — regime jurídico*. Rio de Janeiro: Renovar, 2008, p. 133.

cação capazes de atingir pessoas indeterminadas em larga escala, cada caso irá ditar se o mero endereçamento já seria capaz de configurar uma oferta como pública[6].

No Brasil, alguns destes elementos estão indicados no artigo 19, § 3º, da Lei nº 6.385/1976, que determina quais atividades poderiam ser caracterizadas como oferta pública, a saber: "(i) a utilização de listas ou boletins de venda ou subscrição, folhetos, prospectos ou anúncios destinados ao público; (ii) a procura de subscritores ou adquirentes para os títulos por meio de empregados, agentes ou corretores; e (iii) a negociação feita em loja, escritório ou estabelecimento aberto ao público, ou com a utilização dos serviços públicos de comunicação". A CVM, por meio das Instruções nº 400, de 29 de dezembro de 2003 ("ICVM 400")[7] e nº 476, de 16 de janeiro de 2009 ("ICVM 476"), conforme alteradas, ampliou ainda mais este conceito ao trazer novos elementos caracterizadores, conforme abaixo[8]:

> Art. 3º da ICVM 400 — São atos de distribuição pública a venda, promessa de venda, oferta à venda ou subscrição, assim como a aceitação de pedido de venda ou subscrição de valores mobiliários, de que conste qualquer um dos seguintes elementos:
> I — a utilização de listas ou boletins de venda ou subscrição, folhetos, prospectos ou anúncios, destinados ao público, por qualquer meio ou forma;
> II — a procura, no todo ou em parte, de subscritores ou adquirentes indeterminados para os valores mobiliários, mesmo que realizada

---

[6] Ibidem, p. 137.

[7] A Instrução CVM nº 400 trata das ofertas públicas de modo geral, enquanto a Instrução CVM nº 476 regulamenta a chamada oferta pública "com esforços restritos". Nas ofertas públicas com esforços restritos, fica permitida a procura de apenas 75 investidores profissionais, sendo que somente 50 deles podem adquirir o valor mobiliário ofertado. O público-alvo são os investidores profissionais (conforme definidos em regulamentação) justamente pela ausência de necessidade de divulgação de informações amplas sobre o instrumento ofertado.

[8] A atual regulamentação de ofertas públicas passa, na data da publicação da primeira edição do presente capítulo, por audiência pública e deve ser atualizada pela CVM ainda no ano de 2022. Dentre as principais alterações, haverá uma simplificação no procedimento de ofertas, mas, por outro lado, não haverá modificações em relação ao conceito de valores mobiliários e exigência de registro em produtos para o público de larga escala.

através de comunicações padronizadas endereçadas a destinatários individualmente identificados, por meio de empregados, representantes, agentes ou quaisquer pessoas naturais ou jurídicas, integrantes ou não do sistema de distribuição de valores mobiliários, ou, ainda, se em desconformidade com o previsto nesta Instrução, a consulta sobre a viabilidade da oferta ou a coleta de intenções de investimento junto a subscritores ou adquirentes indeterminados;

III — a negociação feita em loja, escritório ou estabelecimento aberto ao público destinada, no todo ou em parte, a subscritores ou adquirentes indeterminados; ou

IV — a utilização de publicidade, oral ou escrita, cartas, anúncios, avisos, especialmente através de meios de comunicação de massa ou eletrônicos (páginas ou documentos na rede mundial ou outras redes abertas de computadores e correio eletrônico), entendendo-se como tal qualquer forma de comunicação dirigida ao público em geral com o fim de promover, diretamente ou através de terceiros que atuem por conta do ofertante ou da emissora, a subscrição ou alienação de valores mobiliários[9].

Nota-se, portanto, que o meio de comunicação e o fato de atingir um número indeterminado de pessoas são fortes elementos indicativos de que a oferta deverá ser considerada pública e, consequentemente, ser supervisionada pela CVM. A Internet, neste contexto, é o meio de comunicação por excelência para atingir grandes públicos, pois está disponível para qualquer pessoa localizada no território nacional que deseje acessá-la[10]. Nas palavras do professor Ary Oswaldo Mattos Filho, "uma oferta feita pela Internet é sem dúvida uma oferta pública"[11].

Por analogia, consequentemente, podemos dizer que uma oferta conduzida no metaverso terá inerentemente uma característica de oferta pública na medida em que a oferta venha a atingir um número indeterminado de pessoas quando estiverem acessando o ambiente virtual.

---

[9] BRASIL. Comissão de Valores Mobiliários, 2003.
[10] FONSECA, Marcus Vinícius Pimentel. *As plataformas e os sindicatos no Investment-Based Crowdfunding: Regulação, Riscos e Mitigações.* Tese de Mestrado pela Fundação Getúlio Vargas, São Paulo, 2018, p. 35.
[11] MATTOS FILHO, Ary Oswaldo. *Direito dos Valores Mobiliários.* Volume 1. Rio de Janeiro: FGV, 2015, p. 316.

1.2. Pode um ativo virtual ser considerado valor mobiliário?

Uma vez que fique claro qual o conceito de valores mobiliários adotado pela lei e considerando ainda os entendimentos da CVM sobre o tema, resta saber em que medida os ativos virtuais e as operações desenvolvidas no metaverso podem se enquadrar neste conceito, estando, portanto, sujeitos à regulamentação da CVM. Já definimos anteriormente que as ofertas no metaverso poderão, sim, ser caracterizadas como ofertas públicas dependendo da forma como são conduzidas. Resta agora estabelecermos se as demais características do inciso IX do artigo 2º da Lei nº 6.385/1976 também estarão presentes.

Primeiramente, cumpre definirmos de antemão qual a natureza jurídica dos ativos virtuais que podem ser criados em um ambiente de metaverso.

Em princípio, ao menos até que exista uma lei específica que os regule, os ativos virtuais gerados no metaverso poderão ser enquadrados no conceito de títulos de representação[12], que conferem ao seu detentor a prova de titularidade sobre algum direito estabelecido em uma relação jurídica entre partes, ou seja, gerados a partir de uma estrutura jurídica prévia, utilizando-se de conceitos jurídicos pré-existentes.

A título de exemplo, suponhamos uma situação em que uma pessoa compra determinada loja no metaverso para oferecer produtos virtuais[13], e os pagamentos decorrentes desta compra sejam feitos de forma parcelada. Temos, aqui, o instituto jurídico da compra e venda, já regulado pelo Direito Civil brasileiro, e que deverá gerar uma obrigação pelo comprador de honrar as parcelas mensais devidas decorrentes desta compra[14]. Agora suponhamos que o vendedor do terreno decida ceder estes créditos a um terceiro participante deste metaverso. Temos aqui,

---

[12] SALOMÃO NETO, Eduardo. *As atividades "bancárias" das empresas de criptoativos*. Site JOTA, 25 jan. 2022. Disponível em: https://www.jota.info/opiniao-e-analise/artigos/empresas-criptoativos-atividades-bancarias-25012022. Acesso em: 24 fev. 2022.

[13] Naturalmente, ao falar em compra de uma "loja", não estamos necessariamente descrevendo um imóvel para fins de legislação brasileira. A "loja", em princípio, será um bem intangível gerado com caracteres de computador, que permitirá ao seu detentor utilizar determinado espaço no metaverso dando uma destinação que lhe seja permitida.

[14] Até que seja possível estabelecer algum meio de pagamento em ambientes de metaverso utilizando moeda fiduciária (se é que isso irá ocorrer um dia), a "moeda" utilizada para pagamento deverá ser a criptomoeda ou moeda virtual capaz de extinguir obrigações naquele ambiente virtual, de acordo com suas regras.

novamente, um instituto já regulado pelo Direito Civil brasileiro: a cessão de créditos. Além disso, as partes decidem criar um token (ativo digital) que servirá como prova de que aquele titular é, de fato, o cessionário dos créditos. Portanto, este token gerado pode ser considerado, para fins de legislação brasileira, como um título de representação, que servirá como prova de titularidade de um direito constituído em uma relação jurídica pré-estabelecida. Como não há uma forma prescrita em lei para o contrato de compra e venda ou para o contrato de cessão de créditos, as partes são livres, ao menos em princípio, para documentar como se dará a relação jurídica entre elas (poderiam, por exemplo, assinar um contrato físico fora do ambiente do metaverso, ou também gerar um contrato eletrônico dentro do ambiente virtual com as cláusulas que deverão reger estas relações; nestes casos, basta que sejam passíveis de ser apresentados como prova em juízo para comprovação de deveres e obrigações).

Com isso em mente, cumpre definir se esses ativos virtuais — enquanto títulos de representação — poderão ser considerados títulos ou contratos de investimento coletivo que atendam aos requisitos da legislação e ao entendimento da CVM, a ponto de serem considerados valores mobiliários. Ao fazer este exercício para criptoativos — o que a nosso ver pode ser um ponto de partida interessante para classificar qualquer ativo gerado no metaverso — a CVM vem adotando nomenclaturas utilizadas no mundo todo para "categorizar" a natureza de um determinado ativo e definir se ele poderia ser enquadrado como um valor mobiliário. Estas categorias são atualmente divididas em "*payment tokens*", "*utility tokens*" e "*security tokens*".

a) As criptomoedas ou "*payment tokens*"

São os criptoativos mais comuns e servem como meios de troca, moedas virtuais, por aceitação convencional, como por exemplo o *bitcoin*. Em princípio, a CVM entende que este tipo de ativo não seria considerado valor mobiliário, podendo este entendimento variar a depender do contexto econômico de sua emissão e dos direitos conferidos aos investidores, como se depreende no relatório do Processo Administrativo Sancionador da CVM nº 19957.003406/2019-91. Ficariam excetuados do conceito de valor mobiliário, portanto, aqueles criptoativos ou ativos virtuais como *bitcoin*, *Ethereum*, ou outra moeda criada com o propósito de servir como meio de pagamento em determinado metaverso.

b) Os *tokens* de utilidade ou *"utility tokens"*

São ativos virtuais que podem dar direito de acesso a, ou a titularidade sobre, produtos ou serviços pré-estabelecidos e invariáveis, reais ou virtuais, de uma plataforma digital e protegidos pelo direito do autor, ou seja, possuem uma "utilidade". Assim, determinada pessoa irá adquirir um *token* justamente para fazer jus aos benefícios (não pecuniários) conferidos por este, sem um propósito específico de investimento[15]. Neste caso, há um consenso por parte do mercado de que tais ativos não são considerados valores mobiliários, justamente por se descaracterizar a natureza de investimento exigida pela legislação como um dos requisitos de enquadramento no já mencionado inciso IX.

c) Os *tokens* de investimento ou *"security tokens"*

Estes são os ativos que podem ser considerados valores mobiliários e, portanto, sujeitos à regulamentação da CVM. São aqueles direcionados especificamente a investidores que visam investir em capital comum com a expectativa de lucro e atendem a todos os requisitos impostos pela lei e pela CVM para se enquadrarem dentro do conceito de valor mobiliário (ou seja, ofertados publicamente e cuja remuneração advém do esforço de terceiros).

O conceito-chave, portanto, é justamente a intenção do titular em realizar um investimento de natureza coletiva (transformando-se em um "título ou contrato de investimento coletivo" para fins da legislação). Um *security token* seria então aquele ativo emitido por uma pessoa no metaverso e ofertado para os seus usuários, com a promessa de que este título irá conferir direitos de rendimentos ao seu titular decorrentes de um esforço deste próprio emissor. Por outro lado, no nosso exemplo da operação de cessão de créditos acima mencionado, entendemos

---

[15] A mera expectativa pelo seu titular de que poderá haver uma variação positiva do preço deste token em um mercado secundário não necessariamente irá caracterizar o ativo como forma de investimento. Em outras palavras, a especulação não é suficiente para caracterizar o propósito de investimento para fins de enquadrar um *token* como valor mobiliário. O investimento, neste caso, deverá ser inerente ao propósito do *token* em si.

que não estaríamos diante de um *security token*, pois os pagamentos da remuneração (ou seja, parcelas devidas no âmbito da compra e venda) seriam fixos, independentemente do esforço do emissor ou de quaisquer outros terceiros.

2. A competência da CVM para regular esse novo mercado

À medida que se torna evidente a possibilidade de que determinados ativos gerados ou negociados no metaverso possam ser classificados como valores mobiliários ou *security tokens*, conforme acima demonstrado, resta claro, no nosso entendimento, que a CVM terá competência para supervisionar este ambiente (sem considerar, como já mencionado, outros critérios necessários para definição de jurisdição, como territorialidade).

Nesse sentido, os participantes do mercado de capitais deverão ficar atentos à forma como o produto é criado nos ambientes do metaverso, cientes de que eventuais ofertas públicas deverão ser previamente registradas na CVM (junto com seu emissor), conforme determina a regulamentação, ou ainda analisando eventuais riscos de a CVM entender que as entidades prestando serviços em ambientes virtuais poderão estar exercendo atividades reguladas (aqui podemos mencionar alguns exemplos superficiais, como consultoria de valores mobiliários, no caso em que uma entidade possa fazer sugestões de investimentos no metaverso, ou até mesmo administração de mercados regulados, no caso de metaversos que criem regras para negociação de ativos que possam configurar valor mobiliário).

Neste contexto, ainda não há uma clareza em relação à situação na qual um investidor que adquira produto financeiro ou valor mobiliário através de acesso à internet no Brasil, que por sua vez seja negociado em metaverso supostamente sediado no exterior, sobre qual seria a legislação e/ou jurisdição aplicáveis.

Ou seja, a "lei da coisa" ou *"lex situs"* (localização da coisa ou da propriedade) abrangeria um valor mobiliário negociado no metaverso? Nesse sentido, talvez caiba à IOSCO (*International Organization of Securities Commissions* ou, em português, Organização Internacional das Comissões de Valores Mobiliários) reunir, com urgência, as principais Comissões de Valores Mobiliários do mundo para definir se uma legislação comum seria aplicável a ofertas em um ambiente comum a todos.

3. Fundos de investimentos

Por fim, embora não menos importante, cabe fazer uma indagação a respeito da aquisição de ativos diretamente no metaverso por fundos de investimento. Existem hoje no mercado diversos fundos com denominação de "metaverso" em seu nome, mas todos eles investem indiretamente neste ambiente, notadamente adquirindo ações de empresas que desenvolvem metaversos. Por outro lado, recebemos consultas de clientes que nos questionam sobre a possibilidade de realizar investimentos diretamente em ambientes de metaverso.

Em um primeiro momento, entendemos que este tipo de investimento poderá eventualmente ser viabilizado na medida em que os ativos virtuais negociados em metaverso sejam caracterizados como meros títulos de representação criados com base em uma relação jurídica pré-existente, conforme já mencionado. Em outras palavras, podendo um ativo virtual ser caracterizado como um ativo financeiro ou um valor mobiliário — muito semelhante em conceito às debêntures e às ações, por exemplo — em princípio não vemos óbice para que estes investimentos sejam viabilizados futuramente.

Logicamente que o conceito de metaverso ainda é muito incipiente, e questões como esta levarão tempo para ser maturadas, principalmente perante órgãos reguladores.

A CVM, por exemplo, vem promovendo ações no sentido de se preparar (e se familiarizar) com diversos produtos inovadores que têm surgido no mercado de capitais, como acima já exemplificado com o *sandbox* regulatório, dentre outras decisões. Porém, a Autarquia tem se mostrado cética com alguns investimentos, principalmente quando se fala em criptoativos, tendo inclusive emitido um Ofício Circular no final de 2018 (Ofício Circular nº 11/2018/CVM/SIN), estabelecendo que fundos de investimento brasileiros não podem investir diretamente em criptoativos de qualquer natureza (investimentos seriam realizados apenas em índices de criptoativos ou por meio de fundos de investimentos constituídos no exterior e que sejam geridos por terceiros).

Certamente, a CVM deverá demonstrar a mesma cautela quando decidir sobre a atuação dos fundos de investimentos que busquem efetuar investimentos em ativos virtuais que sejam negociados exclusivamente no ambiente do metaverso. Isso não quer dizer, entretanto, que a CVM não possa vir a autorizar este tipo de investimento na medida em que o conceito de metaverso se torne mais consolidado, principalmente considerando a natureza dos ativos digitais negociados neste ambiente, conforme aqui exposto.

Conclusões

Diante do acima exposto, nota-se a importância do amadurecimento normativo, através da criação de novas normas combinadas com a extensão da interpretação do arcabouço jurídico já existente, a fim de preservar a essência dos pilares do Direito, como a segurança jurídica, a transparência, a ética e a responsabilidade, de forma a viabilizar que esses novos produtos e serviços financeiros virtuais sejam inseridos no ambiente do metaverso.

Ainda, conclui-se que a CVM possui competência para regular este mercado, na medida em que os ativos virtuais transacionados neste ambiente possam ser configurados como valores mobiliários. Este entendimento fica ainda mais evidente se levarmos em consideração o caráter protetivo exigido pela regulamentação de mercado de capitais, no sentido de assegurar aos seus participantes padrões mínimos de atuação que sejam suficientes para garantir a todos os envolvidos uma segurança jurídica que possa gerar confiabilidade nas transações, tendo a CVM como autarquia responsável por garantir este ambiente seguro[16].

Por outro lado, a forma como a CVM irá supervisionar este ambiente ainda não é clara, principalmente quando estamos diante de metaversos descentralizados, sem um controle específico. Como permitir a supervisão e a fiscalização de mercados organizados sem uma entidade efetivamente mantendo o seu controle? Com isto, é relevante o debate dos agentes públicos e privados para viabilizar o amadurecimento normativo em benefício do incremento seguro e responsável dos produtos e serviços dos mercados financeiros e de capitais que sejam ofertados e negociados no metaverso, viabilizando, inclusive, aquisições por parte de fundos de investimentos ou outro veículo constituído especificamente para este fim.

---

[16] CARVALHOSA, Modesto (coord.); PARENTE, Norma Jonssen. *Tratado de Direito Empresarial*. Vol. VI. Mercado de Capitais. São Paulo: Editora Revista dos Tribunais, 2016, p. 51.

Referências

Amaro, Lorena. *JPMorgan é o 1º banco dentro do metaverso decentraland*. Criptofacil, 16 fev. 2022. Disponível em: https://www.criptofacil.com/jpmorgan-abre-lounge-em-decentraland-tornando-se-o-1o-banco-no-metaverso. Acesso em: 24 fev. 2022.

Borges, Rodrigo. Tecnologia e regulação impulsionando a inovação no mercado de capitais. MIT Technology Review, 05 nov. 2021. Disponível em: https://mittechreview.com.br/tecnologia-e-regulacao-impulsionando-a-inovacao-no-mercado-de-capitais. Acesso em: 24 fev. 2022.

Borges, Rodrigo. DAO: um novo modelo de organização. MIT Technology Review, 28 jan. 2022. Disponível em: https://mittechreview.com.br/dao-um-novo-modelo-de-organizacao. Acesso em: 24 fev. 2022.

BRASIL, Cointelegraph. Projeto de Lei que regulamenta criptos no Brasil muda e avança na Câmara. Exame Online, 29 set. 2021. Disponível em: https://exame.com/future-of-money/projeto-de-lei-que-regulamenta-criptomoedas-inclui-registro-de-corretoras/. Acesso em: 24 fev. 2022.

Carvalhosa, Modesto (coord.); Parente, Norma Jonssen. *Tratado de Direito Empresarial*. Vol. VI. Mercado de Capitais. São Paulo: Editora Revista dos Tribunais, 2016.

Da Costa, Isac Silveira. *Cryptolaw: Inovação, Direito e Desenvolvimento*. 1. ed. São Paulo: Almedina, 2020.

Durazzo, Kelly e Medeiros, Zildete R. Opinião. *Tokenização de imóveis e propriedade digital*. Jornal Valor, 11 fev. 2022.

Eizirik, Nelson; Gaal, Ariádna B.; Parente, Flávia; Henriques, Marcus de Freitas. *Mercado de capitais — regime jurídico*. Rio de Janeiro: Renovar, 2008.

Fonseca, Marcus Vinícius Pimentel. *As Plataformas e os Sindicatos no Investment-Based Crowdfunding: Regulação, Riscos e Mitigações*. Tese de Mestrado pela Fundação Getúlio Vargas, São Paulo, 2018.

Mattos Filho, Ary Oswaldo. *Direito dos Valores Mobiliários*. Volume 1. Rio de Janeiro: FGV, 2015.

Revoredo, Tatiana. *Já estamos em um mundo multichain?* MIT Technology Review, 11 fev. 2022. Disponível em: https://mittechreview.com.br/ja-estamos-em-um-mundo-multichain/. Acesso em: 24 fev. 2022.

Rodas, João Grandino. *Perspectivas econômicas e regulatórias para os criptoativos*. Conjur, 11 fev. 2022.

Rubinsteinn, Gabriel. *CVM divulga aprovados para sandbox com dois projetos em blockchain*. Revista Exame Online, 30 set. 2021. Disponível em: https://exame.com/future-of-money/cvm-divulga-aprovados-para-sandbox-com-dois-projetos-em-blockchain/. Acesso em: 24 fev. 2022.

Salomão Neto, Eduardo. *As atividades "bancárias" das empresas de criptoativos*. Site JOTA, 25 jan. 2022. Disponível em: https://www.jota.info/opiniao-e-analise/artigos/empresas-criptoativos-atividades-bancarias-25012022. Acesso em: 24 fev. 2022.

9.
O DIREITO SOCIETÁRIO EM AMBIENTES DIGITAIS DESCENTRALIZADOS

Maria Medeiros Bofill
Daniel Born Roman
Caio Henrique Wisniewski

Introdução

Em que pese tenha ganhado nova tração ao se tornar o objeto de atenção das grandes empresas de tecnologia, o termo "metaverso" data do ano de 1992. Em verdade, foi cunhado na obra *Snow Crash*, escrita por Neal Stephenson, escritor e ensaísta estadunidense alinhado ao movimento *cyberpunk*, cuja obra inclui romances de ficção distópicos[1]. Duas décadas após sua concepção, o termo se tornou a nova palavra do momento, principalmente após a listagem da Roblox Corp na Bolsa de Valores de Nova York (*New York Stock Exchange — NYSE*), em março

---

1 THE NEW YORK TIMES. *He Conceived of the Metaverse in the '90s. He's Unimpressed With Mark Zuckerberg's:* The novelist Neal Stephenson on Facebook's next move and how you can survive the climate crisis. 13 dec. 2021. Disponível em: https://www.nytimes.com/2021/12/13/opinion/sway-kara-swisher-neal-stephenson.html?showTranscript=1. Acesso em: 15 fev. 2022.

de 2021[2], e do *rebranding* da Facebook, Inc. para Meta Platforms, Inc. no último trimestre do mesmo ano[3].

Apesar do entusiasmo em torno das discussões sobre o metaverso, suas aplicações e limites, os especialistas ainda não chegaram a um consenso sobre o termo e seu significado[4]. Até esta data, a maioria das visões sobre o que constitui um "metaverso" orbitam ao redor da ideia de um mundo virtual imersivo para seus usuários ao servir como local para todas as formas de trabalho, educação e experiências de entretenimento[5]. Entretanto, a adoção de uma definição em torno destas características dá margem a críticos que argumentam que diferentes e já conhecidos jogos online já cumprem estas funções em graus distintos e significativos de complexidade, em especial os jogos do gênero *Massive Multiplayer Online Role-Playing Game* (na sigla em inglês MMORPG e, em tradução livre para o português, jogos de interpretação de personagens em massa para multijogadores) como *Second Life*[6] e *World of Warcraft* — lançados, respectivamente, em 2003 e 2004 e em funcionamento até a presente data. Desta forma, o "metaverso" agora anunciado como uma grande inovação tecnológica não seria, portanto, inovador[7].

---

[2] Ziobro, Paul. *Inside Roblox's Stock Debut, From Direct Listing Decision to Its Financial Outlook*: Videogame platform's shares begin trading on New York Stock Exchange. Disponível em: https://www.wsj.com/articles/inside-roblox-stock-debut-from-direct-listing-decision-to-its-financial-outlook-11614179052. Acesso em: 15 fev. 2022.

[3] No caso do Facebook, o *rebranding* promovido pela grande companhia de tecnologia teve como objetivo, além de dissociar os demais negócios do grupo da atual crise de imagem da rede social Facebook, posicionar a companhia como referência no metaverso. THE GOLDMAN SACHS GROUP, INC. *Framing the Future of Web 3.0: Metaverse Edition*. New York, dec. 2021, p. 4.

[4] THE GOLDMAN SACHS GROUP, INC. *Framing the Future of Web 3.0: Metaverse Edition*. New York, dec. 2021, p. 1.

[5] Garon, Jon M. *Legal Implications of a Ubiquitous Metaverse and a Web3 Future*. 2022. Disponível em: https://ssrn.com/abstract=4002551 ou http://dx.doi.org/10.2139/ssrn.4002551. Acesso em: 13 fev. 2022.

[6] Note-se que à época de seu lançamento, o mundo virtual de *Second Life* causou discussões e polêmicas sobre a possibilidade de levar várias das atividades tipicamente presenciais para um mundo virtual, assemelhando-se a várias das discussões tidas como atuais e que hoje giram sobre o renascido metaverso. Terdiman, Daniel. *Campus Life Comes to Second Life*. Disponível em: https://www.wired.com/2004/09/campus-life-comes-to-second-life/. Acesso em: 15 fev. 2022

[7] D'Anastasio, Cecilia. *Video Games Already Do What the Metaverse Just Promises*. Disponível em: https://www.wired.com/story/video-games-ahead-of-metaverse/. Acesso em: 15 fev. 2022.

Há de se ressaltar, entretanto, uma novidade que justifica todo o entusiasmo no entorno do metaverso, qual seja, o oferecimento da possibilidade de um ambiente virtual descentralizado viabilizado pelos avanços tecnológicos recentes instituídos a partir do advento do *blockchain* e seu desenvolvimento nos últimos anos. Essa descentralização, conforme definida por Vitalik Buterin, fundador do Ethereum[8], significa **(i)** que nenhuma única entidade pode arbitrariamente mudar as regras do jogo (descentralização política); e **(ii)** que inexiste um ponto central de infraestrutura sujeito a falha (descentralização arquitetônica), pois o sistema está integralmente distribuído pela sua rede de usuários e não concentrado em um servidor de uma única organização[9].

Embora o metaverso como atualmente planejado e oferecido pelas grandes empresas de tecnologia ainda esteja em um estágio embrionário, a descentralização já é uma realidade e novos produtos e serviços baseados na tecnologia de *blockchain* estão sendo criados em ritmo acelerado[10]. Tais atividades econômicas se caracterizam pela forte diminuição ou total eliminação de agentes intermediários, como corretores, gerentes e diretores, e já existem algumas organizações, que exploram este mercado, que possuem capitalizações de mercado multibilionárias[11].

Em razão desta eliminação de agentes, com o objetivo de levar maior segurança às operações ao eliminar a interferência de terceiros — incluindo aqui a participação humana no processo —, a descentralização acaba por desafiar as estruturas tradicionais de governança corporativa estabelecidas pelo direito societário, que levam em consideração uma

---

[8] Em que pese seja considerado uma criptomoeda, o Ethereum funciona de forma diferenciada do Bitcoin, sendo uma plataforma descentralizada de *smart contracts* e *decentralized applications*, operando sem interferência de terceiros no objetivo de oferecer maior segurança contra fraudes. MONTAN, Hugo. *O que é o Ethereum?* Disponível em: https://blocktrends.com.br/o-que-e-o-ethereum/. Acesso em: 01 mar. 2022.

[9] BUTERIN, Vitalik. *The Meaning of Decentralization.* Disponível em: https://medium.com/@VitalikButerin/the-meaning-of-decentralization-a0c92b76a274. Acesso em: 06 fev. 2022.

[10] Entre os diferentes mercados focados na descentralização, destaca-se o mercado de *Decentralized Finance* (DeFi), caracterizado por produtos financeiros sem a existência de uma autoridade central que possa bloquear pagamentos ou restringir o acesso do detentor de recursos aos seus respectivos ativos financeiros. ETHEREUM.ORG. *Decentralized finance (DeFi).* Disponível em: https://ethereum.org/en/defi/. Acesso em: 18 fev. 2022.

[11] COINMARKETCAP. Top DAO Tokens by Market Capitalization. Disponível em: https://coinmarketcap.com/view/dao/. Acesso em: 18 fev. 2022.

pluralidade de relações de agência como, por exemplo, aquelas entre acionistas e membros do conselho de administração ou diretores. De fato, há um tipo de organização que desafia explicitamente esse tipo de arranjo institucional ao substituir os conselheiros e diretores por algoritmos de computador, sendo ela conhecida como *Decentralized Autonomous Organization* ("DAO" ou Organização Autônoma Descentralizada). Neste sentido, as DAOs contestam a ideia central de que governança realmente necessita de agentes, dispensando a estrutura corporativa tradicional que exige uma autoridade formal e uma estrutura de poder que se origina de cima para baixo (*top-down*) dos acionistas/quotistas para os administradores e, eventualmente, dos administradores para os seus funcionários[12].

Considerado o acima exposto, este artigo é estruturado de forma a, inicialmente, introduzir os aspectos conceituais de descentralização e suas respectivas tecnologias envolvidas, no item 1. Ato contínuo, no item 2, aborda a forma de funcionamento das DAOs para, então, no item 3, discorrer sobre o caso da *"The DAO"*, a primeira DAO criada em 2016, finalizando com uma análise sobre os problemas das organizações descentralizadas. Este artigo conclui com uma visão sucinta sobre a viabilidade de organizações descentralizadas frente aos desafios apresentados.

1. Centralização e descentralização

Para compreender os objetivos das organizações digitais descentralizadas, antes é necessário entender os principais objetivos da descentralização. Para tanto, passa-se à curta análise da centralização e dos problemas de agência para, depois, analisar os benefícios teóricos de uma estrutura descentralizada.

1.1. Centralização e problemas de agência

Historicamente, e em especial após o surgimento do Estado moderno, a maioria das sociedades foram e/ou são dominadas, estruturadas e organizadas por instituições centralizadas e hierarquizadas, sejam elas instituições políticas, econômicas, sociais e/ou militares. Tais instituições

---

[12] KAAL, Wulf A. Blockchain-Based Corporate Governance. *Stanford Journal of Blockchain Law & Policy*, v. 4, n. 1, p. 04, 04 jan. 2021. Disponível em: https://stanford-jblp.pubpub.org/pub/blockchain-corporate-governance. Acesso em: 12 fev. 2022.

são caracterizadas por possuir **(i)** uma fonte central de autoridade (e.g. contrato, lei, crença, líder, etc.); **(ii)** uma hierarquia com diferentes cargos funcionais claramente definidos (e.g. conselheiros, diretores, membros de comitês, funcionários, etc.); e **(iii)** sistemas burocráticos padronizados com procedimentos operacionais ditados e fiscalizados por uma autoridade central, seja ela uma pessoa ou uma instituição (e.g. o Sistema Financeiro Nacional e seus supervisores como, por exemplo, o Banco Central)[13].

No contexto empresarial, as organizações centralizadas foram historicamente importantes para o desenvolvimento e a expansão do capitalismo[14], pois possibilitaram a organização de diferentes atividades comerciais e a respectiva realização de diferentes transações inerentes e necessárias à consecução de tais empresas. Muitas atividades, inclusive, só foram possíveis em virtude da existência de um Estado centralizado, tanto legal quanto politicamente, capaz de providenciar a infraestrutura e os incentivos legais necessários para o desenvolvimento e a exploração das atividades econômicas, desde a construção de portos e estradas até o reconhecimento dos direitos de propriedade[15].

Seguindo este raciocínio, organizações centralizadas são caracterizadas por possuírem diversos agentes que executam e administram uma série de medidas em favor dos interesses de um "principal" (*agency-based design*). No contexto corporativo, o principal seria o acionista/quotista (ou, ainda, debenturistas ou outros investidores) e os agentes seriam as pessoas contratadas para administrar os negócios da sociedade em seu lugar (e.g. conselheiros de administração e diretores)[16].

Entretanto, essas estruturas estão sujeitas a falhas, como aponta a Teoria do Agente Principal, concebida por Jensen e Meckling em 1976[17].

---

[13] FENWICK, Mark; KAAL, Wulf A.; VERMEULEN, Erik P. M. Why 'Blockchain' Will Disrupt Corporate Organizations. European Corporate Governance Institute (ECGI) — Law Working Paper No. 419/2018, oct. 2018, p. 1. Disponível em: https://ssrn.com/abstract=3227933. Acesso em: 19 fev. 2022.

[14] Ibidem.

[15] SUNSTEIN, Cass R.; HOLMES, Stephen. *O Custo dos Direitos: por que a liberdade depende dos impostos*. Tradução de Marcelo Brandão Cipolla. São Paulo: WMF Martins Fontes, 2019, p. 49-54.

[16] INSTITUTO BRASILEIRO DE GOVERNANÇA CORPORATIVA. *Governança Corporativa*. Disponível em: https://www.ibgc.org.br/conhecimento/governanca-corporativa. Acesso em: 18 fev. 2022.

[17] JENSEN, Michael C.; MECKLING, William H. Theory Of The Firm: managerial behavior, agency costs and ownership structure. *Journal of Financial Economics*, Rochester, p. 305-360,

De acordo com a Teoria do Agente Principal, os conselheiros e executivos contratados pelos detentores de participação societária de uma determinada sociedade tenderiam a naturalmente agir em interesse próprio e não segundo os interesses da sociedade[18]. Nos casos em que isso se concretiza, há um dilema de agência que ocorre porque o agente contratado realiza uma tarefa custosa cuja fiscalização pelo principal é de difícil realização, gerando informações assimétricas e/ou incompletas para as partes envolvidas[19]. Analisando a estrutura de governança de uma sociedade por ações, por exemplo, é fácil perceber o crescimento da diferença informacional entre diretores (a quem compete a administração cotidiana dos negócios) e membros do conselho de administração (responsáveis por fiscalizar os negócios da companhia), e entre membros do conselho de administração e acionistas.

É por isso que as boas práticas de governança corporativa moderna se caracterizam por possuir uma série de mecanismos positivos e negativos que buscam otimizar os incentivos entre agentes e principais[20], tendo como resultado pretendido sempre diminuir os riscos de conflitos de agência. Entre os mecanismos, para fins exemplificativos, citam-se alguns como: (i) multas ou penalidades por ineficiência e má performance; (ii) participação nos lucros e resultados; (iii) salários de eficiência; e (iv) avaliações de desempenho[21].

Contudo, mesmo na presença de incentivos positivos para que o agente atue sempre nos interesses do principal, sempre será necessário monitorar o comportamento dos agentes, seja para registrar os bons comportamentos que resultarão em ganhos ao agente, seja para coibir o afastamento do agente dos interesses do principal. Para tanto, é inevitá-

---

jul. 1976. Disponível em: https://josephmahoney.web.illinois.edu/BA549_Fall%202010/Session%205/Jensen_Meckling%20(1976).pdf. Acesso em: 19 fev. 2022.

[18] INSTITUTO BRASILEIRO DE GOVERNANÇA CORPORATIVA. *Governança Corporativa*. Disponível em: https://www.ibgc.org.br/conhecimento/governanca-corporativa. Acesso em: 18 fev. 2022.

[19] GAROUPA, Nuno; PORTO, Antônio Maristrello. *Curso de Análise Econômica do Direito*. 1. ed. Rio de Janeiro: Atlas, 2020, p. 75.

[20] KAAL, Wulf A. Blockchain-Based Corporate Governance. *Stanford Journal of Blockchain Law & Policy*, v. 4, n. 1, p. 03, 04 jan. 2021. Disponível em: https://stanford-jblp.pubpub.org/pub/blockchain-corporate-governance. Acesso em: 12 fev. 2022.

[21] GAROUPA, Nuno; PORTO, Antônio Maristrello. *Curso de Análise Econômica do Direito*. 1. ed. Rio de Janeiro: Atlas, 2020, p. 75.

vel que os principais incorram em dispêndios para fiscalizar o comportamento dos agentes, resultando em custos de agência para financiar: (i) despesas de monitoramento do agente pelo principal; (ii) o ônus de realizar previsões sobre possíveis falhas do agente e fiscalizar o cumprimento das obrigações do agente; e (iii) as perdas decorrentes dos conflitos entre as partes[22].

Por isso, alguns casos podem mostrar-se árduos e demasiadamente custosos para que o principal possa garantir a conformidade do agente com os seus interesses[23], sendo certo que mesmo o investimento relevante em tais incentivos não eliminará o risco de existirem casos de conflito. Por esse motivo, um dos objetivos da descentralização é a diminuição ou eliminação completa das relações de agência por meio da tecnologia, buscando uma relação mais horizontal entre os *stakeholders* de uma organização, protegendo os interesses do principal de potenciais conflitos ao eliminar a necessidade de um agente, conforme analisado abaixo.

1.2. Descentralização e *blockchain*

Apesar de o termo "descentralização" aparentar ser autoexplicativo, quando se trata de tecnologia, novamente de acordo com Vitalik Buterin, existem três eixos de centralização/descentralização[24], quais sejam:

(i) (Des)centralização arquitetônica: trata-se de quantos terminais físicos compõem um sistema e quantas quebras destes terminais o sistema pode tolerar ao mesmo tempo. De forma simplificada, seria difícil ou até mesmo impossível identificar um ponto central em um sistema arquitetonicamente descentralizado[25];

(ii) (Des)centralização política: observa a quantidade de indivíduos ou organizações que controlam os terminais do sistema; e

---

[22] ÁLVARES, Elismar; GIACOMETTI, Celso; GUSSO, Eduardo. *Governança Corporativa: um modelo brasileiro*. Rio de Janeiro: Elsevier, 2008, p. 12.

[23] GAROUPA, Nuno; PORTO, Antônio Maristrello. *Curso de Análise Econômica do Direito*. 1. ed. Rio de Janeiro: Atlas, 2020, p. 76.

[24] BUTERIN, Vitalik. *The Meaning of Decentralization*. Disponível em: https://medium.com/@VitalikButerin/the-meaning-of-decentralization-a0c92b76a274. Acesso em: 06 fev. 2022.

[25] ANDERSON, Mally. Exploring Decentralization: Blockchain Technology and Complex Coordination. *Journal of Design and Science*, 07 fev. 2019, p. 3. Disponível em: https://jods.mitpress.mit.edu/pub/7vxemtm3. Acesso em: 21 fev. 2022.

(iii) (Des)centralização lógica: descreve o comportamento de uma interface com uma estrutura de dados, isto é, como um bloco único ou como um grupo cujas partes poderiam começar a operar independentemente se fossem divididas ao meio.

Diferentes arranjos dos eixos acima formam diferentes tipos de organização, sejam elas um conjunto de pessoas, conhecimentos ou informações. A título exemplificativo, a língua inglesa não precisa de uma infraestrutura central para existir (descentralização arquitetônica), as regras de gramática não são controladas por nenhuma única entidade (descentralização política) e o inglês falado nos Estados Unidos e o falado na Escócia não precisam concordar para que ambos sejam considerados o mesmo idioma (descentralização lógica)[26]. Sociedades empresárias tradicionais, por outro lado, tendem a ter um único diretor presidente e/ou um presidente do conselho de administração (centralização política), uma única sede (centralização arquitetônica) e não podem ser divididas ao meio mantendo lógicas independentes (centralização lógica).

Neste sentido, a tecnologia *blockchain* pode ser vista como potencialmente disruptiva para as estruturas tradicionais de governança. Isto porque se trata de uma tecnologia que permite um novo arranjo por meio da combinação de outras tecnologias preexistentes: criptografia, redes *peer-to-peer* (P2P) e tecnologia de livro-razão distribuído[27]. Em essência, a *blockchain* é uma rede descentralizada de ponta a ponta (P2P) onde se realizam transações sem a necessidade de um intermediário central. Os computadores desta rede utilizam um algoritmo de criptografia para confirmar a validade das atividades realizadas na *blockchain*, que são registradas em um "bloco". Uma vez realizadas e confirmadas as atividades realizadas na *blockchain*, uma corrente de registros em blocos forma um livro-razão, que é distribuído por todos os usuários da rede[28]. Assim,

---

[26] BUTERIN, Vitalik. *The Meaning of Decentralization*. Disponível em: https://medium.com/@VitalikButerin/the-meaning-of-decentralization-a0c92b76a274. Acesso em: 06 fev. 2022.

[27] AKGIRAY, Vedat. *The Potential for Blockchain Technology in Corporate Governance*: OECD corporate governance working papers no. 21. OCDE, 2019, p. 7. Disponível em: https://dx.doi.org/10.1787/ef4eba4c-en. Acesso em: 15 fev. 2022.

[28] AKGIRAY, Vedat. *The Potential for Blockchain Technology in Corporate Governance*: OECD corporate governance working papers no. 21. OCDE, 2019, p. 7. Disponível em: https://dx.doi.org/10.1787/ef4eba4c-en. Acesso em: 15 fev. 2022.

existem tantos livros-razão quanto existem usuários nesta rede e, como toda vez que uma transação ocorre, um registro permanente entra nesse livro-razão, é muito difícil manipular uma informação registrada, pois essa informação precisa estar validada por todos os livros-razão do sistema. Resumidamente, a tecnologia de *blockchain* substitui a necessidade de um intermediário de confiança que valida as operações por meio do consenso entre os livros-razão dos usuários da rede[29].

Assim, seguindo o raciocínio dos diferentes eixos acima, a *blockchain* não possui um único controlador por depender da validação de todos os usuários (descentralização política) e sua infraestrutura está espalhada por todos os computadores da rede de usuários (descentralização arquitetônica); entretanto, o sistema total se comporta como um único computador (centralização lógica)[30].

Em razão dessas características, a tecnologia pode ser um forte auxiliar no aprimoramento de políticas de governança corporativa, uma vez que compartilhar todas as informações com todas as partes relevantes envolvidas em um registro imutável[31] pode servir como mecanismo eficaz para maximizar e monitorar a transparência e a prestação de contas em assuntos corporativos[32]. Ainda assim, *blockchain* é apenas uma tecnologia e muitas aplicações descentralizadas (*decentralized applications* ou "dapps") podem ser construídas tendo ela como base, conforme trataremos no próximo tópico.

1.3. *Smart contracts* e aplicações descentralizadas

Para a utilização da tecnologia para criação de dapps há, por um lado, as plataformas fechadas, utilizadas por particulares para seus próprios fins (e.g. registro de transações por bancos), e, por outro lado, as plataformas abertas, nas quais qualquer pessoa ou instituição pode ler e

---

[29] REYES, Carla; PACKIN, Nizan Geslevich; EDWARDS, Benjamin P. Distributed Governance. *William and Mary Law Review*, vol. 59, 2017, p. 11.

[30] BUTERIN, Vitalik. *The Meaning of Decentralization*. Disponível em: https://medium.com/@VitalikButerin/the-meaning-of-decentralization-a0c92b76a274. Acesso em: 06 fev. 2022.

[31] REYES, Carla; PACKIN, Nizan Geslevich; EDWARDS, Benjamin P. Distributed Governance. *William and Mary Law Review*, vol. 59, 2017, p. 19.

[32] AKGIRAY, Vedat. *The Potential for Blockchain Technology in Corporate Governance*: OECD corporate governance working papers no. 21. OCDE, 2019, p. 22. Disponível em: https://dx.doi.org/10.1787/ef4eba4c-en. Acesso em: 15 fev. 2022.

interagir com a plataforma para utilizar ou criar aplicações[33]. Atualmente, existem diversas *blockchain* abertas, sendo Ethereum[34-35], Solana[36], Hyperledger Fabric[37] e Corda[38] algumas das plataformas disponíveis.

Entre as aplicações da tecnologia se encontra a criação de *smart contracts*, um dos principais motores de desenvolvimento da tecnologia, na qual se destaca a *blockchain* Ethereum[39-40] como plataforma para criação destes instrumentos. Fundamentalmente, um *smart contract* é um acordo cuja execução é automatizada por meio de computadores rodando algoritmos que traduzem redação jurídica em linguagem de computação[41]. A automação garante a execução das obrigações contratadas, para o bem ou para o mal, eliminando o elemento da discrição humana e sua interferência na execução do contrato[42].

Embora *smart contracts* não sejam dependentes de uma *blockchain*, sua combinação com esta tecnologia resulta em um instrumento que além de ter baixos custos de transação, dado que sua execução é automatizada,

---

[33] Ibidem, p. 8.
[34] ETHEREUM.ORG. Disponível em: https://ethereum.org/en/. Acesso em: 18 fev. 2022.
[35] Atualmente, conforme o ranking da State of the Dapps, a maior parte dos dapps são executados na blockchain da Ethereum. STATE OF THE DAPPS. *Rankings*. Disponível em: https://www.stateofthedapps.com/rankings. Acesso em: 20 fev. 2022.
[36] SOLANA. *Introduction*. Disponível em: https://docs.solana.com/introduction. Acesso em: 18 fev. 2022.
[37] HYPERLEDGER. *Fabric*. Disponível em: https://www.hyperledger.org/use/fabric. Acesso em: 18 fev. 2022.
[38] CORDA. Disponível em: https://www.corda.net/why-corda/. Acesso em: 18 fev. 2022.
[39] Atualmente, conforme o ranking da State of the Dapps, a maior parte dos dapps são executados na blockchain da Ethereum. STATE OF THE DAPPS. *Rankings*. Disponível em: https://www.stateofthedapps.com/rankings. Acesso em: 20 fev. 2022.
[40] É comum que a Ethereum seja confundida com sua criptomoeda, a Ether (ETH). Contudo, Ethereum é a blockchain aberta que permite a criação e utilização de aplicações descentralizadas; já a Ether é a criptomoeda nativa do Ethereum que serve para remunerar as pessoas que validam as transações e atividades na blockchain Ethereum. ETHEREUM. ORG. *Intro to Ethereum*. Disponível em: https://ethereum.org/en/developers/docs/intro-to-ethereum/. Acesso em: 20 fev. 2022.
[41] RASKIN, Max. The Law and Legality of Smart Contracts. *Georgetown Law Technology Review*, Washington D.C., v. 1, n. 2, p. 305-341, 25 set. 2016, p. 309. Disponível em: https://ssrn.com/abstract=2959166. Acesso em: 20 fev. 2022.
[42] Existem conceitos alternativos e mais abrangentes que servem, principalmente, para finalidades da ciência da computação. Para fins jurídicos, contudo, o foco está na retirada da pessoa natural do controle da execução do contrato.

é descentralizado, imutável, transparente e de fácil monitoramento, pois todas as informações relevantes estão disponíveis na *blockchain*. Como os termos contratuais serão executados exatamente conforme programados, existe muito menos espaço, em teoria, para comportamentos oportunistas[43], possibilitando, como observa Gavin Wood, cofundador do Ethereum, que pessoas interajam em benefício mútuo sem a necessidade de confiança recíproca[44].

Considerando o acima, o arranjo de *smart contracts* na *blockchain* permite a organização de atividades com menos intermediários, sem a necessidade de mecanismos de controle dos agentes pelos principais e eliminando riscos de comportamento da contraparte. Isto porque a tecnologia de *blockchain*, por definição e design, não requer as mesmas muitas camadas de verificação e controle que os meios tradicionais necessitam. Em outras palavras, mecanismos como reuniões dos administradores com acionistas em assembleias gerais, divulgação de informações financeiras, aprovação de contas por meio de análise de relatórios, entre outros, seriam dispensáveis em um contexto organizado por *smart contracts* e *blockchain*[45]. É este o arranjo tecnológico que permite a criação de DAOs, que analisaremos no próximo capítulo.

2. *Decentralized Autonomous Organizations (DAOs)*

As Organizações Autônomas Descentralizadas são comunidades pertencentes aos seus membros (*member-owned*), que possibilitam que desconhecidos colaborem entre si e direcionem fundos para uma determinada causa (seja tal causa com ou sem fins lucrativos)[46]. Essencialmente, sua estrutura é composta por uma rede de *smart contracts* organizados em uma *blockchain*, traduzindo-se em uma organização estruturada na

---

[43] KAAL, Wulf A. *Blockchain Solutions for Agency Problems in Corporate Governance*. 17 abr. 2019, p. 16. Disponível em: https://ssrn.com/abstract=3373393. Acesso em: 10 fev. 2022.
[44] WOOD, Gavin. *Why We Need Web 3.0*. Disponível em: https://gavofyork.medium.com/why-we-need-web-3-0-5da4f2bf95ab. Acesso em: 10 fev. 2022.
[45] KAAL, Wulf A. *Blockchain Solutions for Agency Problems in Corporate Governance*. 17 abr. 2019, p. 16-17. Disponível em: https://ssrn.com/abstract=3373393. Acesso em: 10 fev. 2022.
[46] ETHEREUM.ORG. *DAO*. Disponível em: https://ethereum.org/en/dao/. Acesso em: 15 fev. 2022.

qual as regras de administração e governança corporativa são predeterminadas e executadas por computadores[47].

Empreendimentos tradicionais — enquadradas aqui todas as sociedades empresariais tracionais — exigem muitas relações de confiança entre diferentes agentes, pois envolvem a administração e a fiscalização do uso de recursos, dentre os quais valores monetários, para algum determinado fim. Nas DAOs, a maior parte dessas relações de confiança são dispensáveis, pois funcionam autonomamente mediante algoritmos autoexecutáveis, de forma que é apenas necessária a confiança no funcionamento do algoritmo[48]. Como a organização funciona por meio de códigos em uma rede descentralizada (*blockchain*), ao invés de uma liderança hierarquizada, o resultado é que os membros da organização diretamente servem de administradores e proprietários sem a necessidade de camadas burocráticas adicionais[49], desafiando o pressuposto de que, atingido determinado porte, governança corporativa requer a existência de agentes atuando para a proteção dos interesses do principal[50].

2.1. Filiação, funcionamento das DAOs e vantagens

Analogamente ao registro dos atos constitutivos de uma sociedade na Junta Comercial, uma DAO é criada ao implementar seu respectivo *smart contract* na *blockchain*[51]. Estes *smart contracts* estabelecem a estrutura essencial de operacionalização da DAO, sendo todos os termos acessíveis, verificáveis e publicamente auditáveis para que qualquer potencial

---

[47] RASKIN, Max. The Law and Legality of Smart Contracts. *Georgetown Law Technology Review*, Washington D.C., v. 1, n. 2, p. 305-341, 25 set. 2016, p. 336. Disponível em: https://ssrn.com/abstract=2959166. Acesso em: 20 fev. 2022.

[48] ETHEREUM.ORG. *DAO*. Disponível em: https://ethereum.org/en/dao/. Acesso em: 15 fev. 2022.

[49] TOMASULO, Michael A. *DAOs: Understanding the Basics*. Disponível em: https://www.winston.com/en/the-playbook/daos-understanding-the-basics.html. Acesso em: 16 fev. 2022.

[50] KAAL, Wulf A. Blockchain-Based Corporate Governance. *Stanford Journal of Blockchain Law & Policy*, v. 4, n. 1, p. 06, 04 jan. 2021. Disponível em: https://stanford-jblp.pubpub.org/pub/blockchain-corporate-governance. Acesso em: 12 fev. 2022.

[51] ETHEREUM.ORG. *What are DAOs?*. Disponível em: https://ethereum.org/en/dao/#what-are-daos. Acesso em: 19 fev. 2022.

membro possa entender, em todos os níveis, exatamente como o protocolo funciona[52].

Assim como uma sociedade empresária tradicional, uma DAO necessita angariar recursos para o desenvolvimento e desempenho de suas atividades, de forma que são duas as principais formas de filiação de um potencial membro à organização[53]:

I. *Token-based membership*: quando alguém fornece liquidez financeira, normalmente em forma de criptomoedas, em troca de *tokens* representativos de participação na DAO, que podem ser livremente negociados em qualquer *exchange*; e

II. *Share-based membership*: quando um potencial membro realiza uma proposta de ingresso na DAO, normalmente oferecendo alguma contrapartida em *tokens* ou trabalho em troca de participação (*shares*) que representa poder de voto e propriedade na DAO. Os membros podem sair a qualquer momento por meio da liquidação da sua parte proporcional do tesouro da DAO.

Tipicamente, o modelo *share-based* é mais utilizado por grupos mais próximos de membros com propósitos humanitários, como instituições de caridade, enquanto a *token-based* é mais adequada a organizações mais amplas com propósitos econômicos[54]. Contudo, independente do modelo, tanto os detentores de *shares* quanto os de *tokens* são proprietários de sua respectiva parcela da DAO e possuem direito de voto de forma muito similar ao direito dos acionistas em uma sociedade empresária tradicional.

O *smart contract* é a espinha dorsal da DAO, pois entre as regras de funcionamento da organização estão incluídas as regras de utilização dos próprios fundos dela. Em razão da imutabilidade da *blockchain*, se qualquer pessoa tentar realizar qualquer medida contrária às regras

---

[52] SHUTTLEWORTH, David. *What Is a DAO and How do They Work?*. 2021. Disponível em: https://consensys.net/blog/blockchain-explained/what-is-a-dao-and-how-do-they-work/. Acesso em: 18 fev. 2022.

[53] ETHEREUM.ORG. *What are DAOs?*. Disponível em: https://ethereum.org/en/dao/#what-are-daos. Acesso em: 19 fev. 2022.

[54] ETHEREUM.ORG. *DAO Membership*. Disponível em: https://ethereum.org/en/dao/#dao-membership. Acesso em: 19 fev. 2022.

fundamentais da DAO, a medida fracassará. Por esses motivos, ninguém conseguirá, em tese, fazer uso dos fundos da DAO sem a aprovação dos demais membros da organização[55].

Assim, para que a DAO possa tomar decisões e operacionalizar suas atividades, as votações de propostas dos membros são essenciais para o funcionamento da organização. Para tanto, qualquer membro pode realizar uma proposta (*Proposal*) com possíveis mudanças no protocolo da organização, sejam mudanças no funcionamento ou realização de transações[56]. Quando uma proposta é aprovada pelos membros da DAO, as mudanças são realizadas no protocolo da DAO e suas respectivas mudanças são executadas pelo algoritmo da organização sem a necessidade de intermediários como, por exemplo, diretores de uma companhia que executam as decisões aprovadas por acionistas em um contexto tradicional.

O denominador comum de todos os membros da DAO é o desejo de otimizar a estrutura da DAO e maximizar o valor de suas respectivas participações. Se qualquer membro propuser uma ideia que pode potencialmente tornar a organização mais útil e valiosa, os demais membros desejarão realizar esta otimização para maximizar o valor de suas participações[57].

Em razão de as decisões serem tomadas diretamente pelos membros da DAO e executadas por algoritmos, a avaliação de performance da DAO é baseada na otimização do valor da organização e não em procedimentos políticos ou hierárquicos. Desta forma, os únicos indicadores de avaliação que importam na análise da DAO são seus parâmetros de otimização de performance[58]. Teoricamente, as penalidades de não performance são livres de vieses sociais, raciais e/ou culturais, principalmente porque é provável que a maioria dos membros da DAO nem mesmo se conheçam ou possuam qualquer relação entre si[59].

Assim, como a organização é desenhada para que exista menos espaço para comportamentos oportunistas, pois a lógica predeterminista

---

[55] ETHEREUM.ORG. *How DAOs Work?*. Disponível em: https://ethereum.org/en/dao/#how-daos-work. Acesso em: 19 fev. 2022.
[56] MUSSENBROCK, Cristoph. *How to Create a Proposal*. Disponível em: https://github.com/TheDAO/DAO-1.0/wiki/How-to-create-a-proposal. Acesso em: 19 fev. 2022.
[57] KAAL, Wulf A. *Blockchain Solutions for Agency Problems in Corporate Governance*. 17 abr. 2019, p. 19. Disponível em: https://ssrn.com/abstract=3373393. Acesso em: 10 fev. 2022.
[58] Ibidem, p. 20.
[59] Ibidem, p. 21.

das DAOs e *smart contracts* elimina a necessidade de redes complexas de relacionamentos de agência, a DAO tem o potencial de resolver muitos dos problemas atuais de governança corporativa[60]. Contudo, esse tipo de organização ainda está em estágios iniciais de desenvolvimento e apresenta desvantagens, que exemplificaremos no próximo capítulo com a análise da primeira DAO criada, a *"The DAO"*, de 2016.

3. *The DAO* e riscos de governança

3.1. O caso *The DAO*

Um dos casos mais notórios envolvendo organizações descentralizadas autônomas diz respeito à chamada The DAO. Esta organização foi criada em abril de 2016 pela empresa de software alemã *Slock.it*, consistindo em uma das primeiras experiências de organizações desse tipo. A DAO foi construída com base na tecnologia de *blockchain* da Ethereum, a partir de uma rede de *smart contracts* capazes de governar, de modo autônomo, o funcionamento da organização — em substituição às estruturas de administração centralizada mais tradicionais. Nesse sentido, o objetivo da The DAO era promover um modelo de negócios descentralizado, em que todas as decisões relativas ao dia a dia da organização pudessem ser tomadas diretamente pela pluralidade dos investidores e imediatamente executadas por meio dos *smart contracts* que estruturavam as operações.

Logo no início de suas atividades, a The DAO conseguiu captar um volume considerável de recursos, utilizando um sistema de emissão de *tokens* em troca de criptomoedas Ether, a serem enviadas pelos investidores a uma carteira única comum. Esses *tokens* garantiam aos investidores direitos de voto e de participação nos resultados da organização. Ao final do período de captação inicial, a The DAO angariou aproximadamente ETH 12.700.000,00 (doze milhões e setecentos mil Ether), o que, à época, seria equivalente a aproximadamente US$ 150.000.000,00 (cento e cinquenta milhões de dólares) — o maior *crowdfunding* realizado até então[61].

---

[60] DE FILIPPI, Primavera; WRIGHT, Aaron. *Blockchain and the Law: the rule of code*. 1. ed. Cambridge: Harvard University Press, 2018, p. 151-152.
[61] FALKON, Samuel. *The Story of The DAO — Its History and Consequences*. Disponível em: https://medium.com/swlh/the-story-of-the-dao-its-history-and-consequences-71e6a8a55lee. Acesso em: 18 fev. 2022.

O sucesso da The DAO, contudo, foi interrompido abruptamente nem mesmo três meses depois do seu lançamento, quando, em junho de 2016, a organização foi alvo de um ataque *hacker*. Desde a criação da The DAO, vários membros da comunidade cripto vinham alertando para potenciais vulnerabilidades do código que dava origem à organização, inclusive chamando atenção para certos *bugs* que eventualmente poderiam ser explorados por agentes mal-intencionados. Foi justamente o que ocorreu: aproveitando-se de um sistema de chamadas recursivas presente no código, um *hacker* conseguiu roubar 3.6 milhões de Ether (aproximadamente 50 milhões de dólares) da The DAO[62]. Basicamente, o sistema em questão permitia que o usuário executasse ordens de retirada de Ether repetidamente sem que os *smart contracts* pudessem atualizar o seu saldo ao final da transação. Em que pese a existência de mecanismos de proteção incluídos nos *smart contracts*, que impediam a conversão imediata do Ether retirado em moeda tradicional, o *hacker* foi capaz de transferir os criptoativos para uma espécie de limbo, que somente poderia ser acessado por meio da sua chave privada.

Logo em seguida ao ataque houve uma mobilização da comunidade cripto para encontrar possíveis soluções e recuperar os recursos da organização. Após pressões por parte da *Slock.it*, da Fundação Ethereum e dos maiores investidores da The DAO, optou-se por uma saída pelo mecanismo de *Hard Fork*[63]. O *Hard Fork* consiste em uma atualização do protocolo do *blockchain* (no caso, o *blockchain* da Ethereum), que permite uma bifurcação da rede e a criação de uma nova *blockchain*, independente da original. Na prática, o mecanismo possibilitava um retrocesso no histórico registrado na rede de *smart contracts* da The DAO para o período anterior ao ataque, antes de os recursos terem sido subtraídos e, ato contínuo, a versão dos *smart contracts* (com o saldo anterior ao ataque *hacker*) para uma outra *blockchain* — a qual poderia ser acessada pelos investidores.

Notadamente, o *Hard Fork* é considerado uma medida extrema no âmbito das organizações descentralizadas autônomas, visto que, em última análise, acaba contrariando a natureza imutável da tecnologia de

---

[62] Ibidem.
[63] MINN, Kyung Taeck. Towards Enhanced Oversight of "Self-Governing" Decentralized Autonomous Organizations: case study of The Dao and its shortcomings. *New York University Journal of Intellectual Property and Entertainment Law*, vol. 9:139, n. 1, 2019, p. 151.

blockchain. Nesse sentido, alguns opositores à adoção do mecanismo, defendendo a ideia de que *"code is law"* ("código é lei"), escolheram permanecer vinculados à *blockchain* original — que passou, após a bifurcação, a ser conhecida como Ethereum Classic, enquanto a rede derivada é hoje chamada simplesmente de Ethereum[64].

Polêmicas de lado, fato é que a medida de *Hard Fork* permitiu que os investidores recuperassem o Ether roubado da The DAO e garantiu a continuidade da tecnologia de *blockchain* da Ethereum, com a preservação de todo o registro de transações existente. Nada obstante, não há como negar o significativo impacto negativo que o ataque gerou sobre a confiança dos investidores no modelo proposto. Para adicionar às controvérsias sobre a The DAO, em julho de 2017, a *Securities and Exchange Commission* (SEC), órgão regulador do mercado de capitais dos Estados Unidos da América, concluiu, por meio de relatório emitido após investigação prévia, que os tokens emitidos pela The DAO se enquadrariam no conceito de *security* e, consequentemente, estariam sujeitos à correspondente disciplina legal de distribuição e oferta ao público[65].

Assim, de um modelo extremamente promissor, a The DAO passou a ser vista como uma experiência a não ser repetida, chamando atenção da comunidade cripto para problemas e riscos — tanto tecnológicos quanto legais — que podem afetar a viabilidade das organizações descentralizadas autônomas de um modo geral.

3.2. Problemas de governança das organizações descentralizadas

Como observado no caso acima, falhas fundamentais no algoritmo da The DAO permitiram que alguns indivíduos transferissem uma grande parcela dos fundos para uma conta fora de controle dos membros da organização[66]. Isto porque, de forma similar a um contrato tradicio-

---

[64] NASCIMENTO, Daniela Pereira do. *Bê-a-bá Cripto: The DAO, Ethereum e Ethereum Classic*. Disponível em: https://www.moneytimes.com.br/be-a-ba-cripto-the-dao-ethereum-e-ethereum-classic/. Acesso em: 17 fev. 2022.

[65] FALKON, Samuel. *The Story of The DAO — Its History and Consequences*. Disponível em: https://medium.com/swlh/the-story-of-the-dao-its-history-and-consequences-71e6a8a55lee. Acesso em: 18 fev. 2022.

[66] KAAL, Wulf A. Blockchain-Based Corporate Governance. *Stanford Journal of Blockchain Law & Policy*, v. 4, n. 1, p. 06. 04 jan. 2021. Disponível em: https://stanford-jblp.pubpub.org/pub/blockchain-corporate-governance. Acesso em: 12 fev. 2022.

nal mal redigido, um *smart contract* com um algoritmo defectível deixa brechas que podem ser exploradas em sentido distinto do originalmente intencionado. Contudo, enquanto erros de redação em um contrato tradicional podem ser (e frequentemente são) corrigidos por meio do comportamento das partes em determinado sentido, como mediante a celebração de um aditamento contratual, os *smart contracts*, por sua natureza predeterminista, simplesmente irão executar as obrigações do contrato conforme escrito e determinado no código, com pouco espaço para que uma ordem judicial ou um terceiro force uma emenda aos seus termos. Em outras palavras, o *smart contract* será tão bom quanto a redação de seu algoritmo e, logo, a qualidade de governança de uma DAO dependerá fortemente de um algoritmo bem construído e executado para evitar situações como ocorreram com a The DAO.

Neste sentido, precisamente aquilo que se julga a maior vantagem da DAO, isto é, a autoexecução das suas regras próprias (*self-enforcement*), tornando desnecessária a participação de agentes, se tornou o ponto fraco da The DAO, pois deu brecha ao comportamento oportunista de indivíduos que identificaram um ponto de vulnerabilidade do algoritmo. Observe-se, entretanto, que o maior erro da The DAO foi não possuir um mecanismo para rapidamente endereçar a falha depois de identificada[67].

Embora o objetivo de uma DAO seja justamente possibilitar o aprimoramento do algoritmo da organização por qualquer membro, os direitos de voto dos membros da The DAO não garantiam controle suficiente sobre o empreendimento. Justamente por não possuir um agente atuando especificamente como administrador da DAO, não havia relatório formal dos projetos e das atividades da organização de forma a permitir a tomada de decisão informada por parte de seus membros[68] — fazendo um paralelo com as sociedades empresárias tradicionais, era como se os acionistas fossem convocados a decidir sobre matérias sobre as quais pouco ou quase nada conheciam. Isto porque ter acesso à informação não era sinônimo de compreendê-la e sobre ela agir: todos os dados

---

[67] RODRIGUES, Usha R. Law and the Blockchain. *University of Georgia School of Law Legal Studies Research Paper* No. 2018-07, p. 50, 06 maio 2018. Disponível em: https://ssrn.com/abstract=3127782. Acesso em: 25 fev. 2022.

[68] MINN, Kyung Taeck. Towards Enhanced Oversight of "Self-Governing" Decentralized Autonomous Organizations: case study of The Dao and its shortcomings. *New York University Journal of Intellectual Property and Entertainment Law*, vol. 9:139, n. 1, 2019, p. 153.

estavam disponíveis na *blockchain*, mas a informação não era facilmente compreendida pelos detentores dos *tokens*. Além disso, os membros da The DAO agiam em pseudoanonimato (identidade real dos membros não é identificável) e estavam fortemente dispersos, de forma que inexistiam comunidades centrais que permitissem ou ao menos facilitassem a discussão entre os membros da organização para identificar e resolver os problemas. Tais características dificultaram coordenação efetiva para a tomada de decisão e resolução da falha no algoritmo[69].

Mais abstratamente, sem focar no caso narrado, existem questões jurídicas que são de difícil resolução. Para começar, observa-se que existem dúvidas quanto à jurisdição aplicável à DAO e suas atividades, pois as DAOs não operam em nenhuma nação específica, mas em todos os computadores dos usuários de uma *blockchain* — e os usuários podem estar em todos e quaisquer locais do mundo. Neste sentido, mesmo que se assuma que exista uma jurisdição aplicável, seriam de difícil ou impossível aplicação as ordens de autoridades públicas em uma "entidade" sem personalidade jurídica formal e cujos membros se encontram em pseudoanonimato. Além disso, como as DAOs se apoiam em uma rede descentralizada de contratos autoexecutáveis, nenhuma autoridade governamental ou entidade possui autoridade e poder para efetivamente confiscar os ativos da DAO, mesmo que houvesse alguma decisão judicial nesse sentido[70].

Assim, pode ser inviável ou até mesmo impossível a aplicação de dogmáticas jurídicas já existentes no direito societário, tanto nacional quanto internacional. Mesmo que organizações autônomas descentralizadas diminuam os riscos de agência e eliminem a necessidade de uma série de tomadas de decisões, não retiram a necessidade de regras que ditem a governança da DAO, pois a mera decisão de participar ou não da DAO já é uma decisão de governança[71].

Por estes motivos, se as regras de direito societário não existirem na *blockchain*, será necessário criá-las na *blockchain*. Como o caso da The DAO ilustra, mesmo as organizações autônomas descentralizadas, as-

---

[69] Ibidem, p. 155.
[70] DE FILIPPI, Primavera; WRIGHT, Aaron. *Blockchain and the Law: the rule of code*. 1. ed. Cambridge: Harvard University Press, 2018, p. 154.
[71] WRIGHT, Aaron. The Rise of Decentralized Autonomous Organizations: Opportunities and Challenges. *Stanford Journal of Blockchain Law & Policy*, vol 4.2, 2021, p. 165-166.

sim como qualquer tipo de organização, precisam observar alguma forma de mecanismo de governança para endereçar eventuais lacunas e vulnerabilidades que surgirem ao longo do tempo[72]. Essa preocupação não passou despercebida pelo mercado e novas soluções têm surgido em DAOs mais recentes, considerando experiências passadas com organizações centralizadas e aplicando soluções inovadoras que normalmente não seriam possíveis fora de uma *blockchain*. Para fins exemplificativos, a DAOStack[73], projeto que disponibiliza instrumentos para governança em DAOs, possui um mecanismo que dá mais peso para determinados votantes de elevada reputação. Nesse sistema, detentores de *tokens* podem ganhar reputação positiva por contribuições passadas; entretanto, diferentemente dos *tokens* de participação, tal reputação não pode ser transferida, incentivando a participação ativa contributiva mesmo daqueles que possuem parcelas minoritárias na organização[74].

Conclusões

O metaverso vem sendo concebido como o futuro das relações entre as pessoas, independentemente de sua natureza. Desta forma, tende a ser um espaço no qual os indivíduos poderão não somente relacionar-se entre si, mas exercer suas atividades econômicas e estruturar seus negócios. Em outras palavras, a partir do momento em que o metaverso vier a permitir a livre associação entre indivíduos para a exploração de atividade econômica organizada dentro do próprio metaverso, é inevitável à exploração econômica de atividades no metaverso a discussão sobre a descentralização.

A descentralização, possibilitada pelas tecnologias de *blockchain* e *smart contracts* e que já vem sendo observada nas experiências das organizações autônomas descentralizadas, permite a formação de novos arranjos organizacionais e de novas formas de desempenho de ativi-

---

[72] RODRIGUES, Usha R. Law and the Blockchain. *University of Georgia School of Law Legal Studies Research Paper* No. 2018-07, p. 54, 06 may 2018. Disponível em: https://ssrn.com/abstract=3127782. Acesso em: 25 fev. 2022.

[73] Disponível em: https://daostack.io/. Acesso em: 25 fev. 2022.

[74] RODRIGUES, Usha R. Law and the Blockchain. *University of Georgia School of Law Legal Studies Research Paper* No. 2018-07, p. 50, 06 may 2018. Disponível em: https://ssrn.com/abstract=3127782. Acesso em: 25 fev. 2022.

dades econômicas. Tais arranjos desafiam as concepções tradicionais de organizações, principalmente no que tange às relações de agência dentro de uma estrutura de governança corporativa e a eliminação de comportamentos oportunistas.

Mesmo assim, conforme caso prático da The DAO, a descentralização, apesar de suas vantagens, precisa ser vista com cautela. Como visto, estas organizações precisam estar sujeitas à tomada de decisões importantes de governança por parte de seus *stakeholders*, em um delicado equilíbrio a ser atingido para o implemento dessas decisões e a mitigação dos riscos relacionados ao erro humano e a comportamentos oportunistas. Mesmo que exista o auxílio da tecnologia, é possível que falhas ocorram na construção do algoritmo e que se abram brechas para problemas potencialmente maiores que em situações tradicionais, uma vez que os algoritmos das DAOs são autoexecutáveis e há pouco espaço para supervisão humana ou para que terceiros emendem essas falhas.

Essas falhas, contudo, não tiram a validade teórica de todos os problemas que a descentralização pode potencialmente resolver para trazer segurança aos negócios no metaverso, e servem como norte sobre quais aspectos será necessário aprimorar para que os novos projetos tenham sucesso. Problemas de agência podem ser reformados por meio da tecnologia de *blockchain*, mas dependem ainda de mudanças estruturais que possibilitem mecanismos de governança mais robustos nas DAOs.

Tais mudanças enfrentam o dificultador da inviabilidade de aplicação de dogmáticas jurídicas tradicionais aos sistemas descentralizados, indicando que organizações centralizadas e descentralizadas requerem esforços diferentes de implementação. Mesmo assim, os conhecimentos tradicionais de governança corporativa e de suas melhores práticas são essenciais para que novas soluções sejam desenvolvidas sem repetir os mesmos erros do passado e possibilitem a ordenação de novos arranjos organizacionais e o desenvolvimento de novas atividades.

Referências

AKGIRAY, Vedat. *The Potential for Blockchain Technology in Corporate Governance*: OECD corporate governance working papers no. 21. OCDE. 2019. Disponível em: https://dx.doi.org/10.1787/ef4eba4c-en. Acesso em: 15 fev. 2022.

ÁLVARES, Elismar; GIACOMETTI, Celso; GUSSO, Eduardo. *Governança Corporativa*: um modelo brasileiro. Rio de Janeiro: Elsevier, 2008.

ANDERSON, Mally. Exploring Decentralization: Blockchain Technology and Complex Coordination. *Journal of Design and Science*. 07 fev. 2019. Disponível em: https://jods.mitpress.mit.edu/pub/7vxemtm3. Acesso em: 21 fev. 2022.

BUTERIN, Vitalik. *The Meaning of Decentralization*. Disponível em: https://medium.com/@VitalikButerin/the-meaning-of-decentralization-a0c92b76a274. Acesso em: 06 fev. 2022.

COINMARKETCAP. *Top DAO Tokens by Market Capitalization*. Disponível em: https://coinmarketcap.com/view/dao/. Acesso em: 18 fev. 2022.

CORDA. Disponível em: https://www.corda.net/why-corda/. Acesso em: 18 fev. 2022.

D'ANASTASIO, Cecilia. *Video Games Already Do What the Metaverse Just Promises*. Disponível em: https://www.wired.com/story/video-games-ahead-of-metaverse/. Acesso em: 15 fev. 2022.

DE FILIPPI, Primavera; WRIGHT, Aaron. *Blockchain and the Law*: the rule of code. 1. ed. Cambridge: Harvard University Press, 2018.

ETHEREUM.ORG. *Decentralized finance (DeFi)*. Disponível em: https://ethereum.org/en/defi/. Acesso em: 18 fev. 2022.

ETHEREUM.ORG. *DAO Membership*. Disponível em: https://ethereum.org/en/dao/#dao-membership. Acesso em: 19 fev. 2022.

ETHEREUM.ORG. *DAO*. Disponível em: https://ethereum.org/en/dao/. Acesso em: 15 fev. 2022.

ETHEREUM.ORG. Disponível em: https://ethereum.org/en/. Acesso em: 18 fev. 2022.

ETHEREUM.ORG. *How DAOs Work?*. Disponível em: https://ethereum.org/en/dao/#how-daos-work. Acesso em: 19 fev. 2022.

ETHEREUM.ORG. *What are DAOs?*. Disponível em: https://ethereum.org/en/dao/#what-are-daos. Acesso em: 19 fev. 2022.

FALKON, Samuel. *The Story of The DAO — Its History and Consequences*. Disponível em: https://medium.com/swlh/the-story-of-the-dao-its-history-and-consequences-71e6a8a551ee. Acesso em: 18 fev. 2022.

FENWICK, Mark; KAAL, Wulf A.; VERMEULEN, Erik P. M. *Why 'Blockchain' Will Disrupt Corporate Organizations*. European Corporate Governance Institute (ECGI) — Law Working Paper No. 419/2018. out. 2018. Disponível em: https://ssrn.com/abstract=3227933. Acesso em: 19 fev. 2022.

GARON, Jon M. *Legal Implications of a Ubiquitous Metaverse and a Web3 Future*. 2022. Disponível em: https://ssrn.com/abstract=4002551 ou http://dx.doi.org/10.2139/ssrn.4002551. Acesso em: 13 fev. 2022.

GAROUPA, Nuno; PORTO, Antônio Maristrello. *Curso de Análise Econômica do Direito*. 1. ed. Rio de Janeiro: Atlas, 2020.

HYPERLEDGER. *Fabric*. Disponível em: https://www.hyperledger.org/use/fabric. Acesso em: 18 fev. 2022.

INSTITUTO BRASILEIRO DE GOVERNANÇA CORPORATIVA. *Governança Corporativa*. Disponível em: https://www.ibgc.org.br/conhecimento/governanca-corporativa. Acesso em: 18 fev. 2022.

JENSEN, Michael C.; MECKLING, William H. Theory of The Firm: managerial behavior, agency costs and ownership structure. *Journal of Financial Economics*, Rochester, p. 305-360, jul. 1976. Disponível em: https://josephmahoney.web.illinois.edu/BA549_Fall%202010/Session%205/Jensen_Meckling%20(1976).pdf. Acesso em: 19 fev. 2022.

KAAL, Wulf A. *Blockchain Solutions for Agency Problems in Corporate Governance*. 17 abr. 2019. Disponível em: https://ssrn.com/abstract=3373393. Acesso em: 10 fev. 2022.

KAAL, Wulf A. Blockchain-Based Corporate Governance. *Stanford Journal of Blockchain Law & Policy*, v. 4, n. 1, p. 03-28, 04 jan. 2021. Disponível em: https://stanford-jblp.pubpub.org/pub/blockchain-corporate-governance. Acesso em: 12 fev. 2022.

MINN, Kyung Taeck. Towards Enhanced Oversight of "Self-Governing" Decentralized Autonomous Organizations: case study of The Dao and its shortcomings. *New York University Journal of Intellectual Property and Entertainment Law*, vol. 9:139, n. 1, 2019.

MONTAN, Hugo. *O que é o Ethereum?* Disponível em: https://blocktrends.com.br/o-que-e-o-ethereum/. Acesso em: 01 mar. 2022.

MUSSENBROCK, Cristoph. *How to Create a Proposal*. Disponível em: https://github.com/TheDAO/DAO-1.0/wiki/How-to-create-a-proposal. Acesso em: 19 fev. 2022.

NASCIMENTO, Daniela Pereira do. *Bê-a-bá Cripto: The DAO, Ethereum e Ethereum Classic*. Disponível em: https://www.moneytimes.com.br/be-a-ba-cripto-the-dao-ethereum-e-ethereum-classic/. Acesso em: 17 fev. 2022.

RASKIN, Max. The Law and Legality of Smart Contracts. *Georgetown Law Technology Review*, Washington D.C., v. 1, n. 2, p. 305-341, 25 set. 2016. Disponível em: https://ssrn.com/abstract=2959166. Acesso em: 20 fev. 2022.

REYES, Carla; PACKIN, Nizan Geslevich; EDWARDS, Benjamin P. Distributed Governance. *William and Mary Law Review*, vol. 59, p. 1-32, 2017.

RODRIGUES, Usha R. Law and the Blockchain. *University of Georgia School of Law Legal Studies Research Paper* No. 2018-07, p. 1-65, 06 may 2018. Disponível em: https://ssrn.com/abstract=3127782. Acesso em: 25 fev. 2022.

SHUTTLEWORTH, David. *What Is a DAO And How do They Work?*. 2021. Disponível em: https://consensys.net/blog/blockchain-explained/what-is-a-dao-and-how-do-they-work/. Acesso em: 18 fev. 2022.

SOLANA. *Introduction*. Disponível em: https://docs.solana.com/introduction. Acesso em: 18 fev. 2022.

SUNSTEIN, Cass R.; HOLMES, Stephen. *O Custo dos Direitos: por que a liberdade depende dos impostos*. Tradução de Marcelo Brandão Cipolla. São Paulo: WMF Martins Fontes, 2019.

TERDIMAN, Daniel. *Campus Life Comes to Second Life*. Disponível em: https://www.wired.com/2004/09/campus-life-comes-to-second-life/. Acesso em: 15 fev. 2022.

THE GOLDMAN SACHS GROUP, INC. *Framing the Future of Web 3.0: Metaverse Edition*. New York, dec. 2021.

THE NEW YORK TIMES. He Conceived of the Metaverse in the '90s. He's Unimpressed With Mark Zuckerberg's: The novelist Neal Stephenson on Facebook's next move and how you can survive the climate crisis. 2021. Disponível em: https://www.nytimes.com/2021/12/13/opinion/sway-kara-swisher-neal-stephenson.html?showTranscript=1. Acesso em: 15 fev. 2022.

TOMASULO, Michael A. *DAOs: Understanding the Basics*. Disponível em: https://www.winston.com/en/the-playbook/daos-understanding-the-basics.html. Acesso em: 16 fev. 2022.

WOOD, Gavin. *Why We Need Web 3.0*. Disponível em: https://gavofyork.medium.com/why-we-need-web-3-0-5da4f2bf95ab. Acesso em: 10 fev. 2022.

WRIGHT, Aaron. The Rise of Decentralized Autonomous Organizations: Opportunities and Challenges. *Stanford Journal of Blockchain Law & Policy*, vol. 4.2, p. 152-176, 2021.

ZIOBRO, Paul. Inside Roblox's Stock Debut, From Direct Listing Decision to Its Financial Outlook: Videogame platform's shares begin trading on New York Stock Exchange. Disponível em: https://www.wsj.com/articles/inside-roblox-stock-debut-from-direct-listing-decision-to-its-financial-outlook-11614179052. Acesso em: 15 fev. 2022.

10.
ASPECTOS DE PROPRIEDADE INTELECTUAL NO METAVERSO

Carla do Couto Hellu Battilana
Sofia Kilmar
Stephanie Consonni De Schryver
Julia Parizotto Menzel

Introdução

Como abordado anteriormente, o metaverso é uma das novas e disruptivas tecnologias que ganharam destaque nos últimos anos, ao lado da blockchain, dos criptoativos e dos NFTs (os tokens não fungíveis). Embora não haja um conceito único e consolidado, pode-se dizer que o metaverso é uma nova realidade virtual-tecnológica que se sustenta na internet.

Nesse sentido, a maioria das tentativas de conceituação de metaverso abrange a ideia de junção de três realidades — realidade física, aumentada e virtual — em um único espaço no qual os usuários, sejam eles pessoas físicas ou jurídicas, podem interagir não apenas com outros usuários, mas também com os ativos disponibilizados no ambiente do metaverso.

Essa interação inclui o fornecimento de produtos intangíveis e a prestação de serviços virtuais[1], como, por exemplo, compra e venda de

---

[1] Apesar de a maioria dos produtos e serviços comercializados se encontrar no próprio metaverso, há um movimento de integração entre o metaverso e a realidade física, o que é o caso

artigos de vestuário e obras de arte, participação em campeonatos de videogame, visitas a galerias de arte, além de ida a concertos de músicas e shows.

No contexto de um mercado de consumo no metaverso que, embora esteja em constante construção, já é operante, resta clara a concretização de direitos de propriedade intelectual, tanto no campo do direito autoral, com a criação e venda de obras de arte, quanto no campo da propriedade intelectual, com a utilização de marcas para identificação de produtos e serviços comercializados no metaverso.

A propriedade intelectual é definida pela Organização Mundial da Propriedade Intelectual (OMPI) como *"direitos relativos às obras literárias, artísticas (...) aos desenhos e modelos industriais, às marcas industriais, comerciais e de serviço, (...) e todos os outros direitos inerentes à atividade intelectual nos domínios industrial, científico, literário e artístico"*[2].

Segundo Barbosa[3], esta categoria de direitos, que inicialmente decorreu do reconhecimento da exclusividade de reprodução ou de emprego de um produto ou serviço, visa a proteger a ideia por trás da criação do produto ou serviço. Esta proteção garantida é exclusiva do autor ou criador e lhe permite decidir sobre uso, reprodução e compartilhamento do ativo imaterial de sua titularidade, com terceiros.

A partir da definição de propriedade intelectual exposta acima, é possível dividi-la em duas vertentes: (i) direitos autorais; e (ii) propriedade industrial. No Brasil, enquanto direitos autorais visam a proteger criações do espírito, na forma do artigo 7º da Lei nº 9.610/1998 (a "Lei de Direitos Autorais") — como livros, filmes, fotografias, músicas e pinturas —, a propriedade industrial é especificamente voltada para a proteção de patentes de invenção e de modelo de utilidade, desenhos industriais, registros de marca e para repressão às falsas indicações geográficas e à

---

do McDonald's. A empresa mundial de *fast food* depositou, no início de fevereiro de 2022, pedidos de registro de marcas perante o Instituto de Propriedade Industrial dos Estados Unidos ("*United States Patent and Trademark Office*" ou "USPTO") relacionados ao fornecimento de bens virtuais e a realização de eventos virtuais, incluindo operação de um restaurando virtual com entrega de produtos em casa.

[2] Artigo 2º, viii, da Convenção que institui a Organização Mundial da Propriedade Intelectual, de 14 de julho de 1967.

[3] BARBOSA, D. B. *Uma Introdução à Propriedade Intelectual*. 2. ed. Rio de Janeiro: Lumen Juris, 2003, p. 23.

concorrência desleal, conforme artigo 2º da Lei nº 9.279/1996 (a "Lei de Propriedade Industrial" ou "LPI").

Especialmente no âmbito do metaverso, a proteção garantida por este ramo do Direito pode alcançar desde o desenvolvimento do programa de computador responsável por uma aplicação nesta tripla realidade, até direitos autorais de uma música disponibilizada em uma plataforma musical acessível no metaverso. Em razão desta abrangência, para fins do presente artigo, optou-se por dedicar atenção especial a dois temas principais, os quais estão sendo amplamente discutidos atualmente: direitos autorais referentes a *user-generated content* e direito marcário no metaverso.

Assim como a autoria de filmes, músicas, fotografias e pinturas é protegida pelas normas de direitos autorais no mundo real, nos parece que estas mesmas criações devem ser protegidas em sua forma virtual na nova realidade do metaverso. Do mesmo modo, a identificação de produtos e de serviços no mercado de consumo do metaverso, por meio de marcas, deverá atender às normas de direito marcário já estabelecidas no mundo real.

1. Relação entre *User-Generated Content* (UGC) e Direito de Autor

O termo *User-Generated Content* (UGC) se refere a todo conteúdo criado pelo usuário. Um conceito amplo, mas que habitualmente é associado com criação de conteúdos por usuários de redes sociais — principalmente *influencers* — para posterior compartilhamento em plataformas digitais.

Tal conteúdo, segundo a Autoridade de Direitos Autorais dos Estados Unidos[4], seria todo material carregado em um provedor de serviço online para armazenamento de usuários, o que inclui vídeos, fotos, músicas, entre outros materiais passíveis de serem disponibilizados em um provedor de serviço online e armazenados pelos usuários participantes.

Ante os conceitos trazidos acima, entende-se possível o enquadramento dos conteúdos disponibilizados no metaverso como UGC, especialmente ao se considerar que grande parte dos produtos e serviços oferecidos neste ambiente são criados pelos próprios usuários — sejam

---

[4] UNITED STATES COPYRIGHT OFFICE. *Section 512 of Title 17. A Report of the Register of Copyrights*. Maio de 2020. Disponível em: https://www.copyright.gov/policy/section512/section-512-full-report.pdf. Acesso em: 25 fev. 2022.

eles pessoas físicas, sejam pessoas jurídicas. Assim, uma obra de arte digital, como uma pintura ou escultura, uma música, uma fotografia e tudo o que possa ser criado e disponibilizado pelo usuário em um ambiente no metaverso podem ser considerados UGCs.

Em paralelo, pela perspectiva da propriedade intelectual e particularmente do direito autoral, pode-se defender incidência das normas de direitos autorais para proteção de UGCs que sejam disponibilizados no metaverso e consistam em obras autorais.

Cabe rememorar que, pelo artigo 7º da Lei de Direitos Autorais, obras intelectuais protegidas são todas aquelas *"criações do espírito, expressas por qualquer meio ou fixadas em qualquer suporte, tangível ou intangível, conhecido ou que se invente no futuro"*. O que inclui textos de obras literárias, artísticas ou científicas, composições musicais, obras audiovisuais, sonorizadas ou não, inclusive as cinematográficas, obras fotográficas e as produzidas por qualquer processo análogo ao da fotografia, obras de desenho, pintura, gravura, escultura, litografia e arte cinética, entre outras criações protegidas pela mencionada lei.

Para Jessen, três são os requisitos necessários para configuração do objeto do direito de autor: *"a) pertencer ao domínio das letras, das artes ou das ciências; b) ter originalidade; c) achar-se no período de proteção fixado pela lei"*[5]. É possível pensar com clareza em exemplos que podem atender a estes requisitos e, ao mesmo tempo, integrar o metaverso, tais como os já citados antes — uma obra de arte digital, como uma pintura ou escultura, uma música e uma fotografia disponíveis em *marketplaces* pelo metaverso.

Além disso, a expressão *"que se invente no futuro"* constante do *caput* do artigo 7º da Lei de Direitos Autorais acima referido também parece capaz de justificar a proteção de UGCs criados e compartilhados no metaverso como obras intelectuais expressas por meios digitais e, no caso do metaverso, dispostas em sua tripla dimensão.

Esta gama de possibilidades é, na verdade, uma realidade. Atualmente, há inúmeras páginas de galerias de obras de arte e fotografias localizadas em ambientes no metaverso, até mesmo páginas de venda de músicas que podem ser ouvidas no metaverso[6].

---

[5] JESSEN, H. F. *Direitos intelectuais*. Rio de Janeiro: Edições Itaipu, 1967, p. 53.
[6] Uma das plataformas mais famosas de venda de obras de arte, fotografias, músicas e coleções como tokens não fungíveis (NFT) é a OpenSea. Galerias de arte podem ser encontra-

1.1. Dos direitos do autor no metaverso

Ao se assumir que os conteúdos criados e disponibilizados no metaverso, além de serem UGCs, podem ser verdadeiramente obras intelectuais, indaga-se se os direitos conferidos aos autores de obras intelectuais também deverão ser observados no metaverso.

Antes de adentrar em descrição de tais direitos, necessário especificar quem seria o autor dessas obras. Pelo artigo 11 da Lei de Direitos Autorais, autor é a pessoa física criadora de obra literária, artística ou científica. Por esta disposição, nos parece adequado indicar o usuário, criador do conteúdo autoral, como autor da obra autoral em questão.

Dito isso, o Título III da Lei de Direitos Autorais garante aos autores de obras intelectuais protegidas direitos de ordem moral e patrimonial.

No âmbito dos direitos morais, o autor possui o direito de reivindicar, a qualquer tempo, a autoria da obra; de ter seu nome, pseudônimo ou sinal convencional indicado ou anunciado, como sendo o do autor, na utilização de sua obra; de conservar a obra inédita; de assegurar a integridade da obra (...); de modificar a obra, antes ou depois de utilizada; de retirar de circulação a obra ou de suspender qualquer forma de utilização já autorizada (...); entre outros direitos assegurados pelo artigo 24 da Lei de Direitos Autorais.

Enquanto isso, entre os direitos patrimoniais, incluem-se o direito exclusivo de utilizar, fruir e dispor da obra literária, artística ou científica, vide o artigo 28 da mencionada lei, assim como o direito de colocar à disposição do público a obra, na forma, local e pelo tempo que desejar, a título oneroso ou gratuito na forma do artigo 30 da mesma legislação.

Nesta sequência, em razão do possível enquadramento de UGCs no metaverso como obras intelectuais, entende-se que os direitos autorais, tanto de caráter moral quanto de caráter patrimonial, devem ser respeitados e defendidos no metaverso.

Não é à toa que, no âmbito patrimonial, a reprodução de fotografias, pinturas, músicas, entre outras obras virtuais, ocorre majoritariamente por meio da compra e venda de NFTs. Também é observado que as próprias plataformas de *marketplace* de bens virtuais incorporaram em suas políticas e termos e condições de uso regras de respeito à propriedade

---

das também na cidade virtual "Aether", baseada em tecnologia blockchain e acessível em https://www.aethercity.org/metaverse.

intelectual e, especificamente, ao direito autoral[7]. Para mais, em particular em plataformas de galerias de arte virtuais, pagamentos de royalties sobre a disponibilização de obras de arte também são esperados[8].

Neste sentido, como resposta ao questionamento quanto à incidência ou não das normas de direitos autorais no metaverso, entende-se que sim incidem, o que fica evidente também porque as normas nesse sentido já foram adotadas e implementadas pelas próprias plataformas. Vale dizer que, com base nas plataformas estudadas para fins de elaboração do presente estudo, é possível verificar preocupação e tendência destas por defesa dos direitos de autores de obras intelectuais, possivelmente decorrentes da própria intenção das plataformas de fomentar a independência e fortalecimento dos autores.

1.2. Medidas de proteção de UGC no metaverso

Como consequência da concreta e vasta disponibilização de criações de usuários pelas plataformas dispostas no metaverso, existe a possibilidade de ocorrência de violações a direitos autorais. Por este motivo, determinados princípios e medidas específicos para UGCs podem ser observados, conforme cabível, a fim de fortalecer a proteção de direitos autorais dos usuários e criadores de conteúdo do metaverso.

Esses princípios, embora criados em 2007 por renomadas empresas de tecnologia, entretenimento e comunicação à época, podem orientar a utilização de obras virtuais no metaverso, sendo eles: (i) eliminação de conteúdo violador; (ii) incentivo à disponibilização de conteúdo original, integral e autorizado; (iii) preparação de uso justo do conteúdo protegido por direito autoral; e (iv) proteção à privacidade do autor[9].

Ademais, a obtenção de autorização para disponibilização das obras intelectuais virtuais também é essencial e não pode ser deixada de lado.

---

[7] A plataforma OpenSea, por exemplo, possui um procedimento contra violações de direitos de propriedade intelectual, a ser utilizado, por exemplo, no caso de venda de imagem, artes e outros ativos de propriedade intelectual sem a devida autorização do titular. Procedimento disponível em: https://support.opensea.io/hc/en-us/articles/4412092785043-What-can-I-do-if-my-art-image-or-other-IP-is-being-sold-without-my-permission-.

[8] Mona, por exemplo, garantirá o pagamento de royalties básicos a artistas. PIXLRGENESIS, por sua vez, também prevê o pagamento dos chamados royalties secundários, quando os bens virtuais já disponibilizados ao público são utilizados por terceiros.

[9] Principles for User Generated Content Services, UGC PRINCIPLES. Disponível em: http://www.ugcprinciples.com/. Acesso em: 25 fev. 2022.

Como estabelece o artigo 29 da Lei de Direitos Autorais, depende de autorização prévia e expressa do autor a utilização da obra, por quaisquer modalidades. Entende-se que tal autorização deve ser específica quanto ao modo de utilização, determinada quanto à duração da utilização e restrita ao seu objeto, na forma do artigo 31 da citada legislação[10].

Em conclusão, é possível identificar, neste primeiro momento, tendência de preservação e de respeito aos direitos autorais dos criadores de obras intelectuais no metaverso, especialmente pelas plataformas responsáveis pela comercialização destas obras — possivelmente qualificáveis também como UGCs. Embora exista caminho a ser percorrido para adequação das práticas de mercado do metaverso com as normas de direitos autorais, a percepção desses direitos e a intenção de protegê-los neste novo mundo já se apresentam e devem ser reconhecidas.

2. Marcas no metaverso

Como já acima mencionado, o conceito de metaverso ainda está em constante evolução e discussão. Cogita-se até mesmo a noção de metaversos, no plural, referente à pluralidade de oportunidades e à junção de esforços de diversas áreas, setores, profissionais e consumidores que, juntos, estão discutindo, construindo e desbravando este espaço: a Internet 3.0.

Assim, abre-se nesta seção do artigo a discussão sobre como as marcas irão se comportar e se apresentar neste universo. Neste ponto, certamente diversas discussões relativas a publicidade, marketing e gerenciamento de marcas irão surgir, afinal, será necessário analisar como as marcas irão anunciar os seus produtos, em quais plataformas, quais serão as formas de engajar o seu público e como farão para definir suas estratégias de *branding*, marketing e campanhas. Isto porque no metaverso existem (e existirão) infinidades de opções nesse sentido — as estratégias definidas irão variar de marca para marca.

Apesar de já estarmos acompanhando a criação de cargos específicos para o gerenciamento de marcas no metaverso e ações neste mundo virtual, esta discussão ainda é muito nova e demanda um conhecimento

---

[10] *Art. 31. As diversas modalidades de utilização de obras literárias, artísticas ou científicas ou de fonogramas são independentes entre si, e a autorização concedida pelo autor, ou pelo produtor, respectivamente, não se estende a quaisquer das demais.* (Lei de Direitos Autorais).

e uma estratégia multidisciplinares, que contarão com o apoio de equipes de marketing, desenvolvedores, especialistas em criptomoedas e, é claro, com os próprios consumidores. O objetivo é e será entender o que os consumidores querem ver, onde eles querem ver e como as marcas conseguirão alcançá-los no metaverso.

Neste sentido, caberá às marcas avaliar como pretendem agir e se apresentar no metaverso, seja por meio de lojas virtuais (sinais visuais e layouts de lojas), produtos e conteúdos virtuais (como NFTs), publicidade indireta (*product placement*), eventos virtuais, dentre outras possibilidades[11].

Apenas para ilustrar algumas ações que já vêm acontecendo no metaverso e que demonstram a infinidade de opções que este mundo virtual tem a oferecer, citamos os seguintes *cases*:

- Performance do cantor Justin Bieber em parceria com a Wave, plataforma de entretenimento virtual, na qual o artista, na forma de um avatar virtual, realizou um show no metaverso[12];
- Aquisição de um estúdio de arte digital, pela Nike, o qual terá como foco a criação, por uma equipe especializada, de NFTs e colecionáveis de tênis e afins[13];
- Parcerias entre a plataforma Fortnite, que tem o seu próprio universo no metaverso, com grandes marcas de luxo para oferecer artigos do vestuário para os avatares, como Gucci e Balenciaga[14].

---

[11] Kondoudis, Michael. *Trademarks and the Metaverse: the Ultimate Guide. How to Protect your Trademarks in the Metaverse.* Publicação independente, 2021. Disponível em: https://www.mekiplaw.com/how-to-protect-brands-in-the-metaverse-the-ultimate-guide. Acesso em: 25 fev. 2022.

[12] UNIVERSAL MUSIC. *Justin Bieber se Une à Wave para uma Experiência Musical Interativa Inesquecível em Metaverse.* Publicação independente, 2021. Disponível em: https://www.universalmusic.com.br/2021/11/10/justin-bieber-se-une-a-wave-para-uma-experiencia-musical-interativa-inesquecivel-em-metaverse/. Acesso em: 25 fev. 2022.

[13] Nelson, Jason. *Nike Steps Further Into Metaverse by Buying NFT Sneaker Studio.* Publicação independente. 2021. Disponível em: https://decrypt.co/88228/nike-steps-metaverse-buying-nft-sneaker-studio. Acesso em: 25 fev. 2022.

[14] EFE, Fashion Network. *Balenciaga e Fortnite: uma aliança que combina experiência física e digital.* Publicação independente. 2022. Disponível em: https://br.fashionnetwork.com/news/Balenciaga-e-fortnite-uma-alianca-que-combina-experiencia-fisica-e-digital,1336538.html. Acesso em: 25 fev. 2022.

Esta reflexão sobre a inserção das marcas no metaverso impacta diretamente nas questões jurídicas atreladas aos direitos de propriedade intelectual, com destaque para os direitos marcários, de modo que os juristas devemos estar preparados para os questionamentos jurídicos que advirão deste movimento.

2.1. Dos direitos dos titulares de marcas à luz da legislação de propriedade intelectual

De acordo com os ensinamentos de João Gama Cerqueira, marca é: *"qualquer sinal distintivo que, aposto facultativamente aos produtos e artigos das indústrias em geral, serve para identificar sua origem e procedência ou para distingui-la de outros idênticos ou similares"*[15].

Este primeiro conceito permite compreender a relevância que a marca tem, inclusive quando transportada para os mundos virtuais. Afinal, marcas carregam valor econômico, social e moral e são fruto de tempo e de investimentos, razão pela qual a sua proteção é tão significativa.

No ordenamento jurídico brasileiro, nos termos do artigo 129 da Lei de Propriedade Industrial, a propriedade sobre uma marca é adquirida pelo seu registro, de modo que tal registro assegura ao seu titular o direito ao seu uso exclusivo no território nacional.

Na mesma toada, o artigo 130 desta lei prevê que ao titular da marca ou depositante é assegurado o direito de tomar todas as medidas cabíveis para proteger a sua marca, ou seja, zelar pela sua integridade material e reputacional.

Estes dispositivos são fundamentais para chegarmos à nossa primeira conclusão: para proteger a sua marca, os detentores dos direitos sobre esta devem registrá-la nas classes dos produtos e/ou serviços de interesse que a marca visa a assinalar. No Brasil, este registro é feito perante o Instituto Nacional da Propriedade Industrial (INPI).

Vale destacar, inclusive, que além da Lei de Propriedade Industrial, que significou um marco em termos de proteção dos direitos de propriedade intelectual, o Brasil é signatário dos mais importantes tratados relacionados à proteção da propriedade industrial e autoral, notadamente, do Acordo sobre os Aspectos dos Direitos de Propriedade Inte-

---

[15] CERQUEIRA, João da Gama. *Privilégios de invenção e marcas de fábrica e de comércio*. V. 2. São Paulo: Acadêmica Saraiva, 1930.

lectual Relacionados ao Comércio (ADPIC) [*Agreement on Trade-Related Aspects of Intellectual Property Rights (TRIPS)*], da Convenção de Paris, do Tratado de Cooperação de Patentes (PCT) e da Convenção de Berna. De forma geral, a legislação marcária é muito semelhante na maior parte dos países, especialmente no que tange à proteção dos direitos dos titulares de marcas. No entanto, quando discutimos o cenário do metaverso, estes instrumentos jurídicos asseguram aos detentores de direitos de propriedade intelectual uma segurança jurídica relevante e a nível mundial, se considerarmos que a maior parte dos países são signatários desses acordos.

Portanto, estes ocupam um papel importante nas discussões a respeito desses direitos no universo virtual, pois as marcas estarão inseridas em um universo que não é necessariamente regulado pela legislação específica de um único país.

O que nos leva à próxima questão: para os detentores de marcas que já possuem registro de marca nos seus respectivos países, estas já estão suficientemente protegidas para ser inseridas, anunciadas e comercializadas no metaverso?

2.2. Depósitos de marcas relacionadas ao metaverso e a Classificação de Nice

Para entender melhor esta questão, vale destacar dois princípios importantes quando tratamos do sistema marcário: os princípios da territorialidade e da especialidade.

De acordo com o princípio da territorialidade, como regra geral, a proteção conferida à marca restringe-se ao território em que esta foi registrada.

Em relação ao princípio da especialidade, nas palavras de D. B. Barbosa:

> Vale lembrar que um dos princípios do sistema marcário é o da especialidade da proteção: a exclusividade de um signo se esgota nas fronteiras do gênero de atividades que ela designa. Assim se radica a marca registrada na concorrência: é nos seus limites que a propriedade se constrói[16].

---

[16] BARBOSA, D. B. *Uma Introdução à Propriedade Intelectual.* V. I. Rio de Janeiro: Lumen Juris, 1997, p. 217.

Ou seja, como regra geral, a proteção da marca é conferida para aqueles produtos e/ou serviços reivindicados pelos detentores dos direitos sobre a marca ao buscar o seu registro e àquele território onde se buscou o registro.

Para fins desta discussão, traremos o enquadramento das marcas na Classificação Internacional de Produtos e Serviços de Nice (NCL). Este sistema de classificação é dividido em classes de produtos e serviços, nas quais o titular de marca deve enquadrar sua marca de acordo com os produtos e/ou serviços que ela pretende identificar, de modo que sua proteção, em regra, estará restrita a esses produtos/serviços.

Por exemplo, se uma marca identifica "sapatos", esta marca deve ser depositada na classe que abarca a proteção destes produtos no mundo físico, ou seja, na classe 25. Mas como isso se aplica ao metaverso, caso esta mesma marca tenha interesse de lançar uma linha de sapatos no metaverso, oferecendo ao público, por exemplo, a possibilidade de comprar pares de sapatos em forma de NFT? Os direitos do titular desta marca estariam protegidos pelo registro desta marca na classe 25? Ou seria necessário depositar esta marca em outras classes que abrangessem, por exemplo, o comércio no mundo digital?

A princípio acreditamos que existem fortes argumentos para defender os direitos de um titular de marca com base no seu registro de marca que abarca o seu produto "do mundo real".

No entanto, esses argumentos podem ter uma força maior quando estamos tratando de casos envolvendo grandes marcas, que já são reconhecidas, enquanto marcas menores podem encontrar uma barreira maior em relação a esta linha de argumentação.

Neste sentido, o movimento que temos visto e acompanhado nos últimos meses, a nível mundial, indica que as marcas já estão tomando medidas para evitar esse tipo de discussão e proteger/reforçar seus direitos: novas marcas estão sendo depositadas nos órgãos marcários do mundo inteiro e abarcam em suas respectivas especificações indicações de que seus propósitos serão explorar (e assim proteger) os seus produtos e serviços no "mundo virtual", conforme alguns exemplos abaixo depositados perante o Instituto Nacional da Propriedade Industrial (INPI) em 2021:

- **NIKE** — pedidos de registro, nas classes 09 35 e 41[17], os quais abarcam, dentre outros: *"**bens virtuais** para download"*, "brinquedos e aces-

---

[17] Processos nº 924706252, na classe 09, nº 924706406, na classe 35, e 924706562 na classe 41.

sórios **para uso online e em mundos virtuais online**", "serviços **de loja de varejo online com mercadoria virtual**", "serviços de entretenimento, nomeadamente, **fornecimento online e não baixável** de calçados, vestuário, chapéus, óculos, bolsas, sacos desportivos, mochilas, equipamento desportivo, arte, brinquedos e acessórios **para uso em ambientes virtuais**".

- **VOGUE** — pedido de registro na classe 09[18], o qual abarca, por exemplo, "*tokens não fungíveis (NFTs)*", "*produtos virtuais para download, a saber, conteúdo para **download de vestuário, design, estilo de vida**, moda, alta-costura, cultura, tecnologia, comida, cozinha, viagens, eventos atuais, saúde e boa forma **para utilização online e nos mundos virtuais online**".

- **Moranguinho na Cidade Grande** — pedido de registro na classe 09, o qual abarca, por exemplo: "*bonecos e animais como personagens virtuais interativos, a saber, produtos virtuais descarregáveis sob a forma de programas de computador apresentando bonecos e animais como **personagens virtuais interativos para uso em mundos virtuais online***".

Do ponto de vista da legislação vigente, a Classificação de Nice foi criada em uma época na qual não se falava em metaverso. De modo que esta não foi criada para ter por cerne produtos e serviços digitais. Assim, existem classes que nos levam a inferir que seriam aplicadas ao caso do metaverso, como é o caso das classes 09, 35 e 41. Porém, nos perguntamos se em algum momento haverá uma nova classe [ou uma nova atualização da lista atualmente vigente] para abarcar tais produtos, serviços e experiências digitais, ou até mesmo uma regulamentação específica quanto à proteção da propriedade intelectual marcária no metaverso.

Enquanto não temos esta atualização e regulamentação, entendemos que a tendência será vermos cada vez mais marcas protegidas para o metaverso, reivindicando tal proteção especialmente nas classes 09, 35 e 41 e abarcando em suas especificações termos como, por exemplo, produtos virtuais, produtos que serão utilizados em mundos virtuais e ambientes online, serviços de comércio inseridos em ambientes/mundos virtuais, serviços de entretenimento e concertos inseridos no mundo virtual.

---

[18] Processo nº 925323187, na classe 09.

Apesar das dúvidas que circundam a proteção dos direitos de propriedade intelectual no Metaverso x Mundo Real, certamente o registro de marca nas classes e para produtos/serviços voltados ao mundo virtual é um forte indício a ser considerado para fins de presunção de validade e titularidade dos direitos de marca "no mundo real", também para fins de utilização de tais marcas no Metaverso.

3. NFTs, licenciamento de marcas e cuidados dos titulares de marcas ao desbravar o metaverso

Ao longo de nossas discussões, já falamos algumas vezes em NFTs — os famosos tokens não fungíveis. Para fins de contexto e recapitulando o que já vimos anteriormente, NFT é uma espécie de ativo digital, exclusivo, ou seja, que representa um item único e que opera no sistema de blockchain. Este item pode ser algo simples como um GIF ou um meme, até algo mais complexo e elaborado, como uma coleção de fotografias.

> Um NFT é um tipo especial de ativo digital ou token que pode ser comprovadamente único e não intercambiável com outro token de ativo digital (ou seja, fungível). É por isso que é referido como um "token não fungível". Normalmente, o registro da exclusividade do NFT existe como um registro criptográfico em um blockchain ou livro-razão distribuído e pode ser facilmente visualizado por qualquer pessoa. Embora nem sempre seja o caso, os NFTs não são apenas informações digitalizadas sobre um ativo — eles são um ativo digital. Isso é paralelo à maneira como o blockchain constitui a internet do valor[19].

Fruto das tecnologias atuais, os NFTs têm sido amplamente divulgados na mídia, especialmente sendo atrelados ao mundo da arte, impres-

---

[19] The European Union Blockchain Observatory & Forum. *Demystifying NonFungible Tokens (NFTs)*. Relatório comissionado pela Comissão Europeia de Blockchain. 2021. Disponível em: https://www.eublockchainforum.eu/sites/default/files/reports/DemystifyingNFTs_November%202021_2.pdf. Acesso em: 25 fev. 2022. Texto original: *"An NFT is a special type of digital asset or token that can be proved to be unique and not interchangeable with another digital asset token (i.e., fungible). This is why it is referred to as a "non-fungible token". Typically, the record of the uniqueness of the NFT exists as a cryptographic record on a blockchain, or distributed ledger, and can readily be viewed by anyone. While that is not always the case, NFTs are not just digitised information about an asset — they are a digital asset. This parallels the way that the blockchain constitutes the internet of value".*

sionando pelos altos valores envolvidos nas transações que envolvem ativos em formato NFT.

São inúmeros os questionamentos que já circulam sobre os NFTs, especialmente do ponto de vista jurídico e no que tange à propriedade intelectual. Tentar abarcar todos esses questionamentos neste artigo, no entanto, seria no mínimo desafiador. Portanto, para fins da nossa discussão em termos de marcas e metaverso, entendemos que seria importante abarcar principalmente a relação entre as marcas, os diferentes usos dos NFTs pelos detentores de marcas e nosso ponto de vista quanto a algumas recomendações e cuidados em termos de proteção da propriedade intelectual.

Para introduzir o assunto, vale destacar desde já que ao adquirir um NFT o colecionador, como regra geral, não está adquirindo os direitos de propriedade intelectual que estão embutidos no NFT. Na realidade, o que se está adquirindo seria o equivalente a um *"certificado de autenticidade"*, mediante o qual o colecionador é o detentor daquele NFT (único e exclusivo) e possui direitos, na maior parte dos casos, limitados quanto à exploração deste NFT.

Existe um *smart contract* embutido em cada NFT. Referido contrato regula os direitos garantidos ao comprador do NFT, bem como as regras para sua utilização. Na maioria desses contratos, ao titular do NFT é assegurado o direito de explorar o NFT comercialmente, porém, existem limitações nesta exploração. O que nos leva a duas reflexões iniciais para aqueles interessados em criar, colecionar, trocar ou adquirir NFTs:

1. Antes de comprar um NFT é importante entender o que se está adquirindo, quais são os limites de exploração previstos no *smart contract* e/ou termos da plataforma na qual adquirido o NFT, bem como, em geral, quais direitos estão embutidos no NFT que se almeje comprar.
2. Antes de criar um NFT, para evitar quaisquer questionamentos de terceiros, é importante garantir que você, como autor e criador do NFT, seja o titular dos direitos de propriedade intelectual que serão embutidos no NFT em questão, ou ao menos tenha autorização do titular dos direitos que estão inseridos neste NFT para sua exploração e uso; além do que se recomenda verificar se tais direitos intelectuais referentes ao NFT estão protegidos na forma da lei.

Em relação à segunda reflexão posta acima, adentramos na seara da proteção dos titulares de marcas que são exploradas via NFTs no metaverso.

São inúmeras e crescentes as notícias relacionadas às marcas que já estão investindo e buscando investir no metaverso, sendo que uma das experiências que tem se mostrado mais recorrente é o lançamento de produtos virtuais no metaverso, como referido acima.

Para quem busque esta experiência, é essencial que os direitos de propriedade intelectual inseridos nos NFTs estejam devidamente protegidos, bem como que se tenha total conhecimento em relação aos termos de uso das plataformas que irão veicular estes NFTs, bem como que os *smart contracts* estejam claros quanto ao escopo da licença referente a direitos imateriais pertinentes ao NFT, bem como quanto aos direitos dos colecionadores de NFTs — tomando inclusive o cuidado para não outorgar direitos que não pertençam ao titular original respectivo (ex.: caso de um fotógrafo que cria um NFT com retrato de terceiro sem ter a devida autorização do retratado para a criação do NFT com sua imagem); ou até mesmo para não outorgar direitos que restrinjam ou limitem a sua própria exploração no futuro e, consequentemente, tenham um impacto econômico desvantajoso (ex.: no caso de um artista que autoriza que sejam criadas obras derivadas a partir de um NFT de sua autoria, de modo que caso este artista queira criar obras derivadas, apesar de poder fazer isso, já terá outorgado este direito a terceiros, o que poderia ter um impacto negativo na sua própria exploração do NFT).

> Ao incorporar essas informações no momento da compra, as partes recebem clareza sobre o que podem e não podem fazer com os produtos digitais desde o início do ciclo de vida do produto digital[20].

Neste sentido, quando falamos de marcas e, como apontado no item 3 acima, se existe um interesse na exploração de ativos digitais no metaverso, ativos que carregarão marcas, é recomendável buscar

---

[20] VERO, Kelly. *Luxury and Art: A Common Framework for Metadata in Practice*. Publicação independente. 2021. Disponível em: https://www.linkedin.com/pulse/luxury-art-common-framework-metadata-practice-kelly-vero/. Acesso em: 25 fev. 2022. Texto original: *"By embedding this information at the point of purchase, parties are given clarity on what they can and can't do with the digital products from the very beginning of the digital product lifecycle"*.

o registro das marcas em questão perante o órgão marcário para os segmentos relacionados aos produtos e serviços com foco na exploração destes no mundo digital.

Como o metaverso ainda é um mundo (ou vários mundos) em fase de criação e de desenvolvimento, as questões relacionadas a direitos marcários ainda são novas, mas certamente exigem um cuidado por parte dos titulares de direitos de propriedade intelectual, de modo que haja cuidado para prevenir (ou até antecipar) questões que possam surgir da utilização de suas marcas e eventuais parcerias envolvendo-as, no âmbito do metaverso[21].

Nesse sentido, sem prejuízo do disposto no Capítulo 5 adiante, referente à dimensão contenciosa judicial da relação entre direitos intelectuais e metaverso, apenas para ilustrar um dos casos que recentemente chamou atenção da mídia e que envolveu infração de direitos de propriedade intelectual, especialmente marcários e autoral, temos como exemplo o do NFT "Baby Birkin"[22]: NFT criado por dois artistas representando uma bolsa do modelo e marca "Birkin", de titularidade da Hermès, na qual um bebê estava em fase de gestação.

Este NFT foi vendido por seus criadores pelo equivalente a aproximadamente R$ 120.000,00 (valor este muito superior ao preço do produto equivalente no mundo físico), sem, no entanto, que houvesse qualquer associação à Hermès, muito menos sua autorização para utilização da marca "Birkin' e do design da bolsa.

Neste cenário, a Hermès enviou uma Notificação Extrajudicial para estes criadores para que estes cessassem o uso indevido de sua marca e infração aos seus direitos de autor.

Assim, apenas para concluir este tópico, uma vez que as marcas estejam inseridas no metaverso, ou até mesmo antes, ao se prepararem para ingressar no metaverso, além de atentar às estratégias de marketing que desejam seguir neste universo, é importante que as marcas, ou melhor, os detentores de seus direitos, tenham definido de forma clara quais as

---

[21] LLOYD, Anthony, BUCHAN, Jessie e LAU, Edmond. *An unreal issue: managing IP in the metaverse*. Publicação independente. 2021. Disponível em: https://www.technologyslegaledge.com/2021/11/an-unreal-issue-managing-ip-in-the-metaverse/. Acesso em: 25 fev. 2022.

[22] MCDOWELL, Maghan. *The 'Baby Birkin' NFT and the legal scrutiny on digital fashion*. Publicação independente. 2021. Disponível em: https://www.voguebusiness.com/technology/the-baby-birkin-nft-and-the-legal-scrutiny-on-digital-fashion. Acesso em: 25 fev. 2022.

estratégias de licenciamento e parcerias que estes terão com as plataformas que possibilitarão a presença destas marcas no metaverso.

4. Dimensão contenciosa do tema: o contencioso judicial envolvendo direitos de propriedade intelectual no metaverso

As discussões sobre realidade virtual em metaverso e os direitos de propriedade intelectual relacionados, referentes a ativos de ordem intelectual presentes nos diferentes formatos e plataformas de metaverso, não estão adstritas ao debate dogmático-teórico nesse sentido, abordado nas seções antecedentes do presente artigo.

Disputas judiciais referentes a direitos intelectuais ditos violados no âmbito do metaverso já são realidade.

Nesse sentido, a United States National Music Publishers Association (NMPA), associação norte-americana de autores musicais que representa nomes como Rolling Stones, Ed Sheeran e Ariana Grande, propôs em junho de 2021 ação judicial contra a Roblox, provedora de aplicação de internet homônima que viabiliza criação e hospedagem de videogames com realidade virtual.

Via a mencionada ação judicial proposta, a NPMA acusou violação a direitos autorais de seus associados, na medida em que a Roblox estaria incentivando o compartilhamento de músicas no âmbito dos jogos de realidade virtual hospedados pela plataforma, a fim de torná-los mais atrativos perante o público jovem — o que estaria fazendo, contudo, sem deter as licenças de direitos autorais necessárias.

O valor da causa indicado na ação judicial foi de USD 200.000.000 (duzentos milhões de dólares).

A ação em questão terminou extinta por acordo firmado entre as partes. Via o acordo firmado, a Roblox concordou em pagar royalties por licenciamento de direitos autorais aos músicos representados pela NPMA.

O acordo foi divulgado como precedente importante referente à utilização de obras musicais no metaverso. A NPMA declarou, via seu CEO David Israelite, que referido acordo firmado entre as partes para utilização de música no metaverso de games da Roblox *"abre o caminho para parcerias inovadoras (...) que oferecerão aos compositores novas maneiras de monetizar suas músicas e catálogos"*, trazendo como resultado *"plataforma diferenciada para músicos e compositores no metaverso"*.

Outro precedente judicial digno de nota é o chamado caso *"Metabirkins"*.

Em janeiro de 2021, a tradicional — e quase bicentenária — grife francesa Hermès propôs ação judicial lastreada em violação de marca, em face do criptoartista Mason Rothschild.

A ação foi proposta em razão de criação, por Rothschild, de coleção composta por cem NFTs desenhados a partir do tradicional modelo de bolsa Birkin da Hermès. Referida coleção foi, não por acaso, intitulada Metabirkins.

Os representantes da grife francesa acusam que a coleção de NTFs lançada por Rothschild representa infração a marca registrada, em ilícito intuito de diluição desta, além de acarretar falsas designações de origem e falsa descrição de produto, na medida em que os NFTs em questão falsamente se passam por originais Hermès.

A despeito de referida ação judicial ser ainda recente, o criptoartista já se manifestou nos autos e publicamente à imprensa, argumentando ser de rigor pronta extinção da ação judicial em questão, pois a criação dos NFTs Metabirkins representaria exercício de livre expressão artística, inclusive sob perspectiva de crítica à "história da moda e sua ligação à crueldade animal", na medida em que "sua obra atual promove a adoção de iniciativas de moda sem uso de peles ou tecidos".

O processo segue em curso, pendente de decisão em 1ª Instância.

Em toada semelhante, também recentemente, em fevereiro deste ano de 2022, a Nike propôs ação judicial contra o marketplace de produtos esportivos StockX.

Isso porque o marketplace — vale dizer, de proporção comercial relevante, avaliado na casa dos bilhões de dólares — estaria comercializando NFTs que correspondem a modelos de tênis desenvolvidos e comercializados no mundo real pela Nike. O que estaria fazendo, contudo, sem a necessária autorização e licenciamento dos direitos intelectuais pertinentes, por parte da companhia de calçados.

É curioso e digno de nota que, em alguns casos, o valor dos NFTs de tênis Nike comercializados pela StockX e passíveis de uso, evidentemente, somente na realidade virtual, em metaversos, tenha chegado a três vezes o valor dos tênis concretos, materiais correspondentes vendidos pela Nike para uso no mundo real. Como demonstrado também no exemplo da "Birkin Baby" acima, esta supervalorização das NFTs no metaverso é uma tendência deste espaço.

Enquanto a ação judicial prossegue, estando neste momento em estágio ainda inicial, a Nike anunciou que desde 2021 já trabalha para desenvolver e está agora prestes a lançar sua própria coleção de tênis em formato NFT — tendo inclusive adquirido estúdio digital para essa finalidade, conforme mencionado acima neste artigo.

As disputas judiciais acima referidas são exemplos do importante movimento de contencioso referente a direitos intelectuais no metaverso. Trata-se de movimento já acelerado, haja vista serem recentes as iniciativas de implementação de tecnologias de realidade virtual em exploração de direitos intelectuais no formato de metaverso, ou seja, em construção de universos virtuais em que usuários poderão ter experiências de imersão, para fins de entretenimento, de consumo de bens e serviços ou de desenvolvimento de atividade profissional, o que evidentemente envolve direitos intelectuais, conforme abordado neste trabalho.

À medida que os diferentes metaversos iniciem e progressivamente ampliem operação brasileira, o mesmo desdobramento contencioso será natural e decorrente, perante tribunais nacionais.

Referências

BARBOSA, D. B. *Uma Introdução à Propriedade Intelectual*. 2. ed. Rio de Janeiro: Lumen Juris, 2003.

CERQUEIRA, João da Gama. *Privilégios de invenção e marcas de fábrica e de comércio*. V. 2. São Paulo: Acadêmica Saraiva, 1930.

EFE, Fashion Network. *Balenciaga e Fortnite: uma aliança que combina experiência física e digital*. Publicação independente. 2022. Disponível em: https://br.fashionnetwork.com/news/Balenciaga-e-fortnite-uma-alianca-que-combina-experiencia-fisica-e-digital,1336538.html. Acesso em: 25 fev. 2022.

JESSEN, H. F. *Direitos intelectuais*. Rio de Janeiro: Edições Itaipu, 1967.

KONDOUDIS, Michael. *Trademarks and the Metaverse: the Ultimate Guide. How to Protect your Trademarks in the Metaverse*. Publicação independente, 2021. Disponível em: https://www.mekiplaw.com/how-to-protect-brands-in-the-metaverse-the-ultimate-guide. Acesso em: 25 fev. 2022.

LLOYD, Anthony, BUCHAN, Jessie e LAU, Edmond. *An unreal issue: managing IP in the metaverse*. Publicação independente. 2021. Disponível em: https://www.technologylegaledge.com/2021/11/an-unreal-issue-managing-ip-in-the-metaverse/. Acesso em: 25 fev. 2022.

MCDOWELL, Maghan. *The "Baby Birkin" NFT and the legal scrutiny on digital fashion*. Publicação independente. 2021. Disponível em: https://www.voguebusiness.

com/technology/the-baby-birkin-nft-and-the-legal-scrutiny-on-digital-fashion. Acesso em: 25 fev. 2022.

NELSON, Jason. *Nike Steps Further Into Metaverse by Buying NFT Sneaker Studio*. Publicação independente. 2021. Disponível em: https://decrypt.co/88228/nike-steps-metaverse-buying-nft-sneaker-studio. Acesso em: 25 fev. 2022.

PRINCIPLES for User Generated Content Services, UGC PRINCIPLES. Disponível em: http://www.ugcprinciples.com/. Acesso em: 25 fev. 2022.

THE EUROPEAN UNION BLOCKCHAIN OBSERVATORY & FORUM. *Demystifying NonFungible Tokens (NFTs)*. Relatório comissionado pela Comissão Europeia de Blockchain. 2021. Disponível em: https://www.eublockchainforum.eu/sites/default/files/reports/DemystifyingNFTs_November%202021_2.pdf. Acesso em: 25 fev. 2022.

UNITED STATES COPYRIGHT OFFICE. Section 512 of Title 17. *A Report of the Register of Copyrights*. Maio de 2020. Disponível em: https://www.copyright.gov/policy/section512/section-512-full-report.pdf. Acesso em: 25 fev. 2022.

UNIVERSAL MUSIC. *Justin Bieber se Une à Wave para uma Experiência Musical Interativa Inesquecível em Metaverse*. Publicação independente, 2021. Disponível em: https://www.universalmusic.com.br/2021/11/10/justin-bieber-se-une-a-wave-para-uma-experiencia-musical-interativa-inesquecivel-em-metaverse/. Acesso em: 25 fev. 2022.

VERO, Kelly. *Luxury and Art: A Common Framework for Metadata in Practice*. Publicação independente. 2021. Disponível em: https://www.linkedin.com/pulse/luxury-art-common-framework-metadata-practice-kelly-vero/. Acesso em: 25 fev. 2022.

Consultas

1. Metaverse Report October 2021
https://togetherwith.osborneclarke.com/metaverse-report/home/
2. How to trademark the metaverse
https://www.voguebusiness.com/technology/how-to-trademark-the-metaverse
3. Non-fungible tokens (NFTs) and copyright
https://www.wipo.int/wipo_magazine/en/2021/04/article_0007.html
4. McDonald's has filed a trademark for a restaurant in the metaverse that will actually deliver food to your home
https://www.businessinsider.com/mcdonalds-metaverse-virtual-online-restaurant-trademark-delivers-food-web3-nft-2022-2
5. Branding in the Metaverse: The Future of Virtual Goods Trademarks
https://www.thefashionlaw.com/branding-in-the-metaverse-the-rising-quest-for-virtual-goods-trademarks/
6. Demystifying NonFungible Tokens (NFTs)

https://www.eublockchainforum.eu/sites/default/files/reports/DemystifyingNFTs_November%202021_2.pdf
7. Non-fungible tokens (NFT)
https://ethereum.org/en/nft/
8. https://cms.law/en/col/publication/intellectual-property-in-the-metaverse-where
9. https://www.coindesk.com/layer2/2022/01/17/what-you-own-when-you-own-an-nft/#:~:text=What%20you%20do%20own%20when,any%20other%20%E2%80%93%20the%20third%20point.
10. https://www.cyberlaws.it/en/2022/future_ip_metaverse/
11. https://www.technologyslegaledge.com/2021/11/an-unreal-issue-managing-ip-in-the-metaverse/
12. https://exame.com/colunistas/tatiana-revoredo/nfts-sob-a-otica-juridica/
13. https://www.natlawreview.com/article/trademarks-metaverse-brand-protection-virtual-goods-services
14. https://www.jdsupra.com/legalnews/branding-in-the-metaverse-how-brand-1325262/

11.
METAVERSO E TRIBUTAÇÃO: O LEÃO NA ERA DA MORDIDA VIRTUAL

Erlan Valverde
Juliana Dutra da Rosa

Introdução

O Direito Tributário é o ramo do Direito que rege as relações jurídicas entre o Estado e os particulares, responsável pela regulamentação da instituição e cobrança de tributos como forma de custear a atividade estatal. Como tal, uma de suas principais preocupações é a delimitação da competência tributária dos entes públicos para alcançar determinada situação da vida que atraia o poder de tributar.

Assim, historicamente, busca-se estabelecer os elementos que permitem estabelecer uma conexão entre as pessoas, objetos e os fatos com os territórios de um ou outro ente para determinar a "fatia" de tributos atribuível a cada um deles.

Até meados da última década, quando a economia, apesar de globalizada, era necessariamente centralizada na comercialização de bens tangíveis, por intermédio de estabelecimentos fixos e com mercados muito bem delineados, era possível estabelecer uma conexão objetiva que permitia determinar a competência de cada ente, com base em fatores como o lugar do exercício da atividade, da situação dos bens ou da celebração de um contrato.

Além disso, a natureza jurídica das transações nesse cenário era mais facilmente identificável. No Brasil, a fim de delimitar a competência tributária de cada ente, a Constituição Federal de 1988 estabeleceu, entre outras competências, que os Estados podem instituir imposto sobre a circulação de mercadorias, prestações de serviços de transporte interestadual e intermunicipal e serviços de comunicação, enquanto aos Municípios cabe o imposto sobre a propriedade territorial urbana e os serviços de qualquer natureza, desde não compreendidos na competência estatal. Nesse contexto, não há dúvida de que a venda de um livro corpóreo é uma "circulação de mercadorias", atraindo a competência do ICMS. Por sua vez, um suporte técnico em informática qualifica-se claramente como um serviço, tributável pelo ISS, enquanto uma casa na cidade de São Paulo caracteriza uma propriedade territorial urbana, tributável pelo IPTU por esse município.

Diante dessas circunstâncias, discussões clássicas centravam-se em questionar a adequação da tributação de novos formatos de contratação a esses conceitos tradicionais. Este "anacronismo tributário" tem gerado ao longo dos anos diversas discussões sobre conflitos e limites de competência, tais como a possibilidade de tributação dos contratos de franquia pelo ISS, posto não se tratar de uma obrigação de fazer e, portanto, não caracterizar uma prestação de serviço, o que acabou tendo a constitucionalidade reconhecida pelo Supremo Tribunal Federal (STF) no julgamento do Recurso Extraordinário nº 603.136.

Com o desenvolvimento da economia digital e a aceleração de novas tecnologias, porém, arranjos empresariais até então inimagináveis se tornaram possíveis, dispensando-se a presença física em determinada jurisdição para alcançar o seu mercado consumidor. Nesse contexto, surgem desafios relacionados principalmente à qualificação das transações ocorridas em meio eletrônico, definição da localização dos atores no mercado digital, identificação das partes envolvidas em cada negócio, controle dos pagamentos e fluxos financeiros.

Como consequência, de alguns anos para cá, vive-se um intenso debate para determinar a incidência dos tributos previstos constitucionalmente, criados com base em transações corpóreas, com qualificação e sujeitos bem identificados, aos novos negócios digitais; ou ainda, instituir novas regras para adequar o sistema tributário a esse novo mundo.

No Brasil, um exemplo que ilustra essa dificuldade é a discussão envolvendo a tributação do *software*. Depois de longos anos entre o início do litígio e sua conclusão, em fevereiro de 2021, o STF finalizou o julgamento conjunto da ADI nº 1.945/MT e da ADI nº 5.659/MG para resolver a controvérsia acerca da incidência de ICMS ou de ISS sobre o licenciamento e cessão de uso de *software*, decidindo que tais operações somente podem se sujeitar ao ISS.

Contudo, a combinação da rápida evolução das tecnologias com a morosidade do Judiciário em definir a questão, o escopo da decisão ficou limitado a um conjunto de operações que são cada vez menos comuns: o licenciamento puro de *software*, usualmente concedido em caráter perpétuo, analisado pelo STF, foi largamente substituído por operações de licenciamento temporário de *software*, muitas vezes inseridas num conjunto complexo de outras obrigações (contratos mistos). Diante disso, mesmo após a decisão do STF, a qualificação tributária do *software* continua sendo objeto de debate, o que se confirma pelo posicionamento manifestado pelo Estado de São Paulo na Resposta à Consulta Tributária nº 24.762, publicada no dia 02 de fevereiro de 2022, na qual conclui que, na situação em que o *software* é vendido em conjunto com o equipamento (*hardware*), sendo parte integrante da mercadoria comercializada, o ICMS deve incidir sobre o valor total da operação — dando espaço para mais uma discussão.

De fato, o que se verifica é que o avanço das regras de tributação não acompanha o das tecnologias. Apesar de estarem dominando o mercado, *blockchain*, criptoativos, *non-fungible tokens* (NFTs), impressão 3D, inteligência artificial e os robôs são exemplos de novidades tecnológicas que desafiam as Administrações Tributárias ao redor do mundo, não havendo uma diretriz clara de como tributar os elevados valores envolvidos em transações relacionadas a tais tecnologias.

A questão ganha novos contornos com o surgimento de uma realidade virtual, em que as pessoas passam a interagir por meio de avatares digitais. Se, até então, havia um debate para definir a tributação de operações que, apesar de envolverem bens digitais, acontecem no ambiente tradicional de transações regulado pelo Direito, o universo virtual traz a complexidade de alcançar situações que sequer se passam no "mundo real".

Assim, o desenvolvimento do metaverso faz surgir debates sobre como tributar a aquisição de uma propriedade adquirida dentro desse universo digital ou a venda de roupas virtuais para avatares.

Questiona-se, portanto, como estabelecer a conexão das transações ocorridas no metaverso com o território de determinado ente tributante. Ultrapassada essa barreira inicial, deve-se definir quem são os atores envolvidos nessas operações e qual é a qualificação jurídica — por exemplo, se a venda de um terreno no metaverso é uma venda de imóvel, de ativo intangível ou um bem digital; no mesmo sentido, se a venda das roupas digitais pode ser qualificada como uma venda de mercadorias, etc.

Diante disso, o presente artigo objetiva analisar, primeiramente, o que é o metaverso e como ocorrem as transações financeiras nesse universo para, após, explorar as questões e desafios tributários envolvendo essa tecnologia.

1. Universo virtual e o conceito de metaverso

Não existe uma definição objetiva do que seria o metaverso mas, em síntese, trata-se de ambiente virtual imersivo, no qual as pessoas poderão conviver usando avatares customizados em 3D, na medida em que a realidade digital ou aumentada busca replicar o mundo "real" por meio de dispositivos digitais, como óculos especiais, fones de ouvido e outros equipamentos.

Assim, através do metaverso, todos os usuários poderiam, de maneira virtual, por meio de seus avatares, trabalhar, construir e decorar uma casa, comprar roupas e acessórios, dançar em festas com amigos, ir a shows e viajar.

Uma característica importante desse universo virtual é que ele pode envolver simultaneamente diversas tecnologias: realidade virtual, realidade aumentada, *blockchain*, criptomoedas e NFTs. Com efeito, para que se entenda o metaverso, é preciso também conhecer o papel de cada uma dessas tecnologias.

Nesse sentido, a realidade virtual é um ambiente digital em 3D, que simula o mundo "real" e permite a interação entre os participantes. Atualmente, o acesso a essa tecnologia requer o uso de equipamentos como óculos especiais.

Já a realidade aumentada consiste numa combinação entre os universos físico e virtual. Isto é, diferentemente da realidade virtual, a realidade aumentada introduz elementos virtuais no mundo real, como jogos em que os usuários utilizam câmeras de *smartphones* para capturar os personagens, em um mapa que se baseia no mundo real.

A *blockchain*, por sua vez, consiste em pedaços de código gerados online que carregam informações conectadas, como blocos de dados que formam uma corrente (daí o nome *blockchain*). Na prática, funciona como um livro-razão digital, que faz o registro de uma transação realizada através de moedas virtuais — as denominadas criptomoedas —, de forma que esse registro seja confiável e imutável. Essa tecnologia se notabilizou por propiciar um meio de troca digital confiável das criptomoedas, pois permite atingir um grau de segurança tamanho que torna impossível a falsificação ou modificação dos dados relativos ao registro das transações realizadas.

Por fim, o NFT corresponde a um código de computador, gerado através de tecnologia *blockchain*, que serve como uma autenticação de um arquivo, de modo a garantir que ele seja único. Dada essa funcionalidade, os NFTs têm sido muito usados para representar bens digitais, como obras de arte, música e filmes.

Portanto, os usuários do metaverso podem desenvolver seus avatares nesse universo que funciona como realidade virtual ou aumentada, realizando transações eletrônicas através de criptomoedas e utilizando os NFTs para autenticação dos itens transacionados, como um imóvel virtual, de modo a garantir que ele seja único.

Importante também explorar como essas transações funcionam na prática. Um terreno virtual comprado em uma plataforma do metaverso é vendido em lotes, assim como no mundo físico, sendo o pagamento realizado através da moeda específica (criptomoeda) daquele universo virtual. Após a aquisição, os investidores podem utilizar esses terrenos para obter receitas, por exemplo, hospedando festas ou eventos e cobrando de quem quiser participar — o NFT pode funcionar como um "ingresso" para o acesso ao evento. Também é possível construir uma casa virtual no terreno e alugá-la, obtendo uma receita mensal.

Atualmente, essas transações são realizadas através de *marketplaces* das plataformas de universo virtual, que permitem a compra e venda dos "bens", dos "ingressos" para eventos, etc.; a sua transferência a outros usuários; bem como identificar quem possui esses itens.

De fato, as transações realizadas no metaverso impressionam. Em novembro de 2021, noticiou-se a venda de um iate virtual no valor aproximado de 3,65 milhões de reais, contando com helipontos, hidromassagem e cabine para DJs, bem como de dois terrenos que somam

27 milhões de reais, quebrando os recordes de valores até então negociados nas plataformas.

Nesse contexto, o metaverso vem atraindo a atenção do mundo, com empresas anunciando planos ambiciosos de entrada e/ou desenvolvimento nesse universo. No entanto, a despeito do avanço acelerado dessa tecnologia, ainda existe grande incerteza sobre como ocorrerá a tributação sobre essas atividades, uma vez que o sistema tributário nunca previu uma operação dessa natureza, fazendo surgir uma série de questionamentos sobre o tema.

2. Questões tributárias

2.1. Como definir o local de tributação das transações?

Para que determinado tributo incida sobre uma situação da vida, é necessária a existência de um "elemento de conexão" entre o fato gerador e a norma tributária vigente, isto é, um elemento que permita determinar a ligação entre as pessoas, os objetos e os fatos aos ordenamentos tributários de cada ente.

Com efeito, os elementos de conexão podem ser subjetivos, quando se reportam às pessoas, como a nacionalidade ou a residência, ou objetivos, se se reportam às coisas e aos fatos, como a fonte de produção ou pagamento da renda, o lugar do exercício da atividade, o lugar da situação dos bens ou o lugar de celebração de um contrato.

No que diz respeito à tributação da renda, os países utilizam como elementos de conexão os critérios da fonte de pagamento e de residência, que atribuem competência para tributação ao país de origem dos pagamentos ou ao país de residência do titular dos rendimentos da operação em questão, respectivamente[1].

Já em relação aos tributos sobre o consumo, a tributação geralmente ocorre no país consumidor, em benefício dos Estados nos quais são consumidos os bens sobre que incidem ("princípio da tributação no país de destino")[2]. Por essa razão, os países de origem, nos quais os bens são produzidos, normalmente isentam a tributação na exportação.

---

[1] XAVIER, Alberto. *Direito tributário internacional do Brasil*. 8ª edição. Rio de Janeiro: Forense, 2015, p. 215.
[2] Ibidem, p. 225.

Nesse contexto, uma primeira questão que se coloca para a tributação no metaverso é como definir essa conexão entre uma atividade realizada no universo virtual e a jurisdição competente para tributá-la. Como exemplo, tenha-se a compra de um terreno no metaverso, realizada por um usuário no Brasil de um usuário na França, ou a situação em que o avatar criado por uma pessoa no Brasil adquire um tênis anunciado por uma loja dos Estados Unidos.

Nessas circunstâncias, apesar de as atividades ocorrerem no "universo virtual", como as plataformas do metaverso funcionam como um *marketplace*, em que os usuários podem anunciar e vender os seus "produtos", deve-se buscar uma conexão com as jurisdições desses participantes (por exemplo, a fonte de pagamento no Brasil ou a residência dos vendedores na França/Estados Unidos).

No entanto, a questão sobre onde tributar tais operações demanda a definição prévia do tipo de transação envolvida no metaverso — o que também determina qual tributo poderia incidir sobre aquela operação. Isto é, se se trata da compra de um "terreno", então seria possível falar no imposto de renda sobre o ganho de capital daquele bem; se é um ativo financeiro, também poderia incidir o imposto de renda sobre o ganho de capital correspondente. Nesses casos, seriam aplicáveis os critérios de tributação na fonte ou residência, segundo a legislação de cada país, podendo se analisar ainda as regras previstas nos acordos internacionais para prevenir a dupla tributação da renda[3].

Por outro lado, se o tênis virtual adquirido da loja nos Estados Unidos for considerado uma mercadoria, caberia então a incidência do ICMS no Brasil, adotando-se o princípio de tributação no destino, já que se trata de um bem adquirido do exterior. Ademais, se a venda ocorrer no cenário interno, considerando que o art. 155, § 2º, inc. VII da Constituição Federal determina que, nas operações que destinem bens a consumidor final localizado em outro Estado, deverá ser adotada a alíquota interestadual[4], cabendo ao Estado do destinatário o imposto correspondente à diferença entre a sua alíquota interna e a alíquota interestadual ("ICMS-DIFAL"), seria possível cogitar essa sistemática de tributação para as vendas interestaduais ocorridas no metaverso.

---

[3] Convenções celebradas bilateralmente entre os países, objetivando prevenir a dupla tributação internacional da renda.
[4] Alíquotas de 7% ou 12%, a depender dos Estados envolvidos na transação.

Portanto, ainda que seja possível identificar a localização dos usuários do metaverso para definir o local das transações, a tributação dessas atividades demanda a definição prévia de sua qualificação jurídica.

No entanto, não há na legislação um conceito jurídico-tributário de bens digitais, o que faz surgir a dificuldade de enquadrar essas transações nos conceitos existentes em nosso ordenamento, desenvolvidos numa época em que operações como essas eram impensáveis. A consequência direta disso é a complexidade em definir o tributo incidente nesses casos.

2.2. Natureza jurídica das transações e consequências tributárias

Apesar de a qualificação jurídica das operações realizadas no metaverso ser o elemento principal para determinar a sua tributação, a legislação nacional ou mesmo a legislação de outros países ainda não possuem diretrizes e regras claras sobre qual será a natureza jurídica desse universo virtual ou das atividades nele realizadas.

Para resolver essa lacuna legislativa, já se discute a necessidade de regulamentação dessa tecnologia, não apenas para fins tributários, mas também por questões trabalhistas[5], sobre privacidade de dados, propriedade intelectual[6], consumeristas, entre outras[7].

Enquanto isso, especula-se se tais atividades poderiam ser enquadradas nos conceitos já existentes na legislação, aplicando-se os regimes jurídicos correspondentes.

---

[5] Nesse sentido, confira-se: https://www.ft.com/content/9463ed05-c847-425d-9051-482bd3a1e4b1, acesso em: 21 fev. 2022. O artigo levanta questões trabalhistas relacionadas ao metaverso, especialmente a incerteza com relação à aplicação de proteções trabalhistas sobre o trabalho realizado no universo virtual, uma vez cada país possui sua própria legislação interna e não há clareza sobre qual delas se aplicará nessa rede.

[6] Confira: https://www.pwc.ch/en/insights/regulation/legal-compliance-metaverse.html, acesso em: 21 fev. 2022. Para fins de proteção de dados, discute-se quem poderá ser responsabilizado, já que não há uma rede ou ator claro envolvidos. Do mesmo modo, surgem questões sobre a propriedade intelectual, já que a criação dos itens no metaverso pode ser colaborativa e não é claro quem detém os direitos de PI.

[7] Cf. Moore, Schuyler. "Law in the Metaverse", *Forbes*. Disponível em: https://www.forbes.com/sites/schuylermoore/2021/12/22/law-in-the-metaverse/?sh=66a5f77045d1. Acesso em: 21 fev. 2022. Discute-se, por exemplo, quem poderá ser responsabilizado por questões consumeristas, como se darão as reclamações de usuários contra usuários, etc.

a) Tributação dos bens digitais

Partindo da definição constante das plataformas de metaverso, os "terrenos" nesse universo são bens digitais não fungíveis.

No entanto, como mencionado anteriormente, a legislação não prevê uma definição de "bens digitais" ou do tributo aplicável nesses casos. Por sua vez, até hoje, a jurisprudência também não conseguiu fixar uma diretriz aplicável a tais situações.

Nesse sentido, em fevereiro de 2021, ao julgar a ADI nº 1.945/MT e a ADI nº 5.659/MG, o STF decidiu pela não incidência do ICMS sobre operações de licenciamento de uso de *software*, seja ele de prateleira, customizado ou customizável, contudo, deixou claro que as discussões relacionadas à tributação dos bens digitais não estariam encerradas, tendo em vista que o assunto seria revisitado em suas outras nuances na ADI nº 5.958/DF.

Segundo o Ministro Dias Toffoli, redator do voto vencedor, naquela ocasião a questão analisada *"se restringe ao fornecimento de programas de computador mediante contrato de licenciamento ou cessão de direito de uso, como previsto no subitem 1.05 do Anexo à Lei Complementar nº 116/2003"*. Contudo, prosseguiu o Ministro,

> na ADI nº 5.958, de relatoria da Ministra Cármen Lúcia, se discutirá a validade do Convênio CONFAZ nº 106/2017, o qual tentou validar a cobrança do ICMS sobre todas as operações realizadas com software, ocasião em que a Suprema Corte terá nova oportunidade de revisitar tema tão complexo em todas as suas nuances.

O Convênio CONFAZ nº 106/2017, mencionado no voto vencedor da ADI nº 1.945/MT e a ADI nº 5.659/MG, buscou regulamentar a cobrança do ICMS nas operações com bens e mercadorias digitais, instituindo o imposto não apenas sobre o *software*, mas também sobre *"programas, jogos eletrônicos, aplicativos, arquivos eletrônicos e congêneres, que sejam padronizados, ainda que tenham sido ou possam ser adaptados, comercializadas por meio de transferência eletrônica de dados"*.

De fato, a venda de bens realizada no metaverso não parece se encaixar na decisão proferida pelo STF nas ADIs, que tratou exclusivamente da licença ou cessão de uso de *software* e não esgotou a discussão relacionada à tributação de bens digitais, e nem no conceito de "prestação de serviços", que pressupõe uma obrigação de fazer em favor de outrem.

Por outro lado, a definição de "bens e mercadorias digitais" contida no Convênio CONFAZ nº 106/2017 poderia se amoldar melhor à situação do metaverso, em que os itens vendidos poderiam ser classificados como arquivos eletrônicos comercializados por meio da transferência eletrônica de dados.

Nesse contexto, a ADI nº 5.958/DF foi ajuizada para requerer a declaração da inconstitucionalidade do referido Convênio, objetivando afastar qualquer possível incidência do ICMS sobre operações com bens digitais, incluindo-se *softwares*. Os fundamentos principais dessa ação eram de que: (i) ao pretender estabelecer a cobrança de ICMS nas operações com bens e mercadorias digitais (*softwares*) comercializadas por meio de transferência eletrônica de dados (*download*), o Convênio ICMS nº 106/2017 viola a repartição de competências tributárias prevista na Constituição Federal, pois as operações com *software* caracterizam serviços, por definição do legislador complementar, de forma que sua tributação compete aos municípios, através do ISS; e (ii) a cobrança do ICMS sobre bens e mercadorias digitais comercializadas por meio de transferência eletrônica de dados extrapola a competência material atribuída pelo art. 155, § 2º, inc. VII, alínea "g" da Constituição Federal pois, "*estando o conceito de mercadoria intrinsecamente relacionado à ideia de um bem corpóreo, é certo que o ICMS somente poderá alcançar as operações com bens que ostentem tal característica*", não se aplicando às transações digitais.

No entanto, ao apreciar a ADI nº 5.958/DF, a Ministra Carmen Lúcia, relatora do caso, julgou a ação prejudicada pela perda superveniente de objeto, por entender que a questão de mérito relativa à tributação dessas operações teria sido resolvida no julgamento das ADIs nº 1.945/MT e nº 5.659/MG. Nessa decisão, a relatora declarou ainda que o Convênio ICMS nº 106/2017 perdeu sua eficácia jurídica desde o julgamento dessas ADIs, por se tratar de ato editado com base na interpretação tida como inconstitucional pelo STF.

Portanto, atualmente, ainda que se pudesse considerar que os itens vendidos no metaverso se qualificam como "bens digitais", a tributação desses bens permanece incerta no Brasil, uma vez que as decisões do STF sobre a matéria não foram suficientes para esgotar o tema, exceto quando se tratar de operação envolvendo o licenciamento e a cessão de uso de *software*.

Ademais, nota-se que em outros países também não há uma definição se a qualificação como "bens digitais" seria adequada para definir a tributação das transações no metaverso. A título de exemplo, a legislação indiana atual tributa os bens digitais como serviços, incidindo sobre eles o IVA indiano[8] à alíquota de 18%. Segundo especialistas locais, a razão essencial para que esses intangíveis sejam percebidos como serviços é que essa qualificação garante a tributação de tais bens, na medida em que a maioria das transferências digitais operaria no modelo de licença temporária. Contudo, já se discute se essa definição continuaria adequada e eficiente com o surgimento do metaverso e a redefinição do conceito de propriedade, ou se também seria necessária sua revisão para se alinhar à nova era digital[9].

b) Tributação de ativos financeiros

Também se questiona se os bens transacionais teriam natureza de ativos financeiros, seguindo a qualificação dada pela Receita Federal do Brasil às criptomoedas.

Nesse sentido, para a Receita Federal do Brasil, o ganho de capital auferido na sua alienação de moedas virtuais deve ser tributado pelo imposto de renda conforme as regras aplicáveis às demais transações com ativos financeiros, inclusive quando esse ganho é diretamente utilizado na aquisição de outra moeda virtual, sem que tenha sido previamente convertida em real[10].

Com efeito, se criptomoedas são qualificadas como ativos financeiros, também seria possível entender que as transações realizadas no metaverso, uma vez que decorrentes de operações com essas moedas, devem seguir a mesma natureza e ser tributadas como ganhos de capital.

---

[8] *Goods and Services Tax (GST)*.

[9] SOMANI, Adarsh; BHANDARI, Sonam. *India: Metaverse — Are The Indian Laws Ready?* (Jan. 21, 2022). Disponível em: https://my.vitallaw.com/?cpid=WKUS-Legal-Cheetah&uAppCtx=cheetah#/read/AllContent/3aa16c9e7e1310008860000d3a8abb4e02!csh-da-filter!WKUS-TAL-DOCS-PHC-%7BA7941522-D694-4787-BAA0-4731C521E4F7%7D--WKUS_TAL_17866%23teid-287?searchItemId=&da=WKUS_TAL_17866. Acesso em: 21 fev. 2022.

[10] Ressalte-se que, segundo a Receita Federal do Brasil, mesmo a permuta de criptomoedas deve ser objeto de tributação de acordo com as regras aplicáveis para os ativos financeiros. Contudo, essa posição é altamente questionável, na medida em que na permuta não há o acréscimo patrimonial que caracteriza o fato gerador do imposto de renda, nos termos do art. 43, inc. I e II do Código Tributário Nacional.

No entanto, a posição da Receita Federal do Brasil de que há ganho de capital na aquisição ou permuta de criptomoedas sem que esses valores tenham sido convertidos em real ou outra moeda fiduciária viola o princípio da realização da renda e, como consequência, as normas que regulamentam a incidência do imposto de renda.

Explica-se. O artigo 43 do Código Tributário Nacional define o fato gerador do imposto sobre a renda, o qual pressupõe a "aquisição da disponibilidade econômica ou jurídica" de renda ou proventos de qualquer natureza.

Por sua vez, a respeito do princípio da realização da renda, a doutrina de Ricardo Mariz de Oliveira ensina que *"[...] a realização da renda confunde-se com a aquisição da disponibilidade econômica ou jurídica de renda ou de provento de qualquer natureza, pois essa aquisição marca o instante a partir do qual há acréscimo patrimonial e o imposto por ser exigido"*[11].

Portanto, enquanto os valores negociados permanecem na plataforma de negociação (metaverso), sendo utilizados para a compra e venda de "bens" dentro desse universo, sem que tenham sido convertidos em real ou outra moeda fiduciária, não há realização da renda para configurar o acréscimo patrimonial necessário à ocorrência do fato gerador do imposto de renda, nos termos do artigo 43 do Código Tributário Nacional.

Sendo assim, as operações somente deveriam ser tributadas por ocasião de sua realização, e não a cada vez que o avatar adquirir um acessório ou um ingresso no universo virtual.

No mais, a qualificação e tributação das operações no metaverso como ativos financeiros parece muito simplista e ineficaz num cenário de expansão das atividades nesse universo, na medida em que este envolve não apenas uma troca de ativos, mas diversas operações que buscarão reproduzir todas as atividades existentes no nosso convívio social.

Assim, com a expansão do metaverso e ampla comercialização de "bens" e "serviços" digitais nesse ambiente, como a compra de roupas e acessórios para ir ao trabalho ou a uma festa, idas à academia, salões de beleza, etc., em substituição às atividades presenciais, a qualificação e tributação exclusiva como ativos financeiros é ineficaz e prejudicial à arrecadação dos fiscos estadual e municipal, já que segundo as regras

---

[11] OLIVEIRA, Ricardo Mariz de. *Fundamentos do Imposto de Renda*. São Paulo: Quartier Latin, 2008, p. 372.

atuais brasileiras essas operações não sofrem a incidência dos tributos de sua competência, como o ICMS ou ISS.

Portanto, a natureza das atividades no metaverso e consequentemente a sua tributação ainda são incertas. Contudo, com a expansão dessas transações, uma legislação específica para a sua regulamentação é necessária para garantir a segurança jurídica na tributação das operações realizadas nesse ambiente, bem como uma arrecadação adequada e eficaz aos entes públicos.

Conclusões

Como demonstrado no presente artigo, o sistema tributário foi pensado para regulamentar a tributação de operações corpóreas, num contexto em que os participantes de determinada transação eram bem identificados, as atividades ocorriam em estabelecimentos fixos e podiam ser enquadradas em conceitos gerais tradicionais, como a circulação de bens (corpóreos), prestação de serviços, a aquisição de propriedade física móvel ou imóvel, etc.

No entanto, o desenvolvimento constante e acelerado da economia digital, com a adoção de tecnologias capazes de revolucionar os modelos tradicionais de transações, gera desafios para as Administrações Tributárias de todo o mundo, seja para definir a natureza dessas operações, os locais em que ocorrem, os atores envolvidos, qual Estado será competente para tributá-las e como fazê-lo.

Nesse cenário, o desenvolvimento do metaverso representa uma complexidade adicional ao Direito Tributário, pois pretende transferir todas as atividades realizadas no mundo "real" para o mundo virtual. Como visto nos tópicos anteriores, além de propiciar a realização de transações eletrônicas e fluxos de valores extremamente elevados, essas plataformas possibilitam a interação humana e a reprodução de todas as atividades do cotidiano, como ir ao trabalho, assistir a um filme no cinema, ir a uma festa com amigos, comprar roupas e acessórios para os avatares e viajar.

Ademais, além de ser uma tecnologia nova e potencialmente disruptiva, o metaverso envolve a interação de uma série de inovações tecnológicas recentes, como as transações com criptomoedas e os NFTs. Com efeito, se essas operações realizadas de maneira isolada já geravam debate e desafios para a tributação, não havendo até hoje um consenso entre os países para determinar como tributá-las, a reunião de todas elas em um universo virtual gera um cenário totalmente inédito e repleto de dúvidas às Administrações Tributárias e aos contribuintes.

Diante disso, a despeito de existir grande discussão nos cenários interno e internacional acerca da adequação dos sistemas tributários tradicionais para tributação das novas tecnologias ou se o desenvolvimento de novas regras se faz necessário para alcançar os valores envolvidos nessas transações, uma análise dos modelos existentes atualmente, especialmente sob a perspectiva brasileira, demonstra que nenhum deles parece se amoldar de forma eficaz ao universo virtual.

Desse modo, espera-se que essa incerteza seja mitigada através da criação de regras próprias ao metaverso, que permitam identificar a natureza das transações realizadas, os tributos aplicáveis e os entes competentes para cobrá-los, a fim de garantir a arrecadação e a segurança jurídica na tributação dos diversos tipos de operação que poderão ocorrer nessa nova realidade.

Referências

BRASIL. Ministério da Economia. Receita Federal. Solução de Consulta Cosit nº 214, de 20 de dezembro de 2021. Disponível em: http://normas.receita.fazenda.gov.br/sijut2consulta/link.action?naoPublicado=&idAto=122341&visao=anotado . Acesso em: 21 fev. 2022.

BRASIL. Supremo Tribunal Federal. Tribunal Pleno. Súmula Vinculante nº 31. Diário de Justiça Eletrônico — DJe de: 17 fev. 2010.

BRASIL. Supremo Tribunal Federal. Tribunal Pleno. Ação Declaratória de Inconstitucionalidade nº 1.945/MT. Diário de Justiça Eletrônico — DJe de: 20 mai. 2021.

BRASIL. Supremo Tribunal Federal. Tribunal Pleno. Ação Declaratória de Inconstitucionalidade nº 5.659/MG. Diário de Justiça Eletrônico — DJe de: 20 mai. 2021.

BRASIL. Supremo Tribunal Federal. Tribunal Pleno. Ação Declaratória de Inconstitucionalidade nº 5.958/DF. Diário de Justiça Eletrônico — DJe de: 09 fev. 2021.

CARRAZZA, Roque Antonio. *Imposto sobre a Renda: perfil constitucional e temas específicos*. São Paulo: Malheiros, 2005.

GOVERNMENT OF CANADA. *Guide for cryptocurrency users and tax professionals*. Disponível em: https://www.canada.ca/en/revenue-agency/programs/about-canada-revenue-agency-cra/compliance/digital-currency/cryptocurrency-guide.html. Acesso em: 22 fev. 2022.

IRS. *IRS virtual currency guidance: virtual currency is treated as property for U.S. federal tax purposes; general rules for property transactions apply.* Disponível em: https://www.irs.gov/newsroom/irs-virtual-currency-guidance. Acesso em: 22 fev. 2022.

Moore, Schuyler. Law in the metaverse, *Forbes*. Disponível em: https://www.forbes.com/sites/schuylermoore/2021/12/22/law-in-the-metaverse/?sh=66a5f77045d1. Acesso em: 21 fev. 2022.

Oliveira, Ricardo Mariz de. *Fundamentos do Imposto de Renda.* São Paulo: Quartier Latin, 2008.

PREFEITURA DE UBERLÂNDIA/MG. *Prefeitura de Uberlândia é a primeira do Brasil a realizar reunião no metaverso.* Disponível em: https://www.uberlandia.mg.gov.br/2022/01/31/prefeitura-de-uberlandia-e-a-primeira-do-brasil-a-realizar-reuniao-de-trabalho-no-metaverso/. Acesso em: 20 fev. 2022.

PREFEITURA DE PINDAMONHANGABA/SP. *17/02 — Prefeitura de Pinda é pioneira na utilização da tecnologia do metaverso.* Disponível em: https://pindamonhangaba.sp.gov.br/noticias/administracao/1702-prefeitura-de-pinda-e-pioneira-na-utilizacao-da-tecnologia-do-metaverso, Acesso em: 20 fev. 2022.

Rubinsteinn, Gabriel. Metaverso movimenta R$ 30 milhões em 3 vendas e iate virtual bate recorde. *Revista Exame.* Disponível em: https://exame.com/future-of-money/metaverso-movimenta-r30-milhoes-em-3-vendas-e-iate-virtual-bate-recorde/. Acesso em: 20 fev. 2022.

Somani, Adarsh; Bhandari, Sonam. *India: Metaverse — Are the Indian Laws Ready?* (Jan. 21, 2022). Disponível em: https://my.vitallaw.com/?cpid=WKUS-Legal-Cheetah&uAppCtx=cheetah#/read/AllContent/3aa16c9e7e1310008860000d3a8abb4e02!csh-da-filter!WKUS-TAL-DOCS-PHC-%7BA7941522-D694-4787-BAA0-4731C521E4F7%7D--WKUS_TAL_17866%23teid-287?searchItemId=&da=WKUS_TAL_17866. Acesso em: 21 fev. 2022.

Xavier, Alberto. *Direito tributário internacional do Brasil.* 8ª edição. Rio de Janeiro: Forense, 2015.

12.
DIREITOS HUMANOS NO METAVERSO: DIREITOS REAIS DE PESSOAS VIRTUAIS

Clara Serva
Luiz Carlos Silva Faria Junior

Introdução

A criação de novos mundos baseados na virtualização das relações e na construção de realidades virtuais paralelas é uma utopia ou distopia (dependendo de quem a formula) presente no imaginário social moderno desde a metade do século XX. Esse fato não diminui o risco de sensação de vertigem diante das transformações produzidas em acelerado ritmo pela marcha sociotecnológica rumo a um futuro anteriormente previsto somente em obras de ficção.

Podendo ser visto como a nova revolução copernicana devido a seu potencial redefinidor da sociedade global, o metaverso (res)surge[1] rodeado de dúvidas e desconfianças quanto às dimensões dos seus impactos na maneira como vivemos, e, consequentemente, na esfera de direitos dos indivíduos.

---

[1] O conceito "metaverso" surge pela primeira vez na obra de ficção cyberpunk "*Snow Crash*", escrita por Neal Stephenson. Vide: Stephenson, Neal T. *Snow Crash*. São Paulo: Editora Aleph, 2015.

É inquestionável que a criação de uma nova esfera de realidade possui incontáveis implicações para o mundo jurídico, quer se compreenda o metaverso como uma desejada novidade ou como um risco posto pelo capitalismo de vigilância às instituições[2]. O fato é que é inevitável sentir os impactos, ainda que incipientes, do futuro que se descortina à frente de nossos olhos.

A problemática que se busca investigar neste trabalho gira em torno da complexa relação entre o metaverso e a garantia de direitos humanos em suas múltiplas dimensões, abrindo diálogo para o questionamento sobre quais direitos humanos encontram-se em potencial risco no processo de construção, design e engenharia do metaverso; na experiência de uso e interação social por pessoas reais; e na própria esfera de existência atribuída ao avatar, ou persona virtual, no metaverso.

Dessa forma, propomos o desenvolvimento de pesquisa teórica, utilizando revisão de literatura para realizar investigação jurídico-compreensiva[3] sobre os impactos que o metaverso pode gerar aos indivíduos e à coletividade humana em sua esfera fundamental de direitos, objetivando gerar mais questionamentos do que apresentar soluções.

Sem a pretensão de reiterar o conteúdo já exposto no capítulo inicial desta obra, realiza-se abaixo, com a lupa dos Direitos Humanos, uma breve incursão teórica sobre o conceito de metaverso, no que ele inova em relação ao já conhecido ambiente virtual que ocupa grande parte de nossas vidas.

Em um segundo momento, partimos para a construção de um inventário normativo que conforma a moldura jurídica dentro da qual se desenvolve conceitual, material e virtualmente o metaverso, de modo a identificar de que forma o legislador nacional e internacional endereçou os desafios postos pela internet e pela construção de mundos virtuais com relação a direitos humanos.

Por fim, tratamos de duas dimensões das relações entre direitos humanos e metaverso, de modo a levantar questionamentos quanto aos riscos a direitos humanos de pessoas reais e virtuais no metaverso (no pro-

---

[2] ZUBOFF, Shoshana. *The Age of Surveillance Capitalism*: The Fight for a Human Future at the New Frontier of Power. New York: Public Affairs, 2019.

[3] GUSTIN, Miracy Barbosa de Sousa; DIAS, Maria Tereza Fonseca. *(Re)pensando a Pesquisa Jurídica*: Teoria e Prática. Belo Horizonte: Del Rey, 2010.

cesso de design de novos mundos virtuais, na experiência imersiva do usuário e na construção de estrutura física para operá-lo), provocados pela reflexão quanto à existência de direitos humanos de pessoas virtuais.

1. Direito e metaverso: entre o real e o virtual

São múltiplas as formas pelas quais interagimos virtualmente, seja através de aplicativos de mensagens, redes sociais, vídeo e áudiochamadas, pesquisas em páginas na internet, jogos online etc. Como exposto nas primeiras páginas desta coletânea, o metaverso propõe a criação de uma nova camada de realidade que permita às pessoas vivenciarem as interações digitais em completa imersão, promovendo um avanço disruptivo na maneira como nos relacionamos no mundo digital[4].

Amplia as possibilidades de interação em uma dupla dimensão: horizontalmente ao abarcar atividades que integram a rotina das pessoas, e que não se relacionam necessariamente com a experiência de um jogo — como fazer uma reunião de trabalho ou ir a um show de música[5] –; e verticalmente ao tornar a experiência imersiva através de dispositivos tecnológicos. Abarca duas dimensões de "pessoas"[6] — as reais por trás da experiência e as virtuais, presentes nessa nova camada de realidade, composta por uma coleção de mundos virtuais interconectados revestida de criptografia, realidade aumentada e em conexão com o mundo físico através de dispositivos de realidade virtual, ou de tecnologia de imersão.

Para a compreensão da dimensão dos direitos humanos, é preciso ter em mente que o metaverso possui três características: ser imersivo,

---

[4] O metaverso pode ser definido como "uma ideia de um universo digital compartilhado na nuvem, mesclando os elementos fisicamente presentes, por Realidade Aumentada, com espaços virtuais. Trata-se de algo distinto da Realidade Aumentada, no sentido que opera em camadas incrementais ao mundo físico".
ZANATTA, Rafael. *Metaverso: entre a possibilidade de uma existência estendida e a escravidão algorítmica*. [Entrevista concedida a] Ricardo Machado. *Revista IHU On-line*, n. 550, p. 4-16. Disponível em: https://www.ihuonline.unisinos.br/media/pdf/IHUOnlineEdicao550.pdf. Acesso em: 17 fev. 2022.
[5] WEBSTER, Andrew. Ariana Grande's Fortnite tour was a moment years in the making. *The Verge*, 09 de agosto de 2021. Disponível em: https://www.theverge.com/2021/8/9/22616664/ariana-grande-fortnite-rift-tour-worldbuilding-storytelling. Acesso em: 17 fev. 2022.
[6] Diz-se "pessoa" sem a utilização do conceito previsto no artigo 2º do Código Civil, mas utilizando o paralelo que o metaverso propõe de que as experiências lá sejam equiparáveis à real — quando não a extrapolarem.

colaborativo e interativo[7]. Greg Lastowka, no início de seu livro lançado no "longínquo" ano de 2010, intitulado *Virtual Justice: the New Laws of Online Worlds*[8], faz uma comparação entre três castelos: um deles é real[9], um é "meio que" real[10] e o terceiro não é real[11]. Greg Lastowka não viveu tempo suficiente para discutir o surgimento do metaverso propriamente dito e suas implicações no mundo do Direito. No entanto, a partir de sua obra, é possível inserir um quarto castelo à sua tríade, o "meta real"[12], existente somente no plano virtual com controle, administração e propriedade reais e descentralizados (não detidos pela empresa desenvolvedora).

Se a relação com os bens materiais ganha crescente e relevante complexidade com a criação dos planos virtuais, muito mais se diria das relações humanas e, portanto, dos direitos humanos. O metaverso promete uma experiência capaz de transformar de maneira definitiva os limites entre o real e o virtual[13].

Greg Lastowka e Dan Hunter, em 2004[14], já compreendiam a existência real dos mundos virtuais como artificiais, mas não totalmente fora da realidade. De fato, mesmo localizadas no reino do virtual, do fictício e do imaginário, as coisas e "pessoas" possuem existência no campo do real enquanto criações humanas e podem gerar impactos significativos no mundo físico, como o próprio Direito. Por isso, a experiência e a existência individual e coletiva no metaverso suscitam questões e deman-

---

[7] ZANATTA, op. cit.
[8] LASTOWKA, Greg. *Virtual Justice*: The New Laws of Online Worlds. New Haven: Yale University Press, 2010.
[9] O autor alude ao Castelo de Cardiff como exemplo, localizado no País de Gales, com mais de 2.000 anos de história.
[10] Para ilustrá-lo, vale-se da imagem do castelo de *Walt Disney World*, que simultaneamente transita entre o mundo real (com castelo localizado no parque temático Magic Kingdom nos Estados Unidos) e a fantasia.
[11] Vale-se do Castelo da Ilha da Adaga, localizado no mundo virtual da Britannia, no jogo *Ultima Online*.
[12] Adotando-se o imagético de Lastowka, ter-se-ia o Castelo de Arendelle, localizado no mundo virtual Decentraland no metaverso, com propriedade vendida há 2 anos por 192 mana (criptomoeda), avaliado em R$ 2.839.680,00.
[13] Como já se prometia desde a década de 1990 com o ideário de computação ubíqua e ambiente inteligente em Palo Alto (EUA) (ZANATTA, op. cit., p. 6).
[14] LASTOWKA, Greg; HUNTER, Dan. The Laws of the Virtual Worlds. *California Law Review*, vol. 92, n. 1, 2004, p. 1-73.

dam respostas eficientes para assegurar os direitos humanos de pessoas reais e virtuais.

2. A moldura jurídica de um quadro ainda não pintado

Assim como a moldura que circunda a Mona Lisa de Da Vinci jamais estará à altura do quadro que busca conter, a moldura jurídica que se constrói para as relações virtuais e para o metaverso nunca será suficiente para regular com segurança os conflitos, dar total previsibilidade às relações ou acabar com seus riscos. Isso porque o quadro do metaverso e de todas as dimensões virtuais é uma pintura viva, que provavelmente nunca será terminada, podendo se transmutar por completo quando chegar ao seu ocaso.

De outra sorte, os devaneios alegóricos usam muitas das cores e bases existentes no panorama jurídico atual com relação à proteção de direitos humanos e sua (in)capacidade de alcançar a esfera de realidade sendo construída no metaverso.

O sistema internacional de proteção aos direitos humanos se estrutura sobre a base da universalidade com relação a seus destinatários. A Declaração Universal dos Direitos Humanos[15], de 1948, afirma em diversos dispositivos a sua aplicação a todos os seres humanos, em sua integralidade.

Nesse ponto, cumpre rememorar a finalidade precípua do reconhecimento do status de ser humano a um indivíduo na ordem internacional. No processo histórico de construção da sociedade moderna/colonial de base euronorcêntrica — *locus* de constituição da Organização das Nações Unidas (ONU) e da Declaração Universal dos Direitos Humanos — foi a negação da humanidade que legitimou juridicamente a escravização de pessoas negras, o holocausto, as torturas em Guantánamo e tantos outros exemplos de graves violações. Não obstante a relevância do debate sobre a competência para definir juridicamente quem é a pessoa natural, a pedra angular da aplicabilidade dos direitos humanos ao plano virtual é relembrar sua finalidade: evitar violações que historicamente decorriam da negativa de humanidade a pessoas. Nesse ponto, o próprio uso

---

[15] ONU. Assembleia Geral. *Declaração Universal dos Direitos Humanos*. Genebra: ONU, 1948. Disponível em: https://www.unicef.org/brazil/declaracao-universal-dos-direitos-humanos. Acesso em: 19 fev. 2022.

da expressão "pessoa natural" ou "pessoa física" lança sombras sobre seu paralelo no plano virtual, por mera interpretação gramatical, mas exige uma interpretação teleológica para identificar o campo que os legisladores em direitos humanos (domésticos e internacionais) buscaram tutelar.

Por óbvio, a Organização das Nações Unidas, ao definir as bases fundantes do que conhecemos como direitos humanos, não tinha condições de antever todos os desafios que viriam a ser colocados pelo mundo virtual e pela internet enquanto ferramenta de violação e proteção de direitos, devido aos mais de 40 anos que separam a sua criação do surgimento da rede mundial de computadores. Entretanto, a ONU, por meio do Conselho de Direitos Humanos, tem realizado intenso trabalho de investigação e interpretação jurídica nas últimas duas décadas por meio dos procedimentos especiais (grupos de trabalho e relatorias especiais) que produziram mais de 110 relatórios tratando de direitos humanos e a emergência de novas tecnologias[16].

O Conselho de Direitos Humanos afirma categoricamente em diversas resoluções[17] que "os mesmos direitos que as pessoas possuem offline também devem ser protegidos online" e conclama os Estados a "assegurar medidas de reparação eficazes para as violações a direitos humanos, incluindo as relacionadas à internet, de acordo com suas obrigações internacionais"[18].

Isso já seria suficiente para tornar pacífica a interpretação de que todos os direitos humanos protegidos no mundo real também devem ser garantidos no mundo virtual. Todavia, tanto a ONU (pelo sistema global) quanto os sistemas regionais de proteção[19] têm tornado expressa a proteção de direitos que os indivíduos possuem quando no plano virtual.

---

[16] Ver lista não exauriente de relatórios produzidos pelos procedimentos especiais: https://www.ohchr.org/Documents/HRBodies/SP/List_SP_Reports_NewTech.pdf. Acesso em: 21 fev. 2020.

[17] Vide: Resolução do Conselho de Direitos Humanos A/HRC/RES/20/8, de 5 de julho de 2012; Resolução do Conselho de Direitos Humanos A/HRC/RES/26/13, de 26 de junho de 2014; e Resolução do Conselho de Direitos Humanos A/HRC/RES/32/13, de 18 de julho de 2016, sobre a promoção, proteção e gozo dos direitos humanos na internet.

[18] ONU. Conselho de Direitos Humanos. *Resolução A/HRC/RES/38/7, de 17 de julho de 2018.* Promoção, proteção e gozo de direitos humanos na Internet. Parágrafos 1 e 8. Genebra: ONU, 2018. Disponível em: https://digitallibrary.un.org/record/1639840. Acesso em: 19 fev. 2022.

[19] No caso brasileiro, pelo Sistema Interamericano de Direitos Humanos.

As Convenções Interamericanas contra Toda Forma de Discriminação e Intolerância[20], e contra o Racismo, a Discriminação Racial e Formas Correlatas de Intolerância[21], ambas de 2013 e assinadas pelo Brasil — mas somente a segunda ratificada pelo país e com decreto publicado em janeiro de 2022[22] — mencionam em seu art. 4º, ii, o dever dos Estados de prevenir, proibir, eliminar e punir as manifestações discriminatórias, inclusive quando praticadas na internet[23]. A Convenção Internacional sobre os Direitos das Pessoas com Deficiência[24], ratificada pelo Brasil com status de norma constitucional[25], prevê o direito de acesso à informação com acessibilidade, inclusive na internet[26]. E esses são somente

---

[20] OEA. *Convenção Interamericana Contra Toda Forma de Discriminação e Intolerância.* 05 de junho de 2013. La Antigua: OEA, 2013. Disponível em: https://www.oas.org/es/sla/ddi/tratados_multilaterales_interamericanos_A-69_discriminacion_intolerancia.asp. Acesso em: 19 fev. 2022.

[21] OEA. *Convenção Interamericana Contra o Racismo, a Discriminação Racial e Formas Correlatas de Intolerância.* 05 de junho de 2013. La Antigua: OEA, 2013. Disponível em: https://www.oas.org/es/sla/ddi/tratados_multilaterales_interamericanos_A-68_racismo.asp. Acesso em: 19 fev. 2022.

[22] BRASIL. *Decreto nº 10.932/2022, de 10 de janeiro de 2022.* Promulga a Convenção Interamericana contra o Racismo, a Discriminação Racial e Formas Correlatas de Intolerância, firmado pela República Federativa do Brasil, na Guatemala, em 5 de junho de 2013. Brasília, DF, 2017. Disponível em: http://www.planalto.gov.br/ccivil_03/_Ato2019-2022/2022/Decreto/D10932.htm. Acesso em: 19 fev. 2022.

[23] Idem. "Artigo 4. Os Estados comprometem-se a prevenir, eliminar, proibir e punir, de acordo com suas normas constitucionais e com as disposições desta Convenção, todos os atos e manifestações de racismo, discriminação racial e formas correlatas de intolerância, inclusive: (...) ii. publicação, circulação ou difusão, por qualquer forma e/ou meio de comunicação, inclusive a internet, de qualquer material racista ou racialmente discriminatório que:".

[24] ONU. Assembleia Geral. *Convenção Internacional sobre os Direitos das Pessoas com Deficiência.* 30 de março de 2009. Nova York: ONU, 2009. Disponível em: https://www.un.org/development/desa/disabilities/convention-on-the-rights-of-persons-with-disabilities/convention-on-the-rights-of-persons-with-disabilities-2.html. Acesso em: 19 fev. 2022.

[25] BRASIL. *Decreto nº 6.949, de 25 de agosto de 2009.* Promulga a Convenção Internacional sobre os Direitos das Pessoas com Deficiência e seu Protocolo Facultativo, assinados em Nova York, em 30 de março de 2007. Brasília, DF, 2009. Disponível em: http://www.planalto.gov.br/ccivil_03/_ato2007-2010/2009/decreto/d6949.htm. Acesso em: 19 fev. 2022.

[26] "Artigo 21. Liberdade de expressão e de opinião e acesso à informação
Os Estados Partes tomarão todas as medidas apropriadas para assegurar que as pessoas com deficiência possam exercer seu direito à liberdade de expressão e opinião, (...) entre as quais:

alguns exemplos de como os sistemas internacional e regionais explicitaram sua atenção aos direitos humanos na dimensão virtual.

Mais se poderia dizer ao mencionar as resoluções e relatórios da ONU e da OEA sobre liberdade de expressão[27], a Carta de Direitos Humanos e Princípios da Internet desenvolvida no âmbito do Fórum de Governança da Internet da ONU[28], ou as declarações conjuntas sobre liberdade de expressão e internet, envolvendo as Nações Unidas e organizações regionais dos continentes europeu, africano e americano[29].

Também o ordenamento doméstico e, no particular, o brasileiro tem buscado se atualizar para atender às demandas de regulamentação do mundo virtual quanto aos direitos universais e aos sistemas especiais de proteção, que visam a tutelar direitos de grupos minorizados ou vulnerabilizados. Popular na tutela de direitos virtuais é o direito à privacidade e à proteção de dados pessoais. Mas a legislação alcança o combate à

---

c) Urgir as entidades privadas que oferecem serviços ao público em geral, inclusive por meio da Internet, a fornecer informações e serviços em formatos acessíveis, que possam ser usados por pessoas com deficiência;

d) Incentivar a mídia, inclusive os provedores de informação pela Internet, a tornar seus serviços acessíveis a pessoas com deficiência;"

[27] Como exemplo de relatórios das Relatorias Especiais sobre liberdade de expressão das Nações Unidas e da OEA, podemos mencionar: ONU. Assembleia Geral. *A/66/290, de 10 de agosto de 2011*. Relatório do Relator Especial sobre a Promoção e Proteção do Direito à Liberdade de Opinião e Expressão. Disponível em: http://ap.ohchr.org/documents/dpage_s.aspx?m=85. Acesso em: 19 fev. 2022; e OEA. CIDH. Relatoria Especial para a Liberdade de Expressão. *OEA/Ser.L/V/II, de 31 de dezembro de 2013*. Relatório Liberdade de Expressão e Internet. Disponível em: https://www.oas.org/pt/cidh/expressao/docs/publicaciones/2014%2008%2004%20Liberdade%20de%20Express%C3%A3o%20e%20Internet%20Rev%20%20HR_Rev%20LAR.pdf. Acesso em: 20 fev. 2022.

[28] ONU. Fórum de Governança da Internet. *Carta de Direitos Humanos e Princípios da Internet*. 2010. Disponível em: https://www.ohchr.org/Documents/Issues/Opinion/Communications/InternetPrinciplesAndRightsCoalition.pdf. Acesso em: 21 fev. 2022.

[29] Podemos citar como exemplo a Declaração Conjunta: Liberdade de Expressão e Internet assinada em 2011 pelo Relator Especial da ONU para Liberdade de Opinião e Expressão, pela Representante para a Liberdade dos Meios de Comunicação da Organização para Segurança e Cooperação Europeia, pela Relatora Especial da Organização dos Estados Americanos para a Liberdade de Expressão e pela Relatora Especial sobre Liberdade de Expressão e Acesso à Informação da Comissão Africana de Direitos Humanos e dos Povos. Disponível em: https://www.oas.org/es/cidh/expresion/showarticle.asp?artID=849&lID=2. Acesso em: 19 fev. 2022. São elaboradas declarações conjuntas sobre liberdade de expressão anualmente desde 1999. Para acessar todas as declarações, ver: https://www.oas.org/pt/cidh/expressao/showarticle.asp?artID=1146&lID=4. Acesso em: 19 fev. 2019.

discriminação (seja com base em raça, cor, origem, gênero, deficiência, entre outras), alçando-o à conduta praticada por meio da internet.

Os exemplos não são poucos. Para proteger o direito à imagem, à intimidade e à dignidade, no ano de 2018, a lei penal brasileira (sem prejuízo da sua já garantida reparação civil) se debruçou sobre o conhecido "vazamento de nudes", buscando frear a difusão dessa prática virtual com graves danos a pessoas reais[30]. A Lei Brasileira de Inclusão, aprovada em 2015, incorpora as disposições da Convenção e estabelece como obrigatória a acessibilidade nos sítios da internet mantidos por empresas[31].

O arcabouço jurídico internacional e nacional, dentro das limitações intrínsecas do Direito, tem buscado se adaptar aos desafios colocados pela internet e pelas novas tecnologias com relação a ambientes virtuais, preparando a moldura para que pouco a pouco esse quadro seja pintado.

3. Direitos humanos e metaverso

Ao pensar sobre a tutela de direitos humanos no metaverso é inevitável se questionar sobre o *status* desses direitos em um mundo, ou vários mundos. Exige, por premissa, questionar sobre quem é seu criador — se exclusiva ou majoritariamente concebido por e para homens brancos, cis, heterossexuais, sem deficiência, e se o criador tem determinada origem, nacionalidade ou localidade. Desta questão, várias outras derivam, como: quem — aos olhos do seu criador — será visto "pelo" metaverso como humano no metaverso? Sendo os avatares potencialmente construídos à imagem e semelhança dos seres humanos, seriam eles dotados de humanidade no metaverso? O titular do direito é o avatar ou a pessoa natural que o concebe? Qual o rol de direitos humanos no metaverso? Como se dará a responsabilização nesse espaço virtual?

---

[30] A Lei nº 13.718/2018 inseriu o art. 218-C no Código Penal. Disponível em: http://www.planalto.gov.br/ccivil_03/_ato2015-2018/2018/lei/L13718.htm. Acesso em: 20 fev. 2020.

[31] "Art. 63. É obrigatória a acessibilidade nos sítios da internet mantidos por empresas com sede ou representação comercial no País ou por órgãos de governo, para uso da pessoa com deficiência, garantindo-lhe acesso às informações disponíveis, conforme as melhores práticas e diretrizes de acessibilidade adotadas internacionalmente.

§ 1º Os sítios devem conter símbolo de acessibilidade em destaque". Ver: BRASIL. *Lei nº 13.146, de 6 de julho de 2015*. Institui a Lei Brasileira de Inclusão da Pessoa com Deficiência (Estatuto da Pessoa com Deficiência). Brasília, DF, 2015. Disponível em: http://www.planalto.gov.br/ccivil_03/_ato2015-2018/2015/lei/l13146.htm. Acesso em: 19 fev. 2022.

Em um borbulhar de reflexões, não tem o presente artigo a pretensão de oferecer respostas a todas as perguntas colocadas neste momento, ainda mais quando possuem bases tão diversas (jurídicas, morais, filosóficas ou até pseudoteológicas). O que de pronto resta claro é que o metaverso — e todos os seus mundos virtuais — não pode ser visto como um espaço sem lei diante da máxima fundamental de sermos o que quisermos, com atenção à dignidade e à igualdade material.

Exatamente por essa liberdade no ofício de talhar "avataridades"[32] que se torna essencial o princípio basilar da responsabilidade. Na dimensão individual, cumpre questionar se poderá uma pessoa cis projetar um avatar transgênero; uma pessoa sem deficiência estar por trás de um avatar neurodiverso?

A dimensão coletiva ganha contornos ainda mais relevantes. Em um país marcado pelo racismo estrutural, qual a probabilidade de seus cidadãos criarem um mundo virtual composto apenas por avatares brancos? Se constituído só por avatares sem deficiência, quais as implicações para o fomento ao capacitismo em uma sociedade real?

Em um sem-fim de perguntas, há ao menos uma certeza: não é possível renunciar à premissa social da responsabilidade por seus atos, nem da garantia de acesso à reparação às vítimas, caso haja violação de direitos. Nesse contexto, assumimos aqui o desafio de abrir questionamentos[33] sobre a relação entre direitos humanos e metaverso em uma dinâmica que torna uno os campos real e virtual. Para tal, discutiremos o respeito a direitos humanos no metaverso analisando três dimensões: a dimensão de criação e design de mundos virtuais; a dimensão da experiência e de construção de existência virtual; e a dimensão da estrutura tecnológica física e econômica para produção e manutenção de mundos virtuais.

3.1. Direitos humanos na criação e design do metaverso

Tratar da relação destes direitos com o mundo digital das novas tecnologias — neste caso, com o metaverso — implica compreender que a

---

[32] Silogismo criado em analogia ao desenvolvimento da personalidade dos indivíduos.

[33] Em vez de focar em respostas, que, no momento, correriam grave risco de se apresentarem superficiais e quiçá alheias à complexidade dos potenciais eventos e seus tratamentos jurídicos. De fato, cada pergunta ora apresentada mereceria um estudo próprio, reconhecendo a profundidade e atenção a que fazem jus os direitos humanos.

tecnologia, assim como qualquer outro fenômeno social, nunca é totalmente despida de vieses conscientes e inconscientes. Tais vieses se relacionam com o que Foucault convencionou designar como assimetrias de poder macro e microfísicas[34], premissa sobre a qual se assentam todas as gerações de direitos[35]. O metaverso é desenhado por pessoas reais inseridas na sociedade atual, com preconceitos, opiniões políticas, crenças religiosas etc. Por isso, parece-nos utópico imaginar que seria possível construir novos mundos virtuais sem a influência do mundo no qual vivemos.

A transposição ao mundo virtual de um padrão dominante[36], por meio de linguagem social e algorítmica, traz riscos à idealização de mundos virtuais e metarreais melhores do que aquele em que vivemos. Por esse motivo, o tema está na pauta de múltiplos pesquisadores e pesquisadoras que têm discutido discriminação digital e racismo algorítmico[37], questionando a forma através da qual tais padrões são incorporados nessas tecnologias e quais as consequências desse reflexo.

A pesquisadora do MIT Joy Buolamwini afirma que mecanismos de reconhecimento facial possuem desempenho pior com relação a rostos de mulheres, notadamente mulheres negras[38]. Tal cenário discriminatório se repete ao se avaliarem outros tantos exemplos, como as implicações de discriminação racial em mecanismos tecnológicos de reconhecimento facial para fins criminais.

---

[34] FOUCAULT, Michel. *Microfísica do Poder*. Rio de Janeiro: Edições Graal, 1984.

[35] De início, os direitos foram concebidos para mitigar as adversidades relacionadas a abusos decorrentes da assimetria de poder entre Estado e jurisdicionados. Pouco a pouco, robusteceram-se para combater as violações a direitos humanos (por ação ou omissão) relacionadas às assimetrias de poder entre jurisdicionados, atentando às particularidades de cada grupo (os chamados sistemas especiais de direitos humanos).

[36] Masculino, branco, sem deficiência e cis-heteronormativo.

[37] Ver os trabalhos de: SILVA, Tarcízio. Racismo Algorítmico em Plataformas Digitais: microagressões e discriminação em código. In: *Anais do VI Simpósio Internacional LAVITS*. Salvador, 2019. Disponível em: https://lavits.org/wp-content/uploads/2019/12/Silva-2019-LAVITSS.pdf. Acesso em: 21 fev. 2022; NOBLE, Safiya Umoja. *Algorithms of Oppression*: How search engines reinforce racism. New York: NYU Press, 2018; BENJAMIN, Ruha. *Race After Technology*. Cambridge, UK: Polity Press, 2019; entre outros.

[38] BUOLAMWINI, Joy Adowaa. *Gender Shades*: Intersectional Phenotypic and Demographic Evaluation of Face Datasets and Gender Classifiers. Dissertação [Mestrado em Ciências]. Programa de Mestrado em Artes e Ciências — Massachusetts Institute of Technology. 2017. 116 pp.

A relatora especial das Nações Unidas sobre Formas Contemporâneas de Racismo, Discriminação Racial, Xenofobia e Intolerância Relacionada, E. Tendayi Achiume[39], publicou em 2020 relatório temático ao Conselho de Direitos Humanos da ONU realizando uma análise sobre discriminação e novas tecnologias digitais a partir de uma perspectiva de direitos humanos, no qual identifica o desafio jurídico posto pelas novas tecnologias[40].

Segundo Achiume, um dos caminhos para contornar as atuais implicações de tais tecnologias seria a adoção de uma postura pelos Estados e agentes privados que não seja *"colour-blind"* — ou ignorante ao racismo —, mas que busque a identificação das desigualdades e violações de direitos humanos e atue de modo a preveni-las, corrigi-las e repará-las[41]. A proposta corresponde ao mesmo movimento que os direitos humanos vivenciaram na história, ou seja, da igualdade formal para a igualdade material, que exige o tratamento de desiguais na medida de suas desigualdades.

3.2. Direitos humanos e a experiência de uso do metaverso

Com relação ao campo da proteção aos direitos humanos durante o período de login em mundos virtuais, o metaverso propõe elevar a outro patamar a experiência de uso através de dispositivos de realidade virtual e realidade aumentada, tornando "mais reais" e físicas situações de vio-

---

[39] Para mais informações, ver: https://www.ohchr.org/EN/Issues/Racism/SRRacism/Pages/CurrentMandateHolder.aspx. Acesso em: 21 fev. 2022.

[40] "Emerging digital technologies pose a mammoth regulatory and governance challenge from a human rights perspective. In many cases, the data, codes and systems responsible for discriminatory and related outcomes are complex and shielded from scrutiny, including by contract and intellectual property laws. (...) On the other hand, the companies responsible for creating and implementing emerging digital technologies face few if any legal requirements to prove that their systems comply with human rights principles and will not produce racially discriminatory outcomes." ONU. Conselho de Direitos Humanos. A/HRC/44/57, de 18 de junho de 2020. *Relatório da Relatoria Especial sobre Formas Contemporâneas de Racismo, Discriminação Racial, Xenofobia e Intolerância Relacionada*, p. 14. Disponível em: https://digitallibrary.un.org/record/3879751?ln=en. Acesso em: 21 fev. 2022.

[41] Sobre essa questão, é importante mencionar a discussão sobre "design justice", uma abordagem que pensa o design como uma prática protagonizada por grupos e comunidades marginalizadas desafiando as desigualdades estruturais. Ver: COSTANZA-CHOCK, Sasha. *Design Justice*: Community-Led Practices to Build the Worlds We Need. Cambridge, Massachusetts: MIT Press, 2020.

lações de direitos que já ocorrem na internet. Estamos falando de casos de discriminação, atos decorrentes de discurso de ódio, assédio e violência sexual, entre outros.

Situações como essas são potencialmente traumáticas para a vítima quando ela se encontra conectada a um jogo ou plataforma virtual somente por áudio ou por vídeo. Com o uso de óculos de realidade virtual e de vestimentas que reproduzem a experiência física e táctil no metaverso, multiplicam-se os impactos de um ato de assédio sexual cometido contra um avatar, com efeitos no mundo real à pessoa por trás da persona virtual.

Apesar do pouco tempo de existência, o metaverso já coleciona notícias sobre casos de violações de direitos humanos praticados entre usuários. São difundidas inúmeras denúncias de casos de assédio sexual, exposição de menores a conteúdo sexual explícito e racismo em mundos virtuais, a exigir prevenção, punição e reparação[42] adequadas.

Para tanto, demanda-se definição sobre a quem cumpriria dispor sobre tal matéria. O direito internacional já demonstrou claramente por meio de tratados e de relatórios a sua capacidade de proteger direitos humanos no espaço virtual, atribuindo aos Estados o dever de tutelar o respeito em âmbito nacional. A Convenção Interamericana contra o Racismo, a Discriminação Racial e Formas Correlatas de Intolerância é clara ao afirmar que "todo ser humano é igual perante a lei e tem direito à igual proteção contra o racismo, a discriminação racial e formas correlatas de intolerância, em qualquer esfera da vida pública ou privada"[43]. Trata não apenas da discriminação direta, como da indireta, ou seja, aquela que ocorre a partir de ação ou omissão aparentemente neutras com, todavia, a capacidade de acarretar desvantagem particular para pessoas de determinado grupo[44].

Mas não se adstringe aos Estados o debate quanto ao monitoramento de violações. Quando tratamos de mundos virtuais do metaverso criados, administrados e mantidos por empresas ou por uma entidade pri-

---

[42] OPPENHEIM, Maya. "Repeated rape threats": Sexual violence and racist abuse in the metaverse. *Independent*. 16 de fevereiro de 2022. Disponível em: https://www.independent.co.uk/news/uk/home-news/metaverse-sexual-harasment-assault-racism-b2015741.html. Acesso em: 21 fev. 2022.
[43] Op. cit, Artigo 2.
[44] Idem, Artigo 1.2.

vada, restam em suas mãos ferramentas para a moderação do comportamento dos usuários e para a aplicação de sanções na plataforma.

Já quanto à competência para julgar as pessoas reais por violações a direitos humanos cometidas no metaverso, o debate é extenso[45]. Se, de um lado, há corrente que atribui ao Estado de nacionalidade do autor ou da vítima a jurisdição; de outro, ventila-se a hipótese de se estabelecer uma jurisdição universal como solução, com base no argumento de que os direitos humanos contidos na Declaração Universal possuiriam *status* de norma imperativa no direito internacional (*jus cogens*); e há, ainda, corrente segundo a qual seria necessário criar uma metajurisdição para julgar violações de direitos no metaverso e com competência para aplicar sanções no mundo real.

a) Titulares de deveres e direitos no metaverso: considerações sobre os Direitos Humanos de pessoas virtuais

Não menos relevante é o debate jurídico quanto às dimensões subjetivas dos direitos humanos[46], debruçando-se sobre os sujeitos relacionados à violação, com duas principais dimensões[47], uma das quais com duas camadas: de um lado, as pessoas virtuais relacionadas à violação (os avatares causadores da violação e os avatares vítimas); e, de outro, as pes-

---

[45] LEKESIZBAŞ, Aslı Nur; AKTEPE, Ceren Gizem. The Position of Metaverses in the Field of Law. *Digicrimjus*. 31 de dezembro de 2021. Disponível em: https://www.digicrimjus.com/2021/12/31/the-position-of-metaverses-in-the-field-of-law/. Acesso em: 17 fev. 2022.

[46] A dimensão subjetiva tem foco principal no sujeito, no titular do direito. Desta forma, os direitos fundamentais geram direitos subjetivos aos seus titulares, demandando comportamentos (negativos ou positivos) dos destinatários. A dimensão objetiva dos direitos fundamentais prescinde de seus próprios titulares — dos sujeitos de direito —, e resulta do significado dos direitos fundamentais enquanto princípios básicos da ordem jurídica existente. Para compreensão mais detalhada, ver: MENDES, Gilmar Ferreira; BRANCO, Paulo Gustavo Gonet. *Curso de Direito Constitucional*. 6. ed. São Paulo: Saraiva, 2011.

[47] Não se exige, por outro lado, que ambas as dimensões estejam sempre presentes em todas as situações. As contas em jogos online e aplicativos, e os avatares respectivos, juntamente com os seus atributos e itens são compreendidos como propriedade da pessoa real que os criou. Porém, com a evolução da inteligência artificial já é possível imaginar um futuro no qual o avatar poderá interagir no metaverso, mesmo sem a pessoa real estar online, com base nos padrões de comportamento do usuário coletados ininterruptamente. Então não seria mais tão absurdo argumentar que os avatares virtuais, concebidos à semelhança de ações e omissões de pessoas reais, delas independeriam, podendo prever as ações que seriam tomadas por sua existência real.

soas reais, havendo uma dimensão individual e outra estrutural (difusa ou coletiva).

Um olhar desatento poderia apontar a um exercício de imaginação jurídica quanto às pessoas virtuais como aqueles com os quais nos deparamos durante as aulas na faculdade de Direito, mas não é disso que se trata. Raph Koster, um conhecido desenvolvedor de jogos online, elaborou no ano 2000 uma "Declaração dos Direitos dos Avatares" com base na Declaração dos Direitos do Homem e do Cidadão e na Declaração de Direitos dos Estados Unidos. Em seu preâmbulo está contida a seguinte frase:

> Therefore, this document holds the following truths to be self-evident: That avatars are the manifestation of actual people in an online medium, and that their utterances, actions, thoughts, and emotions should be considered to be as valid as the utterances, actions, thoughts, and emotions of people in any other forum, venue, location, or space[48].

O avatar no metaverso, diante da declaração elaborada por Koster, poderia ser então uma pessoa virtual ligada à pessoa real, possuindo direitos e deveres no metaverso, inclusive nacionalidade[49].

Outra possibilidade jurídica disruptiva no metaverso e que já começa a ser executada é a venda da imagem e da voz de pessoas reais para a criação de avatares controlados por inteligência artificial. A pessoa real terá a sua imagem, voz e talvez até personalidade (em um futuro próximo talvez) controlados por IA, e essa persona virtual poderá ter sua

---

[48] KOSTER, Raph. *Declaring the Rights of Players*. 27 de agosto de 2000. Disponível em: http://www.raphkoster.com/gaming/playerrights.shtml. Acesso em: 21 fev. 2022.

[49] Já existem países adquirindo propriedades em mundos virtuais para abrirem embaixadas no metaverso e emitirem vistos digitais (*e-visas*). Um exemplo é a República de Barbados, que já assinou acordo para aquisição de porção de "land" no mundo virtual *Decentraland* comprometendo-se a seguir com as disposições das Convenções de Viena sobre Direito Diplomático e Consular. E não seria a primeira vez que um Estado abre uma embaixada em um mundo virtual, a Suécia e a Estônia já abriram embaixadas virtuais no jogo *Second Life*. Vide: WYSS, Jim. *Barbados Is Opening a Diplomatic Embassy in the Metaverse*. Bloomberg, 14 de dezembro de 2021. Disponível em: https://www.bloomberg.com/news/articles/2021-12-14/barbados-tries-digital-diplomacy-with-planned-metaverse-embassy. Acesso em: 21 fev. 2022; LEKESIZBAŞ, Aslı Nur; AKTEPE, Ceren Gizem. Op. cit.; e https://secondlife.com/. Acesso em: 21 fev. 2022.

esfera de direitos humanos violada, gerando repercussões para a pessoa real que vendeu o uso de recursos relacionados a suas características[50].

Mas não é preciso ir tão longe para constatar que violações cometidas no metaverso possuem implicações a direitos humanos, ainda que sejam direcionadas a impactar somente pessoas virtuais. Isso porque terão impactos para toda a comunidade, independente das vítimas diretas, pois esses direitos constituem base da própria ordem jurídica que fundamenta a existência do metaverso, principalmente se compreendermos a existência de dimensão democrática na governança do metaverso. Assim, se uma mulher avatar sofre abuso sexual no metaverso, a violência representa uma vulnerabilidade na proteção dos direitos de todas as mulheres — reais e representadas no mundo virtual[51].

3.3. Direitos humanos e a estrutura tecnológica física e econômica do metaverso

Com relação aos impactos negativos reais e potenciais da estrutura tecnológica física e econômica para produção e manutenção do metaverso, importante ressaltar que a construção de mundos virtuais demanda a existência de potentes servidores e grandes centros para o armazenamento de dados no mundo real, que consomem uma grande quantidade de energia elétrica para se manterem funcionando, gerando impactos ao meio ambiente e aos direitos humanos.

A implementação e difusão do metaverso em larga escala aumentará a demanda por equipamentos de realidade virtual — colocando o desafio do incremento no descarte de lixo eletrônico —, e pelos serviços de armazenamento de dados na nuvem. Segundo o *Data Quest*, a implantação de centros de dados e de estruturas de armazenamento de dados na nuvem pode levar a um aumento das emissões de gases de efeito estufa

---

[50] Como no caso de haver violação de seu direito à imagem no metaverso com danos à sua honra no mundo real.

[51] Por esse prisma difuso e coletivo, menor relevo haveria — para fins de aferição da existência de uma violação — na definição de quem é a pessoa física natural por trás do avatar vítima. Significa dizer que haverá violência de gênero quando um avatar feminino, detido por uma pessoa natural do gênero masculino, sofre violência (física, verbal, psicológica ou de outra natureza), uma vez que tal violência terá impactos indiretos a toda a coletividade feminina. É o que o sistema interamericano refere por impactos estruturais da violação e da reparação.

pela sua alta demanda de energia[52]. Além disso, há uma complexa cadeia de produção dos componentes eletrônicos de todos os equipamentos necessários para tornar a experiência do metaverso verdadeiramente imersiva, repleta de denúncias de violações a direitos humanos, como trabalho escravo, exploração sexual infantil, dentre outros[53].

Os Princípios Orientadores da ONU sobre Empresas e Direitos Humanos[54] (hoje traduzidos em normas vinculantes e em Planos Nacionais de Ação de Empresas e Direitos Humanos em diversas localidades) são claros ao buscar atribuir às empresas o dever de respeitar os direitos humanos. Estas devem evitar causar impactos negativos ou contribuir para eles e buscar "prevenir ou mitigar os impactos diretamente relacionados às suas atividades e operações, produtos ou serviços prestados em suas relações comerciais, mesmo se elas não tiverem contribuído para esses impactos"[55].

Os Princípios da ONU ditam o tom de potencial diretiva da União Europeia[56], que exigirá de empresas a internalização da lupa de direitos humanos a seus sistemas de integridade, independentemente do setor em que atuem, o que, indiscutivelmente, abarcará tecnologia.

Devido a esse reconhecimento internacional da responsabilidade das empresas de tecnologia que o Alto Comissariado das Nações Unidas para Direitos Humanos lançou em 2019 o Projeto B-Tech[57] para

---

[52] DATA QUEST. *The Metaverse*: What are the environmental impacts & future. 17 de janeiro de 2022. Disponível em: https://www.dqindia.com/the-metaverse-what-are-the-environmental-impacts-future/. Acesso em: 21 fev. 2022.

[53] Ver exemplo em: https://www.business-humanrights.org/en/latest-news/major-tech-companies-respond-to-lawsuit-over-child-labour-in-cobalt-mines-argue-that-global-supply-chains-do-not-fall-under-the-scope-of-the-trafficking-victims-protection-reauthorization-act/. Acesso em: 21 fev. 2022.

[54] ONU. Conselho de Direitos Humanos. *Princípios Orientadores sobre Empresas e Direitos Humanos*. Genebra: ONU, 2011. Disponível em: https://www.gov.br/mdh/pt-br/assuntos/noticias/2019/outubro/Cartilha_versoimpresso.pdf. Acesso em: 21 fev. 2022.

[55] Idem. Princípio 13, "b", p.21.

[56] Diz-se "potencial" pois não aprovada até o momento em que concluída a elaboração do presente artigo, em fevereiro de 2022. Ver: UE. Comissão Europeia. *Proposal for a Directive on Corporate Sustainability Due Diligence*. 23 fev. 2022. Disponível em: https://ec.europa.eu/info/publications/proposal-directive-corporate-sustainable-due-diligence-and-annex_en. Acesso em: 23. fev. 2022.

[57] Para mais informações sobre o projeto, ver: https://www.ohchr.org/EN/Issues/Business/Pages/B-TechProject.aspx. Acesso em: 21 fev. 2022.

desenvolver estratégias de prevenção, mitigação e reparação de impactos e violações a direitos humanos no campo da tecnologia.

Com esse prisma, uma longa estrada deverá ser construída para que se desenvolvam cadeias produtivas atentas aos impactos a direitos humanos de pessoas reais e virtuais em todas as etapas e dimensões.

Conclusões

Não há dúvidas de que a incursão jurídica sobre o metaverso se assenta em solo fértil para reflexões sobre direitos humanos em dimensões diversas e que se relacionam a todas as etapas da cadeia produtiva, notadamente a concepção do metaverso (do design aos insumos tecnológicos), exigindo atenção às pessoas reais e virtuais com que se relaciona. O respeito aos direitos humanos na concepção é, ademais de um fim em si mesmo, um meio para mitigar eventuais impactos negativos que a atividade-fim potencialmente geraria.

As possibilidades que o metaverso oferece são muitas e, como toda inovação, a desatenção aos impactos poderá gerar severos riscos aos direitos humanos. Lidar com esses riscos será tarefa que demandará esforço de monitoramento, intricado ao dever de devida diligência.

De certo, os agentes relacionados a esse novo universo não poderão se omitir do respeito a direitos humanos sob o argumento de se tratar de plano virtual. Os princípios fundacionais do metaverso devem ter como viga mestra o corpo normativo de direitos humanos já existente, tendo em conta os deveres de respeito, proteção e garantia de direitos das pessoas reais e virtuais[58] como ponto de partida para a construção de mundos digitais melhores do que habitamos.

Referências

BENJAMIN, Ruha. *Race After Technology*. Cambridge, UK: Polity Press, 2019.

BOURDIEU, Pierre. *O Poder Simbólico*. Rio de Janeiro: Editora Bertrand Brasil, 1989.

BRASIL. *Decreto nº 6.949, de 25 de agosto de 2009*. Promulga a Convenção Internacional sobre os Direitos das Pessoas com Deficiência e seu Protocolo Facultativo, assinados em Nova York, em 30 de março de 2007. Brasília, DF, 2009. Disponível em: http://www.planalto.gov.br/ccivil_03/_ato2007-2010/2009/decreto/d6949.htm. Acesso em: 19 fev. 2022.

---

[58] Em extensão ainda a ser definida.

BRASIL. *Lei nº 13.146, de 6 de julho de 2015*. Institui a Lei Brasileira de Inclusão da Pessoa com Deficiência (Estatuto da Pessoa com Deficiência). Brasília, DF, 2015. Disponível em: http://www.planalto.gov.br/ccivil_03/_ato2015-2018/2015/lei/l13146.htm. Acesso em: 19 fev. 2022.

BRASIL. *Decreto nº 10.932/2022, de 10 de janeiro de 2022*. Promulga a Convenção Interamericana contra o Racismo, a Discriminação Racial e Formas Correlatas de Intolerância, firmado pela República Federativa do Brasil, na Guatemala, em 5 de junho de 2013. Brasília, DF, 2017. Disponível em: http://www.planalto.gov.br/ccivil_03/_Ato2019-2022/2022/Decreto/D10932.htm. Acesso em: 19 fev. 2022.

BUOLAMWINI, Joy Adowaa. *Gender Shades*: Intersectional Phenotypic and Demographic Evaluation of Face Datasets and Gender Classifiers. Dissertação [Mestrado em Ciências]. Programa de Mestrado em Artes e Ciências — Massachusetts Institute of Technology. 2017. 116 pp.

COSTANZA-CHOCK, Sasha. *Design Justice*: Community-Led Practices to Build the Worlds We Need. Cambridge, Massachusetts: MIT Press, 2020.

DATA QUEST. *The Metaverse*: What are the environmental impacts & future. 17 de janeiro de 2022. Disponível em: https://www.dqindia.com/the-metaverse-what-are-the-environmental-impacts-future/. Acesso em: 21 fev. 2022.

DE SARO, Matthew. Most Expensive Virtual Plot of Land Ever Sells for $ 900,000 on Decentraland. *Yahoo Finance*, 2021. Disponível em: https://finance.yahoo.com/news/most-expensive-virtual-plot-land-185000712.html. Acesso em: 19 fev. 2022.

DECLARAÇÃO Conjunta: *Liberdade de Expressão e Internet*. Relatoria Especial da ONU para Liberdade de Opinião e Expressão; Representante para a Liberdade dos Meios de Comunicação da Organização para Segurança e Cooperação Europeia; Relatoria Especial da Organização dos Estados Americanos para a Liberdade de Expressão; Relatoria Especial sobre Liberdade de Expressão e Acesso à Informação da Comissão Africana de Direitos Humanos e dos Povos. 01 de junho de 2011. Disponível em: https://www.oas.org/es/cidh/expresion/showarticle.asp?artID=849&lID=2. Acesso em: 19 fev. 2022.

DECLARAÇÃO Conjunta do Vigésimo Aniversário: *Desafios para a Liberdade de Expressão na Próxima Década*. Relatoria Especial da ONU para Liberdade de Opinião e Expressão; Representante para a Liberdade dos Meios de Comunicação da Organização para Segurança e Cooperação Europeia; Relatoria Especial da Organização dos Estados Americanos para a Liberdade de Expressão; Relatoria Especial sobre Liberdade de Expressão e Acesso à Informação da Comissão Africana de Direitos Humanos e dos Povos. 10 de julho de 2019. Disponível em: https://www.oas.org/pt/cidh/expressao/showarticle.asp?artID=1146&lID=4. Acesso em: 19 fev. 2019.

FOGLESONG, Richard E. *Married to the Mouse*: Walt Disney World and Orlando. New Haven: Yale University Press, 2003.

FOUCAULT, Michel. *Microfísica do Poder*. Rio de Janeiro: Edições Graal, 1984.

GUSTIN, Miracy Barbosa de Sousa; DIAS, Maria Tereza Fonseca. *(Re)pensando a Pesquisa Jurídica*: Teoria e Prática. Belo Horizonte: Del Rey, 2010.

KOSTER, Raph. *Declaring the Rights of Players*. 27 de agosto de 2000. Disponível em: http://www.raphkoster.com/gaming/playerrights.shtml. Acesso em: 21 fev. 2022.

LASTOWKA, Greg; HUNTER, Dan. The Laws of the Virtual Worlds. *California Law Review*, vol. 92, n. 1, 2004, p. 1-73.

LASTOWKA, Greg. *Virtual Justice*: The New Laws of Online Worlds. New Haven: Yale University Press, 2010.

LEKESIZBAŞ, Aslı Nur; AKTEPE, Ceren Gizem. The Position of Metaverses in the Field of Law. *Digicrimjus*. 31 de dezembro de 2021. Disponível em: https://www.digicrimjus.com/2021/12/31/the-position-of-metaverses-in-the-field-of-law/. Acesso em: 17 fev. 2022.

MENDES, Gilmar Ferreira; BRANCO, Paulo Gustavo Gonet. *Curso de Direito Constitucional*. 6. ed. São Paulo: Saraiva, 2011.

NOBLE, Safiya Umoja. *Algorithms of Oppression*: How search engines reinforce racism. New York: NYU Press, 2018.

OEA. CIDH. Relatoria Especial para a Liberdade de Expressão. *OEA/Ser.L/V/II, de 31 de dezembro de 2013*. Relatório Liberdade de Expressão e Internet. Disponível em: https://www.oas.org/pt/cidh/expressao/docs/publicaciones/2014%20 08%2004%20Liberdade%20de%20Express%C3%A3o%20e%20Internet%20 Rev%20%20HR_Rev%20LAR.pdf. Acesso em: 20 fev. 2022.

OEA. *Convenção Interamericana Contra Toda Forma de Discriminação e Intolerância*. 06 de junho de 2013. La Antigua: OEA, 2013. Disponível em: https://www.oas.org/es/sla/ddi/tratados_multilaterales_interamericanos_A-69_discriminacion_intolerancia.asp. Acesso em: 19 fev. 2022.

OEA. *Convenção Interamericana contra o Racismo, a Discriminação Racial e Formas Correlatas de Intolerância*. 05 de junho de 2013. La Antigua: OEA, 2013. Disponível em: https://www.oas.org/es/sla/ddi/tratados_multilaterales_interame ricanos_A-68_racismo.asp. Acesso em: 19 fev. 2022.

ONU. Assembleia Geral. *Declaração Universal dos Direitos Humanos*. Genebra: ONU, 1948. Disponível em: https://www.unicef.org/brazil/declaracao-universal-dos-direitos-humanos. Acesso em: 19 fev. 2022.

ONU. Assembleia Geral. *Convenção Internacional sobre os Direitos das Pessoas com Deficiência*. 30 de março de 2009. Nova York: ONU, 2009. Disponível em: https://www.un.org/development/desa/disabilities/convention-on-the-rights-of-persons-with-disabilities/convention-on-the-rights-of-persons-with-disabilities-2.html. Acesso em: 19 fev. 2022.

ONU. Assembleia Geral. *A/66/290, de 10 de agosto de 2011.* Relatório do Relator Especial sobre a Promoção e Proteção do Direito à Liberdade de Opinião e Expressão. Disponível em: http://ap.ohchr.org/documents/dpage_s.aspx?m=85. Acesso em: 19 fev. 2022.

ONU. Conselho de Direitos Humanos. *Princípios Orientadores sobre Empresas e Direitos Humanos.* Genebra: ONU, 2011. Disponível em: https://www.gov.br/mdh/pt-br/assuntos/noticias/2019/outubro/Cartilha_versoimpresso.pdf. Acesso em: 21 fev. 2022.

ONU. Conselho de Direitos Humanos. *Resolução A/HRC/RES/20/8, de 5 de julho de 2012. Promoção, proteção e gozo de direitos humanos na Internet.* Genebra: ONU, 2012. Disponível em: https://ap.ohchr.org/documents/dpage_e.aspx?si=A/HRC/RES/20/8. Acesso em: 19 fev. 2022.

ONU. Conselho de Direitos Humanos. *Resolução A/HRC/RES/26/13, de 26 de junho de 2014. Promoção, proteção e gozo de direitos humanos na Internet.* Genebra: ONU, 2014. Disponível em: https://digitallibrary.un.org/record/775322?ln=es. Acesso em: 19 fev. 2022.

ONU. Conselho de Direitos Humanos. *Resolução A/HRC/RES/32/13, de 18 de julho de 2016. Promoção, proteção e gozo de direitos humanos na Internet.* Genebra: ONU, 2016. Disponível em: https://ap.ohchr.org/documents/dpage_e.aspx?si=a/hrc/res/32/13. Acesso em: 19 fev. 2022.

ONU. Conselho de Direitos Humanos. *Resolução A/HRC/RES/38/7, de 05 de julho de 2018. Promoção, proteção e gozo de direitos humanos na Internet.* Genebra: ONU, 2018. Disponível em: https://digitallibrary.un.org/record/1639840. Acesso em: 19 fev. 2022.

ONU. Conselho de Direitos Humanos. *A/HRC/44/57, de 18 de junho de 2020.* Relatório da Relatoria Especial sobre Formas Contemporâneas de Racismo, Discriminação Racial, Xenofobia e Intolerância Relacionada. Disponível em: https://digitallibrary.un.org/record/3879751?ln=en. Acesso em: 21 fev. 2022.

ONU. Fórum de Governança da Internet. *Carta de Direitos Humanos e Princípios da Internet.* 2010. Disponível em: https://www.ohchr.org/Documents/Issues/Opinion/Communications/InternetPrinciplesAndRightsCoalition.pdf. Acesso em: 21 fev. 2022.

OPPENHEIM, Maya. "Repeated rape threats": Sexual violence and racist abuse in the metaverse. *Independent.* 16 de fevereiro de 2022. Disponível em: https://www.independent.co.uk/news/uk/home-news/metaverse-sexual-harasment-assault-racism-b2015741.html. Acesso em: 21 fev. 2022.

SILVA, Tarcízio. Racismo Algorítmico em Plataformas Digitais: microagressões e discriminação em código. In: *Anais do VI Simpósio Internacional LAVITS.* Salvador, 2019. Disponível em: https://lavits.org/wp-content/uploads/2019/12/Silva-2019-LAVITSS.pdf. Acesso em: 21 fev. 2022.

STEPHENSON, Neal T. *Snow Crash*. São Paulo: Editora Aleph, 2015.

UE. Comissão Europeia. *Proposal for a Directive on Corporate Sustainability Due Diligence*. 23 fev. 2022. Disponível em: https://ec.europa.eu/info/publications/proposal-directive-corporate-sustainable-due-diligence-and-annex_en. Acesso em: 23. fev. 2022.

WEBSTER, Andrew. Ariana Grande's Fortnite tour was a moment years in the making. *The Verge*, 9 de agosto de 2021. Disponível em: https://www.theverge.com/2021/8/9/22616664/ariana-grande-fortnite-rift-tour-worldbuilding-storytelling. Acesso em: 17 fev. 2022.

WYSS, Jim. Barbados Is Opening a Diplomatic Embassy in the Metaverse. *Bloomberg*, 14 de dezembro de 2021. Disponível em: https://www.bloomberg.com/news/articles/2021-12-14/barbados-tries-digital-diplomacy-with-planned-metaverse-embassy. Acesso em: 21 fev. 2022.

ZANATTA, Rafael. Metaverso: entre a possibilidade de uma existência estendida e a escravidão algorítmica. [Entrevista concedida a] Ricardo Machado. *Revista IHU On-line*, n. 550, p. 4-16. Disponível em: https://www.ihuonline.unisinos.br/media/pdf/IHUOnlineEdicao550.pdf. Acesso em: 17 fev. 2022.

ZUBOFF, Shoshana. *The Age of Surveillance Capitalism*: The Fight for a Human Future at the New Frontier of Power. New York: Public Affairs, 2019.

13.
NOVAS PERSPECTIVAS PARA O DIREITO DE PROPRIEDADE

Maria Isabel de Sá Dias Machado
Rafael Medeiros Mimica

Introdução

O mundo metaverso e os desafios por ele impostos à sociedade se apresentam como um tema bastante recorrente no momento. Embora essa realidade ainda pareça um pouco distante, está cada vez mais presente no dia a dia, convidando-nos a repensar conceitos jurídicos. Não há dúvidas de que os institutos tradicionais do direito deverão ser adaptados para contemplar essa nova realidade que, ao que tudo indica, veio para ficar.

Conceitualmente, o denominado "mundo metaverso" se caracteriza como uma realidade que integra o virtual e o real. Trata-se de um ambiente intermediário em que os usuários podem interagir entre si em um espaço virtual gerado pelas novas tecnologias. Embora pareça algo novo, a realidade no mundo metaverso começou a ser moldada já na década de 1950, com o surgimento das primeiras versões de *videogames*, responsáveis por propiciar justamente um ambiente de interação entre usuários e itens virtuais.

Hoje em dia, o mundo metaverso se qualifica como uma rede em 3D que pode ser usada para trabalhar e se divertir. Além disso, esse ambiente propicia ao usuário a experiência de ultrapassar o limite do possível, já que o mundo virtual não possui tantas amarras sociais.

As pessoas podem, por exemplo, interagir entre si e ter uma vida social se valendo de personagens virtuais, mesclando o mundo real e o digital. É viável, dessa forma, imaginar interações que não veríamos na prática ou reuniões em locais inimagináveis (em outro planeta, por exemplo), com relações simultâneas entre pessoas do mundo todo.

Tudo isso, que ultrapassa os limites do que estamos habituados, no mundo virtual é perfeitamente possível. Além disso, o metaverso tem o potencial de disseminar o uso das criptomoedas (moedas criadas digitalmente em computadores e que possuem um valor de mercado), contribuindo para a construção e o desenvolvimento da economia digital.

Nesse contexto, sem dúvidas, a pandemia de COVID-19 impulsionou o desenvolvimento do mundo metaverso, já que nos impôs a necessidade de revermos a forma como trabalhamos e como nos divertimos, transferindo interações para o mundo virtual e se apresentando como solução para manter vínculos sociais no contexto de afastamento físico.

Para dar mais concretude à evolução do mundo metaverso, que ainda nos parece tão distante, é relevante analisarmos alguns exemplos que refletem tal evolução no dia a dia da sociedade, sobretudo no período pós pandêmico e que vivemos atualmente. Nesse contexto, os *videogames*, precursores do mundo virtual, tornaram-se uma experiência de visualização e envolvimento social. Agregam-se aos jogos, outras experiências como *shows* virtuais e desfiles de moda, que muitas vezes ocorrem no mesmo ambiente dos *videogames*. Por meio de desfiles, por exemplo, as marcas fazem divulgação de suas roupas e acessórios e propiciam aos usuários a possibilidade de experimentá-los no mundo virtual.

Há, ainda, esculturas e obras de arte digitais, terrenos e animais de estimação virtuais, além de personagens virtuais hiper-realistas, que são capazes de se adaptar a situações em tempo real e exprimir estados emocionais dos humanos. Por fim, há registros, inclusive, de um casamento virtual realizado nos Estados Unidos no final do ano de 2021. O casamento contou com a presença de personagens virtuais personalizados dos convidados, recepcionista, além de discurso dos padrinhos[1].

---

[1] BRANDÃO, Hemerson. Casamento no Metaverso vira alvo de discussão sobre a legalidade da cerimônia. *Gizmodo Brasil*. 2021. Disponível em: https://gizmodo.uol.com.br/casamento-

O exemplo da experiência de um casamento no ambiente metaverso é inovador e desperta curiosidade. Ao mesmo tempo, demonstra a necessidade de serem reavaliados os conceitos jurídicos para enfrentar os novos desafios do novo mundo que se apresenta, de forma que se avalie, por exemplo, a validade de uma cerimônia realizada sem observância das formalidades legais[2]. De fato, é inegável que as relações interpessoais vêm sofrendo alterações diante do crescente aumento da realidade virtual e que os conceitos tradicionais do direito devem ser repensados para acompanhar as mudanças.

Note-se que, afora a questão das formalidades legais, o mundo metaverso também desafia os limites da jurisdição e das leis aplicáveis, na medida em que as interações podem ocorrer em diversos territórios e de forma simultânea. Há, ainda, o obstáculo de tornar a plataforma virtual segura e garantir a privacidade dos usuários. Por fim, também surgem discussões em torno do direito de propriedade no mundo metaverso, objeto deste artigo.

Com efeito, seja em relação a obras de arte, esculturas ou terrenos virtuais torna-se necessário reconhecer os titulares dos direitos autoriais ou de propriedade do conteúdo para que possam usufruir financeiramente de sua criação ou aquisição. Surgem, assim, os denominadas NFTs (*tokens* não fungíveis), que serão abordados neste artigo e permitem registrar e negociar a propriedade de bens virtuais, recompensando os criadores. Basicamente, o arquivo ganha uma autenticidade e propriedade para que o autor receba determinada porcentagem quando o conteúdo é usado ou transferido.

Essa ferramenta (NFT), assim como as criptomoedas, inaugura novas perspectivas no direito de propriedade que devem ser enfrentadas. De fato, no que tange ao direito de propriedade, os conceitos tradicionais do direito devem ser revisitados para acomodar novos significados de bens e patrimônio.

Ao mesmo tempo, é oportuno examinar como o direito de propriedade se apresenta diante dessa realidade, devendo ser observadas as consequências práticas, seja para regular o procedimento de registro

---

no-metaverso-vira-alvo-de-discussao-sobre-legalidade-da-cerimonia/. Acesso em: 23 fev. 2022.

[2] BOHRER, Bethânia Valentim. Nota Técnica: Casamento no Metaverso. Boletim *Revista dos Tribunais Online*, v. 24/2022, fev. 2022, p. 02.

e tutela do novo viés desse direito, seja para que os itens virtuais (por terem conteúdo patrimonial) possam estar sujeitos a constrições, permitindo a sua penhora para a oportuna satisfação de créditos. Caso tais desafios não sejam enfrentados, há de se permitir que a propriedade no âmbito virtual não detenha segurança jurídica ou sirva de instrumento para ocultações de patrimônios, em prejuízo da sociedade como um todo.

É a análise de tais **novas perspectivas no âmbito do direito de propriedade** no contexto do mundo metaverso que se propõe neste artigo. Ao final, pretende-se tecer sugestões para o aprimoramento do tema e expor os desafios que devem ser considerados em novos projetos de lei e de regulamentação que vem se desenvolvendo sobre o assunto.

1. Revisitando os conceitos de bens e patrimônio

O art. 1º do Código Civil estabelece que "Toda pessoa é capaz de direitos e deveres na ordem civil". Isso significa que se tem como regra geral[3] que os sujeitos de direitos[4] são capazes de praticar atos que podem ter por finalidade a aquisição de bens, transferindo a titularidade destes

---

[3] "As incapacidades civis podem ser vistas como exceções à autorização genérica determinada pelo sistema jurídico aos particulares para realizar certos atos, como firmar contratos, contrair matrimônio, fazer testamento, adquirir a propriedade de coisas etc. Poder-se-ia dizer que, sendo exceções a normas de autorização, as incapacidades supõem uma proibição. No entanto, a afirmação pode vir a ser enganosa, pois a proibição está relacionada à ideia de sanção ou, pelo menos, à ideia de condutas que o direito pretende desestimular. Isso não ocorre em relação aos atos civis realizados por incapazes; como diz Hart, esse tipo de ato não está submetido à sanção, pois a nulidade não pode ser considerada uma pena, e tampouco se pretende desestimular sua realização; para o direito é indiferente que sejam postos em execução ou não, ele simplesmente os priva de efeitos jurídicos." *In*: NINO, Carlos Santiago. *Introdução à Análise do Direito*. São Paulo: WMF Martins Fontes, 2015, p. 258.

[4] "Por fim, a noção de sujeito jurídico. Ela não se deixa explicar pelo conceito de papel social. É mais ampla do que o de pessoa física e jurídica. Toda pessoa física ou jurídica é um sujeito jurídico. Mas a recíproca não é verdadeira. A herança jacente, os bens ainda em inventário, é sujeito de direito, mas não é pessoa. O sujeito nada mais é do que o ponto geométrico de confluência de diversas normas. Este ponto pode ser uma pessoa, física ou jurídica, mas também um patrimônio. A ele se atribuem, nele convergem normas que conferem direitos e deveres. Fala-se assim em *sujeito ativo* (de um direito subjetivo) e em *sujeito passivo* (de uma obrigação)." *In*: FERRAZ JÚNIOR, Tercio Sampaio. *Introdução ao Estudo do Direito — Técnica, Decisão, Dominação*. 2. ed. São Paulo: Atlas, 1994, p. 158.

para a esfera patrimonial de uma determinada pessoa ou grupo de pessoas (como no caso dos condomínios, por exemplo).

Nesse contexto, ganha especial relevância o conceito jurídico do termo **bem**.

Para o direito, tem-se por bem como sendo toda e qualquer coisa suscetível de apropriação por um sujeito de direitos, destinada a atender as mais variadas necessidades, e que seja apreciável economicamente, vale dizer, que seja passível de uma estimação pecuniária[5].

Os diversos tipos bens recebem inúmeras classificações em categorias distintas. Exemplificativamente, e considerando o propósito deste trabalho, como se verá mais adiante, os bens dividem-se em bens corpóreos e incorpóreos (classificação exclusivamente doutrinária), fungíveis e infungíveis.

Entende-se por bens corpóreos aqueles dotados de existência física, providos de materialidade e que ocupam espaço. Por sua vez, os bens incorpóreos são meramente conceituais e de existência abstrata.

Por outro lado, os bens fungíveis são aqueles substituíveis por outros da mesma espécie, qualidade de quantidade (art. 85 do Código Civil), ao passo que os infungíveis não são passíveis de substituição, por não haver outros da mesma espécie, qualidade e quantidade.

Delimitada a noção jurídica de bem, passemos ao conceito de patrimônio.

Tem-se por patrimônio o conjunto de relações jurídicas com conteúdo econômico e ligadas a um sujeito de direitos. Esse conjunto de relações

---

[5] "Não são todas as coisas materiais que interessam ao mundo jurídico. Somente interessam ao direito coisas suscetíveis de apropriação exclusiva pelo homem, como prédios, semoventes, mercadorias, livros, quadros e moedas. Se as coisas materiais escapam à apropriação exclusiva pelo homem, por ser inexaurível sua quantidade, como o ar atmosférico, a luz solar e a água dos oceanos deixam de ser bens em sentido jurídico. O conceito de coisa, na linguagem do direito, é ministrada pela economia. Por fim, urge ainda não confundir a palavra *coisa*, tomada no sentido vulgar e genérico, com o seu significado jurídico. No primeiro sentido, coisa é tudo quanto existe fora ou além do homem; no segundo, tudo quanto seja suscetível de posse exclusiva pelo homem, sendo economicamente apreciável. Coisas e bens econômicos constituem o patrimônio da pessoa, natural ou jurídica. Mas, para que possam integrá-lo, é preciso que sejam economicamente apreciáveis, idôneos à estimação pecuniária. Se não são suscetíveis de aferição monetária, escapam ao raio de ação do direito. O dinheiro é, por assim dizer, o seu denominador comum." *In*: MONTEIRO, Washington de Barros. *Curso de Direito Civil: parte geral*. 35. ed. São Paulo: Saraiva, 1997, p. 140-141.

jurídica inclui tanto os bens titulados pela pessoa, usualmente referidos como ativos, como as suas obrigações, referidas como passivos[6]. Trata-se de uma universalidade de direito, conforme dispõe o art. 91 do Código Civil.

Os bens que compõem o patrimônio de um dado sujeito de direitos têm a finalidade, além de satisfazer as necessidades imediatas dessa pessoa (por exemplo, a fruição de um imóvel de sua propriedade), garantir a satisfação das suas obrigações. Em outras palavras, é justamente nos

---

[6] "Essa breve pesquisa pode começar na doutrina francesa, cujas concepções deram impulso à elaboração das teorias. Planiol-Ripert: chama-se patrimônio o conjunto de direitos e encargos de uma mesma pessoa, apreciáveis em dinheiro; Colin-Capitant: o patrimônio compreende os direitos e obrigações pecuniárias de uma pessoa, formando o *ativo* os bens corpóreos e incorpóreos de que é titular e constituindo o *passivo* as obrigações de que é devedora; Josserand: é o conjunto dos valores pecuniários, positivos ou negativos, pertencentes a uma mesma pessoa e que figuram, uns no ativo, outros no passivo. Entre os autores italianos, Barassi: o patrimônio é um complexo de relações jurídicas, tanto ativas como passivas, contendo créditos e débitos, direitos e onus reais, etc.; Messineo: por patrimônio deve entender-se, não um complexo de coisas, mas um complexo de relações, isto é, direitos e obrigações pertencentes a determinado sujeito e entre si conjugados; Biondi: na esfera jurídica constituída pelas relações e situações da pessoa, o patrimônio compreende as relações de conteúdo econômico, unificadas por pertencerem a uma determinada pessoa; Fadda e Bensa: o complexo de relações jurídicas de uma pessoa, com valor pecuniário. Quase todos os citados escritores, reportando-se à regra *bona non intelleguntur nisi deducto aere alieno*, admitem, à vista do interesse dos credores, a validade, não só econômica, mas jurídica, da distinção entre *patrimônio bruto* (soma do ativo) e *patrimônio líquido* (ativo menos passivo). Na doutrina alemã, onde Dernburg professa que 'o patrimônio é o complexo dos direitos de uma pessoa, de valor econômico', acrescentando que 'se distingue em ativo e passivo', Tuhr, contestando Enneccerus e corroborado por Widscheid, esclarece: 'Na doutrina moderna, insiste-se muito em que o passivo não se deve classificar como parte do patrimônio, e sim como carga do mesmo; creio, porém, que o têrmo *patrimônio* se pode empregar corretamente para indicar, seja a soma do ativo (patrimônio bruto), seja o conjunto do ativo com dedução do passivo que o grava (patrimônio líquido)'. Em Portugal, Cunha Gonçalves atende à esfera jurídica da pessoa e conclui que, nela, o patrimônio é o complexo das relações jurídicas ou de direitos e obrigações apreciáveis em dinheiro. Na doutrina brasileira, Clovis Bevilaqua, aquilatando das diversas teorias do patrimônio, sustenta: 'Parece melhor fundamentada a opinião dos que o consideram o complexo das relações jurídicas de uma pessoa, que tiverem valor econômico'. Essa conceituação, adotada por obras expressivas de teoria desenvolvidas à luz do ordenamento jurídico em diversos países, permite reunir no bosquejo na noção de patrimônio os seguintes dados fundamentais, de geral aprovação: a) conjunto de relações jurídicas; b) apreciáveis economicamente; c) coligadas entre si, por pertinentes a uma pessoa." *In*: MACHADO, Sylvio Marcondes. *Limitação da responsabilidade de comerciante individual*. São Paulo: Revista dos Tribunais, 1956, p. 218-220.

bens que formam o patrimônio de uma dada pessoa que os credores desta poderão satisfazer os seus créditos, conforme previsto nos art. 391 do Código Civil e art. 789 do Código de Processo Civil.

É certo, pois, que, quando se fala em bens e patrimônio, ganha especial relevo o conceito de propriedade. Afinal de contas, os bens que compõem o patrimônio de um dado sujeito de direitos são por este titulados, podendo deles dispor como bem entender, via de regra.

Traçados os conceitos jurídicos de **bens** e **patrimônio**, interessa-nos, agora, examiná-los à luz da realidade que se descortina com as novas tecnologias e o metaverso.

2. As criptomoedas e os *tokens* não fungíveis

Já faz algum tempo que nos habituamos a ouvir sobre moedas e ativos digitais. Diariamente, lemos notícias, nos mais variados veículos de comunicação, a respeito de moedas digitais, ou criptomoedas, como *Bitcoin*, *Ethereum* e *Tether*, e como os seus valores, cotados em moedas emitidas por autoridades bancárias centrais, variam, alcançando, não raras vezes, valores expressivos.

Da mesma forma, acostumamo-nos com vendas de terrenos no metaverso e de outros *tokens* não fungíveis (os *non-fungible tokens* ou NFTs em inglês) e como os seus valores atingiram cifras milionárias[7]. Não é incomum que nas transações para a aquisição de NFTs seja utilizada uma das diversas criptomoedas hoje existentes[8].

É certo que essa nova realidade gera curiosidade de como o direito irá interagir com ela. Em parte, isso se dá por conta da falta de regramento jurídico específico que regule os criptoativos, apesar de iniciativas, no Brasil, como as do Congresso Nacional (Projeto de Lei nº 2.303/2015, que dispõe sobre a inclusão das moedas digitais e dos

---

[7] A título de curiosidade, a primeira publicação do Twitter foi vendida utilizando-se a tecnologia de *tokens* não fungíveis pelo valor de US$ 2,9 milhões em março de 2021. Disponível em: https://www.tecmundo.com.br/mercado/214331-primeiro-post-twitter-vendido-us-2-9-milhoes-nft.htm. Acesso em: 28 fev. 2022.

[8] A título exemplificativo, a Visa anunciou, no ano de 2021, a aquisição de item da coleção de CryptoPunks por quase 50 ETH (criptomoeda Ethereum), equivalente, na época, a aproximadamente R$ 800 mil. Disponível em: https://exame.com/future-of-money/visa-compra-nft-por-r800-000-e-compara-tecnologia-ao-inicio-da-internet/. Acesso em: 28 fev. 2022.

programas de milhagem aéreas na definição de "arranjos de pagamento" sob a supervisão do Banco Central do Brasil) e da Receita Federal do Brasil (INRFB nº 1.888/2019).

Em linhas gerais, e de forma simplificada, até mesmo porque não temos a pretensão de tratar de aspectos técnicos que fujam ao propósito jurídico deste artigo, as criptomoedas e os *tokens* não fungíveis se valem da tecnologia *blockchain*, que corresponde a uma rede de registros de informações que são alteradas por meio da aglutinação de blocos de transações protegidas por criptografia[9]. Efetivada uma operação, à cadeia de registro se adiciona a informação correspondente à alteração da titularidade do criptoativo negociado, o que lhe confere a característica de ser único (o que não significa que não será fungível) e não replicável[10].

Tanto as criptomoedas quanto os *tokens* não fungíveis são passíveis de conversão em moedas oficiais e tradicionais emitidas pelos mais diversos países, o que lhes confere a natureza de serem comercializáveis e, consequentemente, de terem um caráter pecuniário[11]. Disso se conclui que

---

[9] "Blockchain *technologies* are the rules or standards for how a ledger is created and maintained. Different technologies have different rules for participation, different network rules, different specifications for how to create transactions, different methods of storing data, and different consensus mechanisms. When a network is created, the blockchain or ledger of record is initially empty of transactions, just as a new physical leather-bound ledger is empty. Some example of blockchain technologies are: Bitcoin, Ethereum, NXT, Corda, Fabric, and Quorum. Blockchain *ledgers* themselves are specific instances of ledgers that contain their respective transactions or records." *In*: LEWIS, Antony. *op. cit.*, p. 326.

[10] "Para simplificar o conceito da cadeia de blocos, podemos pensar em três partições de um bloco: (i) registro da transação atual, (ii) *hash* (sequência única de códigos criptográficos que identificam um arquivo ou uma informação) que representa o DNA único deste bloco e (iii) *hash* que representa o DNA único do bloco anterior. Diante disso, não há como realizar a inclusão ou alteração de um bloco se isto não estiver de acordo com todos os blocos e registros anteriores e somente o consenso de toda a rede de mineradores permitirá a registro definitivo de uma transação. De acordo com Mougayar (2017, p. 27): 'Em sua essência, o *blockchain* é uma tecnologia que grava transações permanentemente de uma maneira que não podem ser apagadas depois, somente poder ser atualizadas sequencialmente, mantendo um rastro de histórico sem fim.'" DONEDA, Bruno Nunes, Flôres, Henrique Pinhatti. "Contratos inteligentes na *blockchain*: o futuro dos negócios jurídicos celebrados em códigos de programação". *In*: FEIGELSON, Bruno; BECKER, Daniel; RAVAGNANI, Giovani (coords.). *O Advogado do Amanhã: estudos em homenagem ao professor Richard Susskind*. São Paulo: Thomson Reuters, 2019, p. 192.

[11] Referindo-nos à já mencionada INRFB nº 1.888/2019, destacamos a definição de criptoativos nela mencionada: "representação digital de valor denominada em sua própria unidade

esses criptoativos são bens na acepção jurídica da palavra, tal como anteriormente colocado, integrando o patrimônio do seu titular.

Para fins de categorização, parece-nos, até mesmo por exclusão lógica, que os criptoativos se enquadram como bens incorpóreos.

É fato que as criptomoedas e os *tokens* não fungíveis não são dotados de existência material e, logicamente, não ocupam um espaço físico, ao menos tal como por nós tradicionalmente conhecido. Eles são fruto das novas tecnologias, que lhes garantem a possibilidade de registro e de conferência da sua autenticidade.

Considerados, pois, bens incorpóreos, a alienação dos criptoativos se dará por meio de cessão, na medida em que a compra e venda envolve bens corpóreos[12][13][14].

Quanto à fungibilidade, é necessário distinguir, nesse aspecto, as criptomoedas dos *tokens* não fungíveis.

É intuitivo que as moedas digitais, via de regra, podem ser substituídas por outras da mesma espécie, qualidade e quantidade. Como consequência, elas são, a princípio, bens classificados como fungíveis.

---

de conta, cujo preço pode ser expresso em moeda soberana local ou estrangeira, transacionado eletronicamente com a utilização de criptografia e de tecnologias de registros distribuídos, que pode ser utilizado como forma de investimento, instrumento de transferência de valores ou acesso a serviços, e que não constitui moeda de curso legal" (art. 5º, inciso I).

[12] "Em princípio todas as *coisas* no comércio podem ser objeto de venda, *os bens corpóreos*, as *coisas presentes*, as *futuras*, as *próprias* e *alheias*. A venda de *bens incorpóreos*, compreendidos os direitos, denomina-se *cessão*. Não tem a finalidade de transferência do domínio propriamente dito, porque este só se exerce sobre *coisas*. Na cessão de herança, por exemplo, o cessionário se torna titular das relações jurídicas da sucessão. Mas, nem por isso, a cessão deixa de ser genuína compra e venda, mas do *nomem acreditarum*. O vendedor só está obrigado a garantir sua qualidade de herdeiro." *In*: GOMES, Orlando. *Contratos*. 18. ed. Rio de Janeiro: Forense, 1999, p. 227.

[13] "A relevância jurídica da distinção [entre bens corpóreos e incorpóreos] diz respeito, por exemplo, à natureza dos negócios jurídicos de disposição de bens. Os corpóreos alienam-se por contrato de compra e venda e os incorpóreos, por cessão." *In*: COELHO, Fábio Ulhoa. *Curso de Direito Civil: parte geral*. 3. ed. São Paulo: Saraiva, 2009, p. 270.

[14] "Os bens corpóreos podem ser objeto de compra e venda, ao passo que os incorpóreos são suscetíveis de cessão. Por outro lado os bens incorpóreos não se prestam, em princípio, à tradição e ao usucapião; por isso não podem ser objeto dos contratos reais, que se fundamentam na entrega de alguma coisa (comodato, depósito)." *In*: FILHO, Oscar Barreto. *Teoria do Estabelecimento Comercial: fundo de comércio ou fazenda mercantil*. São Paulo: Max Limonard, 1969, p. 38.

Por sua vez, os NFTs são únicos e exclusivos. E é justamente esse aspecto de exclusividade verificável nos *tokens* não fungíveis que os torna economicamente interessantes e lhes assegura um conteúdo precuniário[15]. Esses criptoativos não são, portanto, substituíveis, sendo classificados, desta feita, como infungíveis.

As criptomoedas são passíveis de conversão em moedas oficiais emitidas pelos países e, por conta disso, servem como meio de troca. Afinal, encontrando um valor correspondente em moedas como o dólar estadunidense, por exemplo, as moedas digitais podem ser utilizadas para a troca de bens.

Isso não significa, no entanto, que as criptomoedas se prestem, automaticamente, para o pagamento do preço de aquisição de bens em um dado contrato de compra e venda.

Nos termos do art. 481 do Código Civil, em uma compra e venda, um dos contratantes se obriga a transferir o domínio de certa coisa, ao passo que o outro se compromete a lhe pagar o preço correspondente em dinheiro. Tem-se, pois, que o preço consiste em dinheiro.

Diversamente do que acontece com o Real brasileiro, que tem curso legal e forçado em todo território nacional e não pode ser rejeitado como meio de pagamento (Lei nº 9.060/1995)[16], o mesmo não acontece com as moedas digitais.

Para que sirvam como meio de extinção de uma obrigação, é necessário que as partes convencionem a utilização de uma criptomoeda para tal finalidade. Não havendo o consenso, a moeda digital poderá ser enjeitada como forma de pagamento.

---

[15] Por exemplo, tem-se a notícia de que um investidor de criptomoedas pagou 71 mil unidades de SAND, que é a moeda digital do jogo The Sandbox (aproximadamente R$ 2,5 milhões), para adquirir um terreno vizinho ao conjunto de terrenos comprados pelo artista Snoop Dogg. É evidente que se trata de um bem único e, assim, infungível. Disponível em: https://exame.com/future-of-money/usuario-paga-r25-milhoes-para-ser-vizinho-de-snoop-dogg-no-metaverso/. Acesso em: 28 fev. 2022.

[16] "O desempenho das funções da moeda verifica-se necessariamente sob determinada ordem jurídica, nos limites da soberania do Estado. Em outras palavras, a moeda só é empregada como tal nas relações jurídicas, desde que assim esteja definida no ordenamento jurídico. Essas considerações se fazem desde o conceito jurídico da moeda, e da adoção do curso legal e do curso forçado pelos Estados ao disciplinarem suas respectivas unidades monetárias." *In*: De Chiara, José Tadeu. *Moeda e Ordem Jurídica*. 1986. Tese (Doutorado em Direito) — Universidade de São Paulo, São Paulo, 2009, p. 149.

De qualquer forma, ante o conteúdo do já referido art. 481 do Código Civil, parece-nos que a utilização de uma moeda digital para a aquisição de um bem não caracterizará uma compra e venda do ponto de vista legal. Afinal, o dinheiro com curso legal e forçado em território nacional não se fará presente nesse negócio jurídico, de modo que se estará diante de uma permuta ou troca (art. 533 do Código Civil)[17].

Colocado, ainda que de forma breve, sob a perspectiva de conceitos jurídicos, é inegável que as criptomoedas e os *tokens* não fungíveis são bens que integram o patrimônio do seu respectivo titular. Como consequência, é certo que esses criptoativos podem ser objeto de alienação e devem ser considerados para fins de satisfação compulsória de dívidas contraídas pelos seus titulares, para a hipótese de inadimplemento. Afinal, apresentando conteúdo pecuniário, as moedas digitais e os NFTs podem ser alienados e convertidos em dinheiro. São essas aplicações práticas dos criptoativos que trataremos a seguir.

3. As criptomoedas e os *tokens* não fungíveis: aplicações práticas

Como já antecipado na parte introdutória deste artigo, é de suma relevância que sejam analisadas algumas decorrências práticas do direito de propriedade no universo metaverso, especialmente no que se refere à possibilidade de bens virtuais serem objeto de liquidação para satisfação de dívidas.

O enfrentamento do assunto é mais do que necessário, a fim de se evitar que a realidade virtual propicie a ocultação de patrimônio por devedores[18]. A rigor, e em decorrência das conclusões dos tópicos anteriores, as criptomoedas e os *tokens* não fungíveis se enquadram, como dito, no conceito de bens e integram o patrimônio de seus titulares, motivo pelo qual devem servir à satisfação de dívidas. É que, nos termos

---

[17] "O *preço* é a *quantia* que o comprador se obriga a pagar ao vendedor. Elemento natural do contrato, *sine pretio nula venditio*, dizia Ulpiano. Deve consistir em *dinheiro*. Se é outra coisa, o contrato define-se como *permuta* ou *troca*." In: GOMES, Orlando. *op. cit.*, p. 229.

[18] Nesse sentido: "A impossibilidade de penhora seria um incentivo à inadimplência e à ocultação de patrimônio, prejudicando sobremaneira os credores, que já encontram tantas dificuldades para a satisfação do seu crédito". In: LOPES FILHO, Alexandre Pacheco. A penhora de criptomoedas em processos de execução. Brasil, 2021. Disponível em: https://www.migalhas.com.br/depeso/356443/a-penhora-de-criptomoedas-em-processos-de-execucao. Acesso em: 23 fev. 2022.

dos artigos 391 do Código Civil e 789 do Código de Processo Civil, o devedor deve responder com todos os seus bens para o cumprimento de suas obrigações.

Não obstante, ainda há muitos empecilhos para que os bens virtuais sejam efetivamente utilizados em benefício de eventuais credores. Na prática, na medida em que as criptomoedas podem ser livremente propagadas pelo mundo e não possuem uma autoridade reguladora (bancária ou governamental), torna-se bastante dificultoso o rastreamento das transações efetivadas pelos usuários[19].

Com efeito, diferentemente do que ocorre com moedas tradicionais, as criptomoedas podem ser transferidas sem um intermediador, isto é, o negócio jurídico pode se realizar apenas entre particulares. Assim, embora seja possível efetivar o rastreamento da operação, apenas os titulares e donos das chaves podem realizar as transações, dificultando o controle por bancos e governos[20].

Por isso, é primordial que sejam pensados mecanismos para regulamentar o tema e evitar o abuso na utilização do mundo virtual como forma de ocultar patrimônio de credores. Sem dúvidas, ainda há muito a evoluir sobre o assunto, de forma a repreender efetivamente a ocultação patrimonial de devedores. Até porque o Projeto de Lei nº 2.303/2015 anteriormente referido, que objetiva classificar moedas virtuais e programas de milhagem como arranjos de pagamento supervisionados pelo Banco Central, ainda não foi aprovado.

Não obstante, a INRFB 1888/19, ao exigir que sejam prestadas informações relativas a operações com criptografia à Receita Federal, facilita a penhora de bens virtuais. Soma-se a ela o acordo de cooperação técnica nº 041/2019[21], firmado entre o Banco Central e a Procuradoria da Fazenda Nacional (PGFN) para a criação do SISBAJUD, sistema que substituiu o

---

[19] SANTOS, Camilo Zupeli; OBREGON, Marcelo Fernando Quiroga. A bitcoin e o ordenamento jurídico brasileiro: uma análise da regulação japonesa e do PL 2.303/15 à luz da liberdade e privacidade criptomoedas e o sistema tributário do século XXX. *Revista Derecho y Cambio Social*. ISSN: 2224-4131, nº 59, ENE-MAR 2020. Disponível em: https://dialnet.unirioja.es/descarga/articulo/7219644.pdf. Acesso em: 23 fev. 2022.

[20] AZI, Renata. A problemática da penhora de criptomoedas. Brasil, 2021. Disponível em: https://www.conjur.com.br/2021-jul-27/renata-azi-problematica-penhora-criptomoedas. Acesso em: 23 fev. 2022.

[21] Acordo de Cooperação Técnica nº 41/2019, Brasil, 2019. Disponível em: https://www.cnj.jus.br/wp-content/uploads/2019/12/TCOT-041_2019.pdf. Acesso em: 24 fev. 2022.

BACENJUD na busca e bloqueio de ativos *online* e que deve, no futuro, permitir a localização e penhora de criptomoedas.

Fato é que, embora ainda seja imprescindível a regulamentação para evitar a ocultação patrimonial no âmbito virtual, é admissível que tais bens sejam penhorados na atualidade, o que, inclusive, já tem sido admitido pelos Tribunais pátrios. Com efeito, embora ainda haja alguma controvérsia sobre o assunto, há julgados do Tribunal de Justiça do Estado de São Paulo (TJSP) admitindo a penhora de criptomoedas.

De um lado, há alguns julgados reputando que a penhora de criptomoedas não seria admissível por não possuir regulamentação do Banco Central ou da Comissão de Valores Mobiliários (CVM) ou, ainda, que o pedido deve ser determinado para expedição de ofício às corretoras[22]. Além disso, tem predominado no TJSP o entendimento pela não aceitação de criptomoedas como bens oferecidos à penhora pelo devedor, diante da incerteza quanto à titularidade e liquidez de tais ativos financeiros[23].

De fato, as criptomoedas são ativos muito voláteis, já que não são emitidos nem garantidos por qualquer autoridade monetária ou governamental, o que retira a garantia de que serão convertidos para alguma moeda soberana ou outro bem, isto é, seu valor é unicamente determinado pela lei da oferta e da procura, o que gera alto risco e incerteza[24]. Justamente em razão de tais características, reputam os julgados do TJSP que, embora a execução deva se dar de forma menos gravosa do

---

[22] Nesse sentido, os seguintes julgados do TJSP: (i) Agravo de Instrumento nº 2059-85.2018.8.26.0000, Rel. Galdino Toledo Júnior, j. em 26 nov. 2019, indeferido o pedido em razão da ausência de regulamentação das criptomoedas e de especificação do pedido e, (ii) Agravo de Instrumento nº 2202157-35.2017.8.26.0000, Rel. Milton Carvalho, j. em 21 nov. 2017, indeferido o pedido por reputar que foi genérico. Além disso, o STJ também já reputou que as criptomoedas não poderiam ser consideradas moedas, dada a ausência de regulamentação (Conflito de Competência nº 161.123, Rel. Min. Sebastião Reis Júnior, j. em 28 nov. 2018).

[23] Nesse sentido, os seguintes julgados do TJSP: (i) Agravo de Instrumento nº 2215728-68.2020.8.26.0000, Rel. Claudio Augusto Pedrassi, j. em 03 nov. 2020, (ii) Agravo de Instrumento nº 2201356-17.2020.8.26.0000; Rel. Luís Francisco Aguilar Cortez, j. em 08 set. 2020 e, (iii) Agravo de Instrumento nº 2116680-39.2020.8.26.0000; Rel. Renato Delbianco, j. em 12 jul. 2020.

[24] BOTTINO. Thiago, TELLES Christiana Mariani da Silva. Lavagem de dinheiro, bitcoin e regulação. *Revista Brasileira de Ciências Criminais*, v. 148/2018, p. 131/176, out. 2018.

devedor (artigo 805 CPC), o processo deve ter como objetivo principal a satisfação do credor, não sendo as criptomoedas dotadas da efetividade necessária para tanto.

Por outro lado, há de se considerar que a ausência de regulamentação não impede que as criptomoedas sejam dotadas de algum valor econômico, com a posterior conversão em moedas convencionais, ainda que tal conversão seja imprevisível[25]. Em razão disso, sobretudo quanto há interesse do credor em perseguir a execução de sua dívida a partir de moedas virtuais, o TJSP tem admitido a investigação e penhora de tais bens[26].

De fato, muitas vezes, os credores já esgotaram as tentativas de execução de crédito e a expedição de ofício a intermediadoras do mercado de moedas digitais é o caminho remanescente para execução do seu crédito. Para deferimento de tal pedido, os precedentes do TJSP têm exigido que o credor apresente indícios de que o devedor é titular de criptoativos e indique quem é a empresa responsável pela custódia dos ativos.

Geralmente, a informação quanto à existência de tais bens é obtida pelo credor por meio Imposto de Renda do devedor, na medida em que, atualmente, as moedas virtuais são classificadas como ativos financeiros e devem ser declaradas à Receita Federal[27]. Por outro lado, dadas as dificuldades de rastreamento, faz-se necessário que o credor indique a

---

[25] LOPES FILHO, Alexandre Pacheco. A penhora de criptomoedas em processos de execução. Brasil, 2021. Disponível em: https://www.migalhas.com.br/depeso/356443/a-penhora-de-criptomoedas-em-processos-de-execucao. Acesso em: 23 fev. 2022.

[26] Nesse sentido, os seguintes julgados do TJSP, todos deferindo o pedido de credores de expedição de ofício à empresa intermediadora do mercado de criptomoedas: (i) Agravo de Instrumento nº 2194699-59.2020.8.26.0000, Rel. Francisco Bianco, j. em 21 set. 2020, (ii) Agravo de Instrumento nº 20931-51-88.2020.8.26.0000, Rel. Renato Rangel Desinano, j. em 29 jul. 2020 e, (iii) Agravo de Instrumento nº 2066975-38.2021.8.26.0000, Rel. Alberto Gossson, j. em 12 jul. 2021.

[27] Nesse sentido: "No mesmo sentido do Japão, e de outros países do mundo, o Brasil também busca respaldar o uso das moedas digitais em seu território. Esse respaldo se faz presente diante, por exemplo, da equiparação delas a ativos financeiros para fins tributários, sujeitas assim à declaração de imposto de renda ao passo que devem ser declaradas pelo valor de aquisição, segundo o que dispõe a própria Receita Federal". *In*: SANTOS, Camilo Zupeli; OBREGON, Marcelo Fernando Quiroga. A bitcoin e o ordenamento jurídico brasileiro: uma análise da regulação japonesa e do PL 2.303/15 à luz da liberdade e privacidade. *Revista Derecho y Cambio Social*. ISSN: 2224-4131, nº 59, ENE-MAR 2020. Disponível em: https://dialnet.unirioja.es/descarga/articulo/7219644.pdf. Acesso em: 23 fev. 2022.

empresa intermediadora responsável para que haja a expedição de ofício pelo Judiciário.

Quanto aos fundamentos para deferir a expedição de ofício, o TJSP tem considerado que o sistema SISBAJUD ainda não permite o acesso a informações sobre criptomoedas, até porque, conforme item 4 da Circular nº 31.379/2017 do BACEN[28], tais moedas não são reguladas pelo Banco Central, o que as retira da base de dados do sistema atualmente vigente.

Assim, a única forma de obtenção de informações por particulares é através da expedição de ofícios direcionados às intermediadoras do mercado criptoativo. Aplica-se, portanto, o princípio da efetividade jurisdicional, uma vez que a investigação de bens para satisfação de crédito exequendo e consequente encerramento do feito é de interesse também do Judiciário. Ademais, o TJSP também tem considerado que tais informações são protegidas pela confidencialidade, o que impossibilita o acesso pelos particulares e exige a intervenção do Judiciário para deslinde da causa e satisfação das partes.

Quanto ao procedimento para liquidação de valores oriundos de criptomoedas, o TJSP, geralmente, defere, a pedido do credor interessado, a expedição de ofício às corretoras de criptomoedas para a pesquisa de ativos. Em havendo aplicações do executado em quaisquer valores de modo eletrônico, emite-se uma ordem de bloqueio até o limite do crédito[29].

Assim, a despeito das dificuldades já apontadas quanto à penhora de criptomoedas, verifica-se que o TJSP tem admitido que tais bens sirvam à liquidação de dívidas de seus titulares, havendo registro de êxito na execução em determinadas situações.

Em suma, em razão da volatilidade das criptomoedas, ainda existe resistência do TJSP em admitir que sejam oferecidas como bens à penhora por devedores, havendo, inclusive, julgados que inadmitem a penhora de tais bens por ausência de regulamentação dos ativos. Ao mesmo tempo,

---

[28] Item 4. As empresas que negociam ou guardam as chamadas moedas virtuais em nome dos usuários, pessoas naturais ou jurídicas, não são reguladas, autorizadas ou supervisionadas pelo Banco Central do Brasil. Não há, no arcabouço legal e regulatório relacionado com o Sistema Financeiro Nacional, dispositivo específico sobre moedas virtuais. O Banco Central do Brasil, particularmente, não regula nem supervisiona operações com moedas virtuais.

[29] Tal procedimento foi observado nos seguintes casos no TJSP: (i) Processo nº 1087485-90.2015.8.26.0100; 36ª Vara Cível do Fórum Central da Comarca de São Paulo e, (ii) Processo nº 1012555-89.2019.8.26.0576; 6ª Vara Cível do Foro de São José do Rio Preto.

no entanto, há precedentes do TJSP que, sobretudo quando o pedido é devidamente especificado e apresentado pelo próprio credor, deferem a expedição de ofício a empresas de intermediação de moedas digitais com a posterior penhora de ativos financeiros até o limite de crédito exequendo.

O entendimento nos parece acertado, na medida em que, sendo as criptomoedas integrantes do patrimônio do devedor, devem sofrer os ônus daí decorrentes, sob pena de servirem como forma de ocultação de bens. Não obstante, as dificuldades que ainda se opõem para o rastreio de moedas digitais e mesmo para identificação de empresas intermediadoras revelam a importância de uma regulamentação do tema. De fato, na medida que é cada vez mais presente a aquisição de moedas digitais pela sociedade, é primordial que sejam pensadas medidas para que sejam mais facilmente rastreáveis e que representem menor risco no momento de conversão.

Por fim, partindo do pressuposto de que os bens digitais de forma geral (tais como terrenos virtuais, obras de arte, etc.) — quando devidamente autenticados por NFTs — também integram o patrimônio de seus titulares, é relevante que sejam pensados mecanismos para que tais bens sejam destinados à liquidação de eventuais dívidas de seus titulares.

Embora ainda não haja precedentes nesse sentido, é mais do que necessário o enfrentamento do assunto, a fim de que se evite a utilização do universo metaverso para ocultação patrimonial. A bem da verdade, o raciocínio é o mesmo do aplicável às criptomoedas: sendo os bens digitais integrantes do patrimônio do devedor, devem servir à execução de suas dívidas, nos exatos termos dos artigos 391 do Código Civil e 789 do Código de Processo Civil.

Parece-nos, pois, recomendável alguma forma de regulamentação que possibilite a identificação de criptoativos, possibilitando, assim, eventual constrição judicial para fins de satisfação de dívida inadimplida.

Conclusões

A expansão do mundo metaverso atualmente vivenciada reclama a reformulação de conceitos jurídicos para comportar a nova realidade. Nesse contexto, a existência de criptomoedas e a possibilidade de autenticação de bens virtuais, sem dúvidas, inauguram **novas perspectivas no direito de propriedade**. O estudo do tema é necessário não apenas para sistematizar e conferir segurança jurídica à propriedade de bens virtuais, como para impedir que o ambiente metaverso propicie a ocultação patrimonial.

Como visto, a despeito de suas peculiaridades, as critptomoedas e os itens virtuais autenticados por NFTs, se qualificam como bens jurídicos e integram o patrimônio de seus titulares ou detentores. Por conseguinte, devem servir à liquidação de dívidas (artigos 391 do Código Civil e 789 do Código de Processo Civil), o que inclusive, já tem sido admitido pelo TJSP mediante a expedição de ofícios a intermediadoras do mercado de criptomoedas e posterior bloqueio de ativos de seus titulares.

Não obstante, a volatilidade — característica de moedas virtuais — ainda enseja bastante resistência quanto a sua aceitação como bens nomeados à penhora, ao passo que também dificulta a investigação e rastreio de tais ativos. Nesse sentido, é relevante que haja uma regulamentação desse mercado a fim de tornar mais efetiva a liquidação de dívidas a partir de moedas virtuais e de impedir a utilização do ambiente virtual para fins de ocultação patrimonial. Ao mesmo tempo, é necessário que sejam pensados mecanismos para que os bens virtuais — autenticados por NFTs — também sejam objeto de penhora, já que são integrantes do patrimônio de seus titulares.

Diante disso, parece-nos que a preocupação com o direito de propriedade no ambiente metaverso deva ser ponto central a ser considerado em futuras regulamentações jurídicas sobre o mundo metaverso.

Referências

AZI, Renata. *A problemática da penhora de criptomoedas*. Brasil, 2021. Disponível em: https://www.conjur.com.br/2021-jul-27/renata-azi-problematica-penhora-criptomoedas. Acesso em: 23 fev. 2022.

BRANDÃO, Hemerson. Casamento no Metaverso vira alvo de discussão sobre a legalidade da cerimônia. *Gizmodo Brasil*. 2021. Disponível em: https://gizmodo.uol.com.br/casamento-no-metaverso-vira-alvo-de-discussao-sobre-legalidade-da-cerimonia/. Acesso em: 23 fev. 2022.

BOHRER, Bethânia Valentim. Nota Técnica: Casamento no Metaverso. *Boletim Revista dos Tribunais Online*, v. 24/2022, fev. 2022.

BOTTINO. Thiago; TELLES Christiana Mariani da Silva. Lavagem de dinheiro, bitcoin e regulação. *Revista Brasileira de Ciências Criminais*, v. 148/2018, p. 131/176, out. 2018.

Coelho, Fábio Ulhoa. *Curso de direito civil: parte geral.* 3. ed. São Paulo: Saraiva, 2009.

De Chiara, José Tadeu. *Moeda e ordem jurídica.* 1986. Tese (Doutorado em Direito). Universidade de São Paulo, São Paulo, 2009.

Doneda, Bruno Nunes; Flôres, Henrique Pinhatti. Contratos inteligentes na blockchain: o futuro dos negócios jurídicos celebrados em códigos de programação. *In*: Feigelson, Bruno; Becker, Daniel; Ravagnani, Giovani (coords.). *O advogado do amanhã: estudos em homenagem ao professor Richard Susskind.* São Paulo: Thomson Reuters, 2019.

Ferraz Júniro, Tercio Sampaio. *Introdução ao estudo do direito: técnica, decisão, dominação.* 2. ed. São Paulo: Atlas, 1994.

Filho, Oscar Barreto. *Teoria do estabelecimento comercial: fundo de comércio ou fazenda mercantil.* São Paulo: Max Limonard, 1969.

Lewis, Antony. *The basics of bitcoins and blockchains: an introduction to cryptocurrencies and the technology that powers them.* Florida: Mango Publishing Group, 2018.

Lopes Filho, Alexandre Pacheco. *A penhora de criptomoedas em processos de execução.* Brasil, 2021. Disponível em: https://www.migalhas.com.br/depeso/356443/a-penhora-de-criptomoedas-em-processos-de-execucao. Acesso em: 23 fev. 2022.

Machado, Sylvio Marcondes. *Limitação da responsabilidade de comerciante individual.* São Paulo: Revista dos Tribunais, 1956.

Monteiro, Washington de Barros. *Curso de direito civil: parte geral.* 35. ed. São Paulo: Saraiva, 1997.

Nino, Carlos Santiago. *Introdução à análise do direito.* São Paulo: WMF Martins Fontes, 2015.

Santos, Camilo Zupeli; Obregon, Marcelo Fernando Quiroga. A bitcoin e o ordenamento jurídico brasileiro: uma análise da regulação japonesa e do PL 2.303/15 à luz da liberdade e privacidade. *Revista Derecho y Cambio Social.* ISSN: 2224-4131, nº 59, ENE-MAR 2020. Disponível em: https://dialnet.unirioja.es/descarga/articulo/7219644.pdf. Acesso em: 23 fev. 2022.

Silva, Robson de Souza. *Criptomoedas: possibilidade de garantia de processo, mediante medida cautelar de arresto ou penhora.* Brasil, 2020. Disponível em: https://www.direitonet.com.br/artigos/exibir/11767/Criptomoedas-possibilidade-de-garantia-de-processo-mediante-medida-cautelar-de-arresto-ou-penhora. Acesso em: 23 fev. 2022.

Vitorino, Dhávila Beatriz. A plausibilidade do bitcoin garantir o juízo de execução no ordenamento jurídico brasileiro. *Revista de Direito e as Novas Tecnologias,* v. 6/2020, p. 11 — 27, jan — mar 2020, DTR\2020\354.

14.
QUESTÕES CONCORRENCIAIS: DESAFIOS E OPORTUNIDADES

Guilherme F. Ribas
Patricia Bandouk Carvalho
Rodrigo da Silva Alves dos Santos

Introdução

Cantava Raul Seixas que "Sonho que se sonha só / É só um sonho que se sonha só / Mas sonho que se sonha junto é realidade"[1]. Versos como esses foram proferidos em diferentes línguas e por milênios pelos mais distintos povos em todos os cantos do mundo, sempre que, curiosos, os seres humanos se questionaram sobre o que é realidade e o que não é. Em meio à Revolução Digital, esse questionamento se mostra cada vez mais premente, e as fronteiras entre realidade e sonho se tornaram mais cinzentas que nunca. Agora, com o crescente apetite das empresas de tecnologia para solidificar a expansão do chamado metaverso, os contornos da realidade e da ficção parecem estar se fundindo, trazendo novas complexidades para as relações pessoais e, como não poderia ser diferente, para a aplicação do Direito.

O Direito está acostumado com transformações da realidade. Como Yuval Harari bem nos lembra, o próprio Direito é uma fantasia que ape-

---

[1] Seixas, Raul Santos. *Prelúdio*. Universal Music Ltda., 1974.

nas se torna realidade na medida em que parcela relevante da população nele acredita, o que dizer, então, do Direito Concorrencial, cujo objetivo é regular o bom funcionamento do mercado[2]. Assim também o é a pessoa jurídica e, por que não, o metaverso.

No presente artigo, analisamos em que medida o Direito Concorrencial se aplica às relações travadas dentro e fora do metaverso e trazemos algumas reflexões iniciais para que empresas se preparem e se protejam, caso optem por participar dessa nova realidade.

A Lei de Defesa da Concorrência (Lei nº 12.529/2011) estabeleceu um sistema de proteção à ordem econômica tripartite, por meio do qual as autoridades nacionais atuam (i) reprimindo condutas anticompetitivas; (ii) analisando atos de concentração que possam restringir a concorrência, e (iii) promovendo boas práticas concorrenciais junto a entidades públicas e privadas[3]. Para fins deste artigo, nosso foco será os dois primeiros aspectos do tripé antitruste, que nos parecem inteiramente aplicáveis às relações dentro e fora do metaverso.

Na esfera repressiva, a autoridade concorrencial pátria — o Conselho Administrativo de Defesa Econômica (CADE) — atua investigando e punindo pessoas pela prática de atos que tenham por objeto ou possam (i) prejudicar a livre concorrência ou a livre iniciativa; (ii) dominar mercado relevante; (iii) aumentar arbitrariamente os lucros ou (iv) exercer de forma abusiva posição dominante (art. 36 da Lei). Em caso de condenação por conduta anticompetitiva, o CADE aplica multas severas aos responsáveis e pode impor "qualquer outro ato ou providência necessários para a eliminação dos efeitos nocivos à ordem econômica" (art. 38, VII, da Lei).

---

[2] HARARI, Yuval Noah. *Sapiens*. 1. ed. Nova York: HarperCollins, 2015, p. 31. *"In the case of Peugeot SA the crucial story was the French legal code, as written by the French parliament. According to the French legislator, if a certified lawyer followed all the proper liturgy and rituals, wrote all the required spells and oaths on a wonderfully decorated piece of paper, and affixed his ornate signature to the bottom of the document, then hocus pocus — a new company was incorporated. When in 1896 Armand Peugeot wanted to create his company, he paid a lawyer to go through all of these sacred procedures. Once the lawyer had performed all the right rituals and pronounced all the necessary spells and oaths, millions of upright French citizens behaved as if the Peugeot company really existed."*

[3] BRASIL. Lei nº 12.529, de 30 de novembro de 2011. Estrutura o Sistema Brasileiro de Defesa da Concorrência; dispõe sobre a prevenção e repressão às infrações contra a ordem econômica. Disponível em: http://www.planalto.gov.br/ccivil_03/_ato2011-2014/2011/lei/l12529.htm. Acesso em: 17 fev. 2022.

Na seara preventiva, o CADE atua analisando os efeitos produzidos por fusões, aquisições, incorporações e parcerias (i.e., *joint ventures*, consórcios e contratos associativos) — os chamados "atos de concentração" — e, na eventualidade de identificar que poderão acarretar efeitos negativos à concorrência, poderá proibi-las ou condicioná-las à adoção de determinadas medidas mitigadoras (conhecidas pelo jargão "remédios antitruste").

Nos tópicos a seguir, analisaremos de que forma esses eixos de atuação e a legislação antitruste podem vir a ser aplicados em face da nova dinâmica de mercado a ser estabelecida no metaverso.

1. Condutas anticompetitivas

A Lei de Defesa da Concorrência adotou um sistema aberto de tipificação das condutas anticompetitivas. Isso significa que a Lei não estabelece uma lista específica e objetiva das condutas consideradas ilícitas, optando por um sistema que analisa os efeitos da conduta, para determinar em que medida ela teria o condão de restringir a concorrência. Nos termos do artigo 36 da Lei:

> Constituem infração da ordem econômica, independentemente de culpa, os atos sob qualquer forma manifestados, que tenham por objeto ou possam produzir os seguintes efeitos, ainda que não sejam alcançados:
> I — limitar, falsear ou de qualquer forma prejudicar a livre concorrência ou a livre iniciativa;
> II — dominar mercado relevante de bens ou serviços;
> III — aumentar arbitrariamente os lucros; e
> IV — exercer de forma abusiva posição dominante.

Além disso, a Lei é aplicável às condutas praticadas total ou parcialmente em território nacional ou que possam nele produzir efeitos. Presume também que uma empresa tem posição dominante quando controlar 20% ou mais do mercado relevante ou se for capaz de alterar unilateral ou coordenadamente as condições de mercado.

A tipificação tal qual ora consta da Lei não deixa dúvidas, portanto, acerca da possibilidade de atuação da autoridade antitruste para investigar e punir eventuais condutas comerciais associadas ao metaverso que possam configurar infrações da ordem econômica. Ainda que praticadas em ambiente virtual, resta claro que o CADE teria competência para reprimir condutas adotadas nesse universo digital caso tenham o potencial de produzir efeitos restritivos à concorrência no Brasil.

Nos tópicos a seguir, analisaremos as condutas que provavelmente levantarão maiores preocupações, seja em relação às práticas ocorridas no "mundo real" relacionadas ao metaverso, seja àquelas praticadas exclusivamente naquele ambiente.

1.1. Condutas no mundo real envolvendo o metaverso

a) Cartéis

Quando se discutem violações antitruste, o principal tema que vem à mente é a apreensão com cartéis. Não há dúvidas de que cartéis são a principal preocupação de autoridades concorrenciais, sendo conduta presumivelmente ilícita e que está sujeita às sanções mais graves no Direito da Concorrência. Conforme definição da Comissão Europeia, cartéis são:

> Acordo(s) entre empresas concorrentes destinado a limitar ou eliminar a concorrência entre elas, com o objetivo de aumentar os preços e os lucros das empresas participantes e sem produzir quaisquer benefícios compensatórios objetivos. Na prática, isso geralmente é feito fixando preços, limitando a produção, compartilhando mercados, alocando clientes ou territórios, manipulando licitações ou uma combinação destes. Os cartéis são prejudiciais aos consumidores e à sociedade como um todo devido ao fato de as empresas participantes cobrarem preços mais altos (e obterem lucros maiores) do que em um mercado competitivo[4].

---

[4] COMISSÃO EUROPEIA. *Glossary on Terms Used in EU Competition Policy*, 2002. Disponível em: https://www.concurrences.com/IMG/pdf/european_commission_glossary_of_terms_used_in_eu_competition_policy_-_antitrust_and_control_of_concentrations.pdf?40143/2eeffac1aa42eaa000f06738fda10e48e160afe2. Acesso em: 10 fev. 2022. Tradução livre do original: "Arrangement(s) between competing firms designed to limit or eliminate competition between them, with the objective of increasing prices and profits of the participating companies and without producing any objective countervailing benefits. In practice, this is generally done by fixing prices, limiting output, sharing markets, allocating customers or territories, bid rigging or a combination of these. Cartels are harmful to consumers and society as a whole due to the fact that the participating companies charge higher prices (and earn higher profits) than in a competitive market."

As preocupações tradicionais associadas a cartéis são inteiramente aplicáveis às práticas do mundo real relacionadas ao metaverso. Por exemplo: para existir, o metaverso depende de estruturas físicas (i.e., *hardwares*) que permitam o ingresso de pessoas nele, tais como óculos de realidade virtual, computadores, controles remotos etc. Na eventualidade de empresas concorrentes na fabricação ou comercialização desses produtos combinarem entre si condições comerciais que de qualquer forma restrinjam ou limitem a concorrência entre elas, a prática configurará cartel. O mesmo ocorre com relação a empresas concorrentes na criação e comercialização dos softwares que deem contorno aos metaversos.

Também haverá colusão e formação de cartel na eventualidade de empresas concorrentes do mundo real combinarem, por exemplo, o preço ou a quantidade dos produtos comercializados no metaverso. Seria o caso, por exemplo, de dois fabricantes de tênis no mundo real que combinem vender apenas certo volume de imagens de seus tênis em determinado metaverso, a fim de inflar artificialmente seus preços.

Os exemplos trazidos acima são poucos de uma infinidade possível, mas servem para destacar que as empresas deverão ter muito cuidado ao interagir com concorrentes, mesmo que estejam tratando de condutas relacionadas, em última instância, a um universo virtual. De fato, a mera troca de informações concorrencialmente sensíveis sobre a atuação das empresas no metaverso (como preços, estratégias de marketing, estrutura de custos, carteira de clientes, remuneração de empregados etc.) pode configurar um ilícito concorrencial e deve ser objeto de cuidados redobrados.

Ainda que não se tenha total clareza de que forma as autoridades concorrenciais analisarão a concorrência nos ambientes virtuais, fato é que estarão atentas a potenciais efeitos anticompetitivos relacionados a esse novo modelo de negócios.

b) Condutas unilaterais

Há uma segunda categoria de condutas anticompetitivas conhecida no meio antitruste como "condutas unilaterais", que estão associadas ao exercício abusivo de poder de mercado por um agente econômico. As condutas unilaterais trazem consigo maior grau de complexidade e de exemplificação[5], pois são, a princípio, lícitas e só se tornam anticompetitivas na medida em que tenham a possibilidade de restringir a concorrência.

Os precedentes do CADE sinalizam que, em regra, uma conduta unilateral só poderá ser considerada anticompetitiva se o agente que a praticar tiver poder de mercado. A Lei de Defesa da Concorrência prevê que empresas que controlem 20% ou mais de um mercado relevante serão consideradas presumidamente detentoras de poder de mercado. Assim, as condutas abaixo exemplificadas serão especialmente sensíveis para aquelas empresas que se enquadrem nessa situação de domínio de mercados.

Autoridades concorrenciais mundo a fora têm demonstrado especial preocupação com condutas praticadas em mercados digitais, como, por exemplo, por agentes chamados de *gatekeepers*, aqueles que controlam alguma plataforma digital com grande fluxo de acessos ou operações[6]. Exemplos de *gatekeepers* são a Meta, que controla o Facebook, a Apple, que controla a AppStore e o Google, que controla a Google Play.

Em relação a esses agentes, as principais preocupações das autoridades estão associadas à possibilidade de os agentes usarem sua posição dominante nos mercados de plataformas, para restringir a concorrência dentro delas. A título de exemplo, há em curso, no exterior, investigações para apurar se a Apple — agente monopolista no mercado de distribuição de aplicativos para iPhone por meio da plataforma AppStore — estaria usando seu poder de mercado para beneficiar seus próprios aplicativos na AppStore. As preocupações, assim, estão associadas a possíveis condutas de discriminação de concorrentes, de tratamento privilegiado a seus próprios produtos (*self-preferencing*) e de recusa em contratar.

No Brasil, um bom exemplo que já reflete essa tendência de maior atenção aos mercados digitais é a investigação envolvendo a plataforma

---

[5] Para referência, a Lei contém 18 incisos que tratam de condutas unilaterais potencialmente anticompetitivas, vários dos quais abarcam mais de uma espécie de conduta (art. 36, § 3º, incisos II a XIX).

[6] As preocupações concorrenciais associadas a *gatekeepers* estão, inclusive, levando a discussões sobre o desenvolvimento de regulamentações específicas para esses agentes, como mostra a iniciativa intitulada *Digital Market Act* em discussão na Comissão Europeia, disponível em: https://ec.europa.eu/info/strategy/priorities-2019-2024/europe-fit-digital-age/digital-markets-act-ensuring-fair-and-open-digital-markets_en. Acesso em: 17 fev. 2022.

de pedidos *online* de comida **Ifood**, iniciada em 2020 após a apresentação de denúncia por seu rival **Rappi**. Alega-se que o **Ifood** deteria posição dominante no mercado de pedidos *online* de comida e que se valeria dessa condição para adotar práticas verticalmente restritivas, por meio da celebração massiva de contratos de exclusividade junto a restaurantes parceiros. Após breve instrução preliminar, o CADE entendeu pela necessidade de intervenção imediata como forma de evitar danos de difícil reparação à livre concorrência e adotou medida preventiva que, em termos gerais, estabelece limitações para a celebração de novos contratos de exclusividade pelo **Ifood** e para a renovação de contratos já existentes.

Essas investigações já existentes envolvendo setores tão relevantes da economia digital sem dúvida demonstram a relevância e o tratamento prioritário que segmentos do mercado digital ganharam na agenda das autoridades de concorrência, e não deve ser diferente em relação ao metaverso.

Nessa linha, o metaverso deve, em grande medida, enfrentar as mesmas complexidades e incertezas vistas nos casos de "plataformas". Com isso, nesse momento embrionário de formação desses novos ambientes virtuais, será importante que seus agentes se atentem às discussões antitruste em curso, para desenhar as regras de seu ecossistema de modo a mitigar os riscos concorrenciais e evitar investigações por condutas anticompetitivas. De fato, conforme definido atualmente, o metaverso representaria mais um exemplo de plataforma onde o usuário seria conectado a diferentes serviços, de forma que o controlador do metaverso atuaria como uma espécie de mediador do acesso do público à informação ou ao comércio (i.e., um *gatekeeper*).

1.2. Condutas no metaverso

A discussão antitruste se torna mais abstrata ao se debater as relações travadas exclusivamente dentro do metaverso; não obstante, sob a ótica da legislação, essas relações não se diferenciarão das relações mantidas em plataformas disponíveis em sítios eletrônicos na internet.

Conforme visto anteriormente, a Lei de Defesa da Concorrência se aplica a condutas que tenham o potencial de produzir efeitos no território nacional. Dessa forma, não há dúvidas de que condutas que afetem ou possam afetar usuários brasileiros do metaverso ou mercados no Brasil podem atrair a competência investigativa do CADE, mesmo se praticadas em ambientes virtuais que possam não ser considerados brasileiros. Por essa razão, as considerações abordadas anteriormente no tópico 1.1 são inteiramente aplicáveis às relações mantidas no metaverso.

Imagine, por exemplo, que uma associação comercial decida convocar seus associados para reuniões no âmbito metaverso e que empresas concorrentes no mundo real enviem representantes para as reuniões por meio de avatares. Caso esses representantes usem o espaço do metaverso para combinar a fixação de determinado preço para seus produtos, essa conduta será vista como um cartel, independentemente de ter sido praticada no âmbito do metaverso. Para o CADE, esse arranjo não se diferenciaria de uma reunião presencial, conferência telefônica, videoconferência, cadeia de *e-mails* ou grupo de WhatsApp. O próprio responsável pelo ambiente virtual poderá ser responsabilizado por facilitar a adoção de conduta comercial uniforme entre concorrentes.

De modo semelhante, em um cenário onde o controlador do principal metaverso disponível opte por colocar nos locais mais *premium* do metaverso os seus *apps* (ou lojas virtuais, *stands* virtuais ou qualquer que seja a denominação que se dará aos espaços dentro do metaverso), forçando os *apps* concorrentes aos seus a serem postos nos locais menos atrativos do mundo virtual, há uma chance não desprezível de que isso será investigado como uma conduta potencialmente anticompetitiva de discriminação de concorrentes.

Fica patente que as empresas devem ter certos cuidados para evitar condutas anticompetitivas, inclusive aquelas praticadas dentro do metaverso. Há, inclusive, uma preocupação de que ambientes digitais como o metaverso possam facilitar a ocorrência de condutas colusivas, à medida que criam canais de comunicação ainda desconhecidos que podem viabilizar, por exemplo, a fácil e eventualmente não rastreável troca de informações sensíveis entre as empresas.

Para as empresas que pretendem estabelecer seus negócios no metaverso, as medidas mitigatórias que se vislumbram se assemelham aos recursos já empregados para o mundo real. Esses cuidados costumam ser transmitidos e codificados pelas empresas nos chamados programas de *compliance* antitruste, que geralmente abarcam códigos de conduta, políticas e treinamentos com regras de comportamento aplicadas a seus colaboradores. Há um ponto em específico dos programas de *compliance* que merece especial atenção por parte das empresas que pretendam participar do metaverso: os cuidados com o registro documental de suas condutas no metaverso.

Parte essencial de um bom programa de *compliance* antitruste é definir mecanismos para que os colaboradores registrem adequadamente interações com terceiros (especialmente concorrentes) e documentem políticas comerciais. Essas são medidas importantíssimas para que empresas possam mapear fragilidades e riscos em suas atividades e defender-se na eventualidade de serem investigadas por condutas anticompetitivas.

O tópico da documentação de comunicações já se mostra difícil na atualidade, visto que colaboradores usam os mais diversos meios de comunicação com terceiros (i.e., *e-mails* e sistemas de mensagens instantâneas efêmeros). A quantidade de mensagens trocadas e a dispersão dos meios usados representam desafios enormes às empresas que precisam resgatar o histórico de interações. Assim, o início das interações dentro do metaverso representará um desafio adicional nessa seara, porque parte da pretensão dos metaversos é servir de fórum para reuniões virtuais, mas pouco se sabe até o momento sobre como as empresas poderão resgatar (ou monitorar) o histórico de interações dos avatares de seus colaboradores. Atualmente, por exemplo, uma reunião por meio dos programas Zoom ou Microsoft Teams permanece registrada nos computadores de colaboradores e em servidores, incluindo informações sobre as durações das conversas e participantes, mas não se sabe como interações desse tipo serão documentadas quando ocorrerem em metaversos.

Esse desafio certamente afetará também as autoridades antitruste. Muitas agências reguladoras já enfrentam enorme dificuldade em identificar práticas anticompetitivas por conta própria, dependendo em grande medida de programas de leniência para receber denúncias de condutas ilícitas. Com a eventual expansão e predominância de interações dentro de metaversos, esse desafio provavelmente crescerá. Nesse contexto do novo e desconhecido, será relevante o investimento cada vez mais contundente pelas autoridades em ferramentas que viabilizem investigações de ofício, a exemplo do CADE, que há anos vem desenvolvendo o projeto Cérebro, ferramenta que usa inteligência artificial para detecção de cartéis.

1.3. Consequências de condutas anticompetitivas

Conhecidas as condutas associadas ao metaverso que provavelmente levantarão preocupações concorrenciais, cabe-nos abordar brevemente as consequências de eventuais infrações da ordem econômica. Afinal, os alertas de cuidado levantados acima não se associam apenas a restrições morais e prejuízos reputacionais, havendo a possibilidade de o CADE impor sanções severas se identificar condutas anticompetitivas por parte das empresas e pessoas físicas.

O artigo 37 da Lei de Defesa da Concorrência estabelece que a prática de infração contra a ordem econômica sujeita as empresas a multas de 0,1% a 20% de seu faturamento bruto no exercício anterior à instauração do processo administrativo pelo CADE, no ramo de atividade em que ocorreu a infração, sendo que a multa jamais poderá ser inferior à vantagem auferida com a conduta, quando for possível sua estimação.

Os precedentes do CADE indicam que, em regra, as multas para condutas de cartel variam entre 15% e 20% do faturamento bruto das empresas, ao passo que, para condutas anticompetitivas unilaterais, as multas variam dentro do patamar de 0,1% a 5%[7].

A Lei também prevê multas de 1% a 20% do valor da multa das empresas a seus administradores que tenham sido responsáveis direta ou indiretamente pela conduta e estabelece regra específica para multas aplicadas a associações e sindicatos. Para além disso, o artigo 38 da Lei prevê que o CADE poderá adotar qualquer outra medida necessária para assegurar a cessação da conduta ilícita (o que já incluiu a determinação de vendas de ativos e de participações societárias).

Destacamos, ainda, que a prática de cartel configura crime no Brasil, nos termos da Lei nº 8.137/1990 (art. 4º), estando as pessoas físicas que praticarem essa conduta sujeitas a reclusão de dois a cinco anos, além de multa.

Tão relevante quanto as sanções previstas na legislação são as consequências oriundas de eventuais ações de reparação de danos associadas a condutas anticompetitivas. Nos últimos anos, observou-se um número

---

[7] Ver, por exemplo, o *Guia Termo de Compromisso de Cessação para casos de cartel* do CADE, página 28, disponível em: https://cdn.cade.gov.br/Portal/acesso-a-informacao/participacao-social/contribuicoes-da-sociedade/outras-contribuicoes-concluidas/guia-tcc-versao-atual.pdf. Acesso em: 17 fev. 2022.

não desprezível de ações dessa natureza ajuizadas no Brasil[8] e no exterior[9], muitas das quais envolvem valores multimilionários.

Essas breves considerações deixam evidentes as razões pelas quais as empresas devem tomar muito cuidado ao analisar os efeitos concorrenciais de suas condutas e adaptar suas políticas, além de preparar seus funcionários para essa nova realidade. De fato, para além de estarem sujeitas a multas e eventuais pagamentos de indenizações elevadíssimas, as empresas envolvidas em investigações no CADE ou em ações de reparação de danos ainda podem ter de arcar com eventuais medidas restritivas, que podem dificultar o estabelecimento e desenvolvimento de seus negócios no metaverso[10].

2. Atos de concentração

Passamos, então, à segunda esfera de atuação do CADE: controle de atos de concentração[11]. Nessa seara, o CADE analisa, em regra preven-

---

[8] FERNANDES, Luana Graziela Alves. *Passing on defense: jurisprudência brasileira atual em ações de reparação de danos por cartel*. Revista do IBRAC, São Paulo, v. 26, n. 1, p. 19-38, 2021. Disponível em: https://bdjur.stj.jus.br/jspui/bitstream/2011/153359/passing_defense_jurisprudencia_fernandes.pdf. Acesso em: 17 fev. 2022.

[9] A esse respeito, notícias recentes indicam que empresas supostamente prejudicadas por condutas anticompetitivas no Brasil estão buscando jurisdições estrangeiras para fins de reparação de danos, conforme se depreende das notícias *Gran Petro entra na Justiça holandesa contra a Shell por danos no segmento de combustíveis de aviação no Brasil*, disponível em: https://valor.globo.com/empresas/noticia/2022/01/03/gran-petro-entra-na-justica-holandesa-contra-a-shell-por-danos-no-segmento-de-combustivel-de-aviacao-no-brasil.ghtml; e *Cartel do suco de laranja: família Cutrale será julgada em Londres*, disponível em: https://blogs.oglobo.globo.com/lauro-jardim/post/cartel-do-suco-de-laranja-familia-cutrale-sera-julgada-em-londres.html#:~:text=A%20Justi%C3%A7a%20do%20Reino%20Unido,suco%20de%20laranja%20do%20mundo. Acesso em: 17 fev. 2022.

[10] Destacam-se, nesse sentido, as recentes medidas preventivas adotadas pelo CADE em casos envolvendo mercados digitais (Vide casos Ifood e Gympass — Inquéritos Administrativos nº 08700.004588/2020-47 e 08700.004136/2020-65, respectivamente).

[11] Nos termos do artigo 90 da Lei de Defesa da Concorrência, realiza-se um ato de concentração quando:
I — duas ou mais empresas anteriormente independentes se fundem;
II — uma ou mais empresas adquirem, direta ou indiretamente, por compra ou permuta de ações, quotas, títulos ou valores mobiliários conversíveis em ações, ou ativos, tangíveis ou intangíveis, por via contratual ou por qualquer outro meio ou forma, o controle ou partes de uma ou outras empresas;
III — uma ou mais empresas incorporam outra ou outras empresas; ou
IV — duas ou mais empresas celebram contrato associativo, consórcio ou *joint venture*.

tivamente[12], os efeitos que operações de fusão, aquisição, *joint ventures*, consórcios e parcerias causam sobre a concorrência. Na eventualidade de o CADE identificar efeitos negativos oriundos dessas operações, poderá rejeitá-las ou condicioná-las ao cumprimento de compromissos para mitigar os problemas concorrenciais.

Não são todos os atos de concentração que precisam passar pelo crivo do CADE. A Lei de Defesa da Concorrência estabelece que as operações nas quais pelo menos um grupo econômico envolvido tenha registrado faturamento bruto igual ou superior a R$ 750 milhões e pelo menos um outro grupo econômico da operação tenha registrado faturamento bruto igual ou superior a R$ 75 milhões devem ser submetidas à análise do CADE. Nos termos da lei, o faturamento em questão se refere a faturamento bruto no Brasil, no último balanço, no ano anterior à operação[13]. Trata-se, assim, de critérios aplicáveis indiscriminadamente a agentes econômicos de quaisquer segmentos que tenham faturamento oriundo do Brasil, mesmo que sediados em outros países.

Não há dúvidas de que atos de concentração envolvendo empresas no mundo real que participem do metaverso precisarão ser notificadas ao CADE sempre que os critérios acima referidos forem atingidos[14]. Enquadram-se nesse cenário eventuais fusões e aquisições de empresas de tecnologia que comercializem *hardware* ou *software* para o metaverso, bem como plataformas detentoras de metaversos. Na mesma linha, eventuais consórcios, *joint ventures* ou contratos associativos entre empresas nesses segmentos exigirão notificação ao CADE quando os critérios de faturamento forem atingidos.

Por outro lado, muito ainda precisará ser debatido a respeito de operações realizadas exclusivamente dentro do metaverso — se é que situações desse tipo existirão.

---

[12] O artigo 88, § 7º, da Lei de Defesa da Concorrência estabelece que o CADE pode determinar a notificação de operações para sua análise em até um ano do fechamento, independentemente de se tratar de operação que não atingiria os critérios de notificação obrigatória. Essa é a exceção para análise *ex post*, mas as operações que atinjam os critérios de notificação obrigatória devem ser submetidas pelas partes antes de seu fechamento, preventivamente.

[13] O valor constante do artigo 88 da Lei foi atualizado pela Portaria Interministerial MJ/MF nº 994/2012.

[14] Há outros critérios estabelecidos em regulamentos editados pelo próprio CADE, tal como percentual de participação societária a ser adquirida e tipos de contratos considerados "associativos".

No estágio atual da tecnologia, é difícil mesmo de se imaginar o que seriam atos de concentração realizados apenas dentro do metaverso; mas, com um pouco de criatividade (o que certamente não faltará aos empreendedores dessa nova realidade), é possível desenhar exemplos dos assuntos que devem desafiar a análise de advogados e autoridades antitruste.

Nessa linha, uma preocupação que provavelmente surgirá diz respeito a eventuais compras e vendas de "ativos" existentes apenas no metaverso, como seriam os NFTs, ativos digitais que devem gerar novos mercados. Retomando o exemplo das fabricantes de tênis: supondo que uma das empresas decida comprar da segunda um "ponto comercial" existente no metaverso (i.e., um espaço virtual existente no metaverso, onde os avatares possam adquirir tênis virtuais) e que, no mundo real, ambas as empresas atinjam os critérios de faturamento previstos na Lei. Essa situação seria equivalente a uma aquisição de ativo que configuraria um ato de concentração? Neste momento, não há precedentes que permitam uma resposta clara para essa pergunta, mas imagina-se, a partir de todas as considerações aqui trazidas sobre a generalidade da Lei, que o CADE pode vir a entender que essa operação deve ser notificada, ainda que por cautela, para sua análise.

Dúvida semelhante pairará em situação hipotética de aquisição de empresa existente somente no metaverso por outra empresa existente apenas no metaverso, no caso de os usuários donos desses ativos virtuais auferirem receitas anuais que ultrapassem os valores mencionados anteriormente, que resultariam em obrigatoriedade de notificação de atos de concentração ao CADE. No mundo real, o CADE costuma considerar que os empresários que figuram como sócios relevantes das empresas são agentes econômicos integrantes dos grupos econômicos das empresas; desse modo, parece razoável entender que o CADE verá os usuários do metaverso controladores de empresas virtuais como agentes econômicos também. Por outro lado, é difícil estender a definição do termo "empresa" para as empresas existentes exclusivamente no metaverso (como, a título de exemplo, um espaço virtual no metaverso aonde os avatares possam ir para jogar boliche virtual). A princípio, parece-nos que esse exemplo pode acabar voltando ao cenário tratado no parágrafo anterior, no qual a autoridade concorrencial vislumbraria uma aquisição de ativo (ainda que virtual), e não propriamente de uma aquisição de empresa.

Além dos desafios conceituais a respeito da configuração de atos de concentração, será importante as empresas envolvidas nessas transações considerarem que operações em ambientes digitais impõem desafios associados à identificação dos mercados afetados pela operação e à estimação de seu tamanho e das participações de mercado das partes envolvidas[15]. Essas dificuldades impactam diretamente no tempo de análise concorrencial das operações e, por consequência, no cronograma para seus fechamentos.

Apoiando-nos no exemplo da "empresa" de boliche no metaverso, imaginamos que as autoridades concorrenciais terão dificuldade para identificar qual seria o mercado relevante afetado caso ela fosse adquirida por uma "empresa" de cinema no metaverso. Haverá um "mercado relevante de entretenimento no metaverso"? A "empresa" de boliche do metaverso será vista como uma concorrente de empresas de boliche no mundo real? E mais: como será auferida a participação de mercado dos agentes, se — a exemplo do que se observa com as redes sociais hoje em dia — seus modelos de negócio forem baseados em renda de publicidade?

Para além disso, as autoridades concorrenciais mundo a fora estão muito atentas às operações envolvendo mercados digitais, e não será diferente no que tange a casos envolvendo o metaverso[16]. Em termos práticos, isso significa que operações eventualmente sujeitas ao rito sumário[17] de apreciação no CADE poderão eventualmente ser transferidas

---

[15] Esse tópico é objeto de discussão em muitos casos envolvendo mercados digitais. Em casos envolvendo plataformas de varejo *online*, por exemplo, o CADE vem adotando como métrica para apurar a participação de mercado das empresas o *Gross Merchandise Value* (GMV) ou volume bruto de mercadoria, medindo a quantidade de transações em reais que ocorrem em um período dentro da plataforma. A métrica GMV capturaria melhor o total de vendas por meio de *marketplaces*, uma vez que a plataforma, em última instância, recebe apenas uma parte do valor (comissão).

[16] A chefe da autoridade concorrencial da Comissão Europeia, Margrethe Vestager pronunciou-se nesse sentido em entrevista ao sítio eletrônico *Politico*, publicada na matéria Vestager: Metaverse poses new competition challenges. Disponível em: https://www.politico.eu/article/metaverse-new-competition-challenges-margrethe-vestager/. Acesso em: 17 fev. 2022.

[17] Nos termos do artigo 8º da Resolução nº 2/2012 do CADE, são enquadráveis no rito sumário:

I — *Joint-Ventures* clássicas ou cooperativas: casos de associação de duas ou mais empresas separadas para a formação de nova empresa, sob controle comum, que visa única e exclusi-

para o rito ordinário (mais complexo e moroso)[18], simplesmente para que a autoridade tenha mais tempo para se debruçar sobre nuances da dinâmica competitiva envolvendo o metaverso[19].

Do mesmo modo que deixamos alertas às empresas no tópico sobre condutas anticompetitivas, também em relação a atos de concentração cabe um alerta: até que as autoridades comecem a proferir diretrizes aos agentes econômicos, é recomendável que as empresas sejam cautelosas e avaliem atentamente as regras relativas à obrigatoriedade de notifi-

vamente à participação em um mercado cujos produtos/serviços não estejam horizontal ou verticalmente relacionados;

II — Substituição de agente econômico: situações em que a empresa adquirente ou seu grupo não participava, antes do ato, do mercado envolvido, ou dos mercados verticalmente relacionados e, tampouco, de outros mercados nos quais atuava a adquirida ou seu grupo;

III — Baixa participação de mercado com sobreposição horizontal: as situações em que a operação gerar o controle de parcela do mercado relevante comprovadamente abaixo de 20%, a critério da Superintendência-Geral, de forma a não deixar dúvidas quanto à irrelevância da operação do ponto de vista concorrencial;

IV — Baixa participação de mercado com integração vertical: nas situações em que nenhuma das requerentes ou seu grupo econômico comprovadamente controlar parcela superior a 30% de quaisquer dos mercados relevantes verticalmente integrados;

V — Ausência de nexo de causalidade: concentrações horizontais que resultem em variação de HHI inferior a 200 desde que a operação não gere o controle de parcela de mercado relevante superior a 50%;

VI — Outros casos: casos que, apesar de não abrangidos pelas categorias anteriores, forem considerados simples o suficiente, a critério da Superintendência-Geral, a ponto de não merecerem uma análise mais aprofundada.

[18] Nos termos da Resolução nº 16/2016 do CADE, a Superintendência-Geral do CADE deve concluir a análise de atos de concentração sujeitos ao rito sumário em até 30 dias, ao passo que as operações analisadas sob o rito ordinário podem ser revisadas em até 330 dias (prazo máximo previsto na Lei).

[19] Nesse sentido, vale destacar discussão havida em 2021, no Tribunal do CADE, sobre a avocação de Ato de Concentração relativo à aquisição, pelo Grupo LASA, da Hortigil (Ato de Concentração nº 08700.004481/2021-80). A Superintendência Geral do CADE aprovou a operação sem restrições, mas a ex-Conselheira Paula de Azevedo entendeu que, diante das *"várias relações não horizontais geradas pela operação, tal caso desponta como uma importante oportunidade para a autoridade se debruçar sobre os setores envolvidos e refinar a jurisprudência sobre varejo online, ecossistemas digitais, plataformas de marketplace e concentrações conglomeradas"*. Ainda, destacou que *"o caso também permite uma aproximação com estratégias competitivas instigantes e atuais, como a formação de ecossistemas e competição multimercado"*. A avocação não foi homologada, mas demonstra que as nuances desses novos mercados digitais despertam a atenção das autoridades concorrenciais.

cações de atos de concentração ao CADE mesmo quando estiverem tratando de "ativos" ou "empresas" do metaverso.

Conclusões

Queira ou não, goste ou não, o metaverso é um projeto que vem despertando constante e crescente interesse por um volume não desprezível de empresas e usuários, o que faz dele parte da nossa realidade. As empresas — ficção que são, tornadas reais apenas em razão da crença humana — e os praticantes do Direito — idem — não poderão simplesmente ignorar essa nova realidade e devem se preparar para as mudanças que estão por vir.

Neste artigo, traçamos considerações a respeito de como o Direito Concorrencial poderá ser impactado pelo crescimento do metaverso e de que modo os agentes econômicos poderão se preparar para interagir com esse mundo virtual sem se expor a riscos adicionais. Ao mesmo tempo que essa nova realidade pode gerar inúmeras oportunidades a partir de novos mercados, também deve gerar muitos desafios para que dela não resultem abusos e práticas que possam restringir e limitar a concorrência.

Na esfera das preocupações relacionadas a condutas anticompetitivas, identificamos que as empresas precisarão redobrar os cuidados relacionados a programas de *compliance* antitruste e treinamento a seus funcionários que interagirão com e nesses ambientes virtuais, sobretudo porque essas plataformas podem facilitar a interação com concorrentes e com terceiros de forma desregrada e não monitorada. Além disso, preocupações relacionadas a práticas colusivas e condutas unilaterais abusivas deverão ser replicadas para as novas dinâmicas associadas à participação no metaverso.

Em relação a atos de concentração, vimos que existem muitas dúvidas conceituais a respeito de operações de fusões e aquisições envolvendo "ativos" do metaverso, mas não se questiona que os agentes econômicos do mundo real deverão se ater aos critérios de notificação previstos da legislação antitruste. Assim, a cautela deve prevalecer ao se avaliar atos de concentração envolvendo o metaverso, ao menos até que as autoridades concorrenciais expeçam diretrizes sobre o tema.

Recomendamos, assim, que os alertas e cuidados tratados nos tópicos anteriores sejam discutidos e considerados dentro das empresas que pretendam ingressar nessa nova realidade e sejam transpostos na medida do possível para os programas de *compliance* e treinamento antitruste das empresas, de forma que todos os colaboradores tenham conhecimento dessas nuances e auxiliem as empresas a identificar e mitigar situações de risco.

Referências

BRASIL. Lei nº 8.137, de 27 de dezembro de 1990. Define crimes contra a ordem tributária, econômica e contra as relações de consumo, e dá outras providências. Disponível em: http://www.planalto.gov.br/ccivil_03/leis/l8137.htm. Acesso em: 17 fev. 2022.

BRASIL. Lei nº 12.529, de 30 de novembro de 2011. Estrutura o Sistema Brasileiro de Defesa da Concorrência; dispõe sobre a prevenção e repressão às infrações contra a ordem econômica. Disponível em: http://www.planalto.gov.br/ccivil_03/_ato2011-2014/2011/lei/l12529.htm. Acesso em: 17 fev. 2022.

BRASIL. Portaria Interministerial nº 994, de 30 de maio de 2012, do Ministério de Estado da Justiça e do Ministério de Estado da Fazenda. Adequa os valores constantes do art. 88, I e II, da Lei nº 12.529, de 30 de novembro de 2011. Acesso em: 17 fev. 2022.

COMISSÃO EUROPEIA. *Glossary on Terms Used in EU Competition Policy*. 2002. Disponível em: https://www.concurrences.com/IMG/pdf/european_commission_glossary_of_terms_used_in_eu_competition_policy_-_antitrust_and_control_of_concentrations.pdf?40143/2eeffac1aa42eaa000f06738fda10e48e160afe2. Acesso em: 10 fev. 2022.

COMISSÃO EUROPEIA. *The Digital Markets Act: ensuring fair and open digital markets.* Disponível em: https://ec.europa.eu/info/strategy/priorities-2019-2024/europe-fit-digital-age/digital-markets-act-ensuring-fair-and-open-digital-markets_en. Acesso em: 17 fev. 2022.

CONSELHO ADMINISTRATIVO DE DEFESA ECONÔMICA. *Guia Termo de Compromisso de Cessação para casos de cartel*. Disponível em: https://cdn.cade.gov.br/Portal/acesso-a-informacao/participacao-social/contribuicoes-da-sociedade/outras-contribuicoes-concluidas/guia-tcc-versao-atual.pdf. Acesso em: 17 fev. 2022.

CONSELHO ADMINISTRATIVO DE DEFESA ECONÔMICA. Resolução nº 2, de 29 de maio de 2012. Disciplina a notificação dos atos de que trata o artigo 88 da Lei nº 12.529, de 30 de novembro de 2011. Disponível em: https://cdn.cade.gov.br/Portal/centrais-de-conteudo/publicacoes/normas-e-legislacao/resolucoes/Resolu%C3%A7%C3%A3o%202_2012%20-%20An%C3%A1lise%20Atos%20Concentra%C3%A7%C3%A3o.pdf. Acesso em: 17 fev. 2022.

CONSELHO ADMINISTRATIVO DE DEFESA ECONÔMICA. Resolução nº 16, de 1º de setembro de 2016. Alteração do artigo 7º da Resolução CADE nº 2/2012 e estabelecimento do prazo de 30 (trinta) dias para análise, pela Superintendência-Geral, de atos de concentração com base em procedimento sumário. Disponível em: https://cdn.cade.gov.br/Portal/centrais-de-conteudo/publicacoes/normas-e-legislacao/resolucoes/Resolu%C3%A7%C3%A3o%20n%C2%BA%2016_01-07-2016.pdf. Acesso em: 17 fev. 2022.

FERNANDES, Luana Graziela Alves. *Passing on defense: jurisprudência brasileira atual em ações de reparação de danos por cartel*. Revista do IBRAC, São Paulo, v. 26, n. 1, p. 19-38, 2021. Disponível em: https://bdjur.stj.jus.br/jspui/bitstream/2011/153359/passing_defense_jurisprudencia_fernandes.pdf. Acessado em: 17 fev. 2022.

HARARI, Yuval Noah. *Sapiens*. 1. ed. Nova York: HarperCollins: 2015

JARDIM, Lauro. Cartel do suco de laranja: família Cutrale será julgada em Londres. *O Globo*. Rio de Janeiro, 05 nov. 2021. Disponível em: https://blogs.oglobo.globo.com/lauro-jardim/post/cartel-do-suco-de-laranja-familia-cutrale-sera-julgada-em-londres.html#:~:text=A%20Justi%C3%A7a%20do%20Reino%20Unido,suco%20de%20laranja%20do%20mundo. Acesso em: 17 fev. 2022.

OLIVON, Beatriz. Gran Petro entra na Justiça holandesa contra a Shell por danos no segmento de combustível de aviação no Brasil. Valor Econômico. São Paulo, 03 jan. 2021. Disponível em: https://valor.globo.com/empresas/noticia/2022/01/03/gran-petro-entra-na-justica-holandesa-contra-a-shell-por-danos-no-segmento-de-combustivel-de-aviacao-no-brasil.ghtml. Acesso em: 17 fev. 2022.

SEIXAS, Raul Santos. Prelúdio. Universal Music Ltda., 1974.

STOLTON, Samuel. Vestager: Metaverse poses new competition challenges. *Politico*. Arlington County, 18 jan. 2022. Disponível em: https://www.politico.eu/article/metaverse-new-competition-challenges-margrethe-vestager/. Acesso em: 17 fev. 2022.

15.
TRANSAÇÕES IMOBILIÁRIAS NO METAVERSO

Vladimir Miranda Abreu
Gabriela Nunes Machado
Fábio Antônio C. Filgueira Filho

Introdução

Dado o crescente número de notícias sobre transações imobiliárias no metaverso, este artigo tem como objetivo fazer uma análise do que é o metaverso e sua relação com o direito imobiliário. Por isso, o artigo irá abordar o funcionamento do metaverso; as tecnologias que permitem sua popularização e seu crescimento; uma análise das transações de terrenos no mertaverso realizadas e noticiadas; o tratamento dado pelo direito brasileiro aos terrenos localizados no metaverso em comparação com os imóveis reais, e ainda explorará o metaverso como uma possível ferramenta para auxiliar nas transações de imóveis reais.

1. O que é o metaverso

O metaverso ganhou destaque mundial após o anúncio de Mark Zuckerberg, CEO do antigo Facebook, de que uma das maiores empresas de tecnologia do planeta estaria em processo de reformulação, tendo, inclusive, modificado sua denominação para Meta, visando, dentro de cinco anos, tornar-se uma empresa de metaverso.

Mas o que é metaverso? Em resumo, metaverso é o nome dado a qualquer espaço virtual, gerado por computadores, que permita a interação entre seres humanos de maneira imersiva. Por isso, um primeiro ponto que merece destaque é o fato de que não existe apenas um metaverso ou que o metaverso se resume ao que será criado pela empresa Meta.

Também é importante realçar que a ideia do metaverso é anterior à iniciativa da Meta. Em um passado recente, por exemplo, a série de filmes Matrix, de 1999, tratou da existência dos seres humanos vivendo em uma realidade virtual tão perfeitamente criada que por poucos era identificada.

Além disso, o mesmo tema foi anteriormente discutido por autores de ficção científica como William Gibson, em Neuromancer, publicado em 1984, e Neal Stephenson, em Snow Crash, publicado em 1992, que relataram distopias onde a existência humana é coisificada e o ambiente virtual é tão ou mais importante do que o real.

A "realidade" e o futuro dos metaversos, porém, não são tão distópicos quanto os teorizados no cinema e na literatura.

Jogos eletrônicos de multijogadores online representam o primórdio dos metaversos, porque permitem que seus jogadores experimentem uma realidade virtual paralela, com locais para visitar, percorrer e interagir com outras pessoas.

Além de proporcionarem ambientes de relacionamentos interpessoais, os metaversos propõem a criação de uma nova realidade, moldada aos interesses dos seus usuários, a partir do uso de tecnologias que permitam experiências que passem a sensação de que aquilo que se está presenciando é verdadeiro.

Jogos da atualidade já permitem experiências realistas e imersivas, com interações sociais complexas, mas o futuro dos metaversos, como previsto por Mark Zuckerberg, envolve muito mais imersão, muito mais usuários e muito mais integração com o nosso dia a dia.

A proposta dos metaversos mais modernos vai além do lazer. Acredita-se que todas as interações humanas com as informações virtuais poderão e deverão ser realizadas através dos metaversos que, adicionalmente, proporcionarão espaços para interações sociais, educação, diversão e trabalho.

Os metaversos idealizados para o futuro, além da criação de uma nova realidade, sugerem a possibilidade de recriar a existência de cada indivíduo de forma virtual, através de personagens, chamados avatares, que poderão replicar as características de cada usuário.

E, do mesmo modo que a vida social no mundo real envolve a aquisição de bens e serviços reais, a vida virtual envolve a aquisição de bens e serviços virtuais. Atualmente, a indústria dos jogos online já movimenta valores elevados, foram US$ 22.9 bilhões em 2021[1], e a expectativa é que com o metaverso esses números se elevem, o que atrai cada vez mais empresas interessadas em participar desse mercado.

É evidente que as propostas e os objetivos dos metaversos são audaciosos, apesar de sua idealização ser antiga. Acredita-se, todavia, que esses objetivos de realidade paralela dos metaversos podem ser alcançados por causa dos avanços tecnológicos nos equipamentos de comunicação (internet cada vez mais rápida e disponível e computadores cada vez menores, mais potentes e mais baratos) e, principalmente, devido ao desenvolvimento de novas tecnologias de processamento e registro de dados e informações, como o *blockchain*.

2. Sobre as tecnologias de *blockchain* e NFT

O *blockchain* é uma tecnologia de registro de dados estruturado de forma descentralizada e segura, quase impossível de ser fraudada. Logo, *blockchain* não é uma coisa, mas uma forma de processar informações. Como o próprio nome sugere, o *blockchain* atua como um encadeamento de blocos, formados por dados produzidos e checados conjuntamente por diversos computadores, de todos seus participantes, que, quando processados, não podem ser apagados ou alterados[2].

Seu funcionamento pode ser resumido da seguinte forma: um conjunto de informações é registrado no sistema de modo interligado às informações anteriores e sucessoras; esse sistema, por sua vez, é com-

---

[1] Mercado de jogos digitais terá receita de US$ 146 bilhões em 2021, uma alta de 40% em dois anos. *Olhar Digital*. Disponível em: https://olhardigital.com.br/2021/05/03/games-e-consoles/mercado-de-jogos-digitais-tera-receita-de-us-146-bilhoes-em-2021-uma-alta-de-40-em-dois-anos/. Acesso em: 22 fev. 2022.

[2] Gomes, Daniel de Paiva. *Bitcoin: a tributação de criptomoedas*. São Paulo: Revista dos Tribunais, p. RB 2-3, 2021. Disponível em: https://proview.thomsonreuters.com/launchapp/title/rt/monografias/256546505/v1/page/RB-2.3. Acesso em: 22 fev. 2022.

posto por milhares de computadores que fazem, conjuntamente, o processamento de todos os dados registrados e encadeados em blocos.

Para certificar uma informação em uma cadeia de blocos e evitar fraudes, o *blockchain* tem à sua disposição um mecanismo de "prova de trabalho", ou, como é conhecido em inglês, *proof of work*, que se trata de uma fórmula matemática, incorporada no sistema *blockchain*. Qualquer modificação nas cadeias de blocos de informações gera resultados diferentes do esperado para a fórmula da prova de trabalho, o que permite identificar uma fraude.

Como explica a jurista Tatiana Revoredo[3]:

> Conquanto *blockchain* seja uma tecnologia ainda em sua infância, o que dificulta a sua conceituação com precisão, pode-se conceituá-la como uma arquitetura descentralizada em que seus participantes chegam a um consenso, em intervalos regulares, sobre o verdadeiro estado dos registros de transação compartilhados.
>
> Um segundo conceito que pode nos ajudar no entendimento deste capítulo é: *blockchain* é uma trilha de auditoria imutável em que o DNA de cada bloco é incorporado em todos os seguintes, impossibilitando a alteração do histórico de seu conteúdo.

Deve-se notar que o *blockchain* não é uma tecnologia com uma finalidade pré-determinada, trata-se de uma tecnologia de propósito geral, assim como a energia elétrica, a inteligência artificial e a internet. Por esse motivo, o *blockchain* é a principal tecnologia dos criptoativos, bem como é fundamental para as transações imobiliárias no metaverso, por servir como base para a criação dos *tokens* não fungíveis ou NFT, do inglês, *non-fungible tokens*, que estão diretamente relacionados aos terrenos dos metaversos.

Como ensina o artigo 85 do Código Civil (Lei nº 10.406/2002), "são fungíveis os móveis que podem substituir-se por outros da mesma espécie, qualidade e quantidade". Bens não fungíveis, portanto, são únicos, insubstituíveis, como é o caso dos NFTs.

---

[3] REVOREDO, Tatiana. Blockchain sob a ótica jurídica. *In*: FALCÃO, Cintia Ramos; CARNEIRO, Tayná. *Direito Exponencial*. São Paulo: Revista dos Tribunais, 2020. Disponível em: https://proview.thomsonreuters.com/launchapp/title/rt/monografias/233137337/v1/page/RB-26.1. Acesso em: 22 fev. 2022.

Os NFTs são *tokens*, ou códigos digitais, únicos, feitos em um *blockchain*, que servem para autenticar e rastrear a procedência de outra mídia digital (imagem, áudio, vídeo, PDF etc.).

Entretanto, o NFT não é a própria mídia a ele atrelada. Ademais, a certificação por ele proporcionada é limitada aos dados do próprio NFT, gerado com base na *blockchain*, e a mídia a ele vinculada pode ser reproduzida ou copiada infinitamente.

Como esclarece o autor Eduardo de Paiva Gomes "o NFT representa, apenas, um registro em um banco de dados descentralizado, servindo como um certificado digital que tem como objetivo a autenticação de um arquivo, a fim de garantir a sua exclusividade[4]".

Por isso, apesar de não tornar os arquivos certificados irreproduzíveis, os NFTs servem para provocar a escassez a objetos digitais, porque eles funcionam como uma assinatura única do seu criador e da sequência de seus proprietários. A concepção dos NFTs como assinatura é muito utilizada, principalmente pelo fato de os principais bens virtuais negociados com essa tecnologia serem obras de arte, apesar de que, deve-se reiterar: qualquer dado virtual (imagem, áudio, vídeo, texto etc.) pode ser certificado via NFT.

A infungibilidade atribuída pelos NFTs a arquivos digitais é o que está estimulando a economia no metaverso, porquanto os bens digitais produzidos para essas realidades virtuais (como personagens, roupas ou acessórios para os personagens, ou qualquer outro bem imaginável), estão sendo vendidos acompanhados da certificação de sua exclusividade representada pelos NFTs, o que tem gerado um senso de valor não apenas para jogadores ou usuários dos metaversos, como também para investidores.

Utilizando-se do conceito de infungibilidade e da possibilidade de se recriar escassez no mundo virtual, recentemente surgiram metaversos que oferecem aos seus usuários não apenas a possibilidade de interagir com outas pessoas, como também de adquirir "terrenos", ou os espaços naqueles universos, que são limitados e certificados com NFTs, o que os torna únicos e exclusivos.

---

[4] GOMES, Eduardo de Paiva. *Tributação da Impressão 3D*. São Paulo: Revista dos Tribunais, p. 1.2, 2022. Disponível em: https://proview.thomsonreuters.com/launchapp/title/rt/monografias/279166853/vl/page/RB-1.2. Acesso em: 22 fev. 2022.

Como exemplo de metaversos criados pensando no estabelecimento de uma economia lastreada em itens virtuais certificados com NFTs, inclusive terrenos (que podem lastrear construções virtuais como lojas ou parques), podemos citar Decentraland[5], The Sandbox[6], Cryptovoxels[7] e Somnium Space[8], sendo os dois primeiros os mais famosos.

3. Transações imobiliárias no metaverso

O Decentraland é um metaverso composto por um número limitado de 90 mil terrenos, cada um com 16 m², que podem ser adquiridos pelos seus usuários[9]. Em novembro de 2021, uma única transação de lotes no mundo online Decentraland aconteceu por um valor equivalente a US$ 2,4 milhões[10].

Outro metaverso que registrou relevantes transações de seus 166.464 terrenos virtuais de 96 m² cada[11], foi o The Sandbox. Em 2021, uma empresa chamada Neva York Republic Realm anunciou ter investido US$ 4,3 milhões para compra de terrenos nesse metaverso[12].

Nos metaversos é possível não apenas revender os imóveis, mas também alugá-los e, assim como no mundo real, seu valor está atrelado a fatores como escassez e vizinhança. No The Sandbox, por exemplo, já é possível identificar a valorização de áreas específicas, como no chamado Snoopverse, um espaço virtual em desenvolvimento pelo rapper Snoop Dogg, onde foi vendido terreno por US$ 450 mil[13].

---

[5] Disponível em: https://decentraland.org/. Acesso em: 22 fev. 2022.
[6] Disponível em: https://www.sandbox.game/en/. Acesso em: 22 fev. 2022.
[7] Disponível em: https://www.cryptovoxels.com/. Acesso em: 22 fev. 2022.
[8] Disponível em: https://somniumspace.com/. Acesso em: 22 fev. 2022.
[9] O que são terrenos no metaverso (e como comprar)? *Infomoney*. Disponível em: https://www.infomoney.com.br/guias/terrenos-no-metaverso/. Acesso em: 22 fev. 2022.
[10] ALMENARA, Igor. Terreno virtual em um metaverso é vendido por R$ 13 milhões. *Canaltech*. 24 de novembro de 2021. Disponível em: https://canaltech.com.br/internet/terreno-virtual-em-um-metaverso-e-vendido-por-r-13-milhoes-202690/. Acesso em: 22 fev. 2022.
[11] O que são terrenos no metaverso (e como comprar)? *Infomoney*. Disponível em: https://www.infomoney.com.br/guias/terrenos-no-metaverso/. Acesso em: 22 fev. 2022.
[12] LISBOA, Alveni. Metaverso desencadeia compra desenfreada por imóveis virtuais. *Canaltech*. 06 de dezembro de 2021. Disponível em: https://canaltech.com.br/apps/metaverso-desencadeia-compra-desenfreada-por-imoveis-virtuais-203657/. Acesso em: 22 fev. 2022.
[13] TZANIDIS, Theo. Metaverso: porque pessoas e empresas estão gastando milhões para comprar imóveis virtuais. *BBC News Brasil*. 07 de janeiro de 2022. Disponível em: https://www.bbc.com/portuguese/geral-59908725. Acesso em: 22 fev. 2022.

Transações dos chamados imóveis virtuais atingiram US$ 500 milhões no ano de 2021, sendo US$ 390 milhões apenas nas duas plataformas citadas[14], e a estimativa é que alcancem US$ 1 bilhão em 2022[15].

Entretanto, apesar de todas essas transações e operações se assemelharem com operações imobiliárias, por representarem áreas virtuais exclusivas e limitadas no metaverso, que servem como base para construções virtuais nas quais os seus usuários podem interagir virtualmente, é juridicamente possível chamar essas operações de transações imobiliárias?

4. Diferenciação entre os terrenos dos metaversos e os imóveis no direito brasileiro

Partindo da própria definição legal de bens imóveis é possível concluir que as áreas ou terrenos nos metaversos não se confundem com os imóveis do direito brasileiro. De acordo com o artigo 79 do Código Civil, "São bens imóveis o solo e tudo quanto se lhe incorporar natural ou artificialmente".

Ou seja, apesar de excessivamente simples e objetivo, de acordo com a lei civil, imóvel se resume ao solo e suas acessões, de forma que, comparando tal concepção aos conceitos já discutidos dos terrenos nos metaversos (conjunto de dados certificados por NFT, que representam um espaço exclusivo e limitado em uma plataforma virtual de interações sociais), pode-se concluir que os imóveis dos metaversos não são juridicamente imóveis, principalmente por se tratarem de bens virtuais, dados, sem manifestação real na forma de solo.

Pode-se argumentar, porém, que imóvel, para o direito não é sempre o bem físico solo. De fato, os artigos 80 e 81 do Código Civil relativizam e expandem a acepção jurídica de imóvel para direitos e coisas móveis relacionadas aos imóveis, *vide*:

Art. 80. Consideram-se imóveis para os efeitos legais:
I — os direitos reais sobre imóveis e as ações que os asseguram;

---

[14] O que são terrenos no metaverso (e como comprar)? *Infomoney*. Disponível em: https://www.infomoney.com.br/guias/terrenos-no-metaverso/. Acesso em: 22 fev. 2022.

[15] LOUREIRO, Rodrigo. No metaverso, um *boom* do mercado imobiliário (com dinheiro real). *Neofeed*. 01 de fevereiro de 2022. Disponível em: https://neofeed.com.br/blog/home/no-metaverso-um-boom-do-mercado-imobiliario-com-dinheiro-real/. Acesso em: 22 fev. 2022.

II — o direito à sucessão aberta.

Art. 81. Não perdem o caráter de imóveis:

I — as edificações que, separadas do solo, mas conservando a sua unidade, forem removidas para outro local;

II — os materiais provisoriamente separados de um prédio, para nele se reempregarem.

Entretanto, sequer nesses casos é possível classificar juridicamente os terrenos dos metaversos como imóveis, já que, por terem existência exclusivamente virtual, não se tratam de direitos reais sobre imóveis e ações que os assegurem (artigo 80, inciso I); não têm qualquer relação com direitos sucessórios (artigo 80, inciso II); e não têm relação com as construções incorporadas ao solo (artigo 81, incisos I e II).

O Estatuto da Terra (Lei nº 4.504/1964), por sua vez, no artigo 4º, inciso I, define imóvel rural como "prédio rústico, de área contínua, qualquer que seja a sua localização, que se destine à exploração extrativa agrícola, pecuária ou agroindustrial, quer através de planos públicos de valorização, quer através de iniciativa privada".

No caso do imóvel rural, sua concepção além de se vincular à questão física, por tratar de "prédio rústico de área contínua", também abarca os objetivos e a destinação dos imóveis dessa natureza, porque será considerado rural, "qualquer que seja sua localização", caso "se destine à exploração extrativa agrícola, pecuária ou agroindustrial", o que, novamente, não é o caso dos terrenos dos metaversos.

Outro fator que afasta a possibilidade de classificar os terrenos criados nos metaversos como imóveis para a lei brasileira tem a ver com a forma que esses bens são negociados. De acordo com os artigos 1.225[16], 1.227[17] e 1.245[18] do Código Civil, os direitos reais, como a propriedade,

---

[16] Código Civil: Art. 1.225. São direitos reais: I — a propriedade; II — a superfície; III — as servidões; IV — o usufruto; V — o uso; VI — a habitação; VII — o direito do promitente comprador do imóvel; VIII — o penhor; IX — a hipoteca; X — a anticrese; XI — a concessão de uso especial para fins de moradia; XII — a concessão de direito real de uso; e XIII — a laje.

[17] Código Civil: Art. 1.227. Os direitos reais sobre imóveis constituídos, ou transmitidos por atos entre vivos, só se adquirem com o registro no Cartório de Registro de Imóveis dos referidos títulos (arts. 1.245 a 1.247), salvo os casos expressos neste Código.

[18] Código Civil: Art. 1.245. Transfere-se entre vivos a propriedade mediante o registro do título translativo no Registro de Imóveis. § 1º Enquanto não se registrar o título translativo, o alienante continua a ser havido como dono do imóvel. § 2º Enquanto não se promover, por

sobre os imóveis só se adquirem com o registro no Cartório de Registro de Imóveis competente.

Essa solenidade, entretanto, não acontece nas transações dos terrenos do metaverso, que são comprados e vendidos de forma integralmente eletrônica e ficam registradas nas *blockchains* de cada uma das plataformas, sem lavratura de escritura ou qualquer participação do Registros de Imóveis, que sequer tem a matrícula de "imóveis", cuja existência é exclusivamente virtual.

Por fim, a falta de qualquer existência de matrícula devidamente registrada em um Registro de Imóveis é outro elemento que distingue os imóveis do metaverso. De acordo com a Lei dos Registros Públicos (Lei nº 6.015/1973), todo imóvel deve possuir uma matrícula contendo sua descrição completa, e nessa matrícula devem ser registrados e averbados os atos envolvendo esses imóveis, como estabelecido nos artigos 1.227 e 1.245 supracitados.

Não há dúvidas, portanto, que os terrenos dos metaversos não se tratam, juridicamente, de imóveis, de forma que é tecnicamente inadequado denominar as transações que estão ocorrendo e chamando atenção na mídia de "transações imobiliárias".

Apesar disso, devemos levar em consideração que, de fato, as interações sociais nos metaversos serão parte do futuro, podendo facilitar, também, as interações do cidadão com o estado ou a realização de atos jurídicos solenes (como de transferência da propriedade de imóveis), da mesma forma que contribuíram o telefone, o computador e a internet. Ou seja, os metaversos têm o potencial de viabilizar transações imobiliárias no mundo real.

5. Da possibilidade de equiparação legal dos terrenos nos metaversos a imóveis reais

Nada obstante a evidente impossibilidade de qualificação jurídica dos terrenos oferecidos nos metaversos aos conceitos legais de imóveis, principalmente em decorrência de sua imaterialidade, é necessário ressalvar que no direito brasileiro existem previsões legais que equiparam bens que não têm qualquer relação com solo ou suas incorporações a imóveis.

meio de ação própria, a decretação de invalidade do registro, e o respectivo cancelamento, o adquirente continua a ser havido como dono do imóvel.

Como previsto nos já citados artigos 80 e 81 do Código Civil, há bens, e até mesmo direitos, que mesmo que não possuam manifestação material ou qualquer semelhança física com imóveis, são juridicamente tratados como imóveis. Sobre esse assunto, leciona Daniel Eduardo Carnacchioni[19] que:

> Segundo o art. 80 do CC, consideram-se imóveis, para efeitos legais, os direitos reais sobre imóveis e as ações que os asseguram, bem como o direito à sucessão aberta. Entre os primeiros estão o direito subjetivo à propriedade e a enfiteuse, servidão, usufruto, superfície, uso, habitação, direito real do promitente comprador, direitos reais de garantia e as ações que os asseguram, conforme rol do art.1.225 do CC.
> As ações, por exemplo, seriam a reivindicatória, hipotecária, negatória de servidão etc. No caso do direito à sucessão aberta, ainda que todos os bens deixados pelo de cujus sejam móveis, para fins legais são considerados imóveis.
> Além disso, também por ficção, alguns bens, aparentemente móveis, não perdem o caráter de imóveis. Quais são eles? Segundo o art. 81, não perdem o caráter de imóveis as edificações que, separadas do solo, mas conservando a sua unidade, forem removidas para outro local (atende aqui o legislador as novas formas de construção, como edificações ou casas de madeira pré-fabricadas) e os materiais, provisoriamente separados de um prédio, para nele se reempregarem (é fundamental que a reutilização do material se dê no mesmo prédio).

Tal determinação legal de equiparação de direitos ou bens a princípio móveis a bens imóveis, de acordo com Francisco José Cahali e Giselda Fernandes Novaes Hironaka[20], trata-se de uma ficção jurídica:

> Para efeitos legais, em razão da expressa previsão contida no art. 80, II, do Código Civil, o conjunto de bens e direitos objeto da sucessão é considerado imóvel.

---

[19] CARNACCHIONI, Daniel Eduardo. *Curso de Direito Civil: Parte Geral*. São Paulo: Revista dos Tribunais, 2014. Disponível em: https://proview.thomsonreuters.com/launchapp/title/rt/monografias/101309401/v4/document/101342462/anchor/a-101342462. Acesso em: 22 fev. 2022.
[20] CAHALI, Francisco José; HIRONAKA, Giselda Maria Fernandes Novaes. *Direito das Sucessões*. São Paulo: Revista dos Tribunais, 2014. Disponível em: https://proview.thomsonreuters.com/launchapp/title/rt/monografias/94462590/v5/document/94502668/anchor/a-94502668. Acesso em: 22 fev. 2022.

Deste modo, a herança, tratada como imóvel por ficção jurídica, obedece às peculiaridades relativas a esta espécie de bens, mesmo constituindo o acervo apenas móveis ou direitos.

Por isso, nada impede que os terrenos dos metaversos sejam legalmente equiparados a imóveis reais. Se eventualmente criada disposição legal, será possível impor ou viabilizar o mesmo tratamento jurídico dos imóveis aos terrenos dos metaversos, por exemplo, exigindo ou permitindo a criação de matrículas, nas quais serão registradas ou averbadas informações relevantes acerca dos terrenos.

Essa ideia, entretanto, dependerá não apenas de inovação legal, que deverá regular quais critérios para que os metaversos tenham direito e/ou obrigação de realizar tais registros, como também de modernização dos sistemas dos Registros de Imóveis (ou até criação de um novo sistema de registro específico), uma vez que a realidade imaterial e virtual dos terrenos dos metaversos, atualmente transacionados de forma remota, segura e simplificada, exige que eventuais solenidades impostas por lei sejam igualmente virtuais, seguras e simplificadas, sob pena de desnaturação das principais características desses ativos.

6. Viabilização de transações imobiliárias através do metaverso

O potencial do que pode ser feito nos e através dos metaversos ainda é incerto, mas já há países reconhecendo os benefícios dessa forma de comunicação. Por exemplo, Barbados, em 2021, anunciou planos para criar uma "embaixada virtual" para fornecer serviços consulares virtualmente pelo metaverso Decentraland[21].

Por esse motivo, ainda que as aquisições de terrenos dos metaversos não sejam juridicamente transações imobiliárias, os metaversos, que podem ser entendidos como ambientes virtuais de comunicação e aproximação de pessoas, deverão servir como meio para viabilizar transações

---

[21] AFP. Barbados anuncia abertura da primeira embaixada no metaverso. *Notícias R7*. 17 de novembro de 2021. Disponível em: https://noticias.r7.com/tecnologia-e-ciencia/barbados-anuncia-abertura-da-primeira-embaixada-no-metaverso-17112021#:~:text=Barbados%20anuncia%20abertura%20da%20primeira%20embaixada%20no%20metaverso,-Tecnologia%20e%20Ci%C3%AAncia&text=As%20autoridades%20dessa%20ilha%20de,finalizando%20acordos%20com%20outras%20duas. Acesso em: 22 fev. 2022.

de imóveis no mundo real, tanto nas fases de negociação, como na escrituração e registro.

Não há como negar que as negociações imobiliárias já fazem uso das plataformas eletrônicas. A prova disso é que em 2021, apesar da pandemia de COVID-19 ter imposto longos momentos de quarentena, o setor imobiliário teve resultados em lançamentos e vendas melhores do que em 2019 e 2020[22].

Negociações remotas e até visitas virtuais contribuíram com o bom desempenho do setor. Além disso, antes mesmo do início do isolamento social, os atos eletrônicos já eram uma realidade nas transações imobiliárias. A partir da edição do Provimento nº 100 do Conselho Nacional de Justiça (CNJ), editado em 20 de maio de 2020, tornou-se possível a lavratura de escrituras eletrônicas de compra e venda de imóveis com a participação remota de partes e registradores[23].

A plataforma do e-Notariado, por sua vez, de acordo com os artigos 7[24] e 8[25] do Provimento do CNJ, consiste em um sistema eletrônico que

---

[22] MAGRI, Diogo. Mercado imobiliário escapa da crise com 'boom' durante a pandemia, mas alta de juros pode estragar a festa. *El País*. 01 de dezembro de 2021. Disponível em: https://brasil.elpais.com/economia/2021-12-01/mercado-imobiliario-escapa-da-crise-com-boom-durante-a-pandemia-mas-alta-de-juros-pode-estragar-a-festa.html. Acesso em: 22 fev. 2022.

[23] Provimento nº 100 do CNJ: Art. 4º. Para a lavratura do ato notarial eletrônico, o notário utilizará a plataforma e-Notariado, através do link www.e-notariado.org.br, com a realização da videoconferência notarial para captação da vontade das partes e coleta das assinaturas digitais.

[24] Provimento nº 100 do CNJ: Art. 7º. Fica instituído o Sistema de Atos Notariais Eletrônicos, e-Notariado, disponibilizado na internet pelo Colégio Notarial do Brasil — Conselho Federal, dotado de infraestrutura tecnológica necessária à atuação notarial eletrônica, com o objetivo de: I — interligar os notários, permitindo a prática de atos notariais eletrônicos, o intercâmbio de documentos e o tráfego de informações e dados; II — aprimorar tecnologias e processos para viabilizar o serviço notarial em meio eletrônico; III — implantar, em âmbito nacional, um sistema padronizado de elaboração de atos notariais eletrônicos, possibilitando a solicitação de atos, certidões e a realização de convênios com interessados; e IV — implantar a Matrícula Notarial Eletrônica — MNE.

[25] Provimento nº 100 do CNJ: Art. 8º. O Sistema de Atos Notariais Eletrônicos, e-Notariado, será implementado e mantido pelo Colégio Notarial do Brasil — Conselho Federal, CNB-CF, sem ônus ou despesas para o Conselho Nacional de Justiça e demais órgãos ou entidades do Poder Público.

§ 1º Para a implementação e gestão do sistema e-Notariado, o Colégio Notarial do Brasil — Conselho Federal deverá: I — adotar as medidas operacionais necessárias, coordenando a implantação e o funcionamento dos atos notariais eletrônicos, emitindo certificados eletrô-

permite a interação segura entre os registradores e as partes para coleta e registro da sua livre manifestação em relação ao ato lavrado.

Com relação aos registros de imóveis, desde 2019, através do Provimento nº 89 do CNJ, já havia sido iniciado o processo de virtualização e integração dos registros de imóveis, com a criação do Sistema de Registro Eletrônico de Imóveis e do Serviço de Atendimento Eletrônico Compartilhado.

De acordo com o artigo 18 do Provimento nº 89 do CNJ, o Serviço de Atendimento Eletrônico Compartilhado é um ponto de contato na internet que permite a qualquer usuário, de maneira remota, a solicitação de diversos atos aos registradores de imóveis, como, por exemplo, emissão de certidões ou até registros e averbações em matrículas de imóveis.

Por isso, graças a esses sistemas, não apenas é possível a lavratura eletrônica e remota de escrituras de compra e venda de imóveis, como a solicitação do seu registro.

Considerando que a ideia do futuro dos metaversos envolve a possibilidade de se realizar qualquer ato virtual de maneira imersiva e que os Registros de Notas e de Imóveis já possuem plataformas eletrônicas para realizar seus principais atos, contanto que sejam alcançados os parâmetros de segurança mínimos (o que pode ser viabilizado através da incorporação das tecnologias de *blockchain* e NFT que já são uma realidade no metaverso nos próprios atos dos registros de notas e de imóveis eletrônicos), não seria impossível que o Conselho Nacional de Justiça regularizasse formas de integrar as plataformas eletrônicas dos Registros de Notas e Imóveis às plataformas dos metaversos ou até determinasse a criação de novos sistemas eletrônicos específicos para os metaversos.

A ideia, certamente, parece inovadora e até difícil de imaginar, porém, caso o metaverso ganhe a relevância prevista pelos especialistas, de ser mais revolucionária que a própria internet, tal adequação futura será tão natural quanto as recentes mudanças promovidas pelo CNJ.

---

nicos; II — estabelecer critérios e normas técnicas para a seleção dos tabelionatos de notas autorizados a emitir certificados eletrônicos para a lavratura de atos notariais eletrônicos; III — estabelecer normas, padrões, critérios e procedimentos de segurança referentes a assinaturas eletrônicas, certificados digitais e emissão de atos notariais eletrônicos e outros aspectos tecnológicos atinentes ao seu bom funcionamento.

Conclusões

Diante do exposto, conclui-se que, os metaversos já são uma realidade e têm muito a contribuir com transações imobiliárias no futuro, todavia, não da forma que vem sendo noticiada.

Como demonstrado, as transações imobiliárias de milhões de dólares divulgadas na mídia não se tratam, juridicamente, de transações imobiliárias, porque os terrenos virtuais nas plataformas existentes nos metaversos não se tratam de imóveis reais, conforme definição na legislação brasileira.

Por outro lado, apesar de os terrenos do metaverso não serem juridicamente imóveis, o direito brasileiro admite ficções jurídicas que equiparam certos direitos e bens móveis a bens imóveis. Por isso, caso haja necessidade, seria tecnicamente possível a equiparação legal dos terrenos dos metaversos a bens imóveis. Para tanto, além da criação de lei específica, espera-se que as eventuais solenidades impostas sejam virtuais, seguras e simplificadas, sob pena de desnaturação das principais características desses ativos.

Ademais, ainda que as negociações dos terrenos dos metaversos não configurem, juridicamente, transações imobiliárias, nada impede que o metaverso sirva como ferramenta para viabilizar e fomentar transações mobiliárias no mundo real, na medida que, como meios de comunicação tecnológicos, imersivos e seguros, os metaversos poderão servir de ambiente de negociação para aproximação das partes interessadas em transacionar ativos imobiliários, bem como poderão servir de ambiente para a própria formalização da operação, através da lavratura de escrituras de compra e venda e do seu posterior registro nas matrículas.

É necessário destacar, todavia, que os atos jurídicos solenes que dependem da participação de Notários, Registros de Títulos ou de Imóveis, apesar de já existirem no formato eletrônico, dependerão de futura autorização do Conselho Nacional de Justiça, que também terá o dever de regularizar as formas de integrar as plataformas eletrônicas oficiais já existentes às plataformas dos metaversos ou de determinar a criação de novos sistemas específicos para funcionamento nos metaversos.

Referências

ALECRIM, Emerson. O que é blockchain: significado e funcionamento. *Infowester*. 01 de fevereiro de 2017. Disponível em: https://www.infowester.com/blockchain.php#significado. Acesso em: 22 fev. 2022.

ALMENARA, Igor. Terreno virtual em um metaverso é vendido por R$ 13 milhões. *Canaltech*. 24 de novembro de 2021. Disponível em: https://canaltech.com.br/internet/terreno-virtual-em-um-metaverso-e-vendido-por-r-13-milhoes-202690/. Acesso em: 22 fev. 2022.

BRASIL. *Código Civil*, Lei nº 10.406, de 10 de janeiro de 2002. https://www.planalto.gov.br/ccivil_03/LEIS/2002/L10406compilada.htm. Acesso em: 22 fev. 2022.

BRASIL. *Conselho Nacional de Justiça*, Provimento nº 100, de 26 de maio de 2020. https://atos.cnj.jus.br/files/original222651202006025ed6d22b74c75.pdf. Acesso em: 22 fev. 2022.

BRASIL. *Conselho Nacional de Justiça*, Provimento nº 89, de 26 de maio de 2020. https://atos.cnj.jus.br/files/original173255201912195dfbb44718170.pdf. Acesso em: 22 fev. 2022.

BRASIL. *Estatuto da Terra*, Lei nº 4.504, de 30 de novembro de 1964. http://www.planalto.gov.br/ccivil_03/leis/l4504.htm. Acesso em: 22 fev. 2022.

BRASIL. *Lei dos Registros Públicos*, Lei nº 6.015, de 31 de dezembro de 1973. http://www.planalto.gov.br/ccivil_03/leis/l0601-1850.htm. Acesso em: 22 fev. 2022.

CAHALI, Francisco José; HIRONAKA, Giselda Maria Fernandes Novaes. *Direito das Sucessões*. São Paulo: Revista dos Tribunais, 2014. Disponível em: https://proview.thomsonreuters.com/launchapp/title/rt/monografias/94462590/v5/document/94502668/anchor/a-94502668. Acesso em: 22 fev. 2022.

CARNACCHIONI, Daniel Eduardo. *Curso de Direito Civil: Parte Geral*. São Paulo: Revista dos Tribunais, 2014. Disponível em: https://proview.thomsonreuters.com/launchapp/title/rt/monografias/101309401/v4/document/101342462/anchor/a-101342462. Acesso em: 22 fev. 2022.

GOMES, Daniel de Paiva. *Bitcoin: A Tributação de Criptomoedas*. São Paulo: Revista dos Tribunais, 2021. Disponível em: https://proview.thomsonreuters.com/launchapp/title/rt/monografias/256546505/v1/page/RB-2.3. Acesso em: 22 fev. 2022.

GOMES, Eduardo de Paiva. *Tributação da Impressão 3D*. São Paulo: Revista dos Tribunais, 2022. Disponível em: https://proview.thomsonreuters.com/launchapp/title/rt/monografias/279166853/v1/page/RB-1.2. Acesso em: 22 fev. 2022.

LISBOA, Alveni. Metaverso desencadeia compra desenfreada por imóveis virtuais. *Canaltech*. 06 de dezembro de 2021. Disponível em: https://canaltech.com.br/apps/metaverso-desencadeia-compra-desenfreada-por-imoveis-virtuais-203657/. Acesso em: 22 fev. 2022.

LOUREIRO, Rodrigo. No metaverso, um *boom* do mercado imobiliário (com dinheiro real). *Neofeed*. 01 de fevereiro de 2022. Disponível em: https://neofeed.com.br/blog/home/no-metaverso-um-boom-do-mercado-imobiliario-com-dinheiro-real/. Acesso em: 22 fev. 2022.

MAGRI, Diogo. Mercado imobiliário escapa da crise com '*boom*' durante a pandemia, mas alta de juros pode estragar a festa. *El País*. 01 de dezembro de 2021. Disponível em: https://brasil.elpais.com/economia/2021-12-01/mercado-imobiliario-escapa-da-crise-com-boom-durante-a-pandemia-mas-alta-de-juros-pode-estragar-a-festa.html. Acesso em: 22 fev. 2022.

MALAR, João Pedro. Entenda o que é o metaverso e porque ele pode não estar tão distante de você. *CNN Brasil*. 06 de setembro de 2021. Disponível em: https://www.cnnbrasil.com.br/business/entenda-o-que-e-o-metaverso-e-por-que-ele-pode-nao-estar-tao-distante-de-voce/. Acesso em: 22 fev. 2022.

REVOREDO, Tatiana. Blockchain sob a ótica jurídica. In: FALCÃO, Cintia Ramos; CARNEIRO, Tayná. *Direito Exponencial*. São Paulo: Revista dos Tribunais, 2020. Disponível em: https://proview.thomsonreuters.com/launchapp/title/rt/monografias/233137337/v1/page/RB-26.1. Acesso em: 22 fev. 2022.

TZANIDIS, Theo. Metaverso: porque pessoas e empresas estão gastando milhões para comprar imóveis virtuais. *BBC News Brasil*. 07 de janeiro de 2022. Disponível em: https://www.bbc.com/portuguese/geral-59908725. Acesso em: 22 fev. 2022.

16.
QUAL O VALOR DO NFT? RISCOS E POSSIBILIDADES NO METAVERSO — NFTs E A RELATIVIZAÇÃO DO VALOR

Shin Jae Kim
Giovanni Paolo Falcetta
Franco Mikuletic Neto

Introdução

Há alguns anos trabalhávamos com máquinas de escrever, a internet não existia e quando passou a existir apareceu inicialmente como internet discada, que mais nos irritava do que nos ajudava. O *smartphone*, então, era produto de ficção científica e o dinheiro era apenas impresso.

Hoje vivemos em um mundo completamente diferente. A internet está na palma de nossas mãos; computadores inteligentes, dispositivos que conversam conosco e controlam nossos carros e residências são realidade e, em especial, estamos atualmente vivenciando o início de uma revolução financeira. O dinheiro não é apenas físico e controlado por governos, mas também é digital, desenvolvido por pessoas e/ou empresas e rodando em sistemas descentralizados.

Inovações estão aparecendo a todo momento, *blockchains*, criptomoedas, *tokens*, NFTs e metaverso. Enfim, são diversos novos termos, novas tecnologias e novos meios de transferência de ativos entre pessoas e empresas.

Tal evolução é incontestável e imparável. E toda evolução traz novos desafios, cabendo analisar seu funcionamento e características, procurando compreender seus benefícios, suas fragilidades e seus potenciais riscos.

1. Metaverso

O que determina o valor das "coisas"? Parece ser uma pergunta simples, mas nos remete a alguns pontos que merecem discussão. O valor das "coisas" pode ser determinado por uma série de fatores, como, por exemplo, a lei da oferta e demanda, que dita que quanto mais cobiçada a coisa, mais valor intrínseco ela possui. Podemos alegar também que o valor de uma coisa é determinado pelo avaliador, contexto histórico e até carga emocional e, por esse motivo, algumas coisas possuem muito valor para uns e pouco para outros.

Antes de entrarmos em um debate filosófico sobre a natureza e imputação de valor, vamos primeiro tratar um pouco de um universo paralelo e digital que ficou famoso em 2021, o mundo das finanças descentralizadas, o metaverso e os NFTs.

O chamado metaverso não é algo novo. Lembra dos romances "Snow Crash", de Neal Stephenson, ou "Jogador Número Um", de Ernest Cline, ou até mesmo o jogo de sucesso dos anos 2000, "Second Life"?

Caso não se recorde, o livro "Jogador Número Um" traz a história de que para escapar de uma realidade terrível, a humanidade passa a maior parte do tempo inserida no "OASIS", uma realidade virtual utópica com milhares de planetas onde as pessoas podem ser o que quiserem e coisas fantásticas acontecem[1]. A ideia é tão recente e atual para os dias de hoje que, em 2018, a Warner Bros Pictures lançou um filme, com o mesmo nome "Jogador Número Um", baseado nessa história e com direção de Steven Spielberg. O jogo "Second Life" por sua vez, foi o primeiro jogo comercial a simular a vida em ambiente 100% digital no qual tinha uma moeda própria e os usuários podiam fazer negócios virtuais como compra e venda de terrenos, além da obtenção de roupas e acessórios para seus avatares 3D.

---

[1] CLINE, Ernest. *Jogador Número Um*. Tradução: Giu Alonso. Rio de Janeiro: Intrínseca, 2021. Disponível em: https://www.intrinseca.com.br/livro/1048/. Acesso em: 17 fev. 2022.

O metaverso voltou à tona e foi amplamente difundido para o público em geral em outubro de 2021 quando Mark Zuckerberg, criador do Facebook, anunciou a mudança do nome da empresa Facebook para Meta e declarou também um novo foco da companhia no mundo de realidade aumentada[2].

De forma simplificada, entendemos o metaverso como a denominação utilizada para representar um ambiente virtual, imersivo e abrangente, que pode ser utilizado para substituir atividades do mundo real por meio da utilização de avatares customizados em 3D, bem similar a história elaborada por Ernest Cline ou o jogo "Second Life", mencionados anteriormente. A intenção dos defensores e investidores desse mundo é que o metaverso seja efetivamente utilizado como um mundo paralelo virtual que possibilite reuniões de trabalho, socialização, eventos, jogos, compras etc.

Em virtude dessas expectativas e intenções de grandes nomes do mercado para o metaverso, algumas tecnologias devem evoluir e se desenvolver nos próximos anos. São as tecnologias de realidade mista, ou seja, os famosos elementos de **realidade aumentada** e **realidade virtual**.

Por meio dessas tecnologias, o usuário terá a oportunidade de interagir com objetos virtuais, bem como permitirá que os itens digitais possam dialogar com os equipamentos físicos ou com equipamentos de um universo completamente inventado. Apesar de similares, ambas se distinguem em aspectos essenciais. Na realidade virtual, o usuário vive uma experiência imersiva, utilizando dispositivos tecnológicos como óculos especiais ou capacetes de imersão, o usuário fica completamente imerso no mundo digital. Sabe a sensação de entrar em um equipamento de simulação? É isso, a sensação de realmente viver uma nova realidade, muitas vezes, completamente diferente da realidade que nos encontramos.

A realidade aumentada, por sua vez, é a sobreposição digital no mundo real. Um excelente exemplo, que virou febre em anos recentes, é o jogo "Pokemon Go", onde os personagens podiam ser capturados em ambientes reais, como parques e *shoppings*. Para utilizar essa tecnologia não é necessário usar óculos especiais ou capacetes, apenas um dispositivo

---

[2] MALAR, João Pedro. Facebook virou Meta: entenda por que as empresas decidem trocar de nome. *CNN Brasil Business*. São Paulo, 29 out. 2021. Disponível em: https://www.cnnbrasil.com.br/business/facebook-virou-meta-entenda-por-que-as-empresas-decidem-trocar-de-nome/. Acesso em: 17 fev. 2022.

eletrônico com aplicativos que viabilize essa integração. Portanto, temos que a realidade virtual tem o condão de criar um mundo novo, com situações impossíveis e/ou diferentes, enquanto que a realidade aumentada tem o objetivo de criar elementos que adicionam e interagem com o mundo real[3].

Para se ter uma dimensão do sucesso que a realidade aumentada já proporcionou no Brasil e no mundo, o "Pokemon Go" foi criado em julho de 2016 em uma parceria da Nintendo com a empresa Niantic e com base em um relatório da consultoria SensorTower de 2021, o jogo apresentou faturamento aproximado de 5 bilhões de dólares nesses cinco anos de existência e teve, aproximadamente, 630 milhões de downloads no mundo[4]. Ou seja, a tecnologia já se provou efetiva e extremamente rentável.

Apesar de estarmos no início dessa nova jornada, já podemos citar diversos exemplos recentes da utilização do metaverso, por exemplo, em fevereiro de 2022, foi criado o primeiro escritório virtual de advocacia na plataforma do Decentraland, um jogo controlado pelos usuários que permite a exploração, desenvolvimento e socialização em um mundo virtual 3D. O escritório americano Arent Fox, responsável pela iniciativa, declarou que esse movimento virtual foi desenvolvido para demonstrar aos clientes que o escritório está familiarizado e preparado para auxiliar todos os seus clientes a navegarem nesse novo mundo[5].

Outro exemplo, são as extensas realizações de shows no Metaverso. Podemos citar o show, em agosto de 2021, da cantora Ariana Grande na plataforma do jogo Fortnite, da Epic Games[6], o show do cantor Justin

---

[3] FERNANDES, Carol. Metaverso: sete fatos para entender a nova experiência da Internet. *TechTudo*. 11 dez. 2021. Disponível em: https://www.techtudo.com.br/noticias/2021/12/metaverso-sete-fatos-para-entender-a-nova-experiencia-da-internet.ghtml. Acesso em: 17 fev. 2022.

[4] AGRELA, Lucas. Pokémon Go "captura" 5 bilhões de dólares em 5 anos. *Exame*. 7 jul. 2021. Disponível em: https://exame.com/tecnologia/pokemon-go-captura-5-bilhoes-de-dolares-em-5-anos/. Acesso em: 17 fev. 2022.

[5] RUBINO, Kathryn. First biglaw firm to buy serious property in the metaverse. *Above the Law*. 15 fev. 2022. Disponível em: https://abovethelaw.com/2022/02/first-biglaw-firm-to-buy-serious-property-in-the-metaverse/. Acesso em: 17 fev. 2022.

[6] ABREU, Victor de. Ariana Grande no Fortnite: como assistir ao evento Turnê da Fenda. *TechTudo*. 5 ago. 2021. Disponível em: https://www.techtudo.com.br/noticias/2021/08/

Bieber, em novembro de 2021, na plataforma Wave[7] e o show do DJ e produtor Steve Aoki, que recentemente anunciou o A0K1VERSE, o metaverso onde Steve Aoki realizará seus shows virtuais. De acordo com o anúncio de Steve Aoki, a ideia é que pessoas interessadas em acompanhar as suas performances no A0K1VERSE terão de adquirir passaportes na forma de NFTs[8].

Até marcas famosas já estão se inserindo nesse universo. A Nike anunciou, em dezembro de 2021, que finalizou a aquisição da empresa RTFKT, uma empresa formada por três amigos durante a pandemia de COVID-19 "para criar tênis e artefatos digitais únicos". O CEO da Nike Inc., John Donahoe, afirmou que a aquisição da empresa RTFKT "é mais um passo que acelera a transformação digital da Nike e nos permite servir atletas e criadores na interseção entre esporte, criatividade, jogos e cultura", ou seja, procurando entre outras coisas, vincular seus cobiçados tênis físicos às suas respectivas versões digitais. Para termos uma referência do potencial retorno financeiro desse movimento, um dos principais produtos da RTFKT, a coleção de NFTs, *CryptoPunks*, elaborada em parceria com o artista FEWOCiOUS, vendeu em um leilão no início do ano de 2021 mais de 600 pares de tênis, que totalizou cerca de 3,1 milhões de dólares[9].

Acho prudente pararmos por aqui e esclarecer alguns pontos que talvez estejam difíceis de compreender. Afinal, o que seria um NFT? De forma simplificada, o NFT é um acrônimo que representa um *Non-Fungible Token*, ou seja, um *token* não fungível.

Isso provavelmente não ajudou a sua compreensão, mas vamos, de forma simples, tentar esclarecer esse e outros termos técnicos desse mundo digital:

---

ariana-grande-no-fortnite-como-assistir-ao-evento-da-turne-da-fenda-esports.ghtml. Acesso em: 17 fev. 2022.

[7] ÉPOCA NEGÓCIOS. Justin Bieber diz que vai fazer show no metaverso. 9 nov. 2021. Disponível em: https://epocanegocios.globo.com/Tecnologia/noticia/2021/11/justin-bieber-diz-que-vai-fazer-show-no-metaverso.html. Acesso em: 17 fev. 2022.

[8] CRIPTOFÁCIL. Steve Aoki fará show no metaverso com passaportes em NFT. 1 fev. 2022. Disponível em: https://tecnologia.ig.com.br/2022-02-01/steve-aoki-show-metaverso.html. Acesso em: 2 fev. 2022.

[9] MARIN, Jorge. Na corrida ao metaverso, Nike compra fabricante de tênis virtuais. Tecmundo. 15 dez. 2021. Disponível em: https://www.tecmundo.com.br/internet/230548-corrida-metaverso-nike-compra-fabricante-tenis-virtuais.htm. Acesso em: 17 fev. 2022.

- NFT como vimos anteriormente, é um *token* não fungível, ou seja, um certificado digital, estabelecido via tecnologia *blockchain*, que define que um determinado bem digital é exclusivo e original;
- *Blockchain* é um livro-razão compartilhado e imutável que permite o processo de registro de transações e o rastreamento de ativos;
- Criptomoeda é qualquer forma de moeda completamente digital e que usa *blockchains* para garantir a realização de transações; e
- *Tokens* são representações de ativos reais, como dinheiro, contratos ou propriedades.

Ou seja, respondendo ao questionamento proposto, o NFT é um certificado de originalidade e exclusividade para bens digitais (fotos, vídeos, áudios etc). Ao adquirir um NFT, a pessoa passa a ter propriedade do código que contém o registro do objeto, ou seja, a pessoa passa a possuir avatares, terrenos digitais, vestuário digital e outros itens digitais únicos, sendo possível a sua transferência, venda e migração desses bens por meio de carteiras digitais de criptomoedas.

Passados os principais conceitos desse novo universo, conseguimos trazer o nosso tópico inicial para debate. Como funciona a definição do preço de ativos digitais? Talvez você esteja se perguntando: Será que alguém irá efetivamente comprar esses ativos digitais?

Em dezembro de 2021, o jogo The Sandbox, que permite a compra e monetização de terrenos digitais, teve a compra de um terreno digital por um jogador que pagou aproximadamente 450 mil dólares para ser vizinho do *rapper* americano Snoop Dogg.

Podemos citar outros exemplos, como: (i) a empresa Republic Realm anunciou em dezembro de 2021 a compra de um único lote no The Sandbox por 4,3 milhões de dólares[10]; (ii) o NFT "*Everydays: The First 5000 Days*", de Mike "Beeple" Winklemann foi vendido em março de 2021, na renomada casa de leilões Christie's, para um investidor de criptomoedas de Singapura pela bagatela de 69,3 milhões de dólares[11]; e (iii) em

---

[10] AFP. Euforia por metaverso impulsiona a compra de imóveis virtuais. *Exame*. 5 dez. 2021. Disponível em: https://exame.com/tecnologia/euforia-por-metaverso-impulsiona-a-compra-de-imoveis-virtuais/. Acesso em: 3 fev. 2022.

[11] SHARMA, Rakesh. Top 5 Non-Fungible Tokens (NFTs) of 2021: the most expensive NFTs sold this year. *Investopedia*. 15 dez. 2021. Disponível em: https://www.investopedia.com/most-expensive-nfts-2021-5211768. Acesso em: 3 fev. 2022.

janeiro de 2022, o jogador de futebol Neymar Junior anunciou a compra de dois NFTs da coleção *Bored Ape Yacht Club* (que são basicamente imagens digitais de macacos entediados), totalizando 6,2 milhões de reais[12]. Esses exemplos foram selecionados entre milhares de outras transações que acontecem diariamente.

Ou seja, em resposta ao questionamento, os ativos não são apenas comprados, como são comprados por um volume expressivo de dinheiro. Claramente, ficamos nos questionando se o valor pago tem algum sentido lógico.

A resposta é, como na maioria das vezes, depende. Os NFTs são precificados por seu criador e sua valorização depende muito do *"hype"*, palavra da moda nesse universo, utilizada para descrever a demanda e publicidade do ativo, bem como de uma série de propriedades que contribuem para gerar valor, como, por exemplo, a sua natureza, podendo ser um contrato inteligente ou mesmo um *token* nativo[13], ou a quantidade de influenciadores que tem capacidade de alavancar rapidamente o valor do ativo. Vemos também que a geração de valor de um NFT, bem como seu diferencial para as criptomoedas, decorre pelo fato de que ele transforma o bem digital em algo único e, portanto, escasso.

Enfim, são diversos fatores que o comprador deve avaliar antes de decidir se o preço está razoável ou não, dependendo claramente de sua estratégia para alocação de recursos, seja para comprar na expectativa de revender em um curto ou longo espaço de tempo ou apenas para deter o registro da "arte".

Tais fatos, como a definição de preços aleatórios para os NFTs por seus criadores, nos levam a considerar os potenciais abusos e crimes, como os famosos esquemas de pirâmides e fraudes envolvendo criptomoedas.

As fraudes e pirâmides financeiras envolvendo criptomoedas não são novidade no universo digital. As autoridades brasileiras e mundiais estão acompanhando casos como esses há muitos anos. Já em 2017 o mundo

---

[12] MALVA, Pamela. Neymar compra NFT de R$ 6,2 milhões. *Aventuras na História*. 31 jan. 2022. Disponível em: https://aventurasnahistoria.uol.com.br/noticias/historia-hoje/neymar-compra-nft-de-r-62-milhoes.phtml. Acesso em: 3 fev. 2022.

[13] VINICIUS, Marcus. De onde vem o valor de um NFT?. *Livecoins*. 9 jan. 2022. Disponível em: https://livecoins.com.br/de-onde-vem-o-valor-de-um-nft/. Acesso em: 17 fev. 2022.

vivia com fraudes milionárias (senão bilionárias) envolvendo ICOs (*Initial Coin Offerings*) de criptomoedas, ou seja, ofertas públicas de moedas digitais.

Podemos citar que os grandes diferenciais de uma oferta pública de ações e uma oferta pública de uma moeda digital é a regulamentação e o escrutínio envolvido na sua criação, desenvolvimento e finalização. Por exemplo, um ICO não é formalmente regulado por nenhuma autoridade financeira e existe em um universo com muitos poucos controles, o que é completamente o oposto de uma oferta pública de ações, que fica sobre o contínuo escrutínio de autoridades formalmente estabelecidas e dedicadas a preservar e proteger o investidor.

Como exemplo de situação de fraude, podemos citar o caso envolvendo a OneCoin. A OneCoin foi uma empresa de Mumbai, na Índia, que promovia a venda de sua moeda digital como sendo o próximo *bitcoin*, mas que no final, conforme relatos de testemunhas envolvidas no projeto, era nada mais do que um projeto simples, uma planilha de Excel que apresentava transações falsas. Apesar disso e antes da descoberta da fraude, por meio de uma ampla divulgação e todo o *hype* envolvido, a OneCoin conseguiu atrair milhões de dólares de investimentos. Quando as autoridades locais identificaram o esquema, a empresa já tinha desviado cerca de 350 milhões de dólares dos investidores[14].

Um estudo elaborado pela empresa de consultoria ICO Statis Group revelou que mais de 80% dos ICOs realizados em 2017 foram identificados como fraudes. Segundo o estudo, em 2017, o financiamento total de criptomoedas e *tokens* foi de 11,9 bilhões de dólares, sendo que 1,34 bilhão de dólares desses foram destinados a operações fraudulentas, ou seja, 11% dos ICOs foram fraudes. Ademais, o estudo indicou que a grande maioria desse volume financeiro se destinou a três grandes projetos que resultaram em escândalos: a Pincoin (660 milhões de dólares), Arisebank (600 milhões de dólares) e Savedroid (50 milhões de dólares), que juntos somam o valor de 1,31 bilhão de dólares[15].

---

[14] MORRIS, Davis Z. The rise of cryptocurrency Ponzi schemes. *The Atlantic*. 31 mai. 2017. Disponível em: https://www.theatlantic.com/technology/archive/2017/05/cryptocurrency-ponzi-schemes/528624/. Acesso em: 17 fev. 2022.

[15] ALEXANDRE, Ana. Novo estudo diz que 80% das ICOs realizadas em 2017 eram fraudes. *Cointelegraph Brasil*. 13 jul. 2018. https://cointelegraph.com.br/news/new-study-says-80-percent-of-icos-conducted-in-2017-were-scams. Acesso em: 17 fev. 2022.

Apesar de tais estatísticas e resultados, o número de ICOs e criptomoedas disponíveis no mercado só aumentaram pós 2017. Na primeira metade de 2021, o CoinMarketCap, um dos sites mais famosos para acompanhamento e obtenção de informações de criptomoedas e ativos digitais, adicionou 2.655 novos criptoativos para sua base de dados, totalizando 10.810 moedas listadas[16]. Ou seja, a base de ativos aumenta de forma exponencial e sem controle.

Do outro lado, se temos novas criações, temos investidores. Os investidores de criptoativos cada vez mais investem por recomendações de colegas, por medo de ficar por fora das novidades ou por medo de perder dinheiro, o famoso FOMO (*Fear Of Missing Out*). Utilizando o *bitcoin* como parâmetro de análise, o site CoinTraderMonitor revelou os dados de negociação de *bitcoin* nas corretoras brasileiras, o valor movimentado em 2021 correspondeu a 103,5 bilhões de reais e revela um crescimento de 417% em relação ao ano de 2020[17].

Outro levantamento, realizado pela gestora Hashdex, demonstrou que o Brasil teve um aumento de 1.266% no número de investidores alocados em fundos e ETFs (*Exchange-Traded Fund*s ou fundos negociados que representam uma comunhão de recursos destinados à aplicação em uma carteira) de criptoativos, frente ao ano de 2020[18].

A evolução do interesse do mundo e do brasileiro nos criptoativos cria um enorme potencial para criminosos estruturarem esquemas e fraudes. Podemos mencionar um dos casos mais famosos do Brasil. Em agosto de 2021, a Polícia Federal do Brasil deflagrou a Operação Kryptos, que teve como foco uma fraude bilionária envolvendo criptomoedas.

O esquema era baseado na oferta pública de contratos de investimentos, sem prévio registro nos órgãos regulatórios. Conforme infor-

---

[16] COINDESK. Número de criptomoedas em circulação explode em 2021 e passa de 10.000. *Future of Money Exame*. 10 ago. 2022. Disponível em: https://exame.com/future-of-money/numero-de-criptomoedas-em-circulacao-explode-em-2021-e-passa-de-10-000/. Acesso em: 17 fev. 2022.

[17] ROCHA, Luciana. Brasileiros negociaram R$ 103,5 bi em criptomoedas em 2021. *IG Economia*. 10 jan. 2022. Disponível em: https://economia.ig.com.br/2022-01-10/brasileiros-negociaram-r--103-5-bi-em-criptomoedas-em-2021.html. Acesso em: 17 fev. 2022.

[18] OLIVEIRA, Isaac de. Fundos cripto: número de investidores cresce 1.266% no Brasil em 2021. *E-Investidor Estadão*. São Paulo, 14 fev. 2022. Disponível em: https://einvestidor.estadao.com.br/criptomoedas/investidores-fundo-criptomoedas-crescem-2021/. Acesso em: 17 fev. 2022.

mações da Polícia Federal, a GAS Consultoria Bitcoin especulava no mercado de criptomoedas com uma previsão insustentável de retorno financeiro sobre o valor investido[19]. O esquema teria sido comandado por Glaidson Acácio dos Santos, ex-garçom e também conhecido como "Faraó dos Bitcoins", que, à frente da GAS Consultoria, teria movimentado, aproximadamente, 38 bilhões de reais em seis anos, atraindo clientes de diversas regiões do Brasil sob a promessa de rendimentos de 10% ao mês[20].

Para termos visibilidade das quantidades de fraudes nesse nicho, um estudo recente realizado pela Comissão de Valores Mobiliários demonstrou que os crimes financeiros em 2021 subiram 75% (muito provavelmente por conta da pandemia de COVID-19), sendo que desses 75%, 43% são golpes e fraudes envolvendo criptomoedas[21].

Especificamente sobre os NFTs, o mundo já vive um crescimento exponencial de fraudes envolvendo esse ativo, visto que falsificar um NFT é muito mais simples do que falsificar uma obra de arte. Sendo necessário apenas a habilidade de copiar e colar, ou o famoso CTRL+C + CTRL+V e levando em consideração de que o processo de transação é anônimo, criou-se um ativo com um potencial criminoso extremamente alto. Como vimos nas definições anteriores, o sistema de *blockchains* viabiliza o registo das transações, que são acessíveis para as partes contratantes, porém, essas transações são arquivadas via um endereço alfanumérico, o que as transforma em anônimas, de forma a preservar os dados pessoais das partes contratantes[22].

---

[19] ABDALA, Vitor. Polícia Federal faz operação contra fraudes com criptomoedas. *Agência Brasil*. Rio de Janeiro, 25 ago. 2021. Disponível em: https://agenciabrasil.ebc.com.br/geral/noticia/2021-08/policia-federal-faz-operacao-contra-fraudes-com-criptomoedas. Acesso em: 17 fev. 2022.

[20] JOBIM, Caio. GAS Consultoria: Relatório da PF revela como atuava a quadrilha comandada pelo 'Faraó dos Boitcoins'. *Cointelegraph Brasil*. 4 out. 2021. Disponível em: https://cointelegraph.com.br/news/gas-consultoria-pf-report-reveals-how-the-gang-led-by-the-pharaoh-of-bitcoins-operated. Acesso em: 17 fev. 2022.

[21] YAZBEK, Priscila. Criptomoedas são usadas em 43% de golpes financeiros, mostra pesquisa da CVM. *CNN Brasil Business*. São Paulo, 9 set. 2021. Disponível em: https://www.cnnbrasil.com.br/business/criptomoedas-sao-usadas-em-43-de-golpes-financeiros-mostra-pesquisa-da-cvm/. Acesso em: 17 fev. 2022.

[22] BRAZ, Jacqueline Mayer da Costa Ude. A aplicação da tecnologia de NFT e a proteção dos direitos autorais. *Consultor Jurídico*. 22 mai. 2021. Disponível em: https://www.conjur.com.br/2021-mai-22/braz-tecnologia-nft-protecao-direitos-autorais. Acesso em: 17 fev. 2022.

A DeviantArt, uma comunidade online com anos de existência e que arquiva bilhões de peças de arte digitais, por conta da alta incidência de fraudes começou a monitorar as *blockchains* para identificar cópias dos trabalhos de seus usuários. Desde o início de seu monitoramento, a DeviantArt enviou 90 mil alertas de possíveis fraudes para milhares de usuários. Esse número de alertas dobrou entre outubro e novembro de 2021 e cresceu 300% de novembro até meio de dezembro de 2021[23].

2. E agora?

Com base em todo esse cenário e potencial envolvido, verificamos situações pontuais em que o metaverso e os NFTs possam ser utilizados como meio de transmissão ilegal de valores, para lavagem de dinheiro, pagamentos de propina, contribuições políticas indevidas, *kick-backs* empresariais ou até financiamento de terrorismo.

Kevin Sullivan, em obra específica sobre lavagem de dinheiro, ao discutir sobre moedas digitais e questões similares, deixa claro a problemática: *"there is one thing I know for sure; as soon as any new technology becomes available, there are bad guys out there salivating as they try to figure out how to manipulate the system, hoping to make an easy score*[24]*"*.

Com isso em mente, imaginemos um cenário em que uma pessoa possui uma quantidade de dinheiro em mãos e precisa transferir para outra pessoa dificultando o seu rastreio. A pessoa que possui o valor em mãos pode converter seu dinheiro em criptomoedas, enquanto a destinatária dos valores pode criar um NFT e vender pelo preço que desejar. De igual forma, essa transmissão de valores pode ser feita no *spread* de valores na compra e venda de um terreno digital. Enfim, com esse mundo virtual foram criadas novas formas de transmissão de ativos financeiros de forma descentralizada e sem o mínimo de regulação.

A lavagem de dinheiro por meio de compra de obras de arte e similares não é novidade. Isso foi visto em casos históricos como as operações Satiagraha e Lava-Jato, bem como em casos de tráfico de drogas e simi-

---

[23] BECKETT, Lois. Huge mess of theft and fraud: artists sound alarm as NF crime proliferates. *The Guardian*. Los Angeles, 29 jan. 2022. Disponível em: https://www.theguardian.com/global/2022/jan/29/huge-mess-of-theft-artists-sound-alarm-theft-nfts-proliferates. Acesso em: 17 fev. 2022.

[24] SULLIVAN, Kevin. Anti-Money Laundering in a Nutshell: awareness and compliance for financial personnel and business managers. Nova York: Apress, 2015, p. 34.

lares. O então juiz Fausto de Sanctis, em uma entrevista em que comenta casos desse tipo, esclarece a questão: "A arte é fácil de comprar, fácil de transportar e é fácil se esconder como um comprador. A indústria da arte é baseada no anonimato. Os fluxos de caixa não são regulamentados. E pinturas são fisicamente fáceis de contrabandear"[25]. O mesmo se aplica no nosso caso.

Inclusive, recentemente, em abril de 2021, o Grupo de Atuação Especial de Combate ao Crime Organizado — GAECO do Ministério Público, juntamente com a Agência Regional de Inteligência da Brigada Militar do Comando Regional de Polícia da Serra (CRPO-Serra) deflagrou a Operação Galeria que tem como um dos focos um suposto esquema de lavagem de dinheiro que contava com operações de compra e venda de obras de arte e imóveis. Investigadores suspeitam que, por meio da compra de obras de arte, foi lavado pelo menos 10 milhões de reais de toda a propina recebida pelos investigados.

O esquema de lavagem envolvia a aquisição e posterior venda de obras de arte sobrevalorizadas, simulação de operações de venda de imóvel, simulação de empréstimo com familiares, interposição de terceiros em operações de compra e venda de obras de arte e movimentação de valores milionários em contas abertas em nome de empresas *offshore* no exterior. Os investigadores registraram dois casos extremos em que a valorização de quadros chegou a 1788%. Também foi relatado a compra de quadros de Milton Cota e de Ivan Serpa por R$ 45 mil e a venda das respectivas obras por R$ 850 mil cada[26].

Analisando o exemplo dos quadros de Milton Cota e de Ivan Serpa, como dissemos no começo, o que determina o valor das coisas? Quem tem capacidade de julgar se o objeto está com um valor adequado e não superfaturado? Em nosso mundo real, é mais fácil a identificação

---

[25] PRATES, Maria Clara. Envolvidos em fraudes na Petrobras usavam obras de arte para lavar dinheiro. *Estado de Minas*, 20 abr. 2015. Disponível em: https://www.em.com.br/app/noticia/politica/2015/04/20/interna_politica,639292/quando-a-arte-vira-obra-de-bandidos.shtml. Acesso em: 30 mar. 2022. Para quem se interessar em aprofundar o tema, o agora Desembargador Federal Fausto de Sanctis tem um livro específico no assunto, chamado "Lavagem de Dinheiro por Meio de Obras de Arte: uma perspectiva judicial criminal".

[26] CONTEÚDO, Estadão. Operação Galeria é 'aula de lavagem de dinheiro', diz delegado da PF. Isto É. 10 set. 2019. Disponível em: https://istoe.com.br/operacao-galeria-e-aula-de-lavagem-de-dinheiro-diz-delegado-da-pf/. Acesso em: 3 fev. 2022.

de fraudes nessas compras e vendas de obras de arte ou mesmo na formalização de contratos de consultoria com preços estratosféricos, pois temos critérios objetivos e até uma formação de consenso social sobre a adequação de seu preço. Por exemplo, existem critérios objetivos que auxiliam a formação de preços em obras de arte, como, a durabilidade da obra, quantidade de reproduções realizadas e se o artista já é falecido, entre outros.

Os contratos de consultoria, que ficaram famosos por sua utilização massificada na época da investigação Lava-Jato como um meio para pagamento de grandes quantias de forma fraudulenta, também podem ser avaliados e identificados de formas objetivas. Questionando, por exemplo, se o indivíduo contratado realmente tem algum diferencial (tais como técnica, experiência, reconhecimento no mercado, entre outros) que justifica o pagamento desse valor. Essa análise pode ser conduzida por meio de comparações com outros prestadores de serviço, de forma a identificar se o contratado tem realmente algum diferencial que justifica e embasa essa contratação. E mesmo após a prestação do serviço, podemos analisar as provas de serviço, por meio de relatórios ou documentos. E, por fim, conseguimos reconstruir a relação contratual por meio de coleta de evidências. Todos esses meios ajudam a ter um parâmetro de comparação e de avaliação mais objetiva para verificar se o valor está condizente com o serviço prestado.

Em contrapartida, no mundo digital essa identificação fica um pouco mais complexa. Como mencionado nos exemplos acima, como podemos determinar se o terreno ao lado do Snoop Dogg realmente vale os 4,3 milhões de dólares que foram pagos?

Em um caso exemplificativo mais polêmico, como podemos determinar que um NFT produzido por um funcionário público, que é responsável pelas compras de um determinado órgão público, que foi comprado por um diretor de compras de uma empresa que, coincidentemente, venceu a licitação desse órgão, semanas após a compra, estava com um valor adequado?

E mais, quem será responsável por controlar e mapear essas transações? Como podemos fazer o *link* de um suposto recebimento de valores com eventual favorecimento indevido ou conflito de interesses?

Conclusões

Como podemos ver, estamos diante de uma real revolução e diante de vários questionamentos que ainda não temos respostas.

Como tivemos a oportunidade de verificar, essas inovações têm potencial para agregar muito em nosso estilo de vida, com capacidade de viabilizar acessos que muitos nunca teriam na vida real, como acesso a *shows* e eventos, que muitas vezes estão fora das condições financeiras da população em geral. Ou mesmo criar novas formas de fontes de renda, ou proporcionar uma nova plataforma para a descoberta de novos talentos. Apesar de todo potencial positivo, vimos também, como tudo na vida, que esse universo também tem seu lado preocupante e um potencial de abuso evidente.

Por esse motivo, essas inovações ensejam a preocupação da sociedade e do governo. Como amplamente discutido, estamos em uma fase de *hype*, em que mais e mais pessoas entram nesse mundo em busca de riquezas de forma rápida e fácil, muitas vezes sem o conhecimento necessário, investindo em ativos sem fundamento e, ocasionalmente, entrando em situações perigosas financeiramente.

Sabemos que é muito fácil escrever e falar sobre a necessidade de mitigar esses potenciais riscos e criar novas formas de controles, mas ainda não temos resposta de como será possível controlar algo que tem como um dos principais fundamentos, chamarizes e características, a descentralização. Será que a atuação dos governos nesse sentido inviabilizará o desenvolvimento desse novo universo? Ou essa atuação governamental apenas afastará as pessoas que têm interesse criminoso ou que desejam viver às sombras dos órgãos reguladores?

Por outro lado, alguns mitigadores podem auxiliar aqueles que desejam explorar esse universo:

- Pesquise sempre a fonte do ativo — Quais vendas foram feitas antes? Quais são suas credenciais? Há denúncias contra essa fonte? Quais os valores das vendas anteriores e que critérios foram utilizados?
- Há algum sinal de alerta sobre o relacionamento dessa plataforma com financiamento de terrorismo e outros crimes?
- Existem processos ou discussões sobre a viabilidade e existência desses ativos (no local em que você está ou no exterior)? Às vezes, outras pessoas já sofreram danos anteriores e um sinal de alerta pode aparecer

Chegamos em um ponto que as legislações e regulações globais, claramente, não estão acompanhando a evolução tecnológica e fica a preocupação de quantos abusos esse mundo paralelo e virtual serão praticados até que sejam implementadas normas viáveis que protejam os investidores e evitem tais práticas. Muitas vezes um olhar curioso de quem está procurando o investimento pode ajudar a evitar maiores problemas. Até lá, as organizações podem se adaptar à nova realidade e avaliar os riscos reais e possíveis ações mitigatórias.

Referências

ABDALA, Victor. Polícia Federal faz operação contra fraudes com criptomoedas. *Agência Brasil*. Rio de Janeiro, 25 ago. 2021. Disponível em: https://agenciabrasil.ebc.com.br/geral/noticia/2021-08/policia-federal-faz-operacao-contra-fraudes-com-criptomoedas. Acesso em: 17 fev. 2022.

ABREU, Victor de. Ariana Grande no Fortnite: como assistir ao evento Turnê da Fenda. *TechTudo*. 5 ago. 2021. Disponível em: https://www.techtudo.com.br/noticias/2021/08/ariana-grande-no-fortnite-como-assistir-ao-evento-da-turne-da-fenda-esports.ghtml. Acesso em: 17 fev. 2022.

AFP. Euforia por metaverso impulsiona a compra de imóveis virtuais. *Exame*. 5 dez. 2021. Disponível em: https://exame.com/tecnologia/euforia-por-metaverso-impulsiona-a-compra-de-imoveis-virtuais/. Acesso em: 3 fev. 2022.

AGRELA, Lucas. Pokémon Go "captura" 5 bilhões de dólares em 5 anos. *Exame*. 7 jul. 2021. Disponível em: https://exame.com/tecnologia/pokemon-go-captura-5-bilhoes-de-dolares-em-5-anos/. Acesso em: 17 fev. 2022.

ALEXANDRE, Ana. Novo estudo diz que 80% das ICOs realizadas em 2017 eram fraudes. *Cointelegraph Brasil*. 13 jul. 2018. Disponível em: https://cointelegraph.com.br/news/new-study-says-80-percent-of-icos-conducted-in-2017-were-scams. Acesso em: 17 fev. 2022.

BECKETT, Lois. 'Huge mess of theft and fraud:' artists sound alarm as NFT crime proliferates. *The Guardian*. Los Angeles, 29 jan. 2022. Disponível em: https://www.theguardian.com/global/2022/jan/29/huge-mess-of-theft-artists-sound-alarm-theft-nfts-proliferates. Acesso em: 17 fev. 2022.

BRAZ, Jacqueline Mayer da Costa Ude. A aplicação da tecnologia de NFT e a proteção dos direitos autorais. *Consultor Jurídico*. 22 mai. 2021. Disponível em: https://www.conjur.com.br/2021-mai-22/braz-tecnologia-nft-protecao-direitos-autorais. Acesso em: 17 fev. 2022.

CLINE, Ernest. *Jogador Número Um*. Tradução: Giu Alonso. Rio de Janeiro: Intrínseca, 2021. Disponível em: https://www.intrinseca.com.br/livro/1048/. Acesso em: 17 fev. 2022.

COINDESK. Número de criptomoedas em circulação explode em 2021 e passa de 10.000. *Future of Money Exame*. 10 ago. 2021. Disponível em: https://exame.com/future-of-money/numero-de-criptomoedas-em-circulacao-explode-em-2021-e-passa-de-10-000/. Acesso em: 17 fev. 2022.

CONTEÚDO, Estadão. Operação Galeria é 'aula de lavagem de dinheiro', diz delegado da PF. *Isto É*. 10 set. 2019. Disponível em: https://istoe.com.br/operacao-galeria-e-aula-de-lavagem-de-dinheiro-diz-delegado-da-pf/. Acesso em: 3 fev. 2022.

CRIPTOFÁCIL. Steve Aoki fará show no metaverso com passaportes em NFT. 1 fev. 2022. Disponível em: https://tecnologia.ig.com.br/2022-02-01/steve-aoki-show-metaverso.html. Acesso em: 2 fev. 2022.

ÉPOCA NEGÓCIOS. Justin Bieber diz que vai fazer show no metaverso. 9 nov. 2021. Disponível em: https://epocanegocios.globo.com/Tecnologia/noticia/2021/11/justin-bieber-diz-que-vai-fazer-show-no-metaverso.html. Acesso em: 17 fev. 2022.

FERNANDES, Carol. Metaverso: sete fatos para entender a nova experiência da Internet. *TechTudo*, 11 dez. 2021. Disponível em: https://www.techtudo.com.br/noticias/2021/12/metaverso-sete-fatos-para-entender-a-nova-experiencia-da-internet.ghtml. Acesso em: 17 fev. 2022.

JOBIM, Caio. GAS Consultoria: Relatório da PF revela como atuava a quadrilha comandada pelo 'Faraó dos Bitcoins'. *Cointelegraph Brasil*. 4 out. 2021. Disponível em: https://cointelegraph.com.br/news/gas-consultoria-pf-report-reveals-how-the-gang-led-by-the-pharaoh-of-bitcoins-operated. Acesso em: 17 fev. 2022.

MALAR, João Pedro. Facebook virou Meta: entenda por que as empresas decidem trocar de nome. *CNN Brasil Business*. São Paulo, 29 out. 2021. Disponível em: https://www.cnnbrasil.com.br/business/facebook-virou-meta-entenda-por-que-as-empresas-decidem-trocar-de-nome/. Acesso em: 17 fev. 2022.

MALVA, Pamela. Neymar compra NFT de R$ 6,2 milhões. *Aventuras na História*. 31 jan. 2022. Disponível em: https://aventurasnahistoria.uol.com.br/noticias/historia-hoje/neymar-compra-nft-de-r-62-milhoes.phtml. Acesso em: 3 fev. 2022.

MARIN, Jorge. Na corrida ao metaverso, Nike compra fabricante de tênis virtuais. *Tecmundo*. 15 dez 2021. Disponível em: https://www.tecmundo.com.br/internet/230548-corrida-metaverso-nike-compra-fabricante-tenis-virtuais.htm. Acesso em: 17 fev. 2022.

MORRIS, David Z. The rise of cryptocurrency Ponzi schemes. *The Atlantic*. 31 mai. 2017. Disponível em: https://www.theatlantic.com/technology/archive/2017/05/cryptocurrency-ponzi-schemes/528624/. Acesso em: 17 fev. 2022.

Oliveira, Isaac de. Fundos cripto: número de investidores cresce 1.266% no Brasil em 2021. *E-Investidor Estadão*. São Paulo, 14 fev. 2022. Disponível em: https://einvestidor.estadao.com.br/criptomoedas/investidores-fundo-criptomoedas-crescem-2021/. Acesso em: 17 fev. 2022.

Rocha, Luciana. Brasileiros negociaram R$ 103,5 bi em criptomoedas em 2021. *IG Economia*. 10 jan. 2022. Disponível em: https://economia.ig.com.br/2022-01-10/brasileiros-negociaram-r--103-5-bi-em-criptomoedas-em-2021.html. Acesso em: 17 fev. 2022.

Rubino, Kathryn. First biglaw firm to buy serious property in the metaverse. *Above the Law*. 15 fev. 2022. Disponível em: https://abovethelaw.com/2022/02/first-biglaw-firm-to-buy-serious-property-in-the-metaverse/. Acesso em: 17 fev. 2022.

Sharma, Rakesh. Top 5 Non-Fungible Tokens (NFTs) of 2021: the most expensive NFTs sold this year. *Investopedia*. 15 dez. 2021. Disponível em: https://www.investopedia.com/most-expensive-nfts-2021-5211768. Acesso em: 3 fev. 2022.

Vinicius, Marcus. De onde vem o valor de um NFT?. *Livecoins*. 9 jan. 2022. Disponível em: https://livecoins.com.br/de-onde-vem-o-valor-de-um-nft/. Acesso em: 17 fev. 2022.

Yazbek, Priscila. Criptomoedas são usadas em 43% de golpes financeiros, mostra pesquisa da CVM. *CNN Brasil Business*. São Paulo, 9 set. 2021. Disponível em: https://www.cnnbrasil.com.br/business/criptomoedas-sao-usadas-em-43-de-golpes-financeiros-mostra-pesquisa-da-cvm/. Acesso em: 17 fev. 2022.

17.
CRIME NO METAVERSO

Isadora Fingermann
Giovana Dutra de Paiva

Introdução
A data era outubro de 2022 quando Pedro Roiter, nome ficcional dado por Julio Rojas no *podcast* "Paciente 63" a um viajante no tempo vindo de 2062, começa a contar sua narrativa, de todo entrelaçada com o futuro da humanidade, à psicanalista Elisa Beatriz Amaral[1].

Entre tantos relatos permeados por complexas teorias de física e filosofia destaca-se o surgimento da Egrégora, um regulador coletivo do pensamento e comportamento humanos.

Segundo o personagem interpretado por Seu Jorge, o crescimento das redes sociais durante a década de 2010, cuja utilização foi potencializada pela pandemia do coronavírus em 2020 e 2021, impulsionou o surgimento de massas opinantes, grupos orgânicos e descentralizados, que rotineiramente julgava e cancelava pessoas alegadamente racistas, misóginas, corruptas e acusadas de todo o tipo de condutas ilícitas, antiéticas ou imorais. Essas massas decentralizadas teriam levado ao sur-

---

[1] Paciente 63. Disponível em: https://open.spotify.com/show/4oh9G7rQXhTjI0mrXuuKm1. Acesso em: 2 de mar. 2022.

gimento de um regulador coletivo, uma entidade totalitária — a Egrégora — que, além de cancelar indivíduos e comportamentos sociais indesejados, julgava movimentos artísticos e culturais que se insurgissem contra ela. Nesse processo, ainda segundo o viajante no tempo ficcional, ao final da década de 2020 o sistema de justiça tradicional perderia a validade, dando espaço e valor para punições impostas por esse coletivo anônimo.

A obra de ficção incomoda porque não parece tão distante da realidade que já nos cerca. Descentralizada e organicamente as massas engajadas em redes sociais já se consubstanciam em verdadeiros tribunais *online*, pautados por regras não escritas, não claramente convencionadas e impostas sem o devido contraditório. Ainda pior, as mesmas massas que elaboram regras de comportamento social as impõem, imiscuindo-se, simultaneamente, na função de elaboração de normas, controle do sistema e execução de penas virtuais.

Se as consequências psicológicas, emocionais e sociais desse processo podem desde já ser bastante relevantes, pouco se fala sobre o impacto econômico e jurídico desse etéreo e descentralizado sistema normativo. Quando muito, o julgamento dos precursores de Egrégora resultam em discussões jurídicas que envolvem crimes contra a honra e indenizações por danos morais.

A chamada internet 2.0, com a qual atualmente navegamos, limita muito a extensão do quanto podemos fazer e interagir nas redes, mas a *internet* 3.0 que se avizinha expandirá o que poderemos fazer, conduzindo-nos a uma experiência absolutamente imersiva, de maneira a transformar as relações sociais como as conhecemos hoje.

Óculos de realidade virtual, equipados com fones de ouvido e sensores, permitirão que entremos em um mundo virtual *online* que também incorporará realidade aumentada, avatares holográficos 3D, vídeos e outros meios de comunicação, o que se convencionou chamar de metaverso.

O termo metaverso surgiu pela primeira vez no livro de ficção científica "*Snow Crash*", do escritor Neal Stephenson, publicado em 1992. Na obra, o personagem Hiro Protagonist é um entregador de pizzas na vida real. Mas, no mundo virtual, ele se transforma em um *hacker* samurai, materializando o ideal que permeia o metaverso, segundo o qual nesse mundo virtual todos podem ser o que não são.

Com o uso de criptoativos e NFTs, usuários do metaverso poderão, através de seus avatares, trabalhar, manter contato com amigos, construir e decorar uma casa, comprar roupas e acessórios, ir a shows, viajar, pilotar aviões, fazer uma apresentação musical com seu ídolo favorito, e o que mais sua imaginação permitir[2]. Uma vez dentro do metaverso, você poderá ser quem quiser e fazer o que desejar[3].

O que muitos parecem crer é que o metaverso será a oportunidade tão esperada — quase como uma profissão de fé — dada à raça humana de construir uma nova realidade melhor, mais justa, sem aquecimento global, sem guerras, com melhor distribuição de renda e menor nível de criminalidade. A experiência já em curso da *internet* 2.0 nos mostra, contudo, o contrário.

Usuários — se não todos, muitos — já reproduzem na rede pensamentos e comportamentos do mundo *offline*. Violência verbal e fraudes financeiras já são tão rotineiras no mundo digital que grupos especializados foram criados dentro das instituições de Justiça para lidar com essa criminalidade crescente. Não é difícil imaginar que no metaverso, com o uso disseminado de criptoativos e NFTs, estelionatos e furtos qualificados pela fraude serão ainda mais usuais; em um mundo virtual que permita atividades de compra e venda e prestação de serviços de todo o tipo, crimes tributários, financeiros e lavagem de dinheiro serão também realidade a ser combatida dentro do metaverso.

Para o enfrentamento dessa criminalidade, comumente apelidada de colarinho branco, não parece haver qualquer desafio dogmático para o direito penal. As mesmas normas penais e processuais penais que se aplicam a crimes tributários, financeiros e estelionatos no mundo *offline* ou no ambiente da *internet* 2.0 poderão facilmente alcançar condutas criminosas no metaverso.

Entretanto, não há motivo para acreditar que avatares humanos não reproduzirão comportamentos mais violentos de alguns de seus senhores reais. É possível apostar que, em breve, essas novas realidades vir-

---

[2] Passos, Cleylton Mendes. Desafios legais diante da criação do metaverso. *Migalhas*. 12 nov. 2021. Disponível em: https://www.migalhas.com.br/depeso/354825/desafios-legais-diante-da-criacao-da-metaverso. Acesso em: 2 mar. 2022.

[3] Castro, Johnatan. Metaverso: o que é esse novo mundo virtual. *Blog Nubank*. 17 jan. 2022. Disponível em: https://blog.nubank.com.br/metaverso-o-que-e/. Acesso em: 2 mar. 2022.

tuais serão também permeadas de furtos e roubos de objetos virtuais; propriedades privadas no metaverso serão indevidamente invadidas por avatares que não são seus legítimos proprietários; avatares possuidores de grandes somas de criptoativos poderão se ver sequestrados por coabitantes desse mundo virtual; avatares serão vítimas de agressões físicas, violências sexuais e — por que não — serão mortos virtualmente por outros companheiros dessa aventura virtual.

Compreender essas condutas virtuais, que atingem bens jurídicos que deveriam ser materiais, mas que não existem fora das telas, é o desafio dogmático do Direito Penal do século XXI e que este artigo pretende começar a enfrentar. Junto com o metaverso surgem enormes desafios jurídicos.

Não há dúvida que condutas perpetradas no metaverso não estão imunes às leis, mas ainda parece bastante incerto como e qual sistema normativo regerá muitas das atividades virtuais que em breve se tornarão usuais.

O presente artigo é dedicado a uma breve análise do metaverso sob a perspectiva do Direito Penal. Para tanto, retomaremos alguns conceitos básicos desse ramo das ciências jurídicas que são indispensáveis para a discussão jurídica que propomos, como a extraterritorialidade, jurisdição e competência. Em seguida, traremos definições ínsitas à teoria do delito, dedicando especial atenção ao conceito de tipicidade penal para que seja possível discutir dogmaticamente a tipicidade de determinadas condutas praticadas no metaverso. Logo após, discutiremos brevemente a aplicação de penas nesse mundo virtual. Com os alicerces teóricos postos, permearemos o texto com breves reflexões sobre alguns tipos penais em espécie, previstos na Parte Especial do Código Penal Brasileiro.

1. O Direito Penal

Para que homens vivam em sociedade faz-se necessário um complexo sistema de normas que seja capaz de resolver conflitos. Seres humanos reúnem-se em sociedade em diferentes grupos, com expectativas e interesses por vezes coincidentes e por outras antagônicos, do que nascem conflitos sociais. Para alcançar novamente certo grau de estabilização em dada sociedade, grupos que dominam as estruturas de poder criam normas e processos para aplicação dessas regras, materializando o conceito de controle social[4].

Segundo Zaffaroni e Pierangeli, "o sistema penal é a parte do controle social que resulta institucionalizado em forma punitiva e com discurso punitivo"[5]. O Estado é quem detém o direito exclusivo de punir (*jus puniendi*) determinadas condutas, elevadas por grupos que exercem o controle social como condutas especialmente graves porque atentam contra bens jurídicos escolhidos também por esse mesmo grupo dominante como bens de especial relevância à determinada sociedade.

O Direito Penal é apenas parte desse sistema penal. Ainda segundo Zaffaroni e Pierangeli:

> Chamamos "sistema penal" ao controle social punitivo institucionalizado, que na prática abarca desde que se detecta ou supõe detectar-se uma suspeita de delito até que se impõe e executa uma pena, pressupondo uma atividade normativa que cria a lei que institucionaliza o procedimento, a atuação dos funcionários e define os casos e condições para esta atuação[6].

Já o Direito Penal é a soma da legislação penal e do sistema de interpretação dessa legislação[7]. Por fim, a Parte Geral do Direito Penal, aquela anterior à definição das condutas típicas, dos crimes em espécie, "é encarregada de responder a três perguntas fundamentais: 1) O que é o direito penal?; 2) Que requisitos jurídicos deve ter o delito; e 3) Quais devem ser as consequências penais do delito?"[8].

Ocorre que para uma dada conduta potencialmente criminosa — em relação a qual o Direito Penal lançará suas teias — surge de início, e a depender das circunstâncias dos fatos, questionamentos sobre qual lei penal deve ser aplicada.

Na hipótese, por exemplo, de condutas criminosas que produzam efeitos em país diverso daquele em que a atividade delitiva aconteceu,

---

[4] ZAFFARONI, Eugênio Raúl; PIERANGELI, José Henrique. *Manual de direito penal brasileiro: parte geral*. 2. ed. rev. e atual. São Paulo: Revista do Tribunais, 1999. p. 60.
[5] Idem, Ibidem. p. 69.
[6] Ibidem.
[7] Ibidem.
[8] Ibidem.

ou de condutas que se alongam no tempo, com início de execução em um país e término em outro, não é simples a tarefa de determinar se a lei de um país ou de outro é a que deve ser aplicada. Com o surgimento de crimes cibernéticos, aqueles praticados de forma digital, questionamentos sobre qual lei penal deve ser aplicada são ainda mais rotineiros e de complexa solução.

É o caso, por exemplo, de estelionatos cometidos pela *internet*, cada vez mais comuns. Depois de intensa discussão jurisprudencial sobre qual lei deveria ser aplicada em casos de transferência de valores de vítimas localizadas no Brasil, por meio de *links* ou *e-mails* fraudulentos, ou qualquer outra atividade típica de *hackers* utilizando IPs (*internet protocols*) localizados em países estrangeiros, com resultado delitivo fora do território nacional, a lei nº 14.155, de 27 de maio de 2021, finalmente alterou o artigo 70 do Código de Processo Penal para determinar que nesses casos "a competência será definida pelo local do domicílio da vítima, e, em caso de pluralidade de vítimas, a competência firmar-se-á pela prevenção"[9].

Mesmo em casos em que a aplicação da lei penal brasileira é incontroversa, não raro surgem questões sobre jurisdição e competência, ou seja, sobre qual órgão judicial deve apreciar e julgar determinado caso concreto, a serem dirimidas no curso do processo penal. É sobre esses conceitos que nos debruçaremos a seguir.

1.1. Lugar do crime e extraterritorialidade

Segundo o artigo 6º, do Código Penal, "considera-se praticado o crime no lugar em que ocorreu a ação ou omissão, no todo ou em parte, bem como onde se produziu ou deveria produzir-se o resultado".[10] Isto significa dizer que nosso sistema penal aplica a teoria da ubiquidade, segundo a qual o crime será punido "no lugar em que foi praticado ou então, na eventual hipótese de o resultado ter sido produzido em local diverso do

---

[9] BRASIL. Lei nº 14.155, de 27 de maio de 2021. Disponível em: http://www.planalto.gov.br/ccivil_03/_ato2019-2022/2021/lei/L14155.htm. Acesso em: 2 mar. 2022.
[10] BRASIL. Decreto-Lei nº 2.848, de 7 de dezembro de 1940. *Código Penal*. Disponível em: http://www.planalto.gov.br/ccivil_03/decreto-lei/del2848compilado.htm. Acesso em: 2 mar. 2022.

da ação ou omissão delituosa, também este último espaço físico poderá ser considerado para fins de se definir o local do crime"[11].

No entanto, o artigo 7º do mesmo diploma legal traz as hipóteses excepcionais de extraterritorialidade, ou seja, situações nas quais embora o crime tenha sido praticado em território estrangeiro, deva ser aplicada a lei brasileira.

Uma análise superficial desses conceitos já denota a dificuldade que se imporá para o processamento, julgamento e punição de crimes cometidos no metaverso.

Imaginemos, a título de exemplo, o furto de uma bolsa de uma loja de artigos de luxo situada em um desses vários universos de realidade virtual. O avatar responsável pelo furto estava na loja virtual, que hipoteticamente pode estar situada na 5ª Avenida, no coração de Nova York; seu usuário, no entanto, está na sala de sua casa em São Paulo; a vítima, por sua vez, é um avatar presente na cena do crime, mas que representa no metaverso um usuário espanhol, residente em Madrid. O ambiente virtual no qual a conduta delitiva se desenrolou, por fim, pertence a uma dada empresa de tecnologia sem representação no Brasil e com servidor localizado em Hong Kong.

Não será simples determinar onde o furto — lembremos que bolsa de luxo tem alto valor na plataforma, passível de ser convertido em NFTs ou criptoativos, de modo que a ocorrência de um furto virtual se mostra absolutamente possível — de fato ocorreu e qual a lei penal que dever ser aplicada ao caso concreto.

1.2. Jurisdição e competência

Os conceitos de jurisdição e competência derivam da teoria do lugar do crime e dizem respeito à determinação de qual órgão judicial terá jurisdição para processar e julgar determinado caso concreto.

A jurisdição, enquanto "extrato do poder soberano de deliberar e impor comandos em um determinado Estado, dentro de seus limites territoriais, é una e indivisível"[12]. Isso quer dizer que "todas as autoridades

---

[11] JALIL, Maurício Shaun; GRECO FILHO, Vicente (coord.). *Código Penal comentado: doutrina e jurisprudência*. Barueri: Manole, 2016, p. 35.

[12] LAUX, Francisco de Mesquita. *Redes sociais e limites da jurisdição: planos da territorialidade e efetividade*. São Paulo: Revista dos Tribunais, 2021, n.p.

judicantes do país são investidas nesse poder, vinculado à declaração e aplicação do direito objetivo no caso concreto, independentemente da existência de divisão entre tarefas e atribuições"[13].

No entanto, a fim de conferir eficácia ao sistema e viabilizar o efetivo acesso à justiça, impõe-se o fracionamento da jurisdição entre diferentes juízes e tribunais, o que se convencionou chamar de competência[14], que pode ser territorial (lugar do cometimento do crime ou de domicílio do réu), de natureza, por prerrogativa de função do investigado, ou ainda, em razão de regras de conexão e prevenção.

Segundo nos ensina a melhor doutrina, o que acontece, na prática, "é uma divisão do trabalho a ser realizado e que tem por objeto a massa de processos no objetivo de construir um sistema de maior eficiência e qualidade das soluções jurisprudenciais"[15]. Contudo, segue o autor, a *internet*:

> (...) não comporta fronteiras físicas, ao menos não as mesmas do mundo *offline*, ambiente em que produzido basicamente tudo aquilo — inclusive o direito — conhecido pela humanidade até poucas décadas atrás. Um ato na rede — que não passa de um intercâmbio de dados entre terminais conectados —, assim que realizado, está em todos os lugares e em nenhum ao mesmo tempo. É dizer: uma postagem em rede social está, em regra, disponível a qualquer pessoa, independentemente do local do mundo em que se busca o acesso à informação (está, portanto, em todos os lugares), mas, ao mesmo tempo, é muito difícil precisar qual o ordenamento aplicável às relações jurídicas provenientes dos atos de postagem e acesso (para fins de aplicação do direito, então, tais atos estão em lugar nenhum, \ou, ao menos, precisar isso não é uma atividade tão simples)[16].

Como se vê, a criminalidade cibernética — e com mais razão aquela que em breve se multiplicará no metaverso — trará dilemas relevantes

---

[13] Idem, Ibidem. n.p.
[14] BRASIL. Decreto-Lei nº 3.689, de 3 de outubro de 1941. *Código de Processo Penal*. Art. 70 e seguintes. Disponível em: http://www.planalto.gov.br/ccivil_03/decreto-lei/del3689.htm.
[15] LAUX, Francisco de Mesquita. *Redes sociais e limites da jurisdição: planos da territorialidade e efetividade*. São Paulo: Revista dos Tribunais, 2021. n.p.
[16] LAUX, Francisco de Mesquita. *Redes sociais e limites da jurisdição: planos da territorialidade e efetividade*. São Paulo: Revista dos Tribunais, 2021, n.p.

relativos à competência para processamento e julgamento de fatos concretos, questões que, em geral, resultam em reconhecimentos de nulidades pelos Tribunais Estaduais e Federais ou pelas Cortes Superiores.

1.3. O bem jurídico penalmente tutelado

Não se pretende aqui esgotar a teoria do delito, nem ao menos reproduzir seus principais conceitos, dada sua complexidade e extensão. Para viabilizar breves reflexões sobre alguns tipos penais em espécie, buscaremos apenas sumarizar o que é o delito, o que significa ser uma dada conduta típica, quais os pressupostos da tipicidade penal e os impactos à tipicidade de alguns elementos que podem ser verificados em condutas no mundo virtual.

Luís Regis Prado nos ensina que "o delito é uma construção, fundamentalmente, jurídico-penal, em que pese poder ser objeto de exame de outras ciências"[17]. Segundo o autor, do ponto de vista formal, "delito é a infração à lei penal; trata-se da contradição entre o fato concreto e o preceito legal, sendo expressão do direito positivo"[18]; já do ponto de vista material, o delito "constitui-se em lesão ou perigo de lesão ao bem jurídico protegido; refere-se ao conteúdo do ilícito penal — sua danosidade ou lesividade social — e está adstrito aos valores constitucionais[19].

Não há, pois, delito se não houver lesão ao bem jurídico tutelado, afirmação que ganha contornos de especial relevância quando, no novel mundo virtual do metaverso, tentaremos equiparar a bens jurídicos tutelados pela norma penal atual e vigente, conceitos que inexistiam até um par de anos atrás.

Explica-se: se o legislador escolheu elevar a bem jurídico tutelado a vida humana ao definir que é crime "matar alguém"[20], não poderá ser considerado como conduta criminosa aquela que não resultar em efetivo dano à vida humana. Um leitor atento já percebe que a discussão ontológica que se impõe diz respeito à equiparação do avatar de alguém

---

[17] PRADO, Luiz Regis. *Comentários ao Código Penal*. São Paulo: Revista dos Tribunais, 2015, n.p.
[18] Ibidem.
[19] Ibidem.
[20] BRASIL. Decreto-Lei nº 2.848, de 7 de dezembro de 1940. *Código Penal*. Art. 121. Disponível em: http://www.planalto.gov.br/ccivil_03/decreto-lei/del2848compilado.htm. Acesso em: 2 mar. 2022.

a esse mesmo alguém. Mas antes cumpre definir do que se trata o bem jurídico de que tanto se fala quando se estuda o Direito Penal.

Para a doutrina penal, "o bem jurídico penalmente tutelado pode ser definido como interesse da pessoa ou da sociedade que o legislador penal reconhece como valioso e merecedor de especial proteção do Estado"[21].

Se a importância do conceito de bem jurídico pode não ser de extrema relevância para a teoria do crime, "a maioria dos autores reconhece a importância e o papel fundamental do bem jurídico para a teoria do tipo e, consequentemente, para o juízo de tipicidade"[22]. Ou seja, "se o tipo penal representa a proteção estatal de um interesse socialmente relevante, a conduta típica deve sempre afetar um bem jurídico"[23].

No entanto, o bem jurídico "constitui, antes de tudo, uma realidade válida em si mesma, cujo conteúdo axiológico não depende do juízo do legislador (dado social preexistente)"[24]. Isso quer dizer que:

> a norma não cria o bem jurídico, mas sim o encontra. Daí o seu aspecto restritivo. Isso porque o fim do direito não é outro que o de proteger os interesses do homem, e estes preexistem à intervenção normativa, não podem ser de modo algum, criação ou elaboração jurídica, mas se impõem a ela. Com efeito, o ordenamento jurídico não cria o interesse, cria-o a vida, mas a proteção do direito eleva o interesse vital a bem jurídico[25].

Isso tudo para dizer que os bens jurídicos já estão no mundo, independentemente da norma penal. A lei penal apenas os reconhece como valiosos a dada sociedade em dado tempo, elevando-os à tutela de um tipo penal. Disso decorre, que a relevância de bens jurídicos para o Direito Penal não é estanque e pode — e deve — se adaptar às novas realidades do mundo em que vivemos.

---

[21] JALIL, Maurício Schaun; GRECO FILHO, Vicente (coord.). *Código Penal comentado: doutrina e jurisprudência*. Barueri: Manole, 2016, p. 65.
[22] Ibidem.
[23] Ibidem.
[24] PRADO, Luiz Regis. *Bem Jurídico-Penal e Constituição*. São Paulo: Revista dos Tribunais, 2015. n.p.
[25] PRADO, Luiz Regis. *Bem Jurídico-Penal e Constituição*. São Paulo: Revista dos Tribunais, 2015, n.p.

Em uma de suas clássicas obras, Roxin discorre sobre a mutabilidade do conceito de bem jurídico, lembrando que "la concepción del bien jurídico descrita es ciertamente de tipo normativo; pero no es estática, sino que dentro del marco de las finalidades constitucionales está abierta al cambio social y a los progresos del conocimiento científico."[26]

Nessa perspectiva, embora alguns elementos atuais, muitas vezes resultado de progresso científico, podem ainda não ter sido elevados à tutela do Direito Penal, em breve novos tipos penais podem ser criados — ou os existentes modificados — incorporando novos bens jurídicos a serem protegidos, para darem conta de intensas transformações sociais. Para Beccaria:

> A justiça divina e a justiça natural são, essencialmente, constantes e imutáveis, pois as relações que existem entre dois objetos da mesma natureza não podem jamais mudar. A justiça humana, porém, ou, se se preferir, a justiça política, não sendo senão relação que se estabelece entre uma ação e o estado mutável da sociedade, pode igualmente variar, à proporção que essa ação se torne vantajosa ou imprescindível ao estado social[27].

Em 1940, quando o Código Penal Brasileiro foi elaborado e sistematizado, a não ser que o viajante do tempo Pedro Roiter participasse do Poder Legislativo da época, ninguém jamais ouvira falar em avatares humanos, razão pela qual eles jamais poderiam ter sido elevados a bem jurídicos penalmente tutelados.

Nada impede, todavia, que em breve a sociedade valore seus avatares tanto quanto estima suas próprias vidas, impondo que o tipo penal do homicídio alcance condutas que lesionem não apenas a vida física e material de alguém, mas também sua existência virtual. Com o passar do tempo a relação que os seres humanos desenvolverão com seus avatares se transformará, e possivelmente a identificação entre nosso

---

[26] Em tradução livre: A concepção de bem jurídico descrita é certamente de tipo normativo; porém não é estática, mas dentro do marco da finalidade constitucional está aberta à mudança social e aos progressos do conhecimento científico. ROXIN, Claus. *Derecho Penal Parte General Tomo I*. Madrid: Thompson Reuters, 2008, p. 57/58.

[27] BECCARIA, Cesare. *Dos Delitos e das Penas*. São Paulo: Hemus, 1983, p. 9.

corpo físico e sua representação virtual no metaverso será imensa[28]. Nesse contexto, não é difícil imaginar que novos tipos penais serão criados, ou mesmo os atuais serão modificados para incluir elementos do mundo virtual entre os bens jurídicos penalmente tutelados.

O que não é possível, contudo, é desde já estender o conceito de vida humana por analogia a um avatar. Até porque, como destaca Roxin, "el juez no tiene nada que 'interpretar', sino que sólo tiene que aplicar el inequívoco tenor literal de la ley"[29]. Só é crime de homicídio a conduta de matar alguém. Avatar não é alguém, de modo que matar um avatar no metaverso é, por ora e diante da lei penal brasileira vigente, conduta atípica. Mas isso, como se percebe, diz mais com a tipicidade penal que passaremos a explorar no capítulo que segue.

a) Tipicidade penal

Segundo a definição de Zaffaroni e Pierangeli, o tipo penal "é um instrumento legal, logicamente necessário e de natureza predominantemente descritiva, que tem por função a individualização de condutas humanas penalmente relevantes (por estarem penalmente proibidas)"[30]. Tipo penal, pois, não se confunde com o conceito de tipicidade, já que o primeiro é "a fórmula que pertence à lei"[31] e o segundo é "a característica que tem uma conduta em razão de estar adequada a um tipo penal"[32].

Muitos tipos penais vigentes hoje em dia, em especial aqueles que tratam de violência ou grave ameaça, como o homicídio, a lesão corporal e muitos dos crimes contra a dignidade sexual trazem como elemento do tipo a expressão "alguém" ou seu similar "outrem".

---

[28] CHALMERS, David. What should be considered a crime in the metaverse?. *Wired*, 28 jan. 2022. Disponível em: https://www.wired.com/story/crime-metaverse-virtual-reality/. Acesso em: 2 mar. 2022.

[29] Em tradução livre: O juiz não deve interpretar, mas apenas deve aplicar o inequívoco teor literal da lei. ROXIN, Claus. *Derecho Penal Parte General Tomo I*. Madrid: Thompson Reuters, 2008. p. 147.

[30] ZAFFARONI, Eugênio Raúl; PIERANGELI, José Henrique. *Manual de Direito Penal Brasileiro. Parte Geral*. 2. ed. rev. e atual. São Paulo: Revista do Tribunais, 1999. p. 446.

[31] Ibidem.

[32] Ibidem.

Para ser um homicídio, deve-se "matar alguém"[33]. A lesão corporal acontece quando o autor ofende "a integridade corporal ou a saúde de outrem"[34]. Um estupro é a conduta de "constranger alguém, mediante violência ou grave ameaça, a ter conjunção carnal ou a praticar ou permitir que com ele se pratique outro ato libidinoso"[35]. Mesmo crimes sexuais de menor gravidade do que o estupro, como a importunação sexual[36] e o assédio sexual[37] também pressupõe que a conduta típica seja praticada contra "alguém".

Segundo o Dicionário Aurélio, o verbete "alguém" tem três definições: enquanto pronome, pode ser definido como "pessoa sobre a qual nada se sabe; cuja identidade não pode ser determinada; que não se consegue definir" ou como "pessoa merecedora de respeito, estima e/ou consideração". Já como substantivo masculino, alguém é "um indivíduo, um sujeito, uma pessoa: aquele alguém sobre o qual falávamos já não está mais entre nós"[38]. Em qualquer dessas definições, como se vê, o elemento material e físico de um ser humano, de uma pessoa, é condição inerente e inafastável de "alguém".

Um avatar, por mais semelhante que seja a um ser humano, não é uma pessoa, com características biológicas que definem um ser humano, de modo que equiparar, por analogia, um avatar a "alguém" a fim de tipificar condutas indesejadas direcionadas a avatares parece de todo

---

[33] BRASIL. Decreto-Lei nº 2.848, de 7 de dezembro de 1940. *Código Penal*. Art. 121. Disponível em: http://www.planalto.gov.br/ccivil_03/decreto-lei/del2848compilado.htm. Acesso em: 2 mar. 2022.

[34] BRASIL. Decreto-Lei nº 2.848, de 7 de dezembro de 1940. *Código Penal*. Art. 129. Disponível em: http://www.planalto.gov.br/ccivil_03/decreto-lei/del2848compilado.htm. Acesso em: 2 mar. 2022.

[35] BRASIL. Decreto-Lei nº 2.848, de 7 de dezembro de 1940. *Código Penal*. Art. 213. Disponível em: http://www.planalto.gov.br/ccivil_03/decreto-lei/del2848compilado.htm. Acesso em: 2 mar. 2022.

[36] BRASIL. Decreto-Lei nº 2.848, de 7 de dezembro de 1940. *Código Penal*. Art. 215-A. Disponível em: http://www.planalto.gov.br/ccivil_03/decreto-lei/del2848compilado.htm. Acesso em: 2 mar. 2022.

[37] BRASIL. Decreto-Lei nº 2.848, de 7 de dezembro de 1940. *Código Penal*. Art. 216-A. Disponível em: http://www.planalto.gov.br/ccivil_03/decreto-lei/del2848compilado.htm. Acesso em: 2 mar. 2022.

[38] Definições do Dicionário Aurélio da Língua Portuguesa. Disponível em: https://www.dicio.com.br/alguem/. Acesso em: 2 mar. 2022.

ilegal. Este é, como destaca Passos[39], mais um dos desafios jurídicos, em especial na perspectiva penal, que a criação e disseminação do metaverso nos impõe.

Repisando as lições de Roxin trazidas acima, não cabe ao juiz interpretar, mas apenas dizer o direito da maneira mais literal possível. Avatar não é "alguém", desse modo, a conduta de matar um avatar, agredir um avatar ou importunar sexualmente um avatar, por mais imoral e indesejável que o seja, não é, ao menos à luz do direito penal vigente, crime.

Mesmo raciocínio, vale dizer, poderia se aplicar à conduta de sequestrar, no metaverso, um avatar para o fim de obter vantagem financeira. Sob a perspectiva do crime de sequestro[40], que tipifica a conduta de "privar alguém de sua liberdade", o sequestro de um avatar é atípico porque não há "alguém", mas nesse caso a conduta parece se amoldar ao crime de extorsão[41], também previsto no Código Penal.

Mais que isso, para ser típica não basta que a conduta apenas se adeque objetivamente à descrição do tipo penal. Para além da tipicidade objetiva, deve-se verificar o elemento subjetivo do injusto, ou seja, a intenção, a vontade do agente.

O dolo, portanto, — e a culpa, nos casos excepcionais em que a imperícia, a imprudência e a negligência sejam penalmente relevantes — deve estar presente para que uma conduta seja tida como típica.

Mais que isso, o dolo — compreendido como consciência e vontade — deve alcançar todos os elementos descritos no tipo objetivo (na norma penal).

Isso quer dizer, por exemplo, que para alguém poder responder e eventualmente ser condenado pelo crime de estupro de vulnerável[42],

---

[39] PASSOS, Cleylton Mendes. Desafios legais diante da criação do metaverso. *Migalhas*. 12 nov. 2021. Disponível em: https://www.migalhas.com.br/depeso/354825/desafios-legais-diante-da-criacao-da-metaverso. Acesso em: 2 mar. 2022.

[40] BRASIL. Decreto-Lei nº 2.848, de 7 de dezembro de 1940. *Código Penal*. Art. 148. Disponível em: http://www.planalto.gov.br/ccivil_03/decreto-lei/del2848compilado.htm. Acesso em: 2 mar. 2022.

[41] BRASIL. Decreto-Lei nº 2.848, de 7 de dezembro de 1940. *Código Penal*. Art. 158. Disponível em: http://www.planalto.gov.br/ccivil_03/decreto-lei/del2848compilado.htm. Acesso em: 2 mar. 2022.

[42] BRASIL. Decreto-Lei nº 2.848, de 7 de dezembro de 1940. *Código Penal*. Art. 217-A, § 1º. Disponível em: http://www.planalto.gov.br/ccivil_03/decreto-lei/del2848compilado.htm. Acesso em: 2 mar. 2022.

não basta que o agente "tenha conjunção carnal" ou "pratique outro ato libidinoso", mas é imprescindível que o autor tenha consciência de que a vítima tem menos do que catorze anos de idade. Caso contrário, pode até ser um estupro (art. 213, do Código Penal[43]), desde que exista violência ou grave ameaça, outros elementos indispensáveis para a tipificação do estupro.

O erro de tipo é justamente "o fenômeno que determina a ausência de dolo quando, havendo uma tipicidade objetiva, falta ou é falso o conhecimento dos elementos requeridos pelo tipo objetivo"[44]. Em outras palavras, "não havendo o querer da realização do tipo objetivo, não há dolo e, portanto, a conduta é atípica[45].

É muito fácil imaginar o quão recorrente poderão ser condutas de erro de tipo no metaverso, uma vez que a interação com um avatar holográfico 3D não nos permite conhecer as características do ser humano por trás dessa representação virtual.

Há uma infinidade de crimes sexuais, por exemplo, em que a condição de menor de catorze anos da vítima — ou sua incapacidade mental — são elementos constitutivos do tipo penal, de modo que o desconhecimento dessa específica condição retiraria a tipicidade da conduta.

Imaginemos uma situação hipotética de um avatar praticando ato libidinoso com outro avatar cuja aparência não deixa espaço para dúvida de que se trata de uma mulher em seus quarenta anos. O ato é consensual entre os avatares. Descobre-se posteriormente que o usuário por trás daquele avatar era na verdade uma garota de treze anos, fato — repise-se — de todo desconhecido do avatar que com ela interage. Essa conduta jamais poderia ser considerada típica dada a ausência do elemento subjetivo dolo, representado pela consciência e vontade de praticar ato libidinoso com indivíduo menor de catorze anos, imprescindível para a caracterização do artigo 217-A, *caput*, do Código Penal[46].

---

[43] BRASIL. Decreto-Lei nº 2.848, de 7 de dezembro de 1940. *Código Penal*. Art. 213. Disponível em: http://www.planalto.gov.br/ccivil_03/decreto-lei/del2848compilado.htm. Acesso em: 2 mar. 2022.

[44] ZAFFARONI, Eugênio Raúl; PIERANGELI, José Henrique. *Manual de Direito Penal Brasileiro. Parte Geral*. 2. ed. rev. e atual. São Paulo: Revista do Tribunais, 1999. p. 491.

[45] Ibidem.

[46] BRASIL. Decreto-Lei nº 2.848, de 7 de dezembro de 1940. *Código Penal*. Art. 217-A, § 1º. Disponível em: http://www.planalto.gov.br/ccivil_03/decreto-lei/del2848compilado.htm. Acesso em: 2 mar. 2022.

Situação semelhante se aplica, por exemplo, aos crimes de corrupção de menores e de satisfação de lascívia mediante presença de criança ou adolescente, previstos, respectivamente, nos artigos 218[47] e 218-A[48], do Código Penal.

Debates jurídicos sobre a tipicidade de condutas praticadas entre avatares serão cada vez mais comuns à medida que o metaverso se consolida como realidade alternativa na qual as relações humanas se multiplicarão. Caberá aos teóricos do Direito Penal e às Cortes brasileiras enfrentar esse desafio.

1.4. A aplicação da pena

As penas, previstas no Título V do Código Penal, são a manifestação da coerção penal. Para toda conduta típica prevista em lei é cominada uma pena que, em geral, cumula tempo de privação de liberdade com uma pena pecuniária (multa). A depender do *quantum* de pena imposta (menos de quatro anos) e na ausência de violência ou grave ameaça a pena privativa de liberdade poderá ser substituída por pena restritiva de direito[49].

A separação entre quem elabora as leis — na hipótese penal elegendo bens jurídicos a serem penalmente tutelados e descrevendo objetivamente condutas típicas — de quem executará a reprimenda imposta em caso de não observância à norma é fundamental para limitar o poder estatal e se afastar de um poder totalitário e autoritário.

Nesse sentido, o devido processo legal é o alicerce do Estado Democrático de Direito, na medida em que apenas se observadas as regras do processo penal, notadamente o contraditório e o direito à ampla e irrestrita defesa, é que a aplicação da pena é legítima.

---

[47] BRASIL. Decreto-Lei nº 2.848, de 7 de dezembro de 1940. *Código Penal*. Art. 218. Disponível em: http://www.planalto.gov.br/ccivil_03/decreto-lei/del2848compilado.htm. Acesso em: 2 mar. 2022.

[48] BRASIL. Decreto-Lei nº 2.848, de 7 de dezembro de 1940. *Código Penal*. Art. 218-A. Disponível em: http://www.planalto.gov.br/ccivil_03/decreto-lei/del2848compilado.htm. Acesso em: 2 mar. 2022.

[49] BRASIL. Decreto-Lei nº 2.848, de 7 de dezembro de 1940. *Código Penal*. Art. 44. Disponível em: http://www.planalto.gov.br/ccivil_03/decreto-lei/del2848compilado.htm. Acesso em: 2 mar. 2022.

Condutas típicas, ainda que perpetradas na esfera virtual, ensejarão, após o devido processo legal, a aplicação das penas previstas no Código Penal (privativa de liberdade, restritiva de direito e multa).

O problema no metaverso reside nas condutas que não são típicas porque não preenchem todas as elementares dos tipos penais correspondentes, mas são imorais, indesejadas, ou mesmo desconformes com os termos de uso da plataforma hospedeira. Nesses casos, reprimendas que não têm caráter criminal são comumente aplicadas, as mais comuns sendo a suspensão ou banimento da própria plataforma, mas podendo passar também pela perda de ativos financeiros (criptoativos ou NFTs), em verdadeira atividade de confisco privado.

As consequências, não apenas morais, mas muitas vezes financeiras, dessas penalidades impõem uma reflexão detida sobre o controle social exercido no metaverso. Aqui se colocam questões de duas ordens: a primeira sobre a indevida sobreposição entre a atividade de fazer a norma e aplicá-la.

Em formatos mais centralizadores, a própria plataforma digital, por meio de seu corpo gestor, definiria as condutas vedadas no metaverso e teria o mandato de aplicar as penalidades previstas em caso de desrespeito às normas.

Já em formatos mais descentralizados, os usuários — enquanto massa orgânica — definem as condutas inadmissíveis nesse novo mundo virtual e cancelam aqueles que as praticam.

Em comum todas essas formas de controle social têm o risco de caminhar ao arbítrio e ao totalitarismo, aproximando-se ao que o nosso viajante do tempo do início deste artigo chamou de Egrégora.

Como diz Beccaria, "o soberano, representando a sociedade mesma, apenas pode fazer leis gerais, às quais todos devem obediência; não é de sua competência, contudo, julgar se alguém violou tais leis"[50].

LambdaMOO, um software (MUD) criado em 1990 pelo engenheiro Pavel Curtis, na Califórnia, para simular uma vida virtual e paralela em um cenário que emulava a mansão californiana de seu criador, passou por todas essas formas de controle social. Inicialmente, o próprio Curtis decidia monocrática e autoritariamente o que era certo e errado nas condutas dos usuários do software, decidindo suspender e banir usuá-

---

[50] BECCARIA, Cesare. *Dos delitos e das penas*. São Paulo: Hemus, 1983, p. 16.

rios, sem procedimentos e parâmetros claros. Em seguida, esse poder foi transferido para um grupo de programadores — chamados *wisards* — cujo colegiado decidia o futuro de seus usuários de maneira similar a uma aristocracia. Logo após um triste episódio de assédio sexual virtual na plataforma, talvez o primeiro de que se tem registro, Curtis transferiu o poder decisório para o coletivo dos usuários.

A conclusão do criador de um dos precursores do metaverso é que nenhuma dessas formas de controle social funcionaram a contento e a questão fundamental que esse evento histórico nos traz é sobre quem define o que é certo e errado no universo virtual e como a Justiça funciona no metaverso enquanto condutas indesejadas forem consideradas atípicas sob a ótica do Direito Penal[51].

Sobre a primeira questão, o filósofo Morgan Luck, em seu artigo *The Gamer's Dilemma*, lembra que os parâmetros éticos de usuários de realidades virtuais não são lineares e não representam, necessariamente, o desvalor do Legislador dado a condutas do mundo real[52].

Enquanto a vida humana é o bem jurídico de maior valor para a lei penal brasileira, resultando na pena do homicídio qualificado como a mais alta imposta em nosso ordenamento jurídico, Luck obervou que usuários de *games* e realidades virtuais compreendem o homicídio — enquanto o ato de eliminar um avatar — como menos grave do que um crime sexual ou racismo na rede[53].

Sobre o segundo dilema — como a Justiça coercitiva funciona no metaverso — para além de questões sistêmicas sobre quem elabora a norma e quem a aplica, há também o ponto da efetividade das reprimendas impostas[54], já que a mais gravosa delas — o banimento do metaverso — é facilmente contornado pela criação de um novo avatar pelo mesmo usuário, desde que utilizando um IP ou endereço de *e-mail* diverso.

Por tudo o que foi dito, o metaverso não poderá se furtar de enfrentar temas típicos de controle legal, e o melhor seria que definisse ins-

---

[51] CHALMERS, David. What should be considered a crime in the metaverse?. *Wired*, 28 jan. 2022. Disponível em: https://www.wired.com/story/crime-metaverse-virtual-reality/. Acesso em: 2 mar. 2022.
[52] Ibidem.
[53] Ibidem.
[54] Ibidem.

tâncias diversas para **(i)** a criação de normas internas de convívio — que evidentemente não excluiriam a incidência do direito penal (e das demais áreas do direito), **(ii)** investigação e processamento de denúncias de desrespeito a estas mesmas normas, e **(iii)** aplicação de penalidades a usuários.

Conclusões

O metaverso é uma reprodução do mundo real, do que há de melhor ao que há de pior nele. A criminalidade não será diferente e no metaverso, em breve, se multiplicará.

Os operadores do direito devem, o quanto antes, se debruçar sobre as inovações e transformações que esse universo virtual trará para nossas vidas, assumindo o compromisso de superar o desafio de aplicação das normas penais a essa realidade alternativa.

Se é certo, por um lado, que as leis penais — assim como todas as outras leis — alcançam também, e desde já, as condutas praticadas no metaverso, por outro lado também vimos que não será tarefa simples a aplicação da legislação penal vigente às condutas virtuais, perpetradas nesse universo digital e imaterial, que envolvam avatares.

O que parece incontroverso, contudo, é que muitas condutas incômodas, imorais e contrárias aos termos de uso das plataformas são, ao menos por ora, atípicas e qualquer tentativa de criminalizá-las parece abusivo e ilegal.

Não se quer com isso perpetuar e intensificar problemas estruturais da nossa sociedade, como a violência, o racismo e a misoginia estruturantes. Novos tipos penais precisarão ser criados para dar conta dessa intensa transformação social.

No entanto, não devemos iniciar uma vida alternativa no metaverso sem os guias e esteios de um Estado Democrático de Direito — como é a garantia da legalidade, que deriva do conceito de que não há crime sem lei anterior que o defina, e o devido processo legal — sob pena de nos antecipar ao ano de 2062 e viver, desde já, muito mais sob a égide da Egrégora do que da Justiça tradicional.

Referências

BECCARIA, Cesare. *Dos delitos e das penas*. **São Paulo:** Hemus, 1983.

BRASIL. Lei nº 14.155, de 27 de maio de 2021. Disponível em: http://www.planalto.gov.br/ccivil_03/_ato2019-2022/2021/lei/L14155.htm. Acesso em: 2 mar. 2022.

BRASIL. Decreto-Lei nº 2.848, de 7 de dezembro de 1940. *Código Penal*. Disponível em: http://www.planalto.gov.br/ccivil_03/decreto-lei/del2848compilado.htm. Acesso em: 2 mar. 2022.

BRASIL. Decreto-Lei nº 3.689, de 3 de outubro de 1941. *Código de Processo Penal*. Disponível em: http://www.planalto.gov.br/ccivil_03/decreto-lei/del3689.htm. Acesso em: 2 mar. 2022.

CASTRO, Johnatan. *Metaverso: o que é esse novo mundo virtual*. Blog Nubank. 17 jan. 2022. Disponível em: https://blog.nubank.com.br/metaverso-o-que-e/. Acesso em: 2 mar. 2022.

CHALMERS, David. What should be considered a crime in the metaverse?. Wired, 28 jan. 2022. Disponível em: https://www.wired.com/story/crime-metaverse-virtual-reality/. Acesso em: 2 mar. 2022.

Definições do Dicionário Aurélio da Língua Portuguesa. Disponível em: https://www.dicio.com.br/alguem/. Acesso em: 2 mar. 2022.

JALIL, Maurício Schaun; GRECO FILHO, Vicente (coord.). *Código Penal comentado: doutrina e jurisprudência*. Barueri: Manole, 2016.

MIT Technology Review. *O metaverso* já tem um problema de assédio para lidar. 14 jan. 2022. Disponível em: https://mittechreview.com.br/o-metaverso-ja-tem-um-problema-de-assedio-para-lidar/. Acesso em: 2 mar. 2022.

PASSOS, Cleylton Mendes. Desafios legais diante da criação do metaverso. *Migalhas*. 12 nov. 2021. Disponível em: https://www.migalhas.com.br/depeso/354825/desafios-legais-diante-da-criacao-da-metaverso. Acesso em: 2 mar. 2022.

PRADO, Luiz Regis. *Bem Jurídico-Penal e Constituição*. São Paulo: Revista dos Tribunais, 2015.

PRADO, Luiz Regis. *Comentários ao Código Penal*. São Paulo: Revista dos Tribunais, 2015.

ROXIN, Claus. *Derecho Penal Parte General Tomo I*. Madrid: Thompson Reuters, 2008.

Spotify Studios. Podcast Paciente 63. Disponível em: https://open.spotify.com/show/4oh9G7rQXhTjI0mrXuuKm1. Acesso em: 2 mar. 2022.

ZAFFARONI, Eugênio Raúl; PIERANGELI, José Henrique. *Manual de Direito Penal Brasileiro. Parte Geral*. 2. ed. rev. e atual. São Paulo: Revista do Tribunais, 1999.

18.
DESAFIOS DAS RELAÇÕES DE TRABALHO NO METAVERSO

Alexandre de Almeida Cardoso
Gabriela Lima Arantes
Maurício de Carvalho Góes

Introdução

Ao anunciar em 2021 a alteração no nome da companhia, de Facebook para Meta, Mark Zuckerberg aguçou o interesse e a curiosidade de muitos sobre o metaverso, até então conhecido de um público mais restrito e cujos contornos e possibilidades ainda são incertos.

Esse termo é atribuído ao autor Neal Stephenson, em sua obra "Snow Crash", de 1992, na qual escreveu sobre avatares com aparência humana, em um mundo digital 3D.

Ao tentarmos entender o metaverso, notamos que até mesmo sua conceituação ainda é vaga, imprecisa e com variações, a depender do enfoque dado ao tema. É compreensível essa dificuldade pois, como afirma Matthew Ball, da mesma forma que em 1982 era difícil prever o que seria a internet de 2020, e ainda mais difícil falar a respeito com aqueles que nunca haviam se "conectado" àquele tempo, não sabemos ao certo como descrever o metaverso[1].

---

[1] Disponível em: https://www.matthewball.vc/all/themetaverse. Acesso em: 16 mar. 2022.

A despeito dessas incertezas, podemos afirmar que se trata de um ambiente virtual imersivo ultra realístico, construído a partir da combinação de diferentes tecnologias, entre elas realidade virtual, realidade aumentada, avatares pessoais holográficos e 3D e plataformas de vídeo.

Seu impacto e âmbito de utilização são potencialmente enormes, para alguns até mesmo infinitos, compreendendo relações sociais, entretenimento, gaming, fitness, comércio, educação, saúde e trabalho.

O mercado do metaverso atingiu em 2020 US$ 478.7 bilhões e projeta-se que chegue a US$ 783.3 bilhões em 2024[2]. O interesse de grandes empresas de tecnologia, como Meta, NVIDIA e Microsoft dá indicativos de que algo muito grande e transformador pode estar por vir. O anúncio de Mark Zuckerberg de que, desde 2021 e pelos próximos 10 anos, investirá anualmente US$ 10 bilhões igualmente nos dá uma boa noção das mudanças que o metaverso poderá trazer para a vida de todos.

Atualmente grande parte desses projetos ainda está em fase de desenvolvimento ou testes. Mas acredita-se que poderá haver um maior impacto na sociedade já nos próximos anos. Para Bill Gates, nos próximos dois ou três anos, a maioria das reuniões virtuais irá mudar das matrizes de câmera 2D para o metaverso, um espaço 3D com avatares digitais[3].

De todos os potenciais e possibilidades que envolvem o metaverso, interessa-nos em especial os impactos que esse novo mundo virtual em 3D poderá trazer para o mundo do trabalho.

As relações de trabalho se transformam e evoluem a partir de distintos fatores de ordem econômica, social, histórica, natural e até mesmo biológica.

A pandemia acelerou a disseminação de diversas práticas que já estavam pontuadas no mundo do trabalho, de forma mais intensa em alguns

---

[2] The Metaverse market may reach $783.3 billion in 2024 vs. $478.7 billion in 2020 representing a compound annual growth rate of 13.1%, based on our analysis and Newzoo, IDC, PWC, Statista and Two Circles data. Disponível em: https://www.bloomberg.com/professional/blog/metaverse-may-be-800-billion-market-next-tech-platform/. Acesso em: 16 mar. 2022.

[3] "Within the next two or three years, I predict most virtual meetings will move from 2D camera image grids (...) to the metaverse, a 3D space with digital avatars. Both Facebook and Microsoft recently unveiled their visions for this, which gave most people their first view of what it will look like". GATES, Bill. Reasons for optimism after a difficult year. *GatesNotes*, December 07, 2021. Disponível em: https://www.gatesnotes.com/About-Bill-Gates/Year-in-Review-2021#ALChapter5. Acesso em: 16 mar. 2022.

mercados e menos em outros. O chamado Direito do Trabalho 4.0 já vinha sendo intensamente avaliado em face das novas formas de trabalho, da redução dos atuais postos de trabalho e da criação/substituição de novas funções em decorrência da robotização e do uso da inteligência artificial.

Bill Gates escreve que a pandemia revolucionou o modo como empresas pensam sobre produtividade e presença no ambiente de trabalho. Limites entre antigas áreas reservadas do trabalho, debates e reuniões de equipe, bate-papos casuais de corredor estão entrando em colapso[4].

Uma vez superada a pandemia e as restrições dela decorrentes, estamos diante do dilema do quanto desejamos retornar às práticas anteriores e o quanto dessas novas possibilidades profissionais desejamos preservar e, mesmo, desenvolver e aprimorar.

O metaverso vale-se das experiências e tendências do trabalho remoto para criar ambientes virtuais de trabalho onde profissionais podem interagir, fazer reuniões, realizar entrevistas de candidatos a vagas, desenvolver novos projetos, treinamentos, entre tantas outras possibilidades.

No Workrooms, plataforma desenvolvida pelo Meta, ainda em fase de testes, funcionários vestem óculos de realidade virtual e se veem transportados para uma sala de conferências também virtual. Cada pessoa é representada por um avatar e pode interagir com computadores, projetores e uns com os outros[5].

Além de elevar o trabalho remoto a outro patamar, o metaverso é visto como um novo impulso para uma maior liberdade de trabalho, com desenvolvimento de atividades quando e de onde quiser, e maior liberdade na forma de remuneração, por exemplo com o pagamento em criptomoedas.

Se, de um lado, o metaverso desperta entusiasmo em razão de todas essas possibilidades, de outro, traz consigo desafios e preocupações com relação às regras de proteção do trabalho e, sobretudo, do trabalhador.

---

[4] "The pandemic has revolutionized how companies think about productivity and presence in the workplace. The boundaries between once-discrete areas of work — brainstorming, team meetings, casual conversations in the hallway — are collapsing". Ibidem.

[5] Como o metaverso pode impactar a forma que trabalhamos. *Forbes*, 25 nov. 2021. Disponível em: https://forbes.com.br/carreira/2021/11/como-o-metaverso-pode-impactar-a-forma-que-trabalhamos/. Acesso em: 16 mar. 2022.

Temas como assédio e discriminação ganham novos contornos nesse ambiente de trabalho virtual que se nos avizinha.

Liberdade de expressão, por sua vez, também desperta atenção nesse novo ambiente virtual 3D. O avatar da pessoa deve guardar semelhança com sua aparência real, ou o profissional poderá definir seu avatar com liberdade quanto a etnia, gênero, idade, aparência física etc.? O profissional deverá ter um único avatar, ou poderá ter diversos, conforme seu temperamento, humor ou ambiente? Tais discussões parecem estar longe do fim e já há quem considere a possibilidade de que o avatar seja um animal — isso mesmo — e que qualquer restrição imposta pela empresa poderia configurar violação à liberdade de expressão[6].

Outros temas já conhecidos poderão ser potencializados com o metaverso, como a questão sindical no teletrabalho transregional e transnacional, jornada de trabalho, entre muitos outros.

E é com esse fascínio que o metaverso desperta, sem perder de vista os desafios, incertezas e preocupações a ele inerentes, que nos propusemos a fazer algumas considerações nos tópicos subsequentes para, de alguma forma, contribuir para o debate que, a nosso ver, ocupará grande espaço na área trabalhista.

1. O local da prestação de serviço e a legislação do trabalho no metaverso

Como já mencionado, o metaverso se apresenta como uma ferramenta que oportunizará a aproximação das pessoas por um ambiente virtual, servindo tanto como um portal de sociabilidade como de oportunidades, inclusive de trabalho, com muitas promessas, entre elas de novos postos de trabalho e formas de interações com colegas de trabalho.

Os trabalhadores serão representados por seus avatares e, para interagir no metaverso de forma a obter a melhor experiência, é esperado que sejam utilizados sensores de movimento, óculos de imersão, realidade aumentada, inteligência artificial e efeitos visuais.

---

[6] Metaverse vs employment law: the reality of the virtual workplace. *Financial Times*, February 21 2022. Disponível em: https://www.ft.com/content/9463ed05-c847-425d-9051-482bd3a1e4b1?accessToken=zwAAAX-Iqd8DkdOUY-0FyEdCXdOQUUgr06HksQ.MEQCIFPwSiOzuTcQQDpHJnclOL-d6xkaMjzPPeGQ6P2McDulAiBVkMM1LTcIDzc5Z2UB16_ae8UTNfppJBWENpByiNf_7A&sharetype=gift?token=6a03c4ce-e575-4ab8-816f-9e6285f72ff8. Acesso em: 16 mar. 2022.

Se pensarmos nos custos e prazo de desenvolvimento de todas essas ferramentas de trabalho, podemos dizer que ainda estamos distantes de uma real experiência de trabalho no metaverso. No entanto, assumindo que essas ferramentas já estejam disponíveis e a preços acessíveis, a grande aposta do metaverso no âmbito do trabalho é a possibilidade de interação de trabalhadores localizados em diversas partes do mundo, como se todos estivessem presencialmente no mesmo ambiente físico. Ocorre que eles de fato não estarão no mesmo ambiente, mas sim personificados por meio de seus avatares.

E, pelo menos para atividades de trabalho, até onde conhecemos o desenvolvimento do metaverso, os avatares não têm vida própria, não realizarão entrevistas e reuniões de trabalho de forma independente. Por trás de um avatar sempre haverá um trabalhador contratado por uma empresa, sentado em algum lugar do mundo.

Rodrigo de Lacerda Carelli escreve que "o trabalho nunca é realizado em um 'mundo virtual', ou 'nas nuvens', ou 'na plataforma'; ele sempre é realizado em um local real por uma pessoa de carne e osso (e com necessidades, desejos, motivações etc.), cujo resultado ou produto é transmitido via plataforma"[7].

Entendemos que esse ponto deverá ser um dos mais controvertidos e debatidos, uma vez que já há discussão no sentido de que as plataformas do metaverso serão locais de trabalho. Contudo, no contexto atual, parece-nos que o local de trabalho propriamente dito não será o metaverso e sim aquele onde o trabalhador estiver situado, sendo o metaverso apenas a plataforma por meio da qual o serviço será prestado.

Esse ponto será um grande agente na discussão para fins de determinação da legislação aplicável ao trabalhador que prestará serviço utilizando uma plataforma do metaverso. Isso porque, em muitos países, a legislação trabalhista aplicável é a lei do local da prestação de serviços.

Sendo assim, questionamos: e se for um trabalhador brasileiro sentado em sua casa no Brasil, mas contratado por uma empresa estrangeira para

---

[7] O Metaverso e o Direito do Trabalho: qual a lei aplicável no 'mundo virtual'? *Conjur*, 28 fev. 2022. Disponível em: https://www.conjur.com.br/2022-fev-28/rodrigo-carelli-metaverso-direito-trabalho#:~:text=O%20Metaverso%20e%20o%20Direito%20do%20Trabalho%3A%20qual%20a,aplic%C3%A1vel%20no%20'mundo%20v-irtual'%3F&text=O%20Metaverso%20foi%20anunciado%20com,de%20sua%20empresa%20para%20Meta. Acesso em: 16 mar. 2022.

prestar serviço por meio de seu avatar em uma plataforma do metaverso, que apenas realizará atividades para essa empresa estrangeira sem realizar qualquer operação que gere impacto no Brasil? E se for um nômade digital, figura que cresceu na pandemia e que parece que veio para ficar, que não tem um país fixo de residência e trabalha sempre de forma remota? E os sindicatos? Como respeitar a regra de enquadramento sindical brasileira que leva em consideração também o local da prestação de serviço quando enfrentamos o teletrabalho transregional e transnacional?

Essas questões já existem hoje, uma vez que Teams, Zoom e plataformas similares já tornaram viável a prestação de serviços e interação com colegas de trabalho e clientes do mundo todo de forma remota. Contudo, são pontos que só tendem a aumentar com a chegada do metaverso e o crescimento da possibilidade de prestação de serviços de qualquer lugar do mundo para qualquer empresa do mundo.

Desde janeiro de 2022, o Brasil já possui visto de trabalho para nômades digitais[8], o que permite a estrangeiros trabalharem fisicamente do Brasil, porém desenvolvendo atividades para a contratante estrangeira, recebendo remuneração fora do Brasil, e sujeitos à legislação estrangeira.

Contudo, a legislação brasileira ainda não está preparada para as questões sindicais de um "mundo virtual", tampouco para a contratação de brasileiros por empresas estrangeiras, com a relação regulada por lei estrangeira e, mesmo, o pagamento em moeda estrangeira, sem que tal situação represente riscos para as empresas ou risco de redução de direitos para os trabalhadores.

Da mesma forma que é necessária a evolução das ferramentas de trabalho para que possamos tirar o metaverso do mundo das ideias e torná-lo uma realidade de trabalho, também é fundamental a atualização mais célere da nossa legislação trabalhista, para que tenha novos instrumentos e modelos de regulamentação mais adequados para as novas formas de relações de trabalho neste novo contexto da economia digital cada vez mais intensificada.

---

[8] Resolução CNIG MJSP nº 45, de 9 de setembro de 2021. Disponível em: https://in.gov.br/web/dou/-/resolucao-cnig-mjsp-n-45-de-9-de-setembro-de-2021-375554693. Acesso em: 16 mar. 2022.

2. O teletrabalho no contexto do metaverso

Ainda que o metaverso seja uma inovação tecnológica recente, o Direito do Trabalho, que é um ramo jurídico repleto de lacunas ontológicas, possui algumas espécies ou formas de trabalho que, ao longo do tempo, vêm se amoldando às inovações tecnológicas, em especial às novidades do mundo digital e virtual.

Neste contexto, ganha especial relevo o teletrabalho, que não é uma figura nova nas relações de trabalho, mas que representa aquele movimento inevitável que, não só veio para ficar, mas que também revela o caráter "camaleão" do mundo laboral, em razão da necessidade de permanente adaptação aos modelos econômicos e às novas formas de tecnologia como o metaverso.

Porém, surge a inquietante indagação: é possível estabelecer uma conexão lógica entre o teletrabalho e o metaverso?

A resposta não só é afirmativa, como reside na própria expressão *teletrabalho* pois, hodiernamente, tal qual o metaverso, a ferramenta primordial de execução é a internet.

Sem internet não se tem conexão, propriamente dita, não se faz uma reunião ou uma audiência por plataforma digital, não se acessa sites de pesquisa, tampouco sistemas públicos ou privados. E, no metaverso, não é diferente, pois sua dimensão tem por canal ou portal a internet. Além disso, é razoável entender que, em sendo o ambiente do metaverso utilizado para o trabalho, pressupõe-se que a maioria, se não todas as atividades profissionais, serão prestadas por meio do teletrabalho.

Os efeitos práticos do teletrabalho no mundo laboral, por sua vez, confundem-se com os próprios efeitos do contexto metaverso, pois não só se utilizam da mesma ferramenta de execução, como também são fatos jurídicos cujos impactos nas relações de trabalho podem ainda ser desconhecidos ou carecem de amparo normativo.

Todavia, esse cenário de incerteza não pode e, a nosso ver, não deve representar obstáculo para que não sejam construídas hipóteses que tentem responder à problemática do binômio teletrabalho-metaverso.

Uma primeira característica a ser abordada diz respeito ao fato de que, como já referido, sempre haverá um trabalhador no manejo de um avatar, em teletrabalho. Será que esse teletrabalhador está manejando o avatar e desenvolvendo seu trabalho no ambiente virtual com a observância das normas de saúde, higiene e segurança do trabalho, sobretudo quanto às normas de ergonomia? Destaca-se que o meio ambiente do trabalho é constituído por todos os elementos que compõem as condições de trabalho de uma pessoa, não ficando adstrito ao local onde são exercidas as atividades, podendo ser esses elementos materiais, imateriais, físicos ou psíquicos[9]. Assim, seja pelo previsto no artigo 7º, inciso XXII[10], da Constituição Federal, seja pelo que dispõe os artigos 75-E e 157 da CLT[11], cabe ao empregador, na linha da prevenção (riscos conhecidos) e da precaução (riscos desconhecidos), aparelhar-se para que o ambiente do metaverso também seja um ambiente de trabalho seguro e saudável.

O metaverso é visto como a possibilidade de superação dos desafios inerentes ao teletrabalho. Limitações como dificuldades para uma comunicação efetiva, leitura da linguagem corporal dos participantes de uma discussão, são situações que desejamos ver solucionadas pelo ambiente 3D que o metaverso propõe criar.

Outras preocupações, como isolamento excessivo, risco de desengajamento, falta de uma maior interação entre profissionais, acompanhamento visual da produtividade da equipe poderão ser potencialmente resolvidos, ou ao menos atenuados, uma vez que o metaverso promete a criação de um ambiente de trabalho virtual onde os avatares pessoais holográficos em 3D dos profissionais podem trabalhar juntos, como no mundo real[12].

Portanto, é crível concluir que há uma íntima relação entre teletrabalho e metaverso e que, inevitavelmente, o ambiente laboral acabará por

---

[9] MELO, Sandro Nahmias. *Direito à desconexão do trabalho*: com análise crítica da reforma trabalhista: (Lei 13.467/2017) Teletrabalho, novas tecnologias e dano existencial. São Paulo: LTr, 2018, pág. 19.

[10] Constituição Federal. "Artigo 7º: São direitos dos trabalhadores urbanos e rurais, além de outros que visem à melhoria de sua condição social: (...) XXII — redução dos riscos inerentes ao trabalho, por meio de normas de saúde, higiene e segurança; (...)"

[11] Consolidação das Leis do Trabalho. "Art. 157 — Cabe às empresas: I — cumprir e fazer cumprir as normas de segurança e medicina do trabalho; II — instruir os empregados, através de ordens de serviço, quanto às precauções a tomar no sentido de evitar acidentes do trabalho ou doenças ocupacionais; III — adotar as medidas que lhes sejam determinadas pelo órgão regional competente; IV — facilitar o exercício da fiscalização pela autoridade competente."

[12] Can We Work in the Metaverse? *UC Today*, November 16, 2021. Disponível em: https://www.uctoday.com/collaboration/can-we-work-in-the-metaverse/. Acesso em: 16 mar. 2022.

experimentar e absorver mais essa inovação tecnológica. A gestão dos empreendimentos terá, cada vez mais, que se valer da prevenção e da precaução para enfrentamento dos desafios, muito dos quais ainda desconhecidos, da analogia aos procedimentos previstos legalmente para situações fáticas semelhantes, sem perder de vista o caráter protetivo inerente ao Direito do Trabalho, que certamente também influenciará a interpretação das situações concretas no espectro do metaverso.

3. Remuneração em criptomoedas

As criptomoedas vêm ganhando espaço ao longo dos anos. Atualmente são opções de investimento, podem ser utilizadas em alguns lugares para transações comerciais, além de serem as moedas nativas exploradas no metaverso. Por exemplo, a criptomoeda do Decentraland é a MANA e a criptomoeda do the Sandbox é a SAND.

Hoje, essas moedas permitem compras apenas dentro de suas respectivas plataformas e tais plataformas ainda estão longe de se tornar o metaverso de que todos estão falando. Já o bitcoin foi a primeira criptomoeda, mas em 30 de novembro de 2021, mais de 15.000 moedas digitais flutuavam pelo espaço cibernético[13].

No final de 2021, o prefeito eleito de Nova York falou que receberia os seus três primeiros salários em bitcoin e o prefeito de Miami respondeu que também aceitaria receber a remuneração desta maneira. Os dois prefeitos manifestaram a intenção de tornar suas cidades capitais criptográficas[14] e não estamos falando de cidades no metaverso.

Assim, o desejo de pagamento de remuneração em criptomoedas já existe nos dias atuais, quando ainda estamos engatinhando para imaginar as relações de trabalho no metaverso.

A despeito do crescimento do número de moedas digitais, bem como do crescimento da intenção de empregadores/empregados de pagar/receber remuneração por meio de criptomoedas, fato é que a definição

---

[13] The Sandbox: Cripto que Cresce com a Economia da Monetização. *Investing.com*, 03 dez. 2021. Disponível em: https://br.investing.com/analysis/the-sandbox-cripto-que-cresce-com-a-economia-da-monetizacao-200446291. Acesso em: 16 mar. 2021.

[14] Prefeito eleito de Nova York diz que receberá primeiros salários em bitcoin. *CNN Brasil*, 04 nov. 2021. Disponível em: https://www.cnnbrasil.com.br/business/prefeito-eleito-de-nova-york-diz-que-recebera-primeiros-salarios-em-bitcoin/. Acesso em: 16 mar. 2021.

de como o salário deve ser pago varia de acordo com a legislação de cada país. E a maioria dos países ainda não reconheceu as criptomoedas como uma moeda legal, inviabilizando o pagamento, neste momento, de salário por meio de criptomoedas. Esse é o caso do Brasil.

De acordo com o artigo 463 da CLT[15], o salário dos empregados deve ser pago em moeda corrente, ou seja, real, e o pagamento do salário realizado com inobservância desta regra poderá ser considerado como não feito, gerando risco para o empregador.

Ainda que empregado e empregador firmem contrat em que o empregado concorda com o pagamento em criptomoedas, a situação representará risco.

No Brasil há o princípio de irredutibilidade salarial, que proíbe que o empregado tenha seu salário reduzido durante a relação de emprego[16]. Esse princípio poderá suscitar questionamentos em relação ao pagamento em criptomoedas, em razão de sua volatilidade.

Além disso, salários sofrem retenção de contribuições previdenciárias, imposto de renda e de outras possíveis verbas autorizadas pelo empregado (ex.: participação do empregado nos benefícios oferecidos pela empresa), os empregadores precisariam observar esses descontos também no pagamento de valores em criptomoedas, o que resultará em procedimentos burocráticos adicionais na formalização dos pagamentos.

E mais. O salário tem natureza alimentar e serve para o sustento do empregado e de sua família. Como o empregado utilizará, fora do metaverso, o salário em criptomoedas para pagamento de energia elétrica, alimentação, educação, etc. quando essas utilidades e o mercado como um todo ainda não estão preparados para o recebimento de contraprestação em criptomoedas?

A legislação não regula de forma específica essas novas demandas, mas uma iniciativa do final de 2021 tentou iniciar o debate sobre o assunto no Brasil. Em novembro de 2021, foi apresentado o Projeto de Lei (PL)

---

[15] Consolidação das Leis do Trabalho. "Art. 463 — A prestação, em espécie, do salário será paga em moeda corrente do País.
Parágrafo único — O pagamento do salário realizado com inobservância deste artigo considera-se como não feito."
[16] Exceto em caso de negociações coletivas.

nº 3.908/2021 na Câmara dos Deputados, que estabelece que seria possível receber parte do salário em criptomoedas[17]. Parte, não o salário integral.

De acordo com o PL nº 3.908/2021, o pagamento seria uma opção do empregado e não uma imposição do empregador. No entanto, o PL nº 3.908/2021 não endereça a questão da volatilidade da moeda, entre outros pontos relevantes. Assim, da forma como foi exposto, o PL tem poucas chances de avançar, mas já é um passo importante para tentar regulamentar o pagamento de salário em criptomoedas e, quem sabe, estarmos mais preparados para o metaverso neste aspecto quando for a hora.

Uma alternativa, neste momento, para empresas que já queiram efetuar pagamentos aos seus empregados em criptomoedas e disseminar o seu uso é utilizá-las para pagamento de PLR (participação nos lucros e resultados) ou prêmio.

A PLR é parcela desvinculada da remuneração e seu conceito já pressupõe assunção de parcela dos riscos envolvidos por parte do trabalhador. Ademais, considerando que o programa de PLR de uma empresa precisa ser negociado com empregados e sindicato[18], por meio de comissão paritária ou acordo coletivo, estando as regras claras no programa de PLR quanto ao pagamento de PLR em criptomoedas, torna-se uma opção para a questão.

Já o prêmio é descrito no art. 457, § 4º, da CLT como "uma liberalidade concedida pelo empregador em forma de bens, serviços ou valor em dinheiro a empregado ou a grupo de empregados, em razão de desempenho superior ao ordinariamente esperado no exercício de suas atividades". Enquanto não reconhecida como moeda legal, a criptomoeda seria considerada como um bem concedido ao empregado com desempenho extraordinário e, portanto, se encaixaria no conceito de prêmio.

Vale dizer que nas duas alternativas, o empregador deverá efetuar todas as retenções legais sobre o valor da criptomoeda que será concedida.

---

[17] Criptomoeda: é possível receber o salário em bitcoin? *Portal Contábeis*, 12 dez. 2021. Disponível em: https://www.contabeis.com.br/noticias/49735/criptomoeda-e-possivel-receber-o-salario-em-bitcoin/. Acesso em: 16 mar. 2022.

[18] Lei nº 10.101/2000.

4. Assédio no ambiente de trabalho no metaverso

A denúncia feita pela pesquisadora Nina Jane Patel em dezembro de 2021 teve grande repercussão e chamou a atenção de todos para novas conotações de assédio no ambiente do metaverso. Segundo a pesquisadora, logo após acessar o metaverso da Meta, três outros avatares se aproximaram do seu avatar, começaram a tirar selfies e apalpá-la. Ao reagir à investida os assediadores começaram a gritar para ela não fingir que não estava gostando, pois foi para isso que ela havia ingressado ali[19].

Apesar de este caso não ter ocorrido em ambiente do trabalho, trouxe à tona, além da situação odiosa de assédio em si, algumas discussões até então desconhecidas que poderão repercutir também no ambiente de trabalho.

Entre elas, há algum tipo de dissociação ou separação, para fins de responsabilização, entre o trabalhador e o respectivo avatar que o personifica no metaverso? Em outras palavras, as posturas e ações praticadas por avatares seriam distintas dos trabalhadores que esses avatares representam.

A nosso ver a resposta é negativa. Até onde conhecemos o desenvolvimento dos avatares no ambiente virtual 3D do metaverso, eles não falam nem agem de forma autônoma ou por vontade própria, independentemente da ação humana. Por essa razão entendemos que não há como dissociar posturas e condutas do avatar do trabalhador que o criou.

Outra questão trazida por essa denúncia refere-se à aplicação, no metaverso, das mesmas regras legais, éticas e morais que regem o mundo real. Ao tentarem justificar suas ações, afirmando que foi para esse propósito que a pesquisadora havia ingressado naquele ambiente virtual, percebe-se que há aqueles que enxergam no metaverso um ambiente sem leis, uma terra de ninguém, situação semelhante à que conhecemos bem, de usuários que se utilizam da internet para propósitos inaceitáveis, inclusive envolvendo colegas de trabalho.

---

[19] Metaverse vs employment law: the reality of the virtual workplace. *Financial Times*, February 21 2022. Disponível em: https://www.ft.com/content/9463ed05-c847-425d-9051-482bd3a1e4b1?accessToken=zwAAAX-Iqd8DkdOUY-0FyEdCXdOQUUgr06HksQ.MEQCIFPwSiOzuTcQQDpHJnclOL-d6xkaMjzPPeGQ6P2McDulAiBVkMM1LTcIDzc5Z2UB16_ae8UTNfppJBWENpByiNf_7A&sharetype=gift?token=6a03c4ce-e575-4ab8-816f-9e6285f72ff8. Acesso em: 16 mar. 2022.

Evidentemente que se está diante de conduta igualmente assediosa que se ocorrida no ambiente de trabalho, ainda que em plataforma do metaverso, deveria ter as mesmas consequências legais aplicáveis em situações de assédio entre trabalhadores no mundo real.

A aprovação entre nós da Lei nº 12.965/2014, conhecida como Marco Civil da Internet, pode servir de inspiração para a produção normativa mais diretamente voltada ao metaverso.

No caso tratado, a Horizon, plataforma virtual da Meta, prestou esclarecimentos sobre acesso dos usuários a recursos de segurança já existentes, como o bloqueio de interações com determinadas pessoas, e implementou outros, como a possibilidade de estabelecer uma zona segura, com distância mínima entre os avatares, bem como colocá-los "no mudo" ou em modo de bloqueio, além de permitir a realização de denúncias[20].

Em um ambiente de trabalho, bloquear colegas ou colocá-los no mudo pode não ser viável, mas é curioso saber que além das proteções que já possuímos hoje para que tenhamos um ambiente de trabalho saudável (ex.: políticas e treinamentos), é possível desenvolver outras (ex.: possibilidade de estabelecer uma zona de distância segura) para interações mais seguras entre os trabalhadores representados por seus avatares.

Conclusões

A legislação trabalhista brasileira tem se mostrado imprecisa e, até mesmo, distante e inapta para regular muitas das relações contemporâneas de trabalho. A despeito dos avanços expressivos trazidos pela Reforma Trabalhista de 2017, que regulamentou, de forma inédita, o teletrabalho, o trabalho intermitente, o empregado hipersuficiente, a homologação do acordo extrajudicial, bem como a valorização ainda maior da livre negociação entre as partes (empregadores, empregados e sindicatos) e as novas formas de solução de conflitos, fato é que a legislação trabalhista brasileira ainda necessita de aprimoramentos para

---

[20] Após denúncia de assédio sexual no metaverso, Facebook cria ferramenta para garantir distanciamento entre avatares. *Tecnologia — G1 (globo.com)*, 08 fev. 2022. Disponível em: https://g1.globo.com/tecnologia/noticia/2022/02/08/apos-denuncia-de-assedio-sexual-no-metaverso-facebook-cria-ferramenta-para-garantir-distanciamento-entre-avatares.ghtml. Acesso em: 16 mar. 2022.

acolher os novos trabalhadores e as novas formas e condições de trabalho, incluindo os muitos desafios que serão trazidos pelo metaverso.

Os fenômenos da "uberização", dos nômades digitais, a intenção de pagamento de remuneração em criptomoedas e, agora, a possibilidade de imersão e interação com colegas de trabalho via metaverso comprovam a evolução das relações de trabalho e repercutem a falta de regulamentação sobre a matéria.

Muitos dos desafios previstos para ser enfrentados no metaverso já existem nas relações de trabalho atuais e ainda estão longe de ser resolvidos. É possível afirmar que o metaverso é uma nova roupagem para discussões atuais (ex.: teletrabalho transnacional), mas com enorme potencial para o surgimento de novos desafios nas relações de trabalho, como é o caso da liberdade de expressão do empregado ao criar o seu avatar (que possivelmente poderia ser até um animal) versus o poder diretivo do empregador na condução de seus negócios.

É urgente pensarmos em proteção das relações de trabalho no contexto de uma economia digital e descentralizada do século 21.

Especialmente com relação aos desafios das relações de trabalho no metaverso, seja ele considerado uma nova situação ou uma situação já conhecida apenas com nova denominação, é certo que metaverso é o tema do momento e que ainda ouviremos muito falar sobre expectativas, riscos e oportunidades antes mesmo que se dissemine nas relações de trabalho.

Referências

BRASIL. *Constituição da República Federativa do Brasil de 1988*. Disponível em: http://www.planalto.gov.br/ccivil_03/constituicao/constituicaocompilado.htm. Acesso em: 09 mar. 2022.

BRASIL. Congresso Nacional. *Projeto de Lei 3512/2020*. Disponível em: https://www25.senado.leg.br/web/atividade/materias/-/materia/143001. Acesso em: 09 mar. 2022.

BRASIL. *Consolidação das Leis do Trabalho*. Disponível em: http://www.planalto.gov.br/ccivil_03/decreto-lei/del5452.htm. Acesso em: 11 mar. 2022.

BRASIL. *Súmulas do Tribunal Superior do Trabalho*. Disponível em: https://www.tst.jus.br/sumulas. Acesso em: 08 mar. 2022.

ESTRADA. Manuel Martin Pinto. *Análise juslaboral do teletrabalho*. Curitiba: Camões, 2008.

FINCATO, Denise Pires. *Meio Ambiente Laboral e Teletrabalho*. IV Congresso Ibero-Americano de Teletrabalho e Teleatividades. Porto Alegre: Magister, 2011.

FOXBIT. As 5 principais criptomoedas do metaverso. 03 fev. 2022. Disponível em: https://foxbit.com.br/blog/as-5-principais-criptomoedas-do-metaverso/. Acesso em: 16 mar. 2022.

GÓES, Maurício de Carvalho. Teletrabalho transnacional: desafios além-mar. *Conjur*, 05 jul. 2021. Disponível em: https://www.conjur.com.br/2021-jul-05/mauricio-goes-teletrabalho-transnacional-desafios-alem-mar? Acesso em: 29 set. 2021.

LIMA, Gabriela. Direito do Trabalho. Série Especial: Políticas Públicas e Inovação na Economia Digital — Parte I. *Portal Inovativos*. Disponível em: https://inovativos.com.br/serie-especial-politicas-publicas-e-inovacao-na-economia-digital-parte-i/. Acesso em: 16 mar. 2022.

MELO, Sandro Nahmias. *Direito à desconexão do trabalho*: com análise crítica da reforma trabalhista: (Lei 13.467/2017) Teletrabalho, novas tecnologias e dano existencial. São Paulo: LTr, 2018.

SOARES, Rebeca. Vale a pena investir nas criptomoedas impulsionadas pelo Metaverso?. *Estadão*, e|investidor, 08 dez. 2021. Disponível em: https://einvestidor.estadao.com.br/criptomoedas/criptomoedas-jogos-metaverso. Acesso em: 16 mar. 2022.

19.
DOS *GAMES* AO METAVERSO

Bruna Borghi Tomé
Amanda Celli Cascaes

Introdução

Passados 30 anos da primeira menção ao termo "metaverso"[1], a ideia de uma realidade para além do universo físico, mas integrado a ele, ainda é difícil de ser totalmente compreendida em dias atuais. Se em algumas previsões consta que se trata de um trabalho ainda em construção e desenvolvimento; em outras, consta que essa realidade já chegou.

Não são raras as notícias informando o desenvolvimento de gêmeos virtuais de celebridades, o estabelecimento de filiais ou sedes de empresas no metaverso ou mesmo a venda de terrenos para construção de imóveis nesse ambiente, entre outros temas. Ainda assim, a compreensão total de como essa nova realidade funcionará, quais são suas regras e formas de governança ainda não estão totalmente claras.

Mas como nos ensinou Guimarães Rosa, em outras palavras, que as coisas mudam no devagar depressa dos tempos[2], vale buscar na história

---

[1] O autor Neal Stephenson foi o primeiro a mencionar a ideia de um metaverso em sua obra "Snow Crash", publicada em 1992, motivo pelo qual é considerado o criador do conceito.
[2] "Os tempos mudavam, no devagar depressa dos tempos". Rosa, João Guimarães. A terceira margem do rio. *In*: *Primeiras estórias*. Rio de janeiro: José Olympio, 1969. p. 37.

um paralelo mais palpável desse tema e certamente, sem muita discussão, chegaremos aos exemplos dos jogos de mundos abertos.

Muito embora nesses jogos possa haver uma história e continuidade, eles são exemplos claros de uma realidade que se concretiza independentemente de um roteiro linear. GTA *online* ou RolePlay, Roblox e Second Life, entre outros, podem ser usados como exemplos claros de uma realidade virtual *online* que interage com a real (*offline*) em uma simbiose complexa e interessante. Neles, é possível comprar acessórios virtuais para os seus avatares independentemente de serem úteis ou não para o jogo em si, interagir com outros usuários sem roteiro pré-determinado ou mesmo participar de festas e eventos como *shows* e lançamentos de *trailers* de obras reais.

É o que também poderá ocorrer no metaverso de uma forma ainda mais ampla, haja vista que os jogos estão delimitados ao seu próprio ambiente e realidade, enquanto no metaverso haverá a integração de diversas realidades diferentes, ofertadas por pessoas e empresas distintas.

O usuário no ambiente do metaverso é transnacional e pode se "descolar" da pessoa que ocupa no ambiente real — notadamente quando, no metaverso, o usuário pode escolher ser como e quem quiser, inclusive com personalidade distinta da pessoa natural por trás do avatar[3].

E se no mundo *offline* há diversos conflitos surgidos pela interação entre as pessoas, não se pode ignorar que as mesmas discussões existentes na realidade também estarão presentes no mundo virtual. É realmente possível que uma mesma pessoa possa se fragmentar em duas existências diversas (no mundo real e no mundo virtual)? Ambas merecem igual proteção jurídica? A imagem virtual está protegida contra danos morais? A decisão de banimento por violação às regras contratuais está sujeita às previsões do artigo 20 da Lei Geral de Proteção de Dados (LGPD, Lei nº 13.709/2018)? É possível banir alguém da realidade virtual? E divulgar tal banimento?

Buscando os exemplos práticos da realidade virtual dos jogos eletrônicos (*games*), este artigo pretende contribuir para a compreensão do seu leitor sobre as perspectivas do metaverso, a importância das regras

---

[3] NERY, Rosa Maria de Andrade; NERY JUNIOR, Nelson. *Instituições de direito civil* — v. 1: parte geral do Código Civil e direitos da personalidade. 2. ed. São Paulo: Thomson Reuters Brasil, 2019.

escritas nos Termos de Uso e Serviço, bem como o que desde já se pode esperar. Além disso, abordaremos como a Análise Econômica do Direito pode ser uma forma de garantir a efetividade das "regras do jogo", notadamente em um ambiente virtual onde ainda prevalece (erroneamente) uma sensação de anonimato e impunidade, por meio de incentivos a condutas positivas e à boa convivência na comunidade virtual do metaverso.

1. A gigante indústria de *games* e a liderança na corrida pelo metaverso

Nas últimas décadas, o desenvolvimento da tecnologia e a expansão digital fizeram com que a indústria de *games* experimentasse uma evolução qualitativa (em termos de realismo e experiência do usuário) e um crescimento exponencial em número de jogadores. Longe de ser uma realidade restrita ao público infanto-juvenil, o mercado dos *games* movimenta mais da metade do valor da indústria de entretenimento.

O Brasil figura na 13ª posição mundial do mercado de *games*, e há dados que demonstram que a maioria dos jogadores está na faixa dos 21 a 35 anos de idade. No mundo, entre a geração Z (nascidos entre 1990 e 2010), 8 a cada 10 pessoas jogam *videogame*, passando em torno de 7.2 horas semanais jogando[4].

O metaverso é o futuro da *internet* e não há como falar nele sem lembrar dos *games* — que entendemos como verdadeiros protótipos do metaverso. Eles já fornecem um universo paralelo aos seus jogadores, no qual podem personalizar seu avatar (para fazê-lo à imagem e semelhança do mundo físico — *ou não*), fazer compras, socializar, assistir a filmes, etc. No metaverso, onde o usuário participará de experiências imersivas, coletivas e realistas, em realidade virtual ou aumentada, a fusão entre o real e o virtual será ainda mais marcante do que nos *games*, o que certamente gerará desafios jurídicos.

Em princípio, não haverá apenas um único metaverso, mas vários deles. Isso significa que os usuários escolherão o metaverso com base em preferências pessoais e/ou sociais, na qualidade da experiência proporcionada, em questões de sustentabilidade ambiental e responsabilidade

---

[4] Fonte: NEWZOO. Disponível em: https://newzoo.com/insights/infographics/. Acesso em: 14 abr. 2022.

social, entre outros fatores. Além disso, é preciso ponderar as limitações inerentes a esse cenário de múltiplos metaversos descentralizados quanto à possível interoperabilidade. Já há diversas empresas e marcas investindo no metaverso que começaram a trilhar esse caminho por meio da indústria dos *games*.

Diante dessa expansão, novas questões já foram postas para debate no universo dos *games*, em especial no que tange à convivência no ambiente virtual. Violações no mundo *online* reverberam no mundo *offline*, gerando impactos às pessoas, seus bens e seus direitos. A indústria dos *games* lidera a corrida pelo metaverso — não apenas em termos técnicos, mas também em termos jurídicos.

2. Casos práticos

Segundo pesquisa da Comscore, publicada em 2021[5], até o ano de 2020, havia 82,6 milhões de usuários digitais no Brasil, o que representa 65% da população digital no país. Apesar do elevado número de usuários, ainda são poucos os casos levados ao Poder Judiciário — sendo relevante para tanto a existência de regras prévias e claras sobre o uso e suas possíveis consequências, tema que será debatido adiante.

Ainda assim, da análise das decisões encontradas nos Tribunais de Justiça dos Estados de São Paulo, Rio de Janeiro, Minas Gerais e Rio Grande do Sul[6] é possível apontar como três dos principais focos de discussões, os seguintes temas: (i) banimento de usuários por violações às regras contratuais; (ii) revisão de decisões automatizadas; e (iii) extensão da imagem real à imagem virtual (avatares).

No tocante ao banimento de usuários, identificamos duas principais camadas para esse tipo de conduta: (i) uso de *hacks/softwares* para obter vantagens nos jogos; e (ii) interações com conteúdos considerados ofensivos.

A primeira prática consiste na utilização de ferramentas externas ou na exploração de mecânicas dos próprios jogos de maneira irregular

---

[5] Fonte: COMSCORE. O Mercado de Games no Brasil. [S. l.], 2021. Disponível em: https://www.comscore.com/por/Insights/Presentations-and-Whitepapers/2021/Online-Gaming-no-Brasil.

[6] Foram analisadas 59 decisões proferidas pelo TJSP, TJRJ, TJMG e TJRS, no período no período entre set. 2013 e fev. 2022.

para a obtenção de vantagens indevidas, as quais podem variar desde simples infrações às regras dos jogos, visando o aumento da performance de um jogador em detrimento dos demais, até situações que podem eventualmente adentrar na seara criminal, como o uso de tais subterfúgios para obtenção de vantagens financeiras.

Já a segunda prática consiste na exposição dos usuários a conteúdo ofensivo compartilhado no ambiente dos jogos. Em alguns deles é possível que os usuários criem conteúdo personalizado que pode ser considerado ofensivo ou mesmo se dirijam a outros usuários de forma também considerada inadequada.

Na maior parte dos julgados localizados, entendeu-se por legítimo o banimento de usuários, haja vista a existência de previsão contratual nesse sentido, o que configura exercício regular de direito[7]. Além disso, não seria crível que as empresas desenvolvedoras de *games* desativassem contas dos usuários sem justo motivo se o negócio delas é tanto mais beneficiado quanto mais usuários houver.[8] Ainda, na maioria dos casos

---

[7] **Exemplificativamente**: "Logo, não é concebível que o autor tente se abster de observar as regras do aplicativo, que são inerentes a sua utilização. A sua sujeição às políticas de uso do serviço, em verdade, independe do seu expresso aceite, já que a mera utilização do produto traduz o seu aceite tácito às regras aplicáveis indistintamente a todos usuários, o que não poderia ser diferente, até mesmo porque se trata de um serviço disponibilizado em ambiente virtual, utilizado por diversos usuários ao mesmo tempo, que inclusive interagem entre si. Se o usuário não estiver satisfeito com as regras do jogo, ele tem a liberdade de sair do jogo e não jogar. Ninguém é obrigado a jogar." (TJSP; Apelação Cível nº 1008009-20.2020.8.26.0361; Relator (a): Carlos Henrique Miguel Trevisan; Órgão Julgador: 29ª Câmara de Direito Privado; Foro de Mogi das Cruzes — 5ª Vara Cível; Data do Julgamento: 23/02/2022; Data de Registro: 24/02/2022).

"[...] 3. Além disso, o banimento, pela desenvolvedora, do usuário que viola os Termos do Serviço é mero exercício regular do direito. 4. Não há, ao menos nesta etapa processual, elementos mínimos que convençam que a suspensão da conta do autor tenha se dado de forma irregular, daí a necessidade do aprofundamento da fase instrutória." (TJRJ — Agravo de Instrumento nº 00198110920218190000; Relator: Des. Gilberto Clóvis Farias Matos; Data de Julgamento: 05/10/2021; Vigésima Segunda Câmara Cível; Data de Publicação: 08/10/2021).

[8] **Exemplificativamente**: "Não é crível que a corré proprietária do jogo [...] exclua jogadores arbitrariamente, mormente aqueles que divulgam o seu produto, como o recorrente, pois sua atividade empresarial depende da maior quantidade possível de jogadores, da higidez das regras e da isonomia entre aqueles que jogam." (TJSP — Agravo de Instrumento nº 2252141-80.2020.8.26.0000; Relator: Miguel Brandi; Data de Julgamento: 15/01/2021; 7ª Câmara de Direito Privado; Data de Publicação: 15/01/2021).

em que houve entendimento desfavorável às empresas desenvolvedoras de *games*, isto se deu por falta de provas de que o usuário teria de fato adotado a conduta violadora alegada[9].

Nos poucos julgados encontrados que decidiram por determinar a reativação de contas banidas, o principal fundamento foi de que a despeito de haver previsão contratual para o banimento, as regras não estavam devidamente destacadas, claras e pormenorizadas, o que violaria o dever de informação ao consumidor — artigo 31 do Código de Defesa do Consumidor (CDC), Lei nº 8.078/1990.[10] Além disso, entendeu-se que para haver banimento, a conduta que ensejou essa penalidade deve ser especificada pela empresa desenvolvedora de *game*, não podendo ser arguida de forma genérica[11]. Em um julgado isolado, ainda, entendeu-

---

[9] **Exemplificativamente**: "A ré se limitou a informar que foi detectado o uso de softwares não oficiais, mas não informou qual foi a conduta específica do autor passível de punição e qual seria o suposto programa de terceiros utilizado, bem como qual a vantagem ilegal obtida para inviabilizar qualquer tipo de contestação por parte do autor, situação que afronta o direito à informação." (TJSP — Agravo de Instrumento nº 2277029-16.2020.8.26.0000; Relator: Marino Neto; Data de Julgamento: 04/03/2021; 11ª Câmara de Direito Privado; Data de Publicação: 05/03/2021).

[10] **Exemplificativamente**: "Em razão desta falha na redação do texto, constou na sentença que a parte recorrente descumpriu o dever de informação ao impor ao consumidor cláusulas punitivas sem destaque, sendo redigidas no corpo do contrato de adesão com a mesma fonte e tamanho, sem campo específico para visto do consumidor ou formalidade semelhante." (TJSP; Recurso Inominado Cível nº 1019276-87.2020.8.26.0005; Relatora: Deborah Lopes; Órgão Julgador: 6ª Turma Recursal Cível e Criminal; Foro Regional V — São Miguel Paulista – 1ª Vara do Juizado Especial Cível; Data do Julgamento: 27/04/2021; Data de Registro: 27/04/2021).

[11] **Exemplificativamente**: "Presentes os requisitos da probabilidade do direito e o perigo de dano ou risco ao resultado útil do processo deve ser concedida a tutela pretendida para restabelecer o acesso do usuário ao sistema do jogo adquirido e do qual foi banido sem informação clara e adicional a respeito dos motivos que levaram à suspensão de seu perfil." (TJRO — Agravo de Instrumento nº 0802018-40.2021.822.0000; Data de Julgamento: 24/09/2021).
"Conta 'suspensa permanentemente' — Ação de obrigação de fazer cumulada com indenização por danos materiais e morais proposta pelo usuário — Decisão de primeiro grau que indefere pedido de tutela de urgência — Agravo interposto pelo autor — Exclusão do usuário fundada em informações imprecisas — Situação de fato que preenche os requisitos do artigo 300 do Código de Processo Civil a justificar a concessão da medida — Recurso provido." (TJSP — Agravo de Instrumento nº 2261034-60.2020.8.26.0000; Relator: Carlos Henrique Miguel Trevisan; Data de Julgamento: 27/01/2021; 29ª Câmara de Direito Privado; Data de Publicação: 28/01/2021).

-se por desproporcional o bloqueio permanente do console, já que, ainda que essa medida estivesse prevista em contrato, tratar-se-ia de cláusula nula à luz do CDC, por praticamente inutilizar o aparelho de *videogame* — o que colocaria o consumidor em situação de exacerbada desvantagem[12].

A configuração ou não de danos morais ao usuário banido ainda não foi ostensivamente decidida, já que os casos analisados ainda estão em andamento. Ainda assim, foram encontrados 5 julgados que previam a condenação à indenização por danos morais, fixada, em média, em torno de R$ 5.000,00.

Já no tocante aos pedidos de decisões automatizadas, o que se verificou foram também pedidos de reativação de contas banidas por se entender que a decisão de banimento decorreu de forma automatizada, sem que esclarecidos os critérios para tanto, conforme prevê o artigo 20 da Lei Geral de Proteção de Dados[13] (LGPD, Lei nº 13.709/2018). A maioria dos casos encontrados tem relação com banimento por uso indevido de *hacks* para obtenção de vantagens ilícitas.

Em que pese esses casos ainda não tenham decisão final, verifica-se que a discussão se dará sobre se para revelar os métodos de detecção desse uso indevido de *softwares* haveria violação ao segredo comercial e industrial, resguardado pelo mesmo artigo 20 mencionado e se a

---

[12] **Exemplificativamente**: "O bloqueio permanente do aparelho, ainda que esteja previsto em contrato, é contrário às disposições constantes do Código de Defesa do Consumidor, pois coloca o consumidor em desvantagem exagerada, sendo nitidamente abusiva referida cláusula contratual, o que a torna nula de pleno direito, nos termos do artigo 51, inciso IV, do citado Código." (TJSP — Recurso Inominado Cível nº 1019276-87.2020.8.26.0005; Relatora: Deborah Lopes; Data de Julgamento: 27/04/2021; 6ª Turma Recursal Cível e Criminal; Data de Publicação: 27/04/2021).

[13] Art. 20. O titular dos dados tem direito a solicitar a revisão de decisões tomadas unicamente com base em tratamento automatizado de dados pessoais que afetem seus interesses, incluídas as decisões destinadas a definir o seu perfil pessoal, profissional, de consumo e de crédito ou os aspectos de sua personalidade.

§ 1º O controlador deverá fornecer, sempre que solicitadas, informações claras e adequadas a respeito dos critérios e dos procedimentos utilizados para a decisão automatizada, observados os segredos comercial e industrial.

§ 2º Em caso de não oferecimento de informações de que trata o § 1º deste artigo baseado na observância de segredo comercial e industrial, a autoridade nacional poderá realizar auditoria para verificação de aspectos discriminatórios em tratamento automatizado de dados pessoais.

decisão automatizada que deve ser revelada é apenas aquela relacionada ao *profiling* de usuário (assim entendida a definição de perfil do usuário — pessoal, profissional, de consumo, de crédito ou de personalidade — com base em tratamento de dados) ou a qualquer outra que afetar interesses juridicamente protegidos — como é o caso de rescisão contratual ou aplicação de penalidades contratuais[14].

Por ora, é certo que como o uso de algoritmos apresenta inúmeras vantagens, o legislador garantiu a linguagem natural de forma complementar, para que haja um diálogo entre a revisão algorítmica e natural. Além disso, apesar de o titular do dado ter direito à **revisão** da decisão automatizada, uma vez revista, a decisão pode ser mantida pela empresa desenvolvedora do *game*[15]. E mais: pedidos de exibição de código-fonte têm sido considerados violadores à proteção outorgada pela LGPD ao segredo comercial e industrial (art. 20, §1º).

Outro tema interessante discutido no Poder Judiciário é referente aos direitos de imagem quando se trata de avatares criados como espelho ou semelhantes a pessoas reais — em geral, celebridades e pessoas famosas. Há, por exemplo, alguns casos discutindo o uso não autorizado dessa imagem pelo seu detentor real em relação ao avatar. De acordo com as decisões até o momento encontradas, há entendimento de que a imagem real é indissociável da imagem virtual e por isso pode sim ocorrer violação dos direitos de imagem e personalidade, independentemente de prova de dano no caso de uso indevido.

O Tribunal de Justiça do Estado do Rio de Janeiro, por exemplo, já concedeu indenização por danos morais a um jogador que teve seu *nickname* vinculado à lista de usuários banidos pela empresa desenvolvedora do *game* e, portanto, à vista dos demais jogadores. Em que pese se tenha entendido que a empresa desenvolvedora do *game* não tenha provado, no caso concreto, a ocorrência da violação que levou ao banimento

---

[14] MENEZES CORDEIRO, A. Barreto. Decisões individuais autorizadas à luz do RGPD e da LGPD. *In*: BRAGA NETTO, Felipe [et al.]. (Coord.) *Direito digital e inteligência artificial*: diálogos entre Brasil e Europa. Indaiatuba: Foco, 2021. p. 267.

[15] COLOMBO, Cristiano; FACCHINI NETO, Eugênio. Decisões automatizadas em matéria de perfis e riscos algorítmicos: diálogos entre Brasil e Europa acerca dos direitos das vítimas de dano estético virtual. *In*: MARTINS, Guilherme Magalhães; ROSENVALD, Nelson. *Responsabilidade civil e novas tecnologias*. Indaiatuba: Foco, 2020. p. 180.

(e gerou o dever de indenizar), a decisão inova ao reconhecer que a imagem virtual do jogador pode ter reflexos no mundo real (*offline*):

> O mundo virtual demanda hoje novas formas de soluções dos problemas da vida, ou mesmo que sejam aplicadas às novas realidades soluções pré-existentes. Por isso a internet e sua realidade virtual não podem ficar de fora dessa interação. Levando em conta uma interpretação evolutiva, afigura-se razoável *impor à imagem virtual um valor, como ocorre com a imagem humana real*, notadamente em casos concretos semelhantes, além do que sempre por trás de um participante de competição virtual existe uma pessoa com sentimentos e dignidade, pelo que resta claramente configurado dano moral, posto que o nome virtual do Autor permaneceu à vista de todos como banido[16]. (grifo nosso)

Apesar do precedente acima, ainda é incerto como a jurisprudência lidará com o avatar, notadamente diante de direitos da personalidade inerentes à pessoa natural: ele também será titular de direitos da personalidade ou sendo uma mera transposição da pessoa real para o ambiente virtual, o indivíduo permanece o mesmo (portador dos mesmos diretos), podendo, no entanto, sofrer danos também no meio virtual?

A dúvida é retórica não à toa. Recentemente, em uma plataforma de *videogame*, ocorreu uma invasão de terceiro, que cometeu atos que — no mundo real — são considerados criminosos. A mãe de uma menina de sete anos surpreendeu a sua filha assistindo ao estupro coletivo do seu próprio avatar, sendo praticado por outros usuários[17]. Como a conduta violava as políticas do jogo e os responsáveis devem ser punidos nos termos contratuais, mas, ainda assim, foi praticada.

Pode-se considerar que a menina sofreu danos, ainda que no contexto virtual e a partir do seu avatar? Se em alguns casos extremos, a resposta pode parecer ser positiva, o metaverso certamente proporcionará diversas situações limítrofes, que podem ficar em uma zona cinzenta.

---

[16] Apelação Cível nº 0033863-56.2016.8.19.0203, julgada pela 24ª Câmara Cível do Tribunal de Justiça do Rio de Janeiro em 16/10/2019; Relator: Alcides da Fonseca Neto.

[17] RODELLA, Francesco. Polêmica pelo estupro do avatar de uma menina de sete anos em um popular *videogame*. 7 jul. 2018. *El País*. Disponível em: https://brasil.elpais.com/brasil/2018/07/06/tecnologia/1530871736_133106.html. Acesso em: 14 abr. 2022.

No metaverso, assim como já ocorre no ambiente dos *games*, crianças e adolescentes ficam expostas a comportamentos e condutas que não presenciaram no mundo real. Por isso, para além do indispensável controle parental, é importante que toda a comunidade virtual e o desenvolver do *game* estejam atentos a condutas inapropriadas, para que as medidas cabíveis sejam tomadas do ponto de vista contratual. Do ponto de vista legal, ainda é incerto o rumo que o Poder Judiciário tomará. De todo modo, parece-nos que, como ocorre com os *games*, os usuários não ficarão desprotegidos no contexto jurídico brasileiro.

Desde já, à luz das discussões mencionadas neste artigo, sem prejuízo de esforços de educação virtual, entendemos recomendável incluir nos termos e condições regras para proteção dos menores de idade, para evitar o incitamento à violência, discursos de ódio e práticas discriminatórias, bem como quais conteúdos e práticas não são permitidos, além das possíveis penalidades em caso de violação e esclarecimentos sobre a existência de um canal de denúncias.

Evidentemente, existem outras discussões envolvendo o mundo dos jogos *online* e jogos de mundo aberto que podem também ocorrer no metaverso, como por exemplo, eventual discriminação algorítmica envolvendo avatares digitais; definição da propriedade intelectual relacionada a criações advindas de inteligência artificial; questões envolvendo jurisdição e soberania no metaverso para definir qual lei é aplicável — se a do servidor, a do local da empresa que criou o software ou a do local da conexão efetuada pelo usuário; definição de regras de responsabilidade na integração de metaversos; proteção de dados relacionados a anúncios personalizados e interações de usuários e empresas; conflitos envolvendo licenciamento de conteúdos e até mesmo criptomoedas — já havendo decisões no sentido de que ativos virtuais são meras licenças e não se confundem com propriedade; bem como discussões sobre contrafação virtual, entre outros.

Embora ainda não haja muitas decisões, tampouco precedentes sobre os temas, é certo que as discussões já existem e podem vir a ocorrer também nos metaversos. É aí que ganha extrema relevância a definição de regras contratuais claras, objetivas e que enderecem todos esses questionamentos.

3. Desafios jurídicos

Atualmente, o principal desafio para os *games* é a convivência no espaço virtual e a observância das regras do jogo. Esses desafios certamente serão enfrentados nos universos paralelos dos metaversos, cujo principal objetivo é a transferência da sociedade para vida digital, o que amplifica a necessidade de aprender a interagir nessa nova realidade paralela.

O complicador dos metaversos será que eles não "pertencerão" a nenhum país ou jurisdição, o que gera a discussão acerca da legislação aplicável. Isso porque o metaverso transcende os limites de jurisdição e de plataforma, criando desafios para o Direito e a soberania internacionais. Ele não será limitado a fronteiras ou limites físicos e, inclusive, podem ser criadas cidades ou países virtuais, nas quais os usuários podem adquirir bens, inclusive imóveis. Havendo dúvidas quanto à lei aplicável, até mesmo as questões mais simples serão desafiadoras — como o próprio registro de bens e normas de convivência. Atualmente, já há regras e normas diferentes entre países, o que tende a se refletir nos diferentes metaversos que surgirão nos próximos anos e décadas.

É incerto se os governos procurarão regulamentar, promover moderação ou aplicar suas leis ao metaverso — o que certamente representaria custos regulatórios e poderia gerar uma intervenção indevida na atividade econômica do desenvolvedor (é preciso ter em mente que o metaverso é criado, desenvolvido e explorado por um ente privado). De todo modo, não se descarta a possibilidade de tentativa de regulamentação estatal do metaverso e/ou de aplicação das leis à realidade paralela do metaverso — o que pressupõe um avanço legislativo que nem sempre acompanha o avanço tecnológico exponencial[18].

De acordo com a Lei de Introdução às normas do Direito Brasileiro (LINDB; arts. 9º e 12), "para qualificar e reger as obrigações, aplicar-se-

---

[18] "Uma situação que subsiste pela necessidade de ajustes rápidos e eficientes, além das fronteiras dos Estados, em função da velocidade com que novas tecnologias estão surgindo, acionadas por algoritmos, conexões e tecnologias de autoaprendizagem. Um novo processo que afirma quase da mesma forma, mas mantido por e válido para todos os tipos de partes, agora globalmente. Mecanismos que permitem a efetividade de nossos direitos, em escala global, como resultado da revolução tecnológica." (MAGALHÃES, Matheus L. Puppe. Disruptive Technologies and the rule of law: autopoiesis on an interconnected society. *In*: BRAGA NETTO, Felipe [et al.]. (Coord.) *Direito digital e inteligência artificial*: diálogos entre Brasil e Europa. Indaiatuba: Foco, 2021. p. 535; tradução livre.)

-á a lei do país em que se constituírem" e "quando for o réu domiciliado no Brasil ou aqui tiver de ser cumprida a obrigação" — ou seja, a lei do local de constituição da obrigação ou do cometimento do ato ilícito (no caso de responsabilidade civil extracontratual). A regra da LINDB tem origem histórica, pois parte da premissa de que haveria contato entre as partes contratantes e/ou entre o causador do dano e a vítima[19]. Contudo, como aplicar tal regra ao metaverso, que consistirá em uma realidade virtual paralela, sem contato físico/real entre os usuários?

Mesmo no âmbito físico, a regra da LINDB já é questionada, no sentido de que deveria ser aplicável a lei do local onde foi experimentado o dano, por conta da necessidade de verificação do nexo de causalidade. No contexto dos metaversos, não se pode negar que danos podem ocorrer em diversos locais físicos, a depender da localização do usuário e a partir de uma mesma conduta praticada no metaverso. Surge a dúvida: isso levaria à aplicação de leis diferentes para uma mesma conduta?

Embora o futuro da regulamentação estatal do metaverso ainda seja incerto, pode-se estar diante da criação de acordos e tratados internacionais, ou ainda da criação de uma autoridade supranacional independente. Enfrentaremos a discussão sobre a necessidade de uma nova "*lex mercatória*" — ou seja, de regras transnacionais que não seguem a lei nacional de nenhum Estado. Contudo, é importante ter em mente que o metaverso será desenvolvido e gerido por um ente privado, o que significa dizer que haverá limites para a intervenção estatal e/ou transnacional. No ordenamento jurídico brasileiro, a Constituição Federal (artigos 1º, IV, 5º, incisos XVII a XXI e 170, parágrafo único, da CF/1988) estabelece limites para intervenção estatal em atividades privadas.

No contexto atual dos *games*, o que se percebe no Brasil é a tendência de aplicação das leis locais quando o usuário/jogador está domiciliado no Brasil — à semelhança do que ocorre em casos de compras *online* internacionais — e pode ser o caminho seguido também para regulamentar a relação entre usuários brasileiros nos metaversos. Atualmente, as principais leis que regulamentam a relação entre o desenvolvedor do *game* e o jogador no Brasil são o Código de Defesa do Consumidor,

---

[19] MONACO, Gustavo Ferraz de Campos. Lei aplicável à responsabilidade civil: qual espaço para a *lex loci delicti comissi*? *In*: PAVINATO, Tiago; SIMÃO, José Fernando. *Liber amicorum Teresa Ancona Lopez*: estudos sobre responsabilidade civil. São Paulo: Almedina, 2021. p. 368.

o Código Civil (Lei nº 10.406, de 2002), o Marco Civil da Internet (Lei nº 12.965, de 2014) e a Lei Geral de Proteção de Dados — além, é claro, dos termos contratuais estabelecidos pelo desenvolvedor e aceitos pelo usuário.

O Marco Civil da Internet prestigia a livre iniciativa e a liberdade dos modelos de negócios desenvolvidos na *internet*. Contudo, prevê também a necessidade de transparência, publicidade e clareza nas políticas e regras aplicáveis. É importante destacar que os desenvolvedores de *games* — e, no futuro, do metaverso — estão autorizados a fazer um juízo de conformidade (à luz das regras contratuais aplicáveis), que é paralelo ao juízo de legalidade que será feito pelo Poder Judiciário (à luz do ordenamento jurídico aplicável e das regras contratuais).

Mais especificamente no que tange às regras contratuais, é importante destacar que o ambiente virtual é um espaço coletivo de convivência e a observância delas é essencial para garantir a segurança e as boas relações no metaverso. Isso significa dizer que será dever da empresa responsável pelo metaverso criar regras para os usuários e garantir que elas sejam efetivamente observadas.

O cenário de múltiplos metaversos não cria apenas desafios à regulamentação estatal, mas também à compra e venda de ativos e bens no ambiente virtual. Atualmente, os *games* já oferecem a possibilidade de compras (como, por exemplo, de um determinado item cosmético ou acessório), a ser utilizado naquele *game* específico. Esse mercado de consumo digital tende a se expandir no contexto do metaverso — tanto que já há empresas e marcas investindo em bens exclusivamente digitais. Haverá, contudo, a necessidade de estabelecer regras de transferência e partilha de bens digitais, portabilidade de bens entre diferentes metaversos, proteção de bens digitais, entre outros — o que ainda é uma realidade distante no cenário atual dos *games*, em que a maioria dos bens não é transmissível e/ou compatível com *games* de outros desenvolvedores.

4. A importância dos Termos de Serviço ou de Uso

Como visto, muitas são as discussões já existentes quando se fala de realidades virtuais — e certamente diversas outras ainda surgirão. Apesar de haver decisões a respeito, o tema está longe de ter jurisprudência e regulamentação firmada. Justamente na ausência de definições seguras, é de extrema importância a existência de regras contratuais prévias, claras, objetivas e transparentes sobre o que pode ou não ocorrer nos metaversos e quais as possíveis consequências.

Isso geralmente ocorre por meio da definição de políticas internas, comumente chamadas de Termos de Serviço ou de Uso, acompanhados de outros documentos complementares de Diretrizes e Regras das comunidades *online*. Trata-se de regras escritas básicas, que visam preservar um ambiente seguro na utilização dos serviços por parte de seus usuários, respeitando a liberdade de expressão de pensamento, mas também objetivando a segurança, razão pela qual é recomendável que prevejam penalidades quando de eventuais abusos na utilização do serviço.

Como em um clube, local de trabalho ou estabelecimento comercial, nos quais também há regras específicas para garantir a harmonia e a coexistência pacífica de pessoas de diferentes contextos e hábitos, os serviços *online* também podem prever regras de convivência em prol da preservação do bom funcionamento de tais ambientes e da segurança dos respectivos usuários. Não à toa, o Comitê Gestor da Internet no Brasil já declarou que:

> A estabilidade, a segurança e a funcionalidade globais da rede devem ser preservadas de forma ativa através de medidas técnicas compatíveis com os padrões internacionais e estímulo ao uso das boas práticas[20].

Esse entendimento é referendado pelo próprio Supremo Tribunal Federal, valendo destacar que o Ministro Luiz Edson Fachin, em seu voto na ADPF 403, deixou claro que "O interesse em uma internet mais segura é também o de uma sociedade mais segura. Todos — governo, cidadãos e empresas — devem colaborar para sua plena realização"[21].

Enfrentando casos específicos, o Superior Tribunal de Justiça foi, inclusive além, afirmando não apenas que pode haver moderação de

---

[20] Princípios para a Governança e Uso da Internet: Funcionalidade, segurança e estabilidade. Disponível em: https://principios.cgi.br/. Acesso em: 14 abr. 2022.
[21] Arguição de Descumprimento de Preceito Fundamental (ADPF) 403/SE. Disponível em: https://www.conjur.com.br/dl/fachin-suspensao-whatsapp-decisao.pdf. Acesso em: 14 abr. 2022.

conteúdos com base em regras contratuais, mas que isso é inclusive recomendável, a fim de manter a segurança[22].

Como já mencionado, na jurisprudência analisada, as principais violações cometidas (e discutidas) são o uso de *hacks/softwares* para obter vantagens indevidas no jogo, o compartilhamento de uma conta entre mais de um usuário, condutas racistas, uso de *bots* para permanecer *online* por mais tempo. De 70 decisões analisadas[23], em 78,5% dos casos os tribunais brasileiros entenderam que a empresa desenvolvedora do *game* poderia suspender um jogador com base nas regras contratuais — desde que não de forma permanente e pautada em regras claras e previamente estabelecidas.

Ou seja, para que haja a possibilidade de providências por parte das plataformas no metaverso, conforme os julgados existentes e as regras de transparência e informação, é necessário que as regras sejam prévias e claras, bem como atendam aos requisitos da legislação consumerista quando aplicável. Nos termos do Código de Defesa do Consumidor, as cláusulas que implicarem limitação de direito do consumidor deverão ser redigidas com destaque, permitindo sua imediata e fácil compreensão (art. 54). Dada a dinamicidade das discussões virtuais e a velocidade da evolução tecnológica e social, é necessário, ainda, que essas regras sejam constantemente atualizadas e divulgadas para abarcar as novas situações e conflitos que possam surgir.

Importante mencionar que o advento da LGPD renovou a discussão sobre a divulgação das listas de banimento, que consistem na exposição dos jogadores que descumpriram as regras do jogo[24]. O *nickname* é

---

[22] STJ — REsp 1316921/RJ; Relª. Minª. Nancy Andrighi; Data de julgamento: 26/02/2012. T3 — Terceira Turma. DJe de 29/06/2012 RDTJRJ vol. 91 p. 74. STJ — REsp 1308830/RS; Relª: Minª Nancy Andrighi; Data de Julgamento: 08/05/2012. T3 — Terceira Turma. DJe de 19/06/2012, RDDP vol. 114 p. 134.

[23] Foram analisadas 70 decisões proferidas por TJSP, TJMG, TJRJ, TJRS, TJGO, TJSC, TJBA, TJPR, TJRO, TJAM, TJCE, no período entre set. 2013 e fev. 2022.

[24] "Quem já jogou algum jogo *online*, ora ou outra, já se deparou com as famosas listas de banidos, 'o cantinho da vergonha', em que os jogadores, que violaram os termos de uso da plataforma, são colocados em uma lista pública, contendo seus apelidos (nome que o jogador usa para se identificar dentro do jogo), bem como as respectivas infrações cometidas, servidor e até o tempo de banimento. Algumas listas são bem detalhadas, podendo ter uma ampla consulta, caso do *game* Perfect World. Por outro lado, jogos como Ikariam já proibiram a lista de banidos, justamente pelo advento de regras de proteção de

um dado pessoal que identifica uma pessoa natural (ao menos naquela coletividade do ambiente do jogo) e, portanto, é protegido pela LGPD — assim como o CPF e o RG, por exemplo. Contudo, isso não significa dizer que o jogador, por conta disso, terá uma "carta branca" para descumprir as regras e políticas do ambiente virtual.

Atualmente, as listas de banimento são controversas — mas é notório que o cumprimento das regras é desejado não apenas pelo desenvolvedor do *game*, mas também pelos próprios jogadores, que não querem compartilhar o ambiente virtual com quem viola a regra ou ameaça a boa convivência. No entanto, há diferença entre apenas banir o jogador (por um determinado período, como forma de repreensão à violação cometida) ou de banir e divulgar o seu *nickname* em uma lista de banidos — à vista dos demais jogadores.

Obviamente, a lista de banidos depende de regras pré-estabelecias (critérios de inclusão, forma de divulgação, período de divulgação etc.) — de forma que a discussão é muito mais voltada aos critérios de inclusão e credibilidade da lista, do que à sua legalidade. Fazendo um paralelo com a negativação por inadimplemento (lícita no ordenamento jurídico brasileiro e regulamentada no Código de Defesa do Consumidor), que visa à proteção do mercado como um todo, chega-se à conclusão de que a "negativação" do *nickname* poderia ser uma estratégia para a proteção dos demais usuários daquele metaverso. Inclusive, pode funcionar como um incentivo eficiente para que os usuários não quebrem as regras.

5. Como a Análise Econômica do Direito pode auxiliar na criação dos incentivos eficientes para que as regras dos metaversos sejam cumpridas

Cada vez mais, o ambiente virtual exige "*fair play*" por parte dos jogadores e usuários. No metaverso não será diferente. Pelo contrário, os próprios usuários devem preferir conviver em um ambiente virtual seguro

---

dados no âmbito da União Europeia. De todo modo, até mesmo em decorrência de questões internas, o cadastro de banidos sempre existirá, o ponto é se ele deve ser público ou não." (MESQUITA, Helen; CORREIA, João Victor Barcelos Machado. Saiba como a Lei Geral de Proteção de Dados Pessoais pode afetar o mundo dos games. Disponível em: https://www.conjur.com.br/2020-dez-23/opiniao-saiba-lgpd-afetar-mundo-games). 23 dez. 2020. *Conjur*. Acesso em: 14 abr. 2022.

e harmônico, o que tende a gerar uma escolha de metaverso pautada nas regras aplicáveis e em como elas serão executadas. Isso gerará, como consequência, uma maior segurança aos usuários, em especial para que invistam e consumam no metaverso.

De acordo com a doutrina da Análise Econômica do Direito, os agentes são racionais e reagem a incentivos[25]. Não se trata de uma racionalidade minuciosa, articulada, mas de uma resposta diferenciada frente a estímulos variados[26]. Muito embora a racionalidade dos agentes seja limitada (como consequência do tempo limitado para a tomada de decisões), a *Behavioral Law and Economics* — vertente multidisciplinar que combina estudos de Direito e Psicologia — procura identificar as falhas de racionalidade que geram equívocos na tomada de decisão pelos agentes, como medo, ansiedade, influências e vieses. Trata-se da análise da razão pela qual os indivíduos tomam determinadas decisões, ainda que não sejam as melhores, do ponto de vista racional[27].

É justamente a constatação da racionalidade limitada dos indivíduos que permite concluir que as pessoas têm percepções diferentes sobre a probabilidade de ocorrência de um acidente, por exemplo, ou dos riscos atrelados a uma determinada conduta ilícita — do ponto de vista legal ou contratual. Isso afeta diretamente a conduta que tal pessoa adotará diante de uma oportunidade (de descumprir as regras do jogo, por exemplo), o seu comportamento e/ou quais precauções ela vai tomar no ambiente de convivência virtual.

---

[25] "Esse conceito de racionalidade é verdadeiro ponto de apoio do pensamento microeconômico, que desenvolve suas teorias tendo como referência o fato de que os indivíduos agem racionalmente, o que permite que os modelos desenvolvidos sejam dotados de capacidade preditiva. E o reflexo deste pressuposto para o Direito é evidente: em qualquer de suas perspectivas (normativa ou positiva), a utilização do instrumental da Economia pelo Direito reconhece sempre a capacidade dos indivíduos de reagir a determinados incentivos (ou desincentivos), o que presume um comportamento 'racional'." (SANTOLIM, Cesar. Behavioral Law and Economics e a Teoria dos Contratos. *Revista Jurídica Luso Brasileira* (RJLB), Lisboa, ano 1, n. 3, p. 407-430, 2015. p. 409).

[26] ARAÚJO, *Introdução à economia*. 3. ed. Coimbra: Almedina, 2014. p. 29.

[27] "Há simplesmente evidência experimental crível demais de que os indivíduos frequentemente agem de maneiras que são incompatíveis com as suposições da teoria da escolha racional". (KOROBKIN, Russell B.; ULEN, Thomas S. Law and behavioral science: removing the rationality assumption from law and economics. *California Law Review*, v. 88, n. 4, p. 1051-1144, jul. 2000. p. 1055; tradução livre).

Um dos objetivos da ciência econômica é prever escolhas e condutas com base nos incentivos que são dados aos agentes [28]. O agente é livre para tomar as suas decisões, mas isso não significa dizer que não se pode criar um ambiente favorável para que ele tome decisões mais seguras ou mais eficientes — como, por exemplo, a aplicação de penalidades mais severas para o condutor que dirige alcoolizado reflete diretamente em uma diminuição em tal conduta[29]. No caso dos jogos *online* (e também do metaverso), a impunidade pode ser combustível para condutas indesejadas — e é por isso que é importante influenciar positivamente a conduta dos usuários e punir aqueles que violam as regras.

É sabido que os usuários respondem a influências sociais. É da natureza humana a busca pela conformidade — humanos são influenciáveis por humanos, e as redes sociais são a prova disso. Os exemplos são os mais variados: adolescentes que veem outras adolescentes se tornando mães são mais propensas a engravidar; se o seu círculo de convivência engordar, a tendência é que você engorde também; o esforço acadêmico é influenciado pelos colegas (como ocorre usualmente em escolas e universidades norte-americanas que adotam o sistema *grading curve*[30]) etc[31].

Há duas formas de influência social que podem ser transpostas ao metaverso: disseminação de informações sobre comportamentos e condutas positivas, bem como a pressão social que uma determinada con-

---

[28] Araújo, *Introdução à economia*. 3. ed. Coimbra: Almedina, 2014. p. 29.

[29] "O comportamento individual é alterado pelo enquadramento legislativo: se determinado comportamento é proibido e punido, a sua relação custo-benefício torna-se menos atrativa do que se não o é. A lei pode, assim, ser pensada como um sistema de incentivos e analisar os efeitos de diferentes sistemas de incentivos é uma das grandes preocupações dos economistas." (Rodrigues, Vasco. *Análise econômica do Direito*: uma introdução. 2. ed. Coimbra: Almedina, 2016. p. 32).

[30] Sistema no qual as notas devem ser estabelecidas de acordo com uma curva pré-estabelecida. "Por exemplo, apenas 5% dos estudantes podem obter nota máxima. Outros 10% podem levar um A- para casa. Os menores conceitos devem ser reservados para outros 10% da turma. Quem não se destaca nem positiva nem negativamente fica na média e ganha um insosso B- ou C+. Em termos concretos, isso significa que, numa turma grande, de cerca de 50 alunos, apenas um ficará com a nota máxima; dois ficarão com A-; outros dois ou três estudantes ficarão com os piores conceitos; e o resto ficará na média, sem destaque algum". Disponível em: http://genjuridico.com.br/2020/09/21/direito-nos-eua-curva-de-notas/. Acesso em: 14 abr. 2022.

[31] Thaler, Richard H.; Sunstein, Cass R. *Nudge: como tomar melhores decisões sobre saúde, dinheiro e felicidade*. 1. ed. Rio de Janeiro: Objetiva, 2019.

duta negativa provoca, no sentido de exposição e reprovação (e não de discurso de ódio, obviamente):

> As influências sociais se agrupam em duas categorias básicas. A primeira envolve informações. Se muitas pessoas fazem ou pensam algo, suas ações e pensamentos transmitem informações sobre o que seria mais conveniente fazer ou pensar. A segunda envolve pressão social. Se você se importa com o que outros pensam a seu respeito (talvez por acreditar, equivocadamente, que eles estejam prestando atenção ao que você faz [...]), talvez acabe seguindo a multidão para evitar sua ira ou cair nas graças dela[32].

A indução de comportamentos positivos (ou *nudge*) pode também ser uma importante ferramenta para assegurar a observância das políticas dos metaversos. Influências muito sutis podem impactar as decisões que os indivíduos tomam. Uma pesquisa sobre padrões de voto no Arizona (EUA) provou que o apoio a propostas para aumento de verbas escolares era maior quando a votação ocorria em prédios escolares, e não em outros locais de votação[33]. Muito embora as pessoas pensem que seus votos refletem as suas convicções e posições pessoais, eles também são influenciados pelo entorno, pelas associações que fazemos e pelas influências externas a que estamos expostos.

Por fim, pode haver a necessidade de adoção de medidas eficientes para punição e desincentivo, notadamente para casos mais graves — como o mencionado estupro coletivo do avatar. Nesse cenário, a lista de banimento poderia funcionar como um desestímulo à prática de condutas violadoras às regras contratuais do metaverso, especialmente diante dos desafios à regulamentação estatal ou transnacional. Embora se possa alegar que a lista pode causar um embaraço a quem nela figura, é justamente por isso que pode ser tão eficiente. Sendo uma consequência contratual prevista e aceita pelo usuário, com regras claras e transparentes, e aplicada de forma justa a quem viole as regras, a lista de banidos não deve ser considerada ilícita ou abusiva.

---

[32] Ibidem. p. 67.
[33] KAHNEMAN, Daniel. *Rápido e devagar: duas formas de pensar.* Rio de Janeiro: Objetiva, 2012. p. 72.

Conclusões: o que esperar?

Como visto, o metaverso — a despeito das infinitas possibilidades e da revolução na forma de se relacionar — trará inúmeros desafios jurídicos que precisarão ser avaliados e endereçados no futuro. O universo paralelo dos *games* já traz indicativos dos principais conflitos e problemáticas existentes, notadamente no que tange à inobservância das regras contratuais — com a discussão sobre banimento de usuários, divulgação das listas de banidos e decisões automatizadas — e às discussões do direito à imagem virtual, controle parental, consumo no *game*, convivência no ambiente virtual, bem como a extensão dos direitos de personalidade.

Do ponto de vista legal, ainda é incerto se haverá regulamentação estatal ou supranacional específica, ou aplicação das leis já existentes. Nesse último cenário, também é incerto qual lei será aplicável, considerando que o metaverso não se localiza em nenhuma jurisdição estatal física. Contudo, como antecipado neste artigo e a exemplo do que já ocorre com os *games*, o usuário brasileiro não ficará desprotegido pelo Poder Judiciário. Por outro lado, a intervenção judiciária demasiada no metaverso pode representar afronta à livre iniciativa e à liberdade negocial, já que as empresas desenvolvedoras serão privadas.

No cenário dos metaversos paralelos e descentralizados, os Termos de Serviço ou de Uso assumem papel de destaque para que se possa alcançar um ambiente seguro e harmônico para os usuários. Assim, não é apenas importante que as empresas desenvolvedoras elaborem regras claras e transparentes, mas também que tais regras sejam aplicadas de forma efetiva.

Ainda, os incentivos para o cumprimento das regras são essenciais para que cada vez mais usuários deixem de as violar, bem como para que eventuais transgressões sejam objeto não apenas de sanções contratuais, mas também de pressão social — como forma de desestimular a adoção de práticas que ameacem a segurança da coletividade daquele metaverso.

Referências

Araújo, *Introdução à economia*. 3. ed. Coimbra: Almedina, 2014.

Braga Netto, Felipe [et al.]. (Coord.) *Direito digital e inteligência artificial: diálogos entre Brasil e Europa*. Indaiatuba: Foco, 2021.

Colombo, Cristiano; Facchini Neto, Eugênio. Decisões automatizadas em matéria de perfis e riscos algorítmicos: diálogos entre Brasil e Europa acerca dos direitos das vítimas de dano estético virtual. *In*: MARTINS, Guilherme Magalhães; ROSENVALD, Nelson. *Responsabilidade civil e novas tecnologias*. Indaiatuba: Foco, 2020.

COMSCORE. *O Mercado de Games no Brasil*. [S. l.], 2021. Disponível em: https://www.comscore.com/por/Insights/Presentations-and-Whitepapers/2021/Online-Gaming-no-Brasil.

COOTER, Robert; ULEN, Thomas. *Direito & Economia*. 5. ed. Porto Alegre: Bookman, 2010.

DINIZ, Maria Helena. *Curso de direito civil brasileiro* — v. 1: teoria geral do direito civil. 38. ed. São Paulo: Saraiva, 2021.

GONÇALVES, Carlos Roberto. *Direito civil brasileiro* — v. 1: parte geral. 19. ed. São Paulo: Saraiva, 2021.

JOLLS, Christine; SUNSTEIN, Cass R.; THALER, Richard. A Behavioral Approach to Law and Economics. *Stanford Law Review*, v. 50, n. 5, p. 1471-1550, maio 1998.

KAHNEMAN, Daniel. *Rápido e devagar: duas formas de pensar*. Rio de Janeiro: Objetiva, 2012.

KOROBKIN, Russell B.; ULEN, Thomas S. Law and Behavioral Science: Removing the Rationality Assumption from Law and Economics. *California Law Review*. Jul. 2000, v. 88, n. 4, p. 1051-1144.

MACKAAY, Ejan; ROUSSEAU, Stéphane. *Análise Econômica do Direito*. 2. ed. São Paulo: Atlas, 2015.

MAGALHÃES, Matheus L. Puppe. Disruptive Technologies and the rule of law: autopoiesis on an interconnected society. *In*: BRAGA NETTO, Felipe [et al.]. (Coord.) *Direito digital e inteligência artificial: diálogos entre Brasil e Europa*. Indaiatuba: Foco, 2021.

MARTINS, Guilherme Magalhães; ROSENVALD, Nelson. Re*sponsabilidade civil e novas tecnologias*. Indaiatuba: Foco, 2020.

MENEZES CORDEIRO, A. Barreto. Decisões individuais autorizadas à luz do RGPD e da LGPD. *In*: BRAGA NETTO, Felipe [et al.]. (Coord.) *Direito digital e inteligência artificial*: diálogos entre Brasil e Europa. Indaiatuba: Foco, 2021.

MESQUITA, Helen; CORREIA, João Victor Barcelos Machado. Saiba como a Lei Geral de Proteção de Dados Pessoais pode afetar o mundo dos games. *Conjur*. 23 dez. 2020. Disponível em: https://www.conjur.com.br/2020-dez-23/opiniao-saiba-lgpd-afetar-mundo-games. Acesso em: 14 abr. 2022.

MONACO, Gustavo Ferraz de Campos. Lei aplicável à responsabilidade civil: qual espaço para a *lex loci delicti comissi*? *In*: PAVINATO, Tiago; SIMÃO, José Fernando. *Liber amicorum Teresa Ancona Lopez: estudos sobre responsabilidade civil*. São Paulo: Almedina, 2021.

NERY, Rosa Maria de Andrade; NERY JUNIOR, Nelson. *Instituições de direito civil* — v. 1: *parte geral do Código Civil e direitos da personalidade*. 2. ed. São Paulo: Thomson Reuters Brasil, 2019.

NEWZOO. Disponível em: https://newzoo.com/insights/infographics/. Acesso em: 14 abr. 2022.

PAVINATO, Tiago; SIMÃO, José Fernando. *Liber amicorum Teresa Ancona Lopez: estudos sobre responsabilidade civil*. São Paulo: Almedina, 2021.

PEREIRA, Caio Mário da Silva. *Instituições de Direito Civil* — v. 1.: Introdução ao direito civil; teoria geral de direito civil. 33. ed. Rio de Janeiro: Forense, 2020.

RODOTÀ, Stefano. *A vida na sociedade de vigilância: a privacidade hoje*. Rio de Janeiro: Renovar, 2008.

RODRIGUES, Vasco. *Análise econômica do Direito: uma introdução*. 2. ed. Coimbra: Almedina, 2016.

ROSA, João Guimarães. A terceira margem do rio. *In: Primeiras estórias*. Rio de janeiro: José Olympio, 1969.

SANTOLIM, Cesar. Behavioral Law and Economics e a Teoria dos Contratos. *Revista Jurídica Luso Brasileira* (RJLB), Lisboa, ano 1, n. 3, p. 407-430, 2015. p. 409.

SHAVELL, Steven. *Foundations of economic analysis of law*. Cambridge (USA): Belknap Press of Harvard University Press, 2004.

SILVA, Rodrigo da Guia; TEPEDINO, Gustavo. (Coords.) *O Direito Civil na era da inteligência artificial*. São Paulo: Thomson Reuters Brasil, 2020.

SUNSTEIN, Cass R. *Behavioral Law and Economics*. Cambridge: Cambridge University, 2000.

THALER, Richard H.; SUNSTEIN, Cass R. *Nudge: como tomar melhores decisões sobre saúde, dinheiro e felicidade*. 1. ed. Rio de Janeiro: Objetiva, 2019.

20.
SMART CITIES: OPORTUNIDADES E DESAFIOS DIANTE DO METAVERSO

Ana Carolina Katlauskas Calil
Enzo Felipe Campolim de Oliveira
Marcelo Moreira Maluf Homsi

Introdução

Na última década, muito se tem falado sobre o desenvolvimento e aprimoramento de *smart cities* ou cidades inteligentes. Nesse sentido, discute-se quais elementos são necessários para caracterizá-las.

Porém, como será explorado neste artigo, o conceito de cidade inteligente é flexível na medida em que varia de acordo com as reais e efetivas demandas dos moradores dos centros urbanos. A partir de ferramentas como tecnologias de informação e de comunicação (TIC), além do mecanismo da participação social, são identificadas as necessidades dos cidadãos para que elas possam ser endereçadas por autoridades governamentais em busca de melhorias na qualidade de vida da população.

Nesse contexto, as necessidades dos cidadãos podem estar relacionadas a temas como mobilidade, meio ambiente, modelos de relações (inclusive governamentais), segurança, educação, saúde e saneamento, economia, entre outros.

Diante do exposto, o presente artigo se propõe, em seus dois primeiros capítulos, a explorar a caracterização de *smart cities*: em um primeiro momento, a partir da tentativa de delimitação de um conceito teórico para que, em um segundo momento, sejam trazidos exemplos internacionais e nacionais que possam nos apoiar na compreensão do conceito.

Feito esse trabalho de definição das cidades inteligentes, este artigo desafiará o seu leitor com o seguinte questionamento: como o metaverso — em linhas gerais, caracterizado como ambiente virtual realista que dialoga e produz efeitos no mundo real — poderá contribuir para o desenvolvimento e aprimoramento das *smart cities*?

1. O que são *smart cities*?

O termo *smart city* teve sua origem mais provável registrada em 1998 na obra de Bollier[1], decorrente de um movimento surgido em Portland, Oregon, nos Estados Unidos, no final dos anos 1990, chamado *smart growth*, que preconizava a criação e implantação de políticas de planejamento urbano inovadoras.

O desenvolvimento de uma *smart city* parte da perspectiva de que a tecnologia é fator indispensável para que as cidades possam se desenvolver e implantar políticas de planejamento urbano adequadas, oferecendo melhor infraestrutura à sua população. Além disso, esse conceito tem-se mostrado fundamental no processo de tornar os centros urbanos mais eficientes e de oferecer boa qualidade de vida e gestão de recursos naturais:

> As cidades são consideradas inteligentes quando são identificadas contendo investimentos inteligentes ao longo dos eixos: economia, mobilidade, meio ambiente, recursos humanos e estilos de vida inteligentes. Os significativos avanços tecnológicos e das tecnologias da informação e comunicação (TIC) agora fazem das plataformas tecnológicas embarcadas um instrumento potencialmente significativo para sensorizar e monitorar a funcionalidade e o desempenho das cidades, permitindo ampliar sobremaneira suas capacidades de gerenciar recursos com mais eficiência e prover conectividade e informações de forma transparente aos seus cidadãos e visitantes. Estas estratégias permitem também que

---

[1] BOLLIER, David. *How Smart Growth Can Stop Sprawl*. Washington, DC: Essential Books, 1998.

se compreendam melhor os custos financeiros e ambientais de seus próprios consumos. Torna-se assim possível que os gestores urbanos criem novos serviços e melhorem aqueles já existentes coletando e analisando informações sobre infraestruturas essenciais, como energia, água, transporte e saúde, entre outros de interesse da comunidade local[2].

A citação de Fábio Alexandre Fernandes Ferraz, secretário de Planejamento e Inovação da Cidade de Santos/SP desde 01 de janeiro de 2021, sintetiza os objetivos e clarifica o conceito de *smart city* como cidade que busca, de forma integrada, eficiente e participativa, atender às necessidades de sua população: "A *smart city* atende às demandas de forma integrada e o mais rápido possível com a participação da cidadania"[3].

Assim, importante ter claro que tal conceito não é taxativo e sim fluido, dependendo, portanto, da contribuição da sociedade para que, com a implantação de tecnologia a seu favor, venha a ter atendidas suas necessidades.

Podemos dizer que uma cidade inteligente supera desafios do passado utilizando tecnologia para prestar de forma mais eficiente os serviços urbanos, melhorar a qualidade de vida das pessoas e transformar a relação entre autoridades e entidades locais, empresas e cidadãos, proporcionando uma nova forma de viver na cidade.

A aplicação de tecnologia em cidades inteligentes pode produzir vários benefícios, como, por exemplo, alguns dos tópicos elencados abaixo:

1) Redução do consumo de recursos naturais, principalmente energia e água, contribuindo assim para reduções nas emissões de CO_2;
2) Melhor utilização da capacidade de infraestrutura, melhorando a qualidade de vida da população;
3) Disponibilização de novos serviços aos cidadãos, como, por exemplo, a exploração de múltiplas modalidades de transporte urbano; e
4) Melhora dos agentes de mercado através da publicação de dados em tempo real sobre a operação dos serviços da cidade.

---

[2] C40 SÃO PAULO CLIMATE SUMMIT. *Síntese do C40 São Paulo Climate Summit 2011*. São Paulo: Prefeitura de São Paulo, 2011.
[3] CUNHA, Maria Alexandra et al. *Smart cities [recurso eletrônico]: transformação digital de cidades*. São Paulo: Programa Gestão Pública e Cidadania — PGPC, 2016. 161 p.

No contexto da cidade inteligente, constitui-se como um dos principais objetivos do desenvolvimento de *smart cities* a sustentabilidade ambiental dos centros urbanos (*smart environment*), grandes geradores de impactos tanto pelo seu consumo de água, energia e matérias-primas como pela produção de resíduos e contaminação. O desenvolvimento sustentável das cidades inteligentes deve valorizar a proteção dos ambientes urbanos e dos bens naturais, buscando o uso eficiente de energia e água e minimizando as pressões sobre o planeta e os recursos naturais, por meio da geração de soluções criativas que visem manter e melhorar a qualidade do ambiente.

Incluem-se em *smart environment* as possibilidades encontradas nas energias renováveis, nos sistemas de medição inteligente de consumo de energia e água (*smart metering*), as redes inteligentes de gestão de fornecimento das chamadas *utilities*[4] (*smart grids*), monitoramento e controle da poluição, renovação de edifícios urbanos, edificação e planejamento urbano sustentável, assim como a eficiência, reutilização e reciclagem de recursos:

> As *smarts grids* (redes inteligentes) são redes elétricas inteligentes que podem integrar de forma inteligente e dinâmica as ações de todos os usuários conectados a elas — aqueles que geram energia, aqueles que a consomem ou aqueles que fazem ambas as coisas — a fim de fornecer eletricidade de forma eficiente, sustentável, econômica e segura[5].

O diferencial das *smart grids* é incorporar a transformação digital das cidades para facilitar o escoamento de energia e informações. Elas permitem uma maior integração das fontes de energia renovável à rede e conseguem realizar o aproveitamento máximo da energia gerada. Vale lembrar que vivemos em um mundo com demanda energética crescente e onde cada perda deve ser evitada.

A título ilustrativo, o gráfico abaixo apresenta a evolução das perdas técnicas e não técnicas sobre a energia injetada no período de 2008 a 2020 no Brasil[6].

---

[4] Insumos essenciais para o desenvolvimento urbano e industrial.

[5] Blog IBERDROLA. Disponível em: https://www.iberdrola.com/quem-somos/energetica-do-futuro/smart-grids. Acesso em: 24/02/2022.

[6] ANEEL. *Relatório de Perdas de Energia Elétrica na Distribuição*. Edição 1/2021, julho/2021.

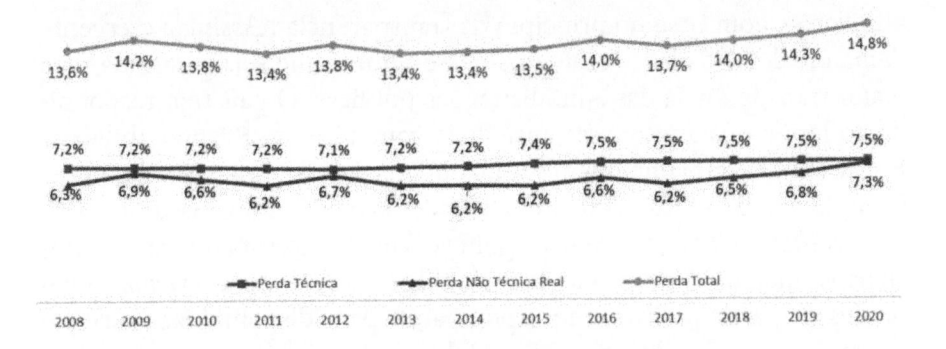

	2008	2009	2010	2011	2012	2013	2014	2015	2016	2017	2018	2019	2020
Perda Total	13,6%	14,2%	13,8%	13,4%	13,8%	13,4%	13,4%	13,5%	14,0%	13,7%	14,0%	14,3%	14,8%
Perda Técnica	7,2%	7,2%	7,2%	7,2%	7,1%	7,2%	7,2%	7,4%	7,5%	7,5%	7,5%	7,5%	7,5%
Perda Não Técnica Real	6,3%	6,9%	6,6%	6,2%	6,7%	6,2%	6,2%	6,2%	6,6%	6,2%	6,5%	6,8%	7,3%

Visando um cenário nas cidades onde o consumidor tenha mais autonomia e mais interação com a rede de energia, faz-se necessária a utilização de sistemas automatizados, cuja mudança na operação proporciona uma novidade na configuração da rede, descentralizando os recursos e auxiliando na implantação da geração distribuída[7]. O desenvolvimento do modelo de geração distribuída, com a publicação do recente Marco Legal da Geração Distribuída (Lei nº 14.300/2022), aumenta o protagonismo do consumidor em relação à sua liberdade de escolha da fonte de geração de energia elétrica a ser consumida, desde que atendido os requisitos previstos na legislação e regulamentação aplicáveis.

Muitas cidades apresentam infraestruturas e sistemas de transportes que não correspondem às demandas da crescente população urbana. Nesse sentido, as prefeituras são conscientes da necessidade de implementar modelos e métodos de gestão mais eficazes, com a finalidade de gerenciar melhor o uso de recursos sustentáveis a partir da utilização de energias renováveis e a redução das emissões de CO_2. A mobilidade urbana tem desafios a serem superados, tais como, priorização e ampliação da rede de transporte coletivo, alternativas à circulação do transporte individual, democratização do acesso ao transporte público, disponibilização e organização dos dados do transporte público e integração entre os modais.

Seguindo os desafios do setor público para modernização de suas estruturas surge a ideia de *open (ou smart) government*, já explorada entre a

---

[7] Geradores de energia de pequeno porte em locais próximos a centros de consumo de energia elétrica, a partir de fontes renováveis ou cogeração qualificada, conectados à rede de distribuição.

população, com base no princípio da transparência[8]. Assim, a crescente demanda dos cidadãos brasileiros nesse tema é que seja garantida uma maior transparência das administrações públicas. O país tem respondido ao longo dos anos a essa ansiedade com a Lei de Responsabilidade Fiscal (Lei Complementar nº 101/2000), a Lei da Transparência (Lei Complementar nº 131/2009) e a Lei de Acesso à Informação (Lei nº 12.527/2011). *Open government* significa também transparência e dados abertos, mediante o uso das tecnologias digitais e do *e-government* em processos participativos com a população para disponibilizar serviços digitais, como, por exemplo, o Portal da Transparência.

Diante das considerações acima, para uma melhor compreensão a respeito do conceito de *smart cities*, passaremos a avaliar a seguir exemplos internacionais e nacionais de cidades inteligentes. Nesse contexto, serão destacados os principais elementos que levam uma cidade a ser caracterizada como inteligente.

2. Experiência comparada: como a experiência internacional vem ditando o ritmo para o desenvolvimento de cidades inteligentes

A fim de compreendermos o conceito de *smart cities* e sua aplicabilidade ao Brasil, fundamental a análise acerca de experiências já implementadas e que se provaram bem-sucedidas mundo afora. Isso porque, embora muitas dessas experiências não se encaixem no contexto doméstico, como será demonstrado à frente, tais exemplos nos auxiliam na compreensão do que pode ser aplicado à realidade brasileira de maneira mais eficiente.

Em primeiro lugar, deve ser observada a gênese das metrópoles nacionais, bem como suas respectivas expansões, de modo que será no mínimo desarrazoado tomar como base para comparação com nossos centros urbanos cidades como Cingapura e Dubai, que, embora não tenham sido concebidas há pouco, tiveram seu desenvolvimento em um mundo já altamente tecnológico e integrado, passando por um período de amadurecimento com maior planejamento governamental em prol da criação de cidades mais inteligentes, organizadas e estruturadas.

---

[8] Art. 37 da Constituição Federal: "A administração pública direta e indireta de qualquer dos Poderes da União, dos Estados, do Distrito Federal e dos Municípios obedecerá aos princípios de legalidade, impessoalidade, moralidade, publicidade e eficiência e, também, ao seguinte: (...).".

Nesse sentido, a análise aqui proposta deverá necessariamente mirar para metrópole estrangeira que nasceu e se desenvolveu em contexto similar aos nossos centros, contando com planejamento (ou falta dele) de acordo com demandas populacionais.

Dada essa premissa, a capital inglesa talvez seja o melhor exemplo a ser utilizado para orientar possíveis medidas a serem aplicadas no Brasil. Além de seu nascimento ser datado de muito tempo, a cidade vivenciou crescimento altamente acelerado e motivado puramente por grandes demandas habitacionais e econômicas, sem que houvesse, concomitantemente a essa explosão populacional, efetivo planejamento urbano capaz de organizar o desenvolvimento. Sendo assim, grande parte de suas iniciativas destinadas à transição a uma *smart city* enfrentaram e ainda enfrentam as dificuldades de transformação de um polo habitacional já consolidado e desordenado, como ocorre com a maioria das cidades brasileiras.

Mobilidade Urbana. Nos últimos anos, Londres passou por período de transformações radicais em seu planejamento urbano, conquistando, inclusive, o segundo lugar no ranking de cidades inteligentes mais preparadas para o futuro, conforme relatório *"Smart City Strategy Index 2019"*[9], elaborado pela empresa alemã de consultoria Roland Berger. O posto atingido pela capital se deve a diversos fatores, dentre eles a adoção de uma nova política de transportes, mercado imobiliário aberto a inovações tecnológicas e transparência governamental.

De acordo com a Estratégia de Transportes da Prefeitura de Londres[10], a cidade pretende que até o ano de 2041, 80% das viagens pela capital sejam feitas a pé, de bicicleta ou em transporte público, o que resulta em investimentos para o aperfeiçoamento do ambiente urbano. A iniciativa tem em vista, além de auxiliar na redução da emissão de gases poluentes, contribuir com a saúde da população. A meta implicará também em aportes mais vultuosos para o setor de transportes públicos,

---

[9] Smart City Strategy Index: Vienna and London Leading in Worldwide Ranking. Roland Berger. Disponível em: https://www.rolandberger.com/en/Insights/Publications/Smart-City-Strategy-Index-Vienna-and-London-leading-in-worldwide-ranking.html. Acesso em: 24 fev. 2022.

[10] Mayor's Transport Strategy, dated as of March, 2018. Disponível em: https://www.london.gov.uk/sites/default/files/mayors-transport-strategy-2018.pdf. Acesso em: 24 fev. 2022.

melhorando o raio de alcance e a prestação dos serviços nos modais utilizados pela cidade, aumentando a confiabilidade destes meios de locomoção.

Nesse sentido, desde outubro de 2021, visando a redução de emissão de gases na atmosfera, a prefeitura passou a aplicar taxa para a circulação de veículos poluentes pela região central de Londres, instituindo a *Ultra Low Emission Zone* (Zona de Emissão Ultrabaixa), que opera 24 horas por dia, todos os dias do ano, exceto no Natal. A medida é apenas uma das frentes de redução da poluição na capital.

Outro encargo relevante a ser citado, instituído em vista dos altos níveis de engarrafamento, é o *Congestion Charge* (Taxa de Congestionamento), sendo cobradas 15 libras esterlinas do cidadão que dirige entre as 07 horas e as 22 horas dentro de sua área de cobrança, todos os dias do ano, exceto aos feriados, Natal e Ano Novo.

Ademais, a cidade conta com uma agência de transportes — *Transport for London* (TfL) — operando em abordagem extremamente ambiciosa à inovação, como pode ser exemplificado por meio da iniciativa *London RoadLab*[11]. O programa elaborado pela TfL tem como escopo produzir, ao lado de *startups* e desenvolvedores, soluções tecnológicas que minimizem o impacto das obras rodoviárias na vida dos londrinos, compartilhando dados e informações acerca da mobilidade da metrópole para que esses materiais se transformem em produtos úteis que, ao final, melhorarão o cotidiano da população.

Embora algumas das iniciativas devam passar por adequações à realidade brasileira, considerando inclusive as peculiaridades da geografia, aspectos sociais e culturais, é plausível considerá-las quando da adoção de medidas internas. Isso porque todas operam em prol da transformação de um cenário já consolidado, provando-se passíveis de serem concretizadas em centro urbano com alta densidade populacional, o que fortalece matrizes transformadoras.

Mercado Imobiliário. Em segundo lugar, talvez um dos pontos que mais tenham contribuído para o desenvolvimento de Londres como uma cidade inteligente seja a grande intersecção observada ao longo dos últimos anos entre os mercados imobiliário e de tecnologia. A capital,

---

[11] Portal London RoadLab. Disponível em: https://www.plexal.com/london-roadlab/. Acesso em: 24 fev. 2022.

por abrigar mercado de investimento imobiliário extremamente sólido, bem como forte centro tecnológico, tem propiciado o encontro desses dois segmentos, gerador de frutos inovadores.

Essa união é a responsável por conceber, por exemplo, as chamadas *proptechs*. As *proptechs* são empresas que têm como objetivo a utilização da tecnologia da informação no mercado imobiliário, colaborando com ideias inovadoras e ajudando a transformar a cidade e a resolver as principais disfunções urbanas, gerando soluções tencionadas a um uso mais sustentável e inteligente do espaço. Nesse tema, embora os recursos advenham, em sua maioria, de vias privadas, o setor público é responsável por apoiar e acelerar o desenvolvimento, principalmente no que diz respeito ao compartilhamento de dados e informações.

A *New London Architeture*[12], organização independente formada por membros de uma ampla gama de organizações do setor público e privado com interesse no ambiente construído de Londres, é um dos grandes protagonistas desse novo modelo de negócio, sendo responsável por conduzir programas fundamentais para o amadurecimento de um plano imobiliário mais inteligente. Como exemplo, podemos citar o *Built Environment Technology*, que reúne o setor de tecnologia e o ambiente construído por meio da integração entre inovadores, especialistas em tecnologia e profissionais urbanos para discussão acerca de práticas e tecnologias que possam ser utilizadas na resolução dos principais problemas urbanos. Além desse, o *Net Zero* reúne profissionais do ambiente construído e tomadores de decisão para o compartilhamento das melhores práticas e para acelerar a adoção de soluções climáticas que ajudem a criar uma Londres mais verde e mirando ao zero carbono.

A sustentabilidade, como já demonstrado por meio do programa *Net Zero*, também está no foco imobiliário, que conta com projetos intermunicipais de *retrofit*, adoção de princípios de economia circular, redução de carbono incorporado em construções e aumento da chamada infraestrutura verde, abordando as principais fontes de emissão de carbono e apoiando cobenefícios fundamentais em torno do desenvolvimento sustentável. O estímulo à sustentabilidade também vem sendo munido por grandes companhias privadas que assumiram compromissos de zerar suas emissões.

---

[12] Portal *New London Architeture*. Disponível em: https://nla.london/. Acesso em: 24 fev. 2022.

A capital inglesa pode novamente ser utilizada como modelo para nossas cidades neste tópico, já que o Brasil reúne as duas características principais para o incremento das iniciativas aqui demonstradas, sendo elas: um mercado imobiliário robusto e aberto à inovação e um forte setor de tecnologia objetivando crescimento. Já se vê, inclusive, alguns frutos dessa combinação no país, com o nascimento de *proptechs* nacionais. Entretanto, ainda restam pendentes iniciativas governamentais impulsionadoras do avanço, que propiciem, como em Londres, um ambiente de colaboração entre as autoridades e os *players* do setor privado.

Transparência Governamental. Talvez o tópico que contenha as iniciativas mais acessíveis para implementação imediata em âmbito nacional seja o de transparência governamental. Londres deve muito de seu reconhecimento como uma *smart city* a este item, ao ponto em que a cidade tem cada vez mais proporcionado aos seus cidadãos um ambiente participativo e colaborativo, aproximando o governo da população de modo a consolidar um sentimento de pertencimento.

Para tanto, a principal medida é a criação de plataformas *online*, por meio de *websites* e aplicativos, que possibilitam à população o rápido e gratuito acesso aos mais variados dados referentes à cidade e às iniciativas governamentais em tramitação.

O *London Datastore*[13], portal de compartilhamento de dados vinculado ao governo, permite que qualquer pessoa com acesso à rede possa obter dados de forma gratuita e rápida. Segundo o próprio *website*, a plataforma oferece mais de 700 conjuntos de dados para auxílio na compreensão das dinâmicas da cidade e desenvolvimento de soluções para os problemas de Londres. De fato, por meio de pesquisa independente, foi possível notar que o sistema oferece diversas informações relevantes que podem ser utilizadas na elaboração de novas políticas públicas e mapeamento das principais necessidades da sociedade, como, por exemplo, o apontamento de alta nos índices de obesidade infantil e crimes registrados. Mapear os sintomas negativos leva a um enfoque maior de medidas destinadas aos seus combates, podendo contar, inclusive, em vista da facilidade de acesso a tais dados, com a participação da sociedade civil.

---

[13] Portal *London Datastore*. Disponível em: https://data.london.gov.uk/. Acesso em: 24 fev. 2022.

É fundamental a todo centro urbano que pretende sua transformação inteligente, que se promova a aproximação dos cidadãos ao espaço, garantindo, no limite do possível, transparência governamental e acesso às mais variadas entranhas da cidade. O objetivo final é gerar possibilidade de que todos atuem como agentes ativos da mudança, na elaboração de medidas ou mesmo na supervisão e vistoria do que é feito em âmbito político.

Nesse sentido, os municípios brasileiros podem e devem se espelhar em Londres com o objetivo de implementar meios efetivos de acesso à informação, a fim de empoderar a participação da peça mais fundamental da cidade, o cidadão.

Infraestrutura Inteligente. Por fim, o último item a ser abordado compreende uma série de medidas tomadas com o objetivo de, mais uma vez, aproximar a cidade do cidadão. A capital parece ter assimilado o aspecto crucial da infraestrutura e tem direcionado esforços para que esta se desenvolva cada vez mais eficiente e inteligente.

A inserção de tecnologia às construções de base da cidade é ponto focal para seu enquadramento como uma *smart city*, e Londres, mesmo enfrentando as dificuldades de mutação de um centro urbano já consolidado, com raízes antigas e rígidas, tem se saído muito bem em sua atuação nesse ponto. As iniciativas relacionadas ao desenvolvimento de ruas com postes que, além de iluminação, fornecem rede *wi-fi*, sensores de qualidade de ar, pontos de carregamento para veículos elétricos e sistema de monitoramento integrado foram, inclusive, citadas pelo estudo da consultoria Roland Berger, acima referido.

Além disso, vale mencionar também iniciativas mais simples, mas igualmente eficientes, como a instalação de bebedouros e outras fontes públicas de água potável e a instituição de campanhas de incentivo a estabelecimentos comerciais fornecerem água encanada para seu público[14]. Tais medidas mostram que não apenas soluções tecnológicas devem ser pensadas, mas todas aquelas que de algum modo tenham impacto útil e positivo para a sociedade.

Novamente, o compartilhamento de dados entre governo e população merece realce, já que muitas das iniciativas são pensadas e ganham

---

[14] Informações obtidas por meio do *website* da prefeitura de Londres: https://www.london.gov.uk/press-releases/mayoral/first-new-water-fountain-installed-in-london. Acesso em: 24 fev. 2022.

forma a partir de tal intersecção. Outras medidas já aqui expostas podem também se enquadrar nesse tópico, como as de transporte, por exemplo, já que refletem diretamente sobre a transformação da infraestrutura londrina.

O paradigma aqui é a intenção de que a mudança não apenas reflita na estética da cidade ou então meramente em sua digitalização, mas para que se tenha a centralização do cidadão como um fim. Todas as medidas devem ser levadas em consideração entendendo os anseios e necessidades da população de cada cidade. Esse é, justamente, o ensinamento que devemos ter com relação a Londres. Ou seja, focar na elaboração de políticas e estratégias voltadas às demandas dos cidadãos, integrando diferentes vertentes do desenvolvimento de forma inteligente. Além disso, a participação do cidadão como agente atuante da transformação, por meio do compartilhamento de dados e informações e implementação de programas que fomentem a produção de soluções aos problemas da cidade por parte desses, merece especial destaque como uma das providências a serem adotadas em âmbito nacional.

3. Desenvolvimento de *smart cities* no Brasil

Uma vez observada a experiência comparada e como ela dita o ritmo do desenvolvimento e aprimoramento de cidades inteligentes, passaremos agora a avaliar como tem ocorrido esse processo no Brasil, observadas as peculiaridades econômicas, sociais, culturais e geográficas nacionais. Ultrapassada a discussão sobre os elementos característicos de *smart cities*, passaremos, ao final, ao desafio de responder como o metaverso conversará com a implementação de cidades inteligentes.

Conforme explorado acima, o conceito de *smart cities* é fluido na medida em que varia de acordo com as reais necessidades de uma cidade, o que dependerá de sua localização, dimensão, cultura, deficiências, entre outros fatores.

Observada essa premissa, um primeiro exemplo a ser observado de *smart city* já desenvolvida no Brasil diz respeito à cidade de São Paulo.

São Paulo. Apesar de sua grande extensão territorial, São Paulo é hoje reconhecida como um exemplo em temas de acessibilidade, mobilidade urbana e integração dos modais. Tanto em 2020 como em 2021, atingiu a primeira colocação no *Ranking Connected Smart Cities*, conforme conduzido *pela Urban Systems*, em parceria com a Necta.

Em sua consideração como primeira colocada no ranking de cidades inteligentes no Brasil, foram considerados os seguintes fatores[15]:

a) São Paulo é uma das primeiras cidades brasileiras a implantar o bilhete eletrônico em seu transporte público, que permite o pagamento até com PIX;
b) São Paulo possui sistema de semáforos inteligentes para contribuir para a fluidez em seu trânsito, extremamente intenso, tendo em vista sua abrangência territorial e distância de redutos residenciais do centro;
c) A cidade apresenta mais de 600 km de ciclovias, o que tem como efeito não apenas a redução do trânsito e da emissão de poluentes como também a melhoria na qualidade de vida de seus moradores, a partir da prática de atividades físicas;
d) A capital paulista tem acesso, observado um raio de 100 km, a três dos maiores aeroportos do país, a saber, Congonhas, Guarulhos e Viracopos;
e) São Paulo apresenta três polos tecnológicos e iniciativas voltadas ao fomento do empreendedorismo. A título ilustrativo, a cidade inaugurou o Centro de Inovação Verde Bruno Covas — Hub Green Sampa, voltado ao incentivo a *startups* atuando no setor de tecnologias sustentáveis;
f) Outros aspectos que foram considerados para que São Paulo figurasse como a principal cidade inteligente do país dizem respeito ao acesso à água e serviços de saneamento básico, cobertura de *internet*, serviços de saúde no âmbito público, centros de monitoramento de controle e operações para garantia da segurança dos cidadãos e crescimento de empregos.

Curitiba. No mesmo *Ranking Connected Smart Cities* 2021, Curitiba assumiu a terceira posição entre as cidades brasileiras, especialmente em razão de suas iniciativas com relação a urbanismo e empreendedorismo. Na oportunidade, destacou-se **(i)** a existência de quatro polos tecnológicos e sete incubadoras de negócios na cidade; **(ii)** 100% de cobertura 4G no Município; **(iii)** sistema de agendamento de consulta

---

[15] Informações obtidas por meio do Portal Connected Smart Cities: https://connectedsmartcities.com.br/. Acesso em: 24 fev. 2022.

da rede pública de saúde; e **(iv)** universalização do abastecimento de água, atendimento de esgoto sanitário e da coleta de resíduos residenciais nos domicílios urbanos.

A partir dos elementos trazidos acima, resta evidente que a caracterização das cidades inteligentes decorre das demandas concretas dos centros urbanos. Nesse sentido, verifica-se que as necessidades ainda sendo atendidas nas cidades brasileiras — necessidades básicas como abastecimento de água, saneamento básico e serviços de saúde públicos — são carências comuns a países em desenvolvimento, como é o caso do Brasil. Por essa razão, não é possível comparar, em igualdade de condições, os fatores que caracterizam Londres como uma cidade inteligente, ao observar as cidades brasileiras.

Assim, como apontado acima, para configuração de uma cidade inteligente, deve-se buscar observar as alternativas adotadas pelo Município ou pelo Estado para melhoria da qualidade de vida da população, observadas as deficiências concretas do Município, mediante participação da sociedade, aplicação de tecnologia e defesa da sustentabilidade.

Iniciativas Federais. Contudo, vale observar que, no Brasil, iniciativas para garantir o protagonismo do cidadão nas escolhas associadas aos centros urbanos não partem somente das instâncias municipais ou estaduais.

A título ilustrativo, destaca-se que temas associados ao abastecimento de energia elétrica — que tem forte sinergia com a discussão sobre sustentabilidade — são regulamentados em nível federal, por meio da Agência Nacional de Energia Elétrica (ANEEL), por força do quanto disposto no art. 21, XII, alínea "b", da Constituição Federal[16].

Por esse prisma, vale destacar iniciativas recentes do Governo Federal para garantir que o consumidor de energia tenha papel protagonista no que diz respeito às escolhas pertinentes ao fornecimento de energia elétrica, tanto em matéria de fontes de energia como também no que diz respeito a medidas de eficiência energética.

---

[16] "Art. 21. Compete à União:
(...)
XII — explorar, diretamente ou mediante autorização, concessão ou permissão:
(...)
b) os serviços e instalações de energia elétrica e o aproveitamento energético dos cursos de água, em articulação com os Estados onde se situam os potenciais hidroenergéticos;"

Nesse sentido, tal como apontado no início deste artigo, no início de 2022 foi publicada a Lei nº 14.300, entendida como o "Marco Legal de Geração Distribuída", que permite aos consumidores instalarem centrais geradoras que utilizem fontes renováveis como insumo para garantia de seu suprimento elétrico. Caso referidas centrais gerem energia acima do demandado pelo consumidor, ele poderá compensar referido excedente em suas faturas, conforme emitidas pelas distribuidoras locais[17].

Uma outra novidade recente no campo da energia elétrica diz respeito à possibilidade de consumidores escolherem seus próprios fornecedores de energia elétrica. Atualmente, apenas consumidores com demanda acima de 1 MW têm liberdade para optar por seus supridores e pelos termos e condições das respectivas operações de compra e venda de energia elétrica[18].

Porém, atualmente o regulador do setor elétrico — a ANEEL — avalia permitir que esse poder de escolha seja estendido a consumidores com demanda inferior a 500 kW a partir de 2024[19], o que levará a uma democratização do setor de comercialização de energia elétrica no país. Espera-se que, com essa alteração jurídico-reguladora, consumidores pautem seu fornecimento de energia em alternativas sustentáveis, garantindo referido suprimento a partir de fontes renováveis, como solar, eólica ou até mesmo a partir de resíduos urbanos.

Assim, verifica-se que iniciativas federais, tais como as mencionadas acima, podem contribuir com o contínuo aprimoramento de nossas cidades inteligentes.

Conclusões: como o metaverso poderá contribuir para o desenvolvimento e aprimoramento de cidades inteligentes?

Feitas as considerações acima, conclui-se que o conceito de cidades inteligentes é fluido e é construído pelo atendimento das necessidades dos cidadãos, de forma integrada e participativa. Nesse contexto, dá-

---

[17] Vale destacar que a figura de geração distribuída é regulamentada pela Administração Pública desde 2012. Contudo, apenas em 2022 foi publicado ato legislativo sobre o tema. Conforme dados da ANEEL, hoje há mais de um milhão de unidades consumidores com sistemas de geração distribuída. Disponível em: http://www2.aneel.gov.br/scg/gd/GD_Fonte.asp. Acesso em: 24 fev. 2022.

[18] De acordo com Portaria do Ministério de Minas e Energia nº 465/2019, conforme alterada.

[19] Referida análise é feita no contexto da Tomada de Subsídio nº 10/2021 da ANEEL.

-se ênfase ao uso da tecnologia, sustentabilidade e participação pública nas discussões voltadas à melhoria da qualidade de vida do cidadão do centro urbano, o que pode perpassar temas como mobilidade, meio ambiente, modelos de relações (inclusive governamentais), segurança, educação, saúde, saneamento e economia.

Diante dessa explicação, a pergunta que fica é como o metaverso pode contribuir para o desenvolvimento e/ou aprimoramento de cidades inteligentes?

O que se sabe no momento é que as cidades inteligentes fornecerão serviços cada vez mais interativos. Elas usarão mais ferramentas digitais para coletar dados e adaptar sistemas e serviços às necessidades de sua população.

Coletados e utilizados corretamente, esses dados e ferramentas tendem a melhorar os níveis de atendimento ao público e a qualidade de vida da sociedade.

A fim de construir cidades no metaverso, muitos dados precisam ser trazidos para uma forma digital. Cidades como esta não são reais, mas você ainda pode vê-las e ouvi-las, mesmo que não esteja lá fisicamente.

A título ilustrativo, Seul divulgou, ao final de 2021, que será a primeira cidade a integrar o metaverso. Tal como noticiado, a Prefeitura da cidade está atualmente desenvolvendo plano para criação de universo virtual, no qual cidadãos poderão participar, por exemplo, em espaços virtuais como incubadoras de *fintechs* e organizações de investimento público[20].

Com esse exemplo, é possível constatar que o metaverso terá participação fundamental para o aprimoramento de *smart cities* nos próximos anos. Isso porque o metaverso poderá ser a principal ferramenta para modernização das ou até mesmo reformulação das relações entre pessoas, entidades e autoridades atuantes em centros urbanos, com a consequente melhoria e tratamento do fluxo de informações, fomento da participação pública e garantia do protagonismo dos cidadãos dos centros urbanos para atendimento de suas necessidades.

---

[20] Seul será a primeira cidade a entrar no metaverso. Época Negócios, 11 de novembro de 2021. Disponível em: https://epocanegocios.globo.com/Tecnologia/noticia/2021/11/seul--sera-primeira-cidade-entrar-no-metaverso.html. Acesso em: 24 fev. 2022.

Pode-se discutir a utilização do metaverso não apenas para desenvolvimento dos mercados virtuais para aquisição de energia elétrica, mas também como ferramenta para administração e comunicação de situações de risco, responsáveis por grandes tragédias, tais como a intensidade de chuvas que resultaram em mais de 700 mil ocorrências de deslizamentos na cidade de Petrópolis, Estado do Rio de Janeiro, no início do ano de 2022[21].

Trata-se, portanto, de uma questão de tempo para que as cidades inteligentes passem a incorporar cidades metaversas, tal como o exemplo recente de Seul, para atendimento dos anseios dos moradores de centros urbanos, seja para dirimir questões comuns às cidades (como questões burocráticas, de regularização ou de monitoramento, por exemplo), seja para fomentar a discussão e participação social para endereçamento e atendimento dessas demandas.

Referências

ANDRADE; Josiane Nascimento; GALVÃO, Diogo Cavalcanti. *O conceito de smart cities aliado à mobilidade urbana*. Humanae. Questões controversas do mundo contemporâneo, v. 10, n. 1, 2016.

BOLLIER, David. *How Smart Growth Can Stop Sprawl*. Washington, DC: Essential Books, 1998.

CUNHA, Maria Alexandra et al. *Smart cities [recurso eletrônico]: transformação digital de cidades*. São Paulo: Programa Gestão Pública e Cidadania — PGPC, 2016. 161 p.

GOMES, Gedham Medeiros; BEZERRA, Luiz Gustavo Escorcio. Inteligência Artificial, cidades inteligentes e meio ambiente. *Revista de Direito e as Novas Tecnologias*. vol. 9/2020. out-dez/2020. DTR\2020\13290.

GUIMARÃES, Patrícia Borba Vilar; XAVIER, Yanko Marcius de Alencar. Smart cities e direito: conceitos e parâmetros de investigação da governança urbana contemporânea. *Revista de Direito da Cidade*, vol. 08, nº 4, ISSN 2317-7721, p. 1362-1380.

HARRISON, Colin; DONNELLY, Ian Abbott. A Theory of Smart Cities. (2011). Proceedings of the 55th Annual Meeting of the ISSS — 2011, Hull, UK, 55(1). Disponível em: https://journals.isss.org/index.php/proceedings55th/article/view/1703.

PETRY, Gabriel Cemin; HAUPENTHAL, Murilo; HUPPFER, Haide Maria. Ágoras virtuais: o debate público digital e a (des)participação cidadã nos poderes públicos. *Revista dos Tribunais*. Vol. 1025/2021. p. 119-143. mar/2021. DTR\2021\1938.

---

[21] Petrópolis teve mais de 700 ocorrências por deslizamento em 5 dias. *Veja*, 20 de fevereiro de 2022. Disponível em: https://veja.abril.com.br/brasil/petropolis-teve-mais-de-700-ocorrencias-por-deslizamento-em-5-dias/. Acesso em: 24 fev. 2022.

21.
RESPONSABILIDADE CIVIL NO METAVERSO

André Barabino
Marina Silva Caramuru

Introdução

O metaverso se apresenta como uma possibilidade relativamente próxima do futuro da internet. Assim como a rede mundial de computadores, o metaverso possui um caráter eminentemente social, que impacta diretamente a forma como nos relacionamos em sociedade e, consequentemente, a maneira como realizamos negócios jurídicos.

Até o momento, ainda não há definições jurídicas sobre o metaverso. Afinal, nem sempre a legislação acompanha a velocidade dos avanços tecnológicos da área da comunicação. No entanto, isso não significa que as relações sociais estabelecidas nesse meio virtual não possam ser tuteladas, com ferramentas já existentes em nosso ordenamento jurídico.

Caso os usuários venham a sofrer danos no metaverso, remonta-se à ideia jurídica que visa o restabelecimento do *status quo ante*, ou seja, o estado anterior à ocorrência do ato ilícito causador de dano: a responsabilidade civil.

Este artigo não tem por objetivo esgotar o assunto, mas tão somente levantar algumas possibilidades relacionadas à responsabilidade civil e sua aplicabilidade a eventuais episódios que possam vir a acontecer no metaverso.

1. O metaverso

1.1. Origem

A primeira aparição do termo "metaverso" ocorreu em meados dos anos 90, quando o escritor Neal Stephenson, em seu romance "Snow Crash" (publicado no Brasil com o título "Nevasca"), narrou a história de um personagem que habitava em dois mundos: na vida real — que, no livro, tratava-se de uma realidade distópica — e num mundo *online*, chamado na história de metaverso. No romance, o autor previu que o metaverso seria um ambiente virtual onde as pessoas habitariam por meio de avatares, e que se tornaria o sucessor da internet.

Na prática, as pessoas podem habitar mundos virtuais online desde o início dos anos 2000, quando a empresa americana *Liden Lab* criou o jogo *Second Life*, que, como o próprio nome sugere, trata de uma simulação da vida real, só que online. Outros jogos online, como *Minecraft* e *Fortnite*, também contam com alguns dos elementos do metaverso, pois os jogadores podem habitar em mundos virtuais, por meio de avatares.

O conceito de um mundo virtual habitável por avatares vem sendo cada vez mais explorado. Em 2011, o metaverso voltou a aparecer na literatura, dessa vez com o nome de "OASIS", na obra de Ernest Cline, "Ready Player One" (que, no Brasil, chama-se "Jogador Número 1") — história que, em 2018, tornou-se um filme com o mesmo nome, dirigido por Steven Spielberg.

Nesse cenário, muito se diz que o metaverso será um componente primordial da terceira geração da internet, a *web 3.0* — isto é, uma internet mais imersiva, descentralizada e aberta. Atualmente, conhecemos apenas o que se chama a *web 2.0*, ou seja, uma internet de interação por redes sociais, ao passo que a *web 1.0*, já ultrapassada (ocorreu entre 1999 e 2004), deu início aos primeiros contatos com o ambiente online.

Fato é que o conceito de metaverso tem se tornado cada vez mais presente na nossa sociedade, pois, atualmente, já é possível habitar em mundos virtuais de maneira imersiva, praticando os mais diversos atos da vida cotidiana, como trabalho, lazer, relacionamentos, etc.

Por esses motivos é que se chama o metaverso de o futuro da internet, tal como previu Neal Stephenson há quase 30 (trinta) anos em seu romance "Snow Crash". E, como se sabe, a evolução das tecnologias digitais é exponencial, de modo que a realidade virtual do metaverso está mais próxima do que nunca.

É justamente pelo desenvolvimento desse ambiente virtual, que se faz necessário refletir sobre os aspectos jurídicos envolvendo o metaverso, notadamente, as implicações relacionadas à responsabilidade civil, que será tratada no presente estudo.

1.2. Aspectos sociais e econômicos sobre o metaverso

Não se pode negar que a internet mudou substancialmente a maneira de se relacionar da nossa sociedade. Num passado não muito distante, a comunicação entre as pessoas ocorria, majoritariamente, de maneira presencial, situação que veio a mudar quando a internet passou a possibilitar o contato de maneira virtual e online.

Assim, a tecnologia não somente propiciou a quebra de barreiras e diminuição de fronteiras, como também promoveu a possibilidade de troca de informações de uma maneira muito mais rápida e eficaz. Além do aspecto positivo, há de se ter em mente que disso também surge uma série de novos perigos, em decorrência dessa infinita possibilidade de propagação de informações.

O metaverso nada mais é do que um mundo virtual imersivo, colaborativo e interativo, que mescla elementos reais (físicos) com virtuais (abstratos), por meio de ferramentas tecnológicas, como realidade aumentada (AR), realidade virtual (VR), criptomoedas, NFTs, hologramas, dentre outras, que possibilitam que pessoas, de qualquer lugar do mundo, interajam entre si num mesmo ambiente virtual, por meio de seus respectivos avatares (personagens virtuais).

Assim, o metaverso, bem como a internet como um todo, tem um papel fundamental na organização da sociedade, já que possui um viés essencial ao ser humano, qual seja, seu caráter eminentemente social.

Com a pandemia do coronavírus (COVID-19), que acabou por implementar, na prática, o afastamento físico e o distanciamento social como medidas para controlar a propagação da referida doença contagiosa, a interação social passou a ocorrer muito mais no ambiente virtual.

Pode-se dizer que, com isso, a ideia de habitar num mundo virtual, ou seja, o conceito do metaverso, ganhou ainda mais força nesse contexto histórico, especialmente pela possibilidade de trabalho remoto, com a interação entre as pessoas por meio de aplicativos colaborativos, como *Microsoft Teams, Google Meets, Zoom*, dentre outros.

Essa nova experiência virtual, embora ainda não totalmente imersiva como sugere o metaverso, aproximou a possibilidade de concretização desse novo mundo, já que as pessoas parecem estar mais familiarizadas com a interação social no meio virtual. Afinal, no metaverso, em vez de uma simples reunião virtual por uma plataforma de vídeo, seria possível interagir com mais proximidade, por meio de avatares, numa sala de reunião de realidade simulada.

O mercado tecnológico se mostrou atento a essas novas possibilidades e vem acompanhando as tendências da sociedade em habitar num mundo virtual. Tamanha é a expressão da proximidade dessa nova realidade que o Facebook — uma das maiores e mais valiosas empresas de tecnologia do mundo — optou por investir em diversas ferramentas para viabilizar a criação do metaverso, chegando inclusive a alterar o nome do grupo para Meta, conforme anunciado em outubro de 2021. Com isso, a finalidade anunciada pelo grupo, dono da maior rede social do mundo, é de justamente possibilitar que seus usuários interajam socialmente no metaverso, podendo reunir-se com amigos e família, trabalhar, aprender, brincar, fazer compras, criar e ter novas experiências, que não se encaixam na maneira tradicional de relacionamento por meio de computadores ou telefones celulares.

O impacto das mudanças trazidas pelo metaverso não somente implica numa nova maneira de interação da sociedade, como também traz reflexos importantíssimos na economia mundial. Para se ter uma ideia, estima-se que o mercado virtual chegará a movimentar algo entre US$ 800 bilhões a US$ 1 trilhão em receita anual, até o ano de 2024, segundo as gestoras Bloomberg Intelligence[1] e Grayscale Investments[2] empresas que acompanham o desempenho financeiro da economia digital emergente.

Assim, verifica-se que o metaverso tem o potencial de transformar as interações sociais, negociações comerciais e a economia da internet em geral. É inegável, portanto, que o metaverso será um ambiente no

---

[1] BLOOMBERG FINANCE L.P. Metaverse may be $800 billion market, next tech platform. Disponível em: https://www.bloomberg.com/professional/blog/metaverse-may-be-800-billion-market-next-tech-platform/. Acesso em: 25 fev. 2022.

[2] GRAYSCALE INVESTMENTS LLC. Pesquisa: The Metaverse, Web 3.0 Virtual Cloud Economies. Disponível em: https://grayscale.com/wp-content/uploads/2021/11/Grayscale_Metaverse_Report_Nov2021.pdf. Acesso em: 25 fev. 2022.

qual as pessoas habitarão em sociedade, ainda que de maneira virtual. E, como qualquer sociedade, os indivíduos que nela habitam devem ser considerados sujeitos de direitos, capazes de realizar negócios jurídicos, os quais precisam ser tutelados pelo Direito.

2. O Direito como ferramenta de regulação do metaverso

Como visto, a internet é forma de tecnologia que existe já há alguns anos, que permitiu que as pessoas substituíssem gradualmente sua presença física no mundo pela presença virtual. Atualmente, a internet tornou-se uma verdadeira necessidade básica, que faz parte do cotidiano das pessoas.

Segundo pesquisa promovida pelo Comitê Gestor da Internet do Brasil[3], o número de pessoas com acesso à internet no país vem crescendo anualmente, sendo tal crescimento mais expressivo no último ano, em razão da pandemia do coronavírus. Em 2020, o país chegou a 152 milhões de usuários — o que representa um aumento de 7% em relação a 2019.

Ao longo desse período em que passou a permear a nossa sociedade, a internet quebrou paradigmas e alterou conceitos sociais antigos, dando origem a novas formas de comunicação e interação social, inclusive em relação a novas possibilidades de realização de negócios jurídicos, mediante contratos virtuais.

Consequentemente, isso abriu espaço para novas discussões e até a criação de novos precedentes.

Em relação ao "futuro da internet", como se trata de um conceito relativamente novo, ainda não há definições jurídicas sobre o metaverso até o momento. Não obstante, é certo que já há muitas discussões sobre direitos e deveres dos internautas, responsabilidade dos servidores, negócios jurídicos que precisam ser tutelados e até sobre novos direitos de personalidade que devem ser protegidos.

---

[3] BRASIL. Empresa Brasil de Comunicação — Agência Brasil. Notícia: Brasil tem 152 milhões de pessoas com acesso à internet. Disponível em: https://agenciabrasil.ebc.com.br/geral/noticia/2021-08/brasil-tem-152-milhoes-de-pessoas-com-acesso-internet#:~:text=Pesquisa%20promovida%20pelo%20Comit%C3%AA%20Gestor,anos%20t%C3%AAm%20internet%20em%20casa. Acesso em: 25 fev. 2022.

Muito se diz que o patrimônio genuinamente valioso para o futuro da internet não é de natureza puramente monetária. Em outras palavras, a nova riqueza não necessariamente será representada pelo maior número de criptomoedas, já que o verdadeiro "petróleo" da nova geração são os **dados pessoais**[4].

Segundo Fernando Antonio Tasso[5]:

> Sob o epíteto de ser o novo petróleo, os dados pessoais são o insumo da indústria denominada 4.0, porquanto inserida no contexto da Quarta Revolução Industrial. Com efeito, tecnologias como *big data*, Internet das Coisas (IoT), Inteligência Artificial (AI), *Blockchain*, entre outras relacionadas ao impulsionamento da atividade econômica, geram o ganho em eficiência e escala de determinada atividade econômica devido à operação denominada tratamento de dados pessoais.

A experiência da internet nos últimos anos demonstrou que não há barreiras para o espaço virtual, o que muito chegou a preocupar governos e nações em relação à dificuldade para tutelar as relações jurídicas virtuais. No Brasil, o uso da Internet já era significativo, quando surgiram tentativas de regulamentar o espaço virtual, por meio de leis como o Marco Civil da Internet e a Lei Geral de Proteção de Dados (a LGPD).

Segundo afirma Walter Aranha Capanema[6]:

> O legislador brasileiro, com o seu costumeiro atraso em acompanhar os avanços da sociedade e da tecnologia, somente em 2018 se preocupou em regular com efetividade a proteção de dados pessoais, o que ocorreu com a edição da Lei 13.709/2018, a denominada Lei Geral de Proteção de Dados (LGPD).

Em âmbito nacional, a tradição jurídica foi construída em torno das noções de direitos da personalidade — o que é muito bem representado

---

[4] FORBES. Notícia: Data Is the New Oil — And That's a Good Thing. Disponível em: https://www.forbes.com/sites/forbestechcouncil/2019/11/15/data-is-the-new-oil-and-thats-a-good-thing/?sh=18a9a97d7304. Acesso em: 25 fev. 2022.
[5] TASSO, Fernando Antonio. A responsabilidade civil na Lei Geral de Proteção de Dados e sua interface com o Código Civil e o Código de Defesa do Consumidor. *Cadernos Jurídicos*, São Paulo, ano 21, n. 53, jan./mar. de 2020.
[6] CAPANEMA, Walter Aranha. A responsabilidade civil na Lei Geral de Proteção de Dados. *Cadernos Jurídicos*, São Paulo, ano 21, n. 53, jan./mar. de 2020.

na Constituição Federal de 1988 —, e não poderia ser diferente em relação aos direitos civis na era digital.

Tanto é assim que, recentemente, o Supremo Tribunal Federal chegou a reconhecer os dados pessoais como direito fundamental autônomo, no julgamento das Ações Diretas de Inconstitucionalidade nº 6.387, 6.388, 6.389, 6.390 e 6.393, em maio de 2020, e, entre outras medidas, determinou a suspensão da Medida Provisória nº 954/2020, que obrigava operadoras de telefonia a compartilhar dados cadastrais de seus clientes com o Instituto Brasileiro de Geografia e Estatística (IBGE)[7].

No entanto, ao que nos parece, o cidadão brasileiro ainda não tem noção sobre o valor do seu direito a dados pessoais, dada a facilidade com que essas informações são disponibilizadas na internet. O que ocorre hoje, na prática, com as redes sociais é basicamente uma cessão de dados pessoais pelo usuário, nem sempre de maneira expressamente autorizada. Disso decorre naturalmente o dever de boa-fé do fornecedor dos serviços online, de prezar pelo acesso a tais dados pessoais, notadamente em cumprimento aos princípios previstos na LGPD.

Considera-se que, na vida em sociedade, toda atividade que prejudique uma pessoa titular de direitos e garantias acarreta um determinado desequilíbrio, que deve ser tutelado pelo Direito. E, pelo conceito básico de responsabilidade civil no nosso ordenamento jurídico pátrio, qualquer ato ou conduta ilícitos que eventualmente acarretem danos — sejam de natureza patrimonial ou extrapatrimonial — devem ser reparados, a fim de se retomar o *status quo ante* e o respectivo equilíbrio social anterior.

É certo que as normas gerais sobre responsabilidade civil previstas no Código Civil e na legislação nacional até o momento podem ser suficientes para resolver boa parte dos problemas que eventualmente venham a surgir no metaverso, considerada sua similaridade com as questões atuais envolvendo o Direito e a internet. No entanto, apesar

---

[7] MIGALHAS. Notícia: STF: Suspensa MP que prevê o compartilhamento de dados com o IBGE. Disponível em: https://www.migalhas.com.br/quentes/326336/stf--suspensa-mp-que-preve-o-compartilhamento-de-dados-com-o-ibge. Acesso em: 25 fev. 2022; e BRASIL. Senado Federal — Agência Senado. Notícia: STF suspende eficácia de MP sobre compartilhamento de cadastros telefônicos com o IBGE. Disponível em: https://www12.senado.leg.br/noticias/materias/2020/05/08/stf-suspende-eficacia-de-mp-sobre-compartilhamento-de-cadastros-telefonicos-com-o-ibge. Acesso em: 25 fev. 2022.

de já haver algumas diretrizes e orientações sobre a responsabilidade civil na internet, inclusive regulamentadas pelas leis supramencionadas, é certo que ainda estamos muito longe de chegar ao esgotamento das possibilidades que podem ensejar a responsabilidade civil nesse meio virtual, na medida em que certamente surgirão novas situações, decorrentes dessa nova tecnologia, que precisem ser tuteladas no futuro.

Nesse cenário, como prever o que poderá ocorrer em relação à responsabilização civil no metaverso?

2.1. Responsabilidade civil

Em apartada síntese, tem-se que a responsabilidade civil se funda na ideia de se restabelecer o equilíbrio patrimonial anterior à ocorrência de determinado ato ilícito causador de dano.

Sobre o tema, leciona Silvio de Salvo Venosa[8]:

> Os princípios da responsabilidade civil buscam restaurar um equilíbrio patrimonial e moral violado. Um prejuízo ou dano não reparado é um fator de inquietação social. Os ordenamentos contemporâneos buscam alargar cada vez mais o dever de indenizar, alcançando novos horizontes, a fim de que cada vez menos restem danos irressarcidos.

Na mesma linha, Sergio Cavalieri Filho[9] conceitua o instituto da seguinte forma:

> Só se cogita, destarte, de responsabilidade civil onde houver violação de um dever jurídico e dano. Em outras palavras, responsável é a pessoa que deve ressarcir o prejuízo decorrente da violação de um outro dever jurídico. E assim é porque a responsabilidade pressupõe um dever jurídico preexistente, uma obrigação descumprida.

Desse modo, tem-se que as pessoas que convivem em sociedade — e também eventualmente em um ambiente virtual como é o caso do metaverso — estão de um lado sujeitas e de outro resguardadas ao retorno do *status quo ante*, isto é, ao estado anterior à ocorrência de determinado ato ilícito que venha a causar danos a outrem.

---

[8] VENOSA, Sílvio de Salvo. *Direito Civil: responsabilidade civil*. 3ª ed. São Paulo: Atlas, 2003.
[9] CAVALIERI FILHO, Sérgio. *Programa de Responsabilidade Civil*. 11ª ed. São Paulo: Atlas, 2014.

Como o próprio instituto da responsabilidade civil sugere, é necessário que haja uma transgressão, ou seja, a infração de um interesse particular, que sujeita o infrator a reparar o dano causado em detrimento da vítima, notadamente mediante compensação pecuniária, caso não consiga restabelecer o estado anterior das coisas. Essa transgressão presume, portanto, a pré-existência de uma norma jurídica — contratual ou não —, da qual emana um dever primário entre as partes de que a avença venha a ser cumprida.

De maneira geral, a responsabilidade civil pode ser contratual ou extracontratual. No primeiro cenário, o Código Civil dispõe, em seu artigo 389, que, descumprida a obrigação, o devedor deve responder pelas perdas e danos. O segundo cenário, por sua vez, decorre do descumprimento direto da lei, nos termos dos artigos 186 e 927 do Código Civil, que dispõem que aquele que comete ato ilícito tem o dever de repará-lo.

Sem adentrar muito nas teorias doutrinárias sobre a responsabilidade civil no nosso ordenamento jurídico, que não é o objetivo do presente estudo, entende-se, majoritariamente, que para que reste configurada a responsabilidade civil extracontratual faz-se necessária a presença de alguns requisitos objetivos: a conduta de um agente, seja por ação ou omissão; a ocorrência de um dano; e o nexo de causalidade entre eles — e, para os casos de responsabilidade civil subjetiva, também se considera o requisito da culpa do agente.

O ordenamento jurídico brasileiro adotou como regra a responsabilidade civil subjetiva, que demanda a prova do requisito da culpa do agente e, em casos excepcionais, previstos em lei, a responsabilidade objetiva, que se aplica independente da culpa do agente. Sobre esse ponto, leciona Orlando Gomes[10]:

> A obrigação de indenizar sem culpa nasce por ministério da lei, para certos casos, por duas razões: a primeira, seria a consideração de que certas atividades do homem criam um risco especial para os outros, e a segunda, a consideração de que o exercício de determinados direitos deve implicar a obrigação de ressarcir os danos que origina.

O conceito de culpa, inerente à responsabilidade civil subjetiva, deriva da própria ideia de responsabilidade do agente pelo dano provocado,

---

[10] GOMES, Orlando. *Obrigações*. Rio de Janeiro: Forense, 2000.

por ter infringido uma regra de conduta legal, social ou moral, impondo-lhe o dever de reparar o dano à vítima.

Por outro lado, no caso de responsabilidade civil objetiva, o requisito da culpa não é essencial, na medida em que o dever de reparação surge ao agente independentemente da reprovabilidade de sua conduta. Em outras palavras, o fundamento da responsabilização civil, nesse caso, deixa de ser a culpa e passa a ser a causalidade material do dano, competindo à vítima demonstrar apenas o dano e o nexo causal.

Em linhas gerais, o Código Civil prevê que, para os danos materiais, a indenização deve corresponder ao dano, o qual compreenderá o prejuízo efetivo e os lucros cessantes. Porém, o Poder Judiciário poderá reduzir equitativamente a indenização se houver excessiva desproporção entre a gravidade da culpa e o dano (art. 944 do Código Civil). O dano material é, portanto, eminentemente patrimonial, e compreende os denominados danos emergentes (o que foi diminuído do patrimônio da vítima) e os lucros cessantes (aqueles que a vítima deixou de auferir), conforme disposto no artigo 402 do Código Civil.

Os danos morais — ou imateriais —, por sua vez, não estão ligados ao patrimônio da vítima, mas sim aos seus direitos de personalidade, como honra, imagem, liberdade, etc., conforme disposto no artigo 5º, incisos V e X, da Constituição Federal e no artigo 11 do Código Civil.

Em relação aos danos morais, por sua própria natureza, não existe um prejuízo específico que possa servir de base para a fixação de indenização. Em outras palavras, não há uma recomposição patrimonial a ser feita. Na verdade, a indenização por danos morais acaba funcionando como uma compensação financeira pelo sofrimento, no caso de a vítima ser uma pessoa física. Dessa forma, cabe ao Poder Judiciário estabelecer o montante que seja adequado para tal compensação no caso concreto, sendo certo que, na prática, os critérios para sua fixação acabam sendo necessariamente subjetivos.

Com a evolução da jurisprudência, vêm sendo criados alguns parâmetros de valores para diferentes situações. Esses parâmetros, ainda que tenham sido originalmente estabelecidos com bases subjetivas, tornam-se referências mais objetivas para casos futuros, mas não substituem a análise da razoabilidade no caso concreto.

Entendidos de maneira objetiva os requisitos legais envolvendo a responsabilidade civil, passa-se a estudar como tais normas gerais poderiam ser aplicadas a possíveis casos que venham surgir em relação ao metaverso.

2.2. Responsabilidade civil no metaverso

À medida que a sociedade se torna mais complexa, as relações de interdependência entre as pessoas se ampliam, aumentando, com isso, a probabilidade de ocorrerem danos causados injustamente. Isso também se aplica à extensão das relações de interdependência social ocorridas no âmbito virtual, como no metaverso. O instituto jurídico que preza pela reparação do dano por quem o causou injustamente é a responsabilidade civil.

Sobre o tema, ensina Bruno Zampier[11]:

> A tarefa do jurista do século XXI é trazer o Direito, como ciência social e, em especial a responsabilidade civil, ao cenário sempre mutante de revolução digital. Se surgem novos direitos, surgirão também novas lesões. Estamos, inexoravelmente, diante de inéticas fronteiras da responsabilidade civil.

Embora ainda não tenhamos elementos suficientes para prever quais tipos de lesão ocorrerão no ambiente do metaverso, é certo que os princípios basilares da responsabilidade civil poderão ser usados para sua reparação. A maior preocupação, naturalmente, decorre do compartilhamento de dados pessoais. Afinal, o metaverso é um ambiente virtual imersivo, onde os usuários criam suas próprias versões digitais, para entrar e interagir num novo mundo, também construído com dados.

Dentre os possíveis problemas que podem ocorrer no metaverso, menciona-se majoritariamente as violações às regras de privacidade, mineração de dados, ou até o "roubo" ou "sequestro" de dados pessoais por *hackers*, que podem causar danos patrimoniais e morais, a depender do uso indevido dos dados pessoais.

Fala-se até em danos por lesões físicas que podem ser causadas apenas na tentativa dos usuários de acessar o metaverso, ao utilizarem-se de equipamentos físicos que causem desconforto ao corpo, como tonturas ou até quedas.

---

[11] ZAMPIER, Bruno. *Bens digitais: cybercultura, redes sociais, e-mails, músicas, livros, milhas aéreas, moedas virtuais*. 2ª ed. Indaiatuba: Editora Foco, 2020.

Por fim, pode-se até levar em consideração a possibilidade da prática de ilícitos penais por usuários dentro do metaverso, como por exemplo a prática de crimes patrimoniais e fraudes em geral, que possam ter reflexo civil também, sendo passível de indenização.

Evidentemente que ainda estamos muito distantes de conseguir mapear todos os fatos e as consequências que podem ocorrer no metaverso.

De qualquer forma, é de suma importância aos agentes envolvidos no acesso ao metaverso, isto é, os fornecedores digitais, que invistam em "Termos de Serviços" que cubram o máximo de questões possível, para limitar a potencial responsabilização por reclamações de usuários. Isso porque a adesão aos "Termos de Serviços" de determinada plataforma digital pode ser entendida como a celebração de um negócio jurídico virtual, de modo que pode ensejar às partes a responsabilidade civil contratual.

Aplicando a regra geral da responsabilidade civil nas relações interpessoais ocorridas no âmbito virtual, verifica-se a necessidade de adequação de alguns conceitos já prestigiados pela responsabilidade civil na internet para o metaverso, tarefa que poderá, ao menos em parte, ficar a cargo da doutrina e jurisprudência.

Inicialmente, como visto, para a ocorrência da responsabilização civil, é necessária uma transgressão, que presume, portanto, a ocorrência de uma conduta ilícita. Para delimitar o que é ilícito num ambiente virtual sem fronteiras, como o metaverso, vale levar em consideração não somente a legislação nacional, como também determinados princípios inerentes a qualquer sociedade.

Por exemplo, o Marco Civil da Internet (Lei Federal nº 12.965/2014) regula a utilização da internet no país, estabelecendo princípios, garantias, direitos e deveres para o uso da internet no Brasil, além de determinar diretrizes para a atuação do Estado. Na mesma linha, a LGPD (Lei Federal nº 13.709/2018) tem como principal objetivo proteger os direitos fundamentais de liberdade e de privacidade e o livre desenvolvimento da personalidade da pessoa natural, visando à segurança jurídica, com a padronização de regras para se promover a proteção aos dados pessoais, de acordo com os parâmetros internacionais existentes.

Precedentes envolvendo referida legislação levam em conta que, para que se considere uma conduta adotada no meio virtual como transgressão, os agentes — sejam usuários ou plataformas digitais — só devem ser responsabilizados se efetivamente descumprirem regras expressas.

Ainda com base na legislação específica para a Internet no Brasil, isto é, o Marco Civil da Internet e a LGPD, fica muito claro a todos os envolvidos no mundo virtual que os dados pessoais dos usuários só podem ser utilizados de acordo com as finalidades informadas no momento da coleta, de modo que o uso indevido de dados pessoais configura ilícito civil.

Nesse passo, importante atentar para os agentes que podem estar envolvidos em conduta ilícita no metaverso: se é um usuário mal-intencionado, ou se é o provedor que age com culpa. Referida questão ainda é controvertida no Direito da internet e, como era de se esperar, ainda não há uma resposta precisa para determinar a aplicação da responsabilidade objetiva dos fornecedores do metaverso.

Sobre o tema, há previsão expressa no Marco Civil da Internet, em seu artigo 18, de que "o provedor de conexão à internet não será responsabilizado civilmente por danos decorrentes de conteúdo gerado por terceiros". E, na sequência, dispõe o artigo 19 eventuais hipóteses em que a responsabilidade civil poderia recair sobre o provedor:

> Art. 19. Com o intuito de assegurar a liberdade de expressão e impedir a censura, o provedor de aplicações de internet somente poderá ser responsabilizado civilmente por danos decorrentes de conteúdo gerado por terceiros se, após ordem judicial específica, não tomar as providências para, no âmbito e nos limites técnicos do seu serviço e dentro do prazo assinalado, tornar indisponível o conteúdo apontado como infringente, ressalvadas as disposições legais em contrário.
>
> § 1º A ordem judicial de que trata o caput deverá conter, sob pena de nulidade, identificação clara e específica do conteúdo apontado como infringente, que permita a localização inequívoca do material.
>
> § 2º A aplicação do disposto neste artigo para infrações a direitos de autor ou a direitos conexos depende de previsão legal específica, que deverá respeitar a liberdade de expressão e demais garantias previstas no art. 5º da Constituição Federal.
>
> § 3º As causas que versem sobre ressarcimento por danos decorrentes de conteúdos disponibilizados na internet relacionados à honra, à reputação ou a direitos de personalidade, bem como sobre a indisponibili-

zação desses conteúdos por provedores de aplicações de internet, poderão ser apresentadas perante os juizados especiais.

§ 4º O juiz, inclusive no procedimento previsto no § 3º, poderá antecipar, total ou parcialmente, os efeitos da tutela pretendida no pedido inicial, existindo prova inequívoca do fato e considerado o interesse da coletividade na disponibilização do conteúdo na internet, desde que presentes os requisitos de verossimilhança da alegação do autor e de fundado receio de dano irreparável ou de difícil reparação.

Nesse cenário, há uma forte vertente que defende que o combate a atos ilícitos no metaverso deve atingir apenas os responsáveis finais, e não os "meios de acesso" e "transporte", na medida em que a internet é composta por uma cadeia de fornecedores, responsáveis pela disponibilização do ambiente virtual aos seus usuários. Referida corrente levou a discussão até o Supremo Tribunal Federal, sendo certo que ainda se aguarda o desfecho sobre a constitucionalidade do supramencionado artigo 19 do Marco Civil da Internet, a fim de verificar a necessidade ou não da existência de ordem judicial prévia e específica determinando a exclusão de determinado conteúdo online, para a responsabilização civil de provedores de Internet, *websites* e gestores de aplicativos de redes sociais por danos decorrentes de atos ilícitos praticados por terceiros.

Vale lembrar que, antes da vigência do Marco Civil da Internet, o entendimento jurisprudencial que prevalecia — consolidado, inclusive, pelo Superior Tribunal de Justiça[12] — era no sentido de que se fazia necessário o envio de notificação extrajudicial ao provedor de aplicação para retirada de qualquer conteúdo que se entendesse ilícito, a ser cumprida em determinado período, sob pena de responsabilização solidária com o autor do ilícito por eventuais danos causados em decorrência da publicação.

De qualquer modo, para delimitar o liame em que a conduta se relaciona com o dano, necessário aprofundar a análise do requisito denominado nexo de causalidade, indispensável em qualquer espécie de responsabilidade civil extracontratual. Por nexo causal, entende-se a relação lógica existente entre a conduta atribuída ao agente e o consequente surgimento do dano. A conduta pode consistir tanto em uma

---

[12] REsp nº 1.512.647/MG.

ação (fazer algo que provoque o dano) como em uma omissão (deixar de fazer algo que lhe incumbiria, deixando de evitar que o dano aconteça).

De maneira genérica, entende-se que faltará o nexo causal sempre que outra causa ou circunstância intervier no curso dos acontecimentos e ela se mostrar capaz, por si só, de produzir o dano. Algumas situações mais extremas chamadas de excludentes de responsabilidade podem traduzir, simplesmente, a falta do nexo causal. É o caso clássico do caso fortuito ou da força maior, quando o evento causador do dano era imprevisível ou inevitável. Outras situações seriam a culpa exclusiva da vítima e o fato de terceiro, pois implicariam necessariamente a falta de nexo causal e, por isso, configuram excludentes de responsabilidade.

A princípio, referido requisito parece consistir em um instituto simples; no entanto, na prática, muitas vezes não há elementos suficientemente definidos e delimitados. E, no metaverso, ao que tudo indica, a análise do nexo causal pode tornar-se um problema complexo, visto que deve envolver hipóteses de "causalidade múltipla", isto é, envolvendo uma cadeia de circunstâncias que podem concorrer para o evento danoso.

Por fim, em relação ao dano, este requisito da responsabilidade civil parece ser mais tangível no metaverso. Isso porque já está consagrado no Brasil que são indenizáveis tanto os danos materiais (prejuízo econômico), como os danos morais (prejuízo não patrimonial). Além disso, é pacífico o entendimento na jurisprudência de que podem sofrer danos morais as pessoas físicas e as jurídicas, sendo que, neste último caso, se considera o dano à honra objetiva.

Nesse contexto, vale relembrar que os dados pessoais são considerados direito de personalidade, de modo que, caso haja alguma violação por meio do acesso a referidas informações que gere danos à personalidade, devem ser indenizados, na qualidade de danos morais.

Além dos próprios dados pessoais, a doutrina contemporânea menciona uma nova categoria de bens no direito civil, os chamados **bens digitais** — referidos internacionalmente como *digital assets* — definidos por Bruno Zampier[13] como aqueles "conhecidos como bens incorpóreos, os quais são progressivamente inseridos na Internet por um usuário, consistindo em informações de caráter pessoal que trazem alguma utilidade àquele, tenha ou não conteúdo econômico". Desse modo, se um

---

[13] ZAMPIER, *op. cit.*

titular de determinado bem digital sofrer lesão, igualmente, tem direito à sua reparação, abrindo espaço para a responsabilização civil também nessas hipóteses.

Especificamente em relação aos dados pessoais, a legislação nacional sempre teve um viés protetivo em relação ao seu titular, tal como se depreende, além dos princípios norteadores da LGPD, em seu artigo 2º, incisos VI e VII, como também da leitura do artigo 43 do Código de Defesa do Consumidor, que dispõem, respectivamente:

> Art. 2º da LGPD: A disciplina da proteção de dados pessoais tem como fundamentos: (...)
> VI — a livre iniciativa, a livre concorrência e a defesa do consumidor; e
> VII — os direitos humanos, o livre desenvolvimento da personalidade, a dignidade e o exercício da cidadania pelas pessoas naturais.
>
> Art. 43 do CDC: O consumidor, sem prejuízo do disposto no art. 86, terá acesso às informações existentes em cadastros, fichas, registros e dados pessoais e de consumo arquivados sobre ele, bem como sobre as suas respectivas fontes. (...)

Assim, para além das regras gerais previstas no Código Civil e daquelas previstas em leis especificamente voltadas à regulação da internet, é importante ter em mente que, para resolução de questões relacionadas à responsabilidade civil no metaverso, podemos nos valer, também, de outras leis, como o próprio Código de Defesa do Consumidor. Evidentemente que tal trabalho demandará exercício de práticas de hermenêutica, a fim de buscar a aplicação correta dos institutos legais ao caso concreto.

Nesse contexto, o Código de Defesa do Consumidor prevê duas espécies de responsabilidade civil: a subjetiva, que leva em consideração a culpa do indivíduo, e a objetiva, que se baseia no risco da atividade desenvolvida por aquele que causou o dano. A responsabilidade civil objetiva no código consumerista está prevista nos artigos 12 e 14, que tratam, de maneira simplista, da obrigação do fornecedor em reparar os danos causados aos consumidores decorrentes de vício do produto, informações insuficientes ou inadequadas ou, ainda, de falhas na prestação de serviços, independentemente da existência de culpa.

Segundo a doutrina[14], essa opção legislativa se baseia na teoria do risco, pela qual os fornecedores devem responder pelas consequências dos serviços prestados ou produtos fornecidos, independentemente da existência de culpa, a fim de que o consumidor seja devidamente protegido, considerando que se trata da parte hipossuficiente da relação consumerista.

Parte da doutrina[15] afirma que, como a LGPD tem uma estrutura espelhada no Código de Defesa do Consumidor — embora não exista uma previsão expressa nesse sentido —, seria possível inferir que a responsabilidade do controlador e do operador (figuras previstas no artigo 5º, incisos VI e VII respectivamente da referida lei) seria objetiva, na medida em que ambos respondem solidariamente por danos relacionados aos dados pessoais do titular.

No contexto atual, o ordenamento jurídico nos orienta a sempre observar os princípios da boa-fé e probidade, o que, considerando o instituto da responsabilidade civil, orienta a ir além do caráter reparatório, mas também a observar o seu caráter preventivo.

Nesse ponto, vale anotar a lição de Nelson Rosenvald[16], que defende o uso da "multifuncionalidade da responsabilidade civil", pela qual as sanções jurídicas extrapolariam seu caráter de reparação pecuniária, passando a ter, também, um caráter preventivo. Considerando o possível universo do metaverso e, ainda, relembrando os direitos que possam vir a ser violados — como os dados pessoais e os bens digitais —, a reparação cabível nem sempre permitirá o retorno ao *status quo ante*.

Fato é que as hipóteses relativas ao metaverso, assim como seus desdobramentos e repercussões, são incontáveis e abrirão muito espaço para novas discussões jurídicas. A multiplicidade das regras gerais de responsabilidade civil, bem como as previsões legislativas já existentes à realidade virtual levam os operadores do direito ao dever de uma interpretação harmônica das normas jurídicas.

---

[14] TARTUCE, Flávio; NEVES, Daniel Amorim Assumpção. *Manual de direito do consumidor: direito material e processual*. Rio de Janeiro: Forense; São Paulo: MÉTODO, 2012.

[15] LIMA, Cíntia Rosa Pereira de; MORAES, Emanuele Pezati Franco de; PEROLI, Kelvin. O necessário diálogo entre o Marco Civil da Internet e a Lei Geral de Proteção de Dados para a concorrência do sistema de responsabilidade civil diante das novas tecnologias. In: MARTINS, Guilherme Magalhães; ROSENVALD, Nelson. Responsabilidade Civil e Novas Tecnologias. São Paulo: Editora Foco, 2020.

[16] ROSENVALD, Nelson. *A responsabilidade civil pelo ilícito lucrativo*. 1. ed. São Paulo: Editora Juspodivm, 2019.

Conclusões

O metaverso se apresenta como uma realidade próxima, que, assim como a própria internet, impactará a forma de organização da sociedade, em termos de relações interpessoais, aspectos econômicos e relações jurídicas. No mais, considerando que a legislação nem sempre acompanha a velocidade dos avanços tecnológicos, será necessário se valer de institutos já existentes no nosso ordenamento jurídico para tutelar eventuais dissabores que possam a vir ocorrer nesse novo meio virtual.

Como visto, ainda não há conceitos jurídicos que versem especificamente em relação ao metaverso. Sendo a responsabilidade civil o instituto jurídico que preza pelo equilíbrio social, ao determinar que um agente venha a cometer ato ilícito e, com isso, causar dano indenizável a outrem, este estudo abordou algumas normas gerais previstas na legislação atual e sua eventual aplicabilidade a possíveis hipóteses que possam vir a ocorrer no metaverso.

Restou demonstrado, ainda, que como o metaverso se mostra como o futuro da internet e as novas maneiras de realização de negócios jurídicos, as possibilidades são infinitas e impossíveis de ser esgotadas nesse momento. Ao que tudo indica, as situações jurídicas serão analisadas a cada caso, cabendo um importante papel à jurisprudência, a fim de trazer segurança jurídica para esse novo tipo de relação virtual.

Aos operadores do Direito, resta contemplar as ferramentas disponíveis, sempre visando à boa-fé e uma interpretação harmônica das normas jurídicas, além de utilizar o instituto da responsabilidade civil não somente por seu caráter reparatório, mas também preventivo, a fim de buscar a melhor defesa dos interesses dos usuários do metaverso.

Referências

BRASIL. Lei nº 8.078, de 11 de setembro de 1990. Dispõe sobre a proteção do consumidor e dá outras providências. Disponível em: http://www.planalto.gov.br/ccivil_03/leis/l8078compilado.htm. Acesso em: 25 fev. 2022.

BRASIL. Lei nº 10.406, de 10 de janeiro de 2002. Institui o Código Civil. Disponível em:

http://www.planalto.gov.br/ccivil_03/leis/2002/l10406.htm. Acesso em: 25 fev. 2022.

BRASIL. Lei nº 12.965, de 23 de abril de 2014. Estabelece princípios, garantias, direitos e deveres para o uso da Internet no Brasil. Disponível em: http://www.

planalto.gov.br/ccivil_03/_ato2011-2014/2014/lei/l12965.htm. Acesso em: 25 fev. 2022.

BRASIL. Lei nº 13.709, de 14 de agosto de 2018. Lei Geral de Proteção de Dados Pessoais (LGPD). Disponível em: http://www.planalto.gov.br/ccivil_03/_ato2015-2018/2018/lei/L13709.htm. Acesso em: 25 fev. 2022.

BRASIL. Supremo Tribunal Federal. ADIs nº 6.387, 6.388, 6.389, 6.390 e 6.393, Rel. Min. Rosa Weber, julgado em 07/05/2020. Disponível em: https://redir.stf.jus.br/paginadorpub/paginador.jsp?docTP=TP&docID=754357629. Acesso em: 25 fev. 2022

BRASIL. Superior Tribunal de Justiça. REsp 1.512.647-MG. Quarta Turma. Segunda Seção. Rel. Min. Luis Felipe Salomão. Data de julgamento: 13/05/2015. Data de publicação: 05/08/2015.

BRASIL. Empresa Brasil de Comunicação — Agência Brasil. Notícia: Brasil tem 152 milhões de pessoas com acesso à internet. Disponível em: https://agenciabrasil.ebc.com.br/geral/noticia/2021-08/brasil-tem-152-milhoes-de-pessoas-com-acesso-internet#:~:text=Pesquisa%20promovida%20pelo%20Comit%C3%AA%20Gestor,anos%20t%C3%AAm%20internet%20em%-20casa. Acesso em: 25 fev. 2022.

BRASIL. Ministério Público Federal. Notícia: O que é a LGPD? Disponível em: http://www.mpf.mp.br/servicos/lgpd/o-que-e-a-lgpd. Acesso em: 25 fev. 2022.

BRASIL. Senado Federal — Agência Senado. Notícia: STF suspende eficácia de MP sobre compartilhamento de cadastros telefônicos com o IBGE. Disponível em: https://www12.senado.leg.br/noticias/materias/2020/05/08/stf-suspende-eficacia-de-mp-sobre-compartilhamento-de-cadastros-telefonicos-com-o-ibge. Acesso em: 25 fev. 2022.

BLOOMBERG FINANCE L.P. Notícia: *Metaverse may be $800 billion market, next tech platform*. Disponível em: https://www.bloomberg.com/professional/blog/metaverse-may-be-800-billion-market-next-tech-platform/. Acesso em: 25 fev. 2022.

CARDOSO, Bárbara Alves. Responsabilidade civil: A harmonia entre o desenvolvimento econômico, inovação e o direito à proteção de dados. *Revista Jus Navigandi*, ISSN 1518-4862, Teresina, ano 26, n. 6428, 5 fev. 2021. Disponível em: https://jus.com.br/artigos/88305. Acesso em: 25 fev. 2022.

CAVALIERI FILHO, Sérgio. *Programa de Responsabilidade Civil*. 11ª ed. São Paulo: Atlas, 2014.

FORBES. Notícia: *Data Is The New Oil — And That's A Good Thing*. Disponível em: https://www.forbes.com/sites/forbestechcouncil/2019/11/15/data-is-the-new-oil-and-thats-a-good-thing/?sh=18a9a97d7304. Acesso em: 25 fev. 2022.

FORBES. Notícia: *Law In The Metaverse*. Disponível em: https://www.forbes.com/sites/schuylermoore/2021/12/22/law-in-the-metaverse/?sh=35aab37545d1. Acesso em: 25 fev. 2022.

GRAYSCALE INVESTMENTS LLC. Pesquisa: *The Metaverse, Web 3.0 Virtual Cloud Economies*. Disponível em: https://grayscale.com/wp-content/uploads/2021/11/Grayscale_Metaverse_Report_Nov2021.pdf. Acesso em: 25 fev. 2022.

GOMES, Orlando. *Obrigações*. Rio de Janeiro: Forense, 2000.

INFOMONEY. Notícia: Metaverso: tudo sobre o mundo virtual que está chamando a atenção dos investidores. Disponível em: https://www.infomoney.com.br/guias/metaverso/. Acesso em: 25 fev. 2022.

LIMA, Cíntia Rosa Pereira de; MORAES, Emanuele Pezati Franco de; PEROLI, Kelvin. O necessário diálogo entre o Marco Civil da Internet e a Lei Geral de Proteção de Dados para a concorrência do sistema de responsabilidade civil diante das novas tecnologias. In: MARTINS, Guilherme Magalhães; ROSENVALD, Nelson. *Responsabilidade Civil e Novas Tecnologias*. São Paulo: Editora Foco, 2020.

MIGALHAS. Notícia: STF: Suspensa MP que prevê o compartilhamento de dados com o IBGE. Disponível em: https://www.migalhas.com.br/quentes/326336/stf--suspensa-mp-que-preve-o-compartilhamento-de-dados-com-o-ibge. Acesso em: 25 fev. 2022.

ROSENVALD, Nelson. *A responsabilidade civil pelo ilícito lucrativo*. 1. ed. São Paulo: Editora Juspodivm, 2019.

SANTOS, Karina Menezes. Responsabilidade civil na internet. Conteúdo Jurídico, Brasília-DF: 17 set. 2021. Disponível em: https://conteudojuridico.com.br/consulta/artigos/57206/responsabilidade-civil-na-internet. Acesso em: 25 fev. 2022.

TARTUCE, Flávio; NEVES, Daniel Amorim Assumpção. Manual de direito do consumidor: direito material e processual. Rio de Janeiro: Forense; São Paulo: MÉTODO, 2012.

TASSO, Fernando Antonio. A responsabilidade civil na Lei Geral de Proteção de Dados e sua interface com o Código Civil e o Código de Defesa do Consumidor. *Cadernos Jurídicos*, São Paulo, ano 21, n. 53, jan./mar. de 2020.

VENOSA, Sílvio de Salvo. *Direito Civil: responsabilidade civil*. 3ª ed. São Paulo: Atlas, 2003.

ZAMPIER, Bruno. *Bens digitais: cybercultura, redes sociais, e-mails, músicas, livros, milhas aéreas, moedas virtuais*. 2. ed. Indaiatuba: Editora Foco, 2020.